规划社会的来临

重读《大同书》

王东杰 著

生活·讀書·新知 三联书店

Copyright © 2025 by SDX Joint Publishing Company.
All Rights Reserved.
本作品版权由生活·读书·新知三联书店所有。
未经许可，不得翻印。

图书在版编目（CIP）数据

规划社会的来临：重读《大同书》/ 王东杰著.
北京：生活·读书·新知三联书店，2025. 2. -- （文史新论）. -- ISBN 978-7-108-07925-1

Ⅰ. B258.1

中国国家版本馆 CIP 数据核字第 2024AF7834 号

责任编辑	王晨晨
封面设计	何　浩
版式设计	薛　宇
责任校对	张　睿　陈　明
责任印制	李思佳

出版发行　生活·讀書·新知 三联书店
　　　　　（北京市东城区美术馆东街 22 号 100010）

网　　址　www.sdxjpc.com
经　　销　新华书店
印　　刷　河北清静堂印刷有限公司
版　　次　2025 年 2 月北京第 1 版
　　　　　2025 年 2 月北京第 1 次印刷
开　　本　635 毫米 × 965 毫米　1/16　印张 30
字　　数　388 千字　图 4 幅
印　　数　0,001－5,000 册
定　　价　78.00 元

（印装查询：01064002715；邮购查询：01084010542）

广州万木草堂遗址

《不忍》杂志第一册封面

大同書甲部

入世界觀眾苦

南海 康有為撰

第一章 人有不忍之心

康有為生於大地之上為英帝印度之歲傳少農知縣府君諱達初及勞太夫人名蓮枝之種體者吾地二十六周于日有餘矣當大地凝結百數十萬年之後幸遠過大鳥大獸之期際開闢文明之運居於赤道北溫帶之地國於崑崙西南帶江河臨太海之中華游學於南海之百粵都會曰羊城鄉於西樵山之北曰銀塘得氏於周文王之子曰康叔為士人者十三世蓋積中國羲農黃帝堯舜禹湯文王周公孔子及漢唐宋明五千年之文明而盡吸飲之又當大地之交通萬國之亞命荅東西諸哲之心肝精英而酣飫之神游于諸天之外想入于血輪之中于時登白雲山摩星嶺之顚蕩々乎其驚于八極也已而強國有法者呑擭安南中國救之船沈于馬江血蹀于諒山風鶴之驚誤流羊城一夕

大象出版社影印的《大同书》手稿本首页

目 录

导　言　理想的历史与现实的可能　1
　　　　一、在全球化和地方化的力场中　2
　　　　二、历史进步的终端　14
　　　　三、书写"想象史"　27
　　　　四、如何重读《大同书》　38

第一章　大同主义的兴起与康有为的大同说　51
　　　　一、复数的"大同"与大同观念的崛兴　52
　　　　二、康有为大同说的形成　71
　　　　三、永远的"未定稿"　80

第二章　《大同书》中的视觉性与方向感　100
　　　　一、那道俯视的目光　102
　　　　二、内外之别与平面视角的展开　121
　　　　三、热和冷的交融　136

第三章　人性的"历史化"与中国思想的转向　151
　　　　一、"人道"：一个居中的位置　152
　　　　二、心物交融的共感网络　156
　　　　三、人性的历史化　169
　　　　四、从善恶到苦乐　183
　　　　五、转向"苦乐"　190

第四章　在大同之路上徘徊前行　206
　　一、以兵弭兵的"去国界"之旅　209
　　二、一波三折的"去形界"和"去家界"　225
　　三、"去种界"中的种族主义　239
　　四、"类"的解构与"仁"的限界　248
　　五、阴阳史观　251

第五章　大同世界的生命、生产与生活　260
　　一、身体、权利与"天民"　262
　　二、生命周期管理　268
　　三、大地统计学与公有经济　283
　　四、大同政治体系与时空重构　295
　　五、大同世界的日常生活　305

第六章　理性主义与"纤悉之治"　315
　　一、追求"纤悉之治"　317
　　二、"规划社会"的思维模式　324
　　三、无法消化的"畸零"　345
　　四、走进历史的单向街　359

结　论　规划社会与中国的"现代性"　370
　　一、重审大同世界　372
　　二、为何说《大同书》是"现代"的　386
　　三、苦与乐的辩证法　407

附　录　413

征引文献　441

后　记　475

导　言 | 理想的历史与现实的可能

"大同"是20世纪早期中国最流行的字眼之一，康有为（1858—1927）是其最热诚也最著名的宣传家。尽管毛泽东（1893—1976）说，"康有为写了《大同书》"，却"没有也不可能找到一条到达大同的路"，但还是将其列入"在中国共产党出世以前向西方寻求真理的一派人物"中。[1] 在光谱的另一边，萧公权（1897—1981）宣称，《大同书》是中国"最有系统、最有想象力的"乌托邦作品，康有为不但是"中国第一个乌托邦作者"，也是"中国最伟大的乌托邦思想家"。[2] 这两个人的政治和思想立场明显不同，但他们都同意，《大同书》在中国思想史上占据了一种开拓性的地位。

然而，经过一个多世纪的奔波，大同之梦如今看来已成明日黄花：它那辽远的地平线早已消失在人们的视线之外，连一度曾如海市蜃楼般浮现的幻影，也无处寻踪。两相对照，不禁令人怃然而又困惑：在这种情势下重读《大同书》，究竟有何意义？也许有人说，人类需要大同理想，康有为的著作则是其永不枯竭的灵感源头。不过，我的抱负平凡很多：我不要再次检视大同理想和实践的可能，而是想借助对此书的重

---

[1] 毛泽东：《论人民民主专政》，新华日报社（出版地不详），1949年，第4、2页。这篇文章发表于中华人民共和国成立前夕（1949年6月30日），很显然带有总结中国革命历史经验的意味。
[2] 萧公权：《近代中国与新世界：康有为变法与大同思想研究》，汪荣祖译，南京：江苏人民出版社，1997年，第438、387、449页。

审,考察近代中国影响深远的思想转型。大同看来只是一个理想,但我希望证明,在它和近代中国的历史实践之间,存在着一条并不隐秘却很少被人正视的通途。理想和现实相互映射,必须放入同一进程理解。

但是重读《大同书》又岂是一桩易事?我们不能仅仅沉迷于它所描画的那个完美世界,一味对之欢喜赞叹,而必须在这幅蓝图背后,寻找它的设计理念及其思想风格——事实上,这正是理想和现实之间自由转关的隘口。同任何一种力图超越时空的想象一样,《大同书》也扎根于某一特定的历史情境。因此,在打开其封面之前,我们不妨首先了解一下使其诞生成为可能的那些思想前提。

一、在全球化和地方化的力场中

近代中国人所说的"大同",往往包含了多层意涵。不过,一般来说,它首先令人想到一种全球视野或全球进程,用梁启超(1873—1929)的话说即是:"必破国界而后可言大同。"[1]"大同"与"国界"相对。但同时,这个概念也往往关联到一些地方(相对于全球,国家亦地方也)向度——这两个层面当然相互龃龉,却也时常缠绕共生,形成一种颇具启发性的张力,为我们解读《大同书》提供了基本视角。

毫无疑问,今天的世界仍运行在全球化轨道上(至少部分响应了康有为的设想),但也面临重回封闭的危险:由移民、疾疫、信仰与习俗冲突以及民族自尊心导致的日常危机,正迫使许多开敞的国门再次虚掩,做出随时闭关的姿态。这不值得过分惊异,在人类历史上,开放与封闭从来都如影随形。全球化和地方化看似背道而驰,但也是同一进程的孪生子:它们之间的争战往往以"全球地方化"告终,并通过

---

[1]《湖南时务学堂初集·札记》中梁启超批语,收在湖南时务学堂编:《湖南时务学堂遗编》,邓洪波、彭世文校补,长沙:湖南大学出版社,2017年,第281页。

制造"现代国家"的方式将世界变成"国际"。另一方面,任何一种真正的全球理想,也都无法完全摆脱其地方性叙事,而且只能通过后者产生;更不要说在很多时候,全球化不过是某些地方欲望和利益的表达,也由此成为不同国家、民族和文化的竞逐目标。全球化和地方化构成一个互斥又相吸的力场,任何闯入其间的物事,都无法避开其拉扯。[1]

近代中国自始即处在这一力场的塑型下。在19世纪之前的早期近代世界经济体系中,中国一直扮演核心角色,并从中受益良多:除了白银等可见因素外,也包括对外部世界的一手经验和灵活的交往方式;然而,其旧有的世界图景并未在意识层面受到挑战。[2]直到西人兵临城下,才迫使中国人更清楚地意识到,自己所在的是一个万国对峙的"世界",要立足其间,就不得不向列强看齐,努力成为一个"现代(民族)国家"。

这一不无辩证意味的认知,可以从"天下"一词在近代的变化轨迹看出:它同时向"世界"和"中国"两个层面转换。[3]这当然是因为"天下"原本就包含广、狭二义,[4]为此裂变提供了潜能,但更直接的动能仍来自全球化和地方化的综合力场:它们是同时作用于"天下"的两极,并由此彰显二者的同源性。对此局势,康有为曾有一直白的说明:"昔者吾中国号称天下,故人无国籍",而"今则列国并立,必

---

[1] 任何时候,我们提到"全球",其实都身处某个特定的"地方"。对此,近年有学者提出"将全球再地方化"(relocalizing the global)的口号,试图激活我们对自己所在"地方"的敏感(Bruno Latour ed., *Reset Modernity!*, Cambridge, MA and London: The MIT Press, 2016, pp.51–54)。但很显然,此处的"地方"仍是和"全球"在一起的。
[2] 葛兆光:《宅兹中国:重建有关"中国"的历史论述》,北京:中华书局,2011年,第67—68页。
[3] 罗志田:《天下与世界:清末士人关于人类社会认知的转变——侧重梁启超的观念》,《中国社会科学》2007年第5期,第191—192页。
[4] 必须意识到,"天下"不仅是一个自然空间的概念,在传统中国,它更代表了一种文明秩序:在其中,中国是天下的中心,既和四夷一起共享(空间意义上的)天下,也可以单独表征(文明意义上的)天下。

当有国籍"。[1]"国籍"是"天下"破裂的结果。要成为现代意义上的"中国",就必须自觉步入"世界"。

由此,这一力场成为我们重读《大同书》的初始语境和参照线索。从世界范围看,19世纪和20世纪初,乌托邦思潮风靡全球,涌现出众多取向各异(社会主义、共产主义、无政府主义)的理想社会方案,[2]《大同书》是其中唯一一份出自中国人之手的设计蓝图。[3]康有为巨细靡遗,悉心营造了一个理想社会,其价值观之激进、想象力之奔放,都令人咋舌;更使人印象深刻的,是其远迈前贤的品位:在西方漫长的乌托邦文学史上,[4]完美社会的方案一直被局限在国家甚至城邦范

---

[1] 康有为:《与陈焕章书》(1912年7月30日),第337页。本书所用康有为著作皆出自姜义华、张荣华编:《康有为全集》,北京:中国人民大学出版社,2007年。为节省篇幅起见,正文不再出示册数,相关信息一并见于本书"征引文献"。

[2] 有些甚至已经付诸实施,有关情形参看让-克里斯蒂安·珀蒂菲斯(Jean-Christian Petitfils):《十九世纪乌托邦共同体的生活》,梁志斐、周铁山译,上海:上海人民出版社,2007年。陈时伟的研究发现,康有为、梁启超在1903年、1905年分别参观过福音派牧师约翰·亚历山大·陶威(John Alexander Dowie, 1847—1907)在美国伊利诺伊州锡安市创建的一个乌托邦社区,这对他们的"大同"观念产生了不同程度的影响。参看《寻找海外的乌托邦:康有为、梁启超20世纪初年访问美国"天国"之行述论》,收在马敏主编:《近代史学刊》第29辑,北京:社会科学文献出版社,2023年,第55—88页。

[3] 美籍日裔历史学家入江昭(Akira Iriye)将康有为的大同说列入19世纪末20世纪的"文化国际主义"思潮(*Cultural Internationalism and World Order*, Baltimore and London: The Johns Hopkins University Press, 1997, pp.46-47)。不过,至少从字面看,康有为向往的是"去国"的世界,自无"国际"可言。

[4] 有学者曾统计1516—2009年西方出版的较重要的乌托邦作品,竟有82部之多(杨晓雅:《乌托邦备忘集:一本学术研究》,香港:时代经典出版社有限公司,2024年,第108—111页)。不过作者使用的标准比较宽泛,因此里边不但包括了《我们》《1984》等"反乌托邦"作品,而且也包括《鲁滨孙漂流记》《格列佛游记》等,甚至《共产党宣言》这样一般不被视为乌托邦作品的著作。事实上,在我看来,"乌托邦"传统比较典型的作品包括柏拉图的《理想国》、托马斯·莫尔(Thomas More, 1478—1535)的《乌托邦》、弗朗西斯·培根(Francis Bacon, 1561—1626)的《新大西岛》、托马斯·康帕内拉(Tommas Campanella, 1568—1639)的《太阳城》、约翰·凡·安德里亚(Johann Valentin Andreae, 1586—1654)的《基督城》、詹姆斯·哈林顿(James Harrington, 1611—1677)的《大洋国》等。它们都是"对一个理想社会的细节化和系统化的描述"(Vita Fortunati语,转引自杨晓雅:《乌托邦备忘集:一本学术研究》,第131页)。

围内——尤具反讽意味的是，其中大部分作品写在"新世界"发现之后；[1]而且，与它们的"无时间"性相应，这些乌托邦往往被置放在一个"遥远的、不可及的地方"。[2]《大同书》（其作者来自一个"半殖民地"）则把整个世界当作思考对象，使它成为一个"可及"之物。[3]在此意义上，它是中国历史上第一个"世界主义"（而非"天下主义"）的文本，也是世纪之交的中国人努力把握全球化的一次自觉。[4]

---

[1] 莱纳·福斯特（Rainer Forst）：《冲突中的宽容：一个争议性概念的历史、内涵与当下境遇》，马飞、余玥等译，上海：上海人民出版社，2023年，第93页。当然，这只是就乌托邦文学传统而言。从18世纪开始，欧洲就出现了以永久和平为目标的国际组织构想，但它和乌托邦是来源不同的两个传统。世界主义的乌托邦方案在欧洲也是晚近的产物。李约瑟（Joseph Needham, 1900—1995）把《大同书》称为"韦尔斯式的"（Wellsian）著作（《时间与东方人》，收在《文明的滴定：东西方的科学与社会》，张卜天译，北京：商务印书馆，2016年，第247页）。此处"韦尔斯"（或译"威尔斯"）即20世纪初英国作家赫伯特·乔治·韦尔斯（Herbert George Wells, 1866—1946）。有关韦尔斯的乌托邦思想，参考 Gregory Claeys, *Utopianism for a Dying Planet: Life after Consumerism*, Princeton and Oxford: Princeton University Press, 2022, pp. 343-352。李广益也注意到，《大同书》和韦尔斯的《现代乌托邦》（*A Modern Utopia*）都具有"与过往乌托邦作品不同的崭新特征"，即"世界性"。见《世界乌托邦的兴起——以〈大同书〉和〈现代乌托邦〉为中心》，《励耘学刊》2019年第2辑，北京：社会科学文献出版社，2019年，第22—31页。

[2] Yi-Fu Tuan, *Space and Place: The Perspective of Experience*, Minneapolis and London: University of Minnesota Press, 1977, p. 122.

[3] 如果说"去国界"对中国人来说是一件迫在眉睫的好事的话，在康有为心中，"去级界"本非中国的急务，"去种界"更是在大多数中国人关怀的范围之外，但它们都是《大同书》专心思考的对象，可见康有为的关怀并没有完全被眼前的局面所限。

[4] 晚清也有一些更接近传统类型的"乌托邦"文本，比如吴趼人（1866—1910）在《新石头记》里描写的"文明境界"，就是一个相对封闭的国度，仅和外国有贸易和知识往来，和莫尔的"乌托邦"极为相似。不过，那里也有一个（由中国皇帝担任主席的）"万国和平会"，其目标"不仅求万国国家和平而已"，而是"为全球人类求和平"，大力倡导种族平等、"和平主义"（收在《吴趼人全集·社会小说集》上册，刘敬圻主编，哈尔滨：北方文艺出版社，2019年，第573页）。需要说明的是，我这里说的"世界主义"主要是从政治—地理角度出发的，并不同于建立在多元文化基础上的"世界主义"——后者需要的是"含糊的边界"（blurred boundaries），而不是毫无边界，是对"社会与文化差异"的"超越"，而不是"抹杀"（Pnina Werbner, "The Cosmopolitan Encounter: Social Anthropology and the Kindness of Strangers," in Pnina Werbner ed., *Anthropology and the New Cosmopolitanism: Rooted, Feminist and Vernacular Perspectives*, Oxford and New York:［转下页］

不过，我们也必须意识到，《大同书》的高远视角和博大胸襟与其所由产生的逼仄环境之间存在巨大落差：19世纪末20世纪初，中国正处于列强虎视之下，当务之急是迅速蜕变为一个"现代国家"，救亡图存，富国强兵，以换取一张"文明国"俱乐部的入场券。事实上，这也是康有为终生以之、未尝稍懈的奋斗目标。但在《大同书》中，他更像一位从高空俯视大地的智者，既能深刻共情人间的无量愁苦，又能从容规划人类的永恒幸福；在其计划中，"国家"是人世苦痛的源泉之一，因此也是必须克服的对象——将这两幅画卷并置而观，其抵牾冲突一目了然。

部分答案或可从康同薇（1878—1974）、康同璧（1880—1969）姊妹合编的《康南海先生诗集》中找到：此书的开卷之作是《大同书成题词》，紧随其后的是《爱国歌》。大同和爱国是康有为思想中的两个根本主题，并行不悖，也密不可分。前者是人类发展的必然归宿，国家的消亡是其中关键一环，从终极尺度看，作为国家的中国自在亡失之列——事实上，在康有为看来，这正是中国文化的特色和伟大之处；但另一方面，通往大同的前半赛程通过人群相竞的方式展开：弱小国家无法逃脱被吞灭的命运，胜利者亦将因此而更为强大。此时的人性也远未达到至善境界，亡国者的悲苦令人不忍直观——这已由康有为在印度的亲历所见证。[1]因此，中国绝不可以中道崩殂，必须坚持到国家吞并战的最后一程。解决中国自身危机和构建人类大同乃是不同历史时期的任务，我们无须为了其中一个而放弃另外一个；相反，在

［接上页］Berg, 2008, pp. 50, 51）；而贯穿康有为大同世界的精神则恰好相反，它在意的是一统而不是多元（详论见本书第六章），目标也不是"界"的彼此开放，而是"界"的彻底消除。

[1] 康有为：《印度游记》，第509—550页。更重要的是，在康有为看来，在大地诸国，印度的国势与中国最为相近（见《与同学诸子梁启超等论印度亡国由于各省自立书》，第334页），其教训自然最值得关注。

某种意义上,"爱国"是通向"大同"的必经站点。[1]

鲁迅(1881—1936)曾把近代中国盛行的主张分作两大阵营:"一曰汝其为国民,一曰汝其为世界人。"[2]《大同书》无疑属于后一阵营。不过,我们也不难在其中发现"国民"的关切,现实中国不但没有从中消失,反而构成一个必须时时参照的隐形文本。德里克(Arif Dirlik, 1940—2017)讨论中国无政府主义的兴起时说:"虽然无政府主义可能不利于中国政治中占支配地位的国家主义倾向,但它在中国产生的最初的影响力是由于它与根植于新的国家主义的主题发生了共鸣。同样,国家主义政治话语也提供了用来表述无政府主义的语言,特别是在无政府主义出现的最初阶段。"[3]这番议论对《大同书》也同样贴切。在此意义上,把它看作现代中国国家意识的另类表达,应是可以成立的。

但一部以全球为导向的著作,如何承载国家视角?至少有五方面因素值得考虑。首先,19世纪以来的中国接连遭遇前所未有的沉重打击,给国人心灵造成重创,大同观念则像是一个象征性的疗愈方式。[4]

---

[1] 在近代中国,将这两个看似相反的主张放在同一历史进程中的人很多。比如一名三民主义的拥护者就宣称,三民主义中民族主义的最终目标就是世界大同。参见王汎森:《反主义的思想言论——后五四政治思维的分裂》,收在《启蒙是连续的吗?》,香港:香港城市大学出版社,2020年,第294页。
[2] 鲁迅:《破恶声论》,收在《鲁迅全集》(编年版)第1卷,北京:人民文学出版社,2014年,第147页。
[3] 阿里夫·德里克:《中国革命中的无政府主义》,孙宜学译,桂林:广西师范大学出版社,2006年,第49页。进一步的阐述又见第72页。
[4] 胡志德(Theodore Hunters)已注意到这种通过"想象"终结西方霸权的方式(*Bringing the World Home: Appropriating the West in Late Qing and Early Republican China*, Honolulu: University of Hawaii Press, 2005, p.164)。此外,它对康有为个人来说,也是一项疗伤的努力:随着维新运动的失败,他不得不在纸面上营构自己的理想,而这里的权力场比他实际遇到的要广阔得多。可以作为对照的是,莫尔的《乌托邦》也写在一个新旧交替的时代,"一些重大历史事件背后的真正意义还难以判断",令人紧张。在这种情形下,"幻想"成为"解除自身忧虑和恐惧的方法"。事实上,有学者认为,乌托邦的冲动和忧郁症的情感有关。详论参看杨晓雅:《乌托邦备忘集:一本学术研究》,第49页。

如果"世界强权政治通过瓜分世界幻想出了整体图像",[1]那么近代中国人就是通过被瓜分的危险而想象这个图像的。我们必须注意到,甲午前后是现代"大同"观念兴起的关键时期(参见本书第一章):这一时期最大的事件是中国在甲午战争中的惨败。它如同一股惊天巨浪,将中国知识人的整个价值世界打得一片狼藉。救国图存成为时代的最强音,然而,这一时刻,瞄准全球极乐的大同观念也第一次在中国唤醒那么多杰出头脑的沉醉:现实和未来同时起航。

《大同书》是被它所由诞生的历史时刻启动的,它也不能够脱离这一时刻去解释:怎样理解一个通过殖民和侵略而将全球联系在一起的新时代,尤其中国还是被侵略、被殖民的一方?康有为的做法是将"现实"放入历史的长程时段中,转变成一股其自身都未觉察的动力源泉,进而消化眼前这个"异物"。现实中的国家失败可以从未来的世界寻求安慰。尽管不能代替现实改革的必要,但大同理想有助于人们用相对更轻松的方式超越痛苦:在那个废除了国界和种界,人人平等、自由、文明和幸福的社会里,一切曾经带来不可逃避的创伤而又难以逾越的鸿沟(强弱、贫富、文野)都变得无足轻重,因为无法抗拒外来侵凌而盘结郁积的痛苦,也将因此获得终极性的补偿。[2]通过和世界在一起,中国也和世界一同获得救赎。

其次,康有为强调,大同是孔子早就预言过的。他时常引用《中庸》"百世以俟圣人"一句,而特别瞩目于其中"百世"二字。这句话本意是说,"君子之道"恒常永久,即使百世之下有圣人出现亦不移其

---

[1] 齐格蒙特·鲍曼(Zygmunt Bauman,或译齐格蒙·鲍曼):《全球化:人类的后果》,郭国良、徐建华译,北京:商务印书馆,2001年,第56页。
[2] 这是中国近代知识分子相当普遍的一种心态。它的另一种表现是,强调西方的进步不过是最近一两百年的事,因此,只要中国能够奋发图强,就可迎头赶上,甚至获得反超机会。参看王东杰:《"反求诸己"与晚清思想界对进化论的认知》,收在《历史·声音·学问:近代中国文化的脉延与异变》,北京:东方出版社,2018年,第20—21页。

矩矱。与之用法类似的，还有《论语·为政》"其或继周者，虽百世可知也"，意为历代制度因革损益，未来即使有变，亦不会毫无所凭。这些"百世"都是平实之辞，在康有为笔下却变为神秘的预见：孔子生当乱世，所言多是小康，但古人以三十年为一世，故"百世以俟圣人"意味着孔子"预计据乱小康之法，只行三千年中，尔后则先行升平，皆平世大同法也"。如今百世之期已近，正当"由据乱而入升平"之时，应有"后圣"出，"续制新义"，以"发挥"孔子"升平太平大同之道"。[1] 这样，百世就变成对"三千年后圣人"的具体悬记。[2] 不消说，那"圣人"就是康有为自己（参看附录一）。

汉代今文学家说孔子修《春秋》是为汉家立法，而在康有为心中，《大同书》也是他为未来预订的法典。[3] 从托古改制角度看，大同为空言，必须依托实事，故无论古人（孔子）还是古书（《礼运》），实际上都只是康有为所"托"的对象。他当然是想借此自我神化，但也有将未来主导权锁定在中国人手中的意图。1897年，梁启超在湖南时务学堂讲学，就坦然道："彼西人之所以菲薄吾教，与陋儒之所以自蔑其教者，由不知孔子之所以为圣也。"因此必须"取六经义理制度，微言大义，一一证以近事新理以发明之"，使人们意识到孔子学说足以"垂法万世，范围六合"，[4] 才不会被人轻视。孔教是否得胜，全赖国人能否证明其无所不有（特别是将西人新说包罗在内），它是中国的，也是世界的。康门师弟的一段幽微心曲，在此和盘托出。

---

[1] 康有为：《中华救国论》，第326—327页；《春秋笔削大义微言考》，第310页。类似的表述，又见《中庸注》，第388页；《孟子微》，第425页；《礼运注》，第553页。

[2] 他甚至宣称："大地各国略近，三千年皆大变，亦自然之数也。"《论语注》，第512页。

[3] 康有为颇喜自认先知。他甚至自称曾"预想及"火星上的山川、动植、政教、风俗等情形，"撰一《火星志》"。将来若能由"无线电机"得知其上情形，"必有"与自己所想相同者（《诸天讲》，第45页）。然而目前我们所见其著述中并无此书，大概也只是随口说说而已。

[4] 梁启超：《学约十章》，收在湖南时务学堂编：《湖南时务学堂遗编》，第9—10页。

尽管康有为和另一位近代今文学家廖平（1852—1932）对未来图景的描述差异不小，但结构却非常类似。[1]廖平同样主张，历史的演变完全不出孔子的意料：凡西学"有价值的部分"都早经孔子道出，只是被后人误解或遗忘了，因而实际也是中国失落的传统。后来他变本加厉，更认为"西方近代的种种在中国春秋以前已经存在了，但孔子拨乱反正，拒绝了这些卑陋的东西，提出道德纲常等伟大的道理"，故中国的进化水平远在西方之上。[2]廖平学经多变，但也一直试图把近代西方文化纳入孔子的前知范围。用其弟子黄镕（生卒年不详）的话说，就是要"证明孔学之大，充满全球"。[3]

第三，《大同书》的基本价值结构也是由中国传统提供的。它主要表现为三个支撑性的观念：一是"仁"或"不忍之心"。这既被康有为描述为写作此书的心理依据，也是贯彻全书的价值目标。二是对人情、人欲的肯定。南海认定，儒家的伦理规范是围绕人的需求展开的，一切制度如宫室、饮食、衣服、礼乐，莫不如此。这也是康有为设计大同制度时遵循的准则。三是《春秋》公羊"三世说"。这套在东汉后已很少被人提及的学说，随着晚清今文经学的兴起而再度进入学人眼帘，复经康有为等人有意识地改造，几乎成为中国土产的社会进化学说（详见后文）。它提供了一个基本的时间架构，使康有为可以将大同理想和现实中国的需求连接一气，各得其所，相辅相成。

---

[1] 本书无意介入康有为是否抄袭廖平的旧案。最近对此问题的研究，参看刘巍：《重访廖平、康有为学术交涉公案——关于"新学伪经"说之偷意与升级版"孔子改制"论之截获的新探》，《齐鲁学刊》2019年第4期，第34—64页；吴仰湘：《重论廖平、康有为"学术公案"》，《中国社会科学》2020年第4期，第181—203页。
[2] 王汎森：《从经学向史学的过渡——廖平与蒙文通的例子》，收在《近代中国的史家与史学》，上海：复旦大学出版社，2010年，第71—72页。
[3] 黄镕：《五变记笺述》卷上，收在廖平：《廖平全集》第2册，舒大刚、杨世文主编，上海：上海古籍出版社，2015年，第558页。

第四,在《大同书》的全球视野和中国传统天下观之间存在一种隐形的承递与转换关系。事实上,张灏已经指出,近代中国人潜藏的"天下"情怀使得他们的乌托邦主义既可以是国家主义的,也可以是道德世界主义的。[1]在后一意义上,"中国"是一种导向自我消亡的文化,她越是成功地将自己消亡,就越是成功地做了自己。当然,如前所述,康有为也清楚意识到,现实的中国处于"列国并立"之中,之前用于界定"一统"之世的"天下",早已不再是一个恰切的术语。因此,他很少在正面描述的意义上使用这一概念,而是改用"大地"一词。不过,他的大同理论本就和"天下"意识有密切关系。按照公羊三世说,太平世的特点是"天下远近大小若一";康有为提到这句话,则常把"天下"二字略去,说成"远近大小若一"。[2]很难知道他是否在刻意回避这两个字,但有关太平的叙述本就和"天下"联系在一起,康有为的思考亦不可能完全避开这一原初语境。

实际上,在梁启超1897年的一篇文章中,我们就不难发现二者的隐秘关联:"孔子之作《春秋》,治天下也,非治一国也。治万世也,非治一时也。"[3]此处虽然没有明说,但显然指的是大同学说。所谓"治天下"(与"治一国"相对),也就是"治全球"。其时梁氏还在努力发挥他在万木草堂听闻的大同学说,而此言实际上就来自康有为的课堂指授(参见后文)。这一情形有助于我们理解前边提出的那个谜题:康有为何以能够跳出西方乌托邦文学传统的局限,一开始就在一个"超国家"的宏大尺度中构想他的完美社会?离开中国思想传统中

---

[1] 张灏:《再论中国共产主义思想的起源》,收在余英时等:《中国历史转型时期的知识分子》,台北:联经出版事业股份有限公司,1992年,第57页。
[2] 其例甚夥,如《圣学会后序》,第265页;《春秋董氏学》,第324页;《孔子改制考》,第96页;《中庸注》,第387页;《春秋笔削大义微言考》,第17页;《补奥游记》,第396页。
[3] 梁启超:《〈春秋中国夷狄辨〉序》,收在《梁启超全集》第1集,汤志钧、汤仁泽编,北京:中国人民大学出版社,2018年,第250页。

"天下"取向的影响,这是难以理解的。[1]

最后,大同社会也可以看作康有为将其对现代国家的想象推向全球层次的结果。萧公权指出,康有为的思想同时"立足于"对"实际事务"的"关注"和"超脱现实"的"想象领域"之间。[2]救国当然是最切近的主题,但并不意味着放弃对终极理想的探求。这两个时空并非遥不相及,而是承载着同一种欲求。因此,《大同书》提供的虽是一个与人类多数历史经验断裂的社会治理方案,但也保留甚或扩展了不少前大同时期的元素,比如"统一":康有为认为,这是中国最可宝贵的历史经验(因此他强烈反对任何有可能导致中国分裂的举动,比如革命),也是实现全球大同的前提。不过,也有一些元素是中国传统匮乏而亟待强化或弥补的,其中最重要的就是,通过详密规划、计算、管理和监控达成的"纤悉之治":它同时是近代中国改革所要达致的最重要目标和大同世界的首要组织原则。事实上,大同对民族国家的超越,恰好暗示出后者是前者成立的社会条件。

康有为耽迷于无微不至的治理模式,不断回到这一主题,我将在本书做详细考察。这里要强调的是,这一特征使我们注意到理性主义路线在其思想中的核心地位:正是这条路线将他的现实关切和理想构建贯穿成为一个整体。无须特别强调,我所说的理性主义不是在哲学意义上,而是政治思想意义上的。根据以赛亚·伯林(Isaiah Berlin,1909—1997)的解说,理性主义相信"通过理性和受控制的观察",就可以发现世界"普遍而固定的规律",并将之运用于社会

---

[1] 韩南(Patrick Hanan)说,与吴趼人《新石头记》中的文明境界"相对的不是传统的中国,而是现代的西方"(《吴趼人与叙事者》,收在《中国近代小说的兴起》,徐侠译,上海:上海教育出版社,2004年,第187页),其实是个误解。和康有为一样,吴趼人的批判同时指向"现代西方"和"传统中国",但也各自从中借鉴了不少东西;这正好像"天下"是"中国"的,但也指向"世界"一样,我们必须同时考虑所有层面。
[2] 萧公权:《近代中国与新世界:康有为变法与大同思想研究》,第363页。

改造。[1]齐格蒙特·鲍曼（1925—2017）则把"理性"及其周边一系列概念看作"现代"的典型标志："现代——理性的、有计划的、科学信息化的、专门的、被有效管理的、协调一致的……"[2]对于世纪之交的中国人，这代表了一种全新的政治理念。中国要实现富强，获得与列强平起平坐的资格，就必须完成这一转变。只有这样，中国才能成为一个真正的"（现代）国家"。在这个意义上，大同学说正是"国家现代性"的全球化表达。

如前所述，《大同书》的写作正值西方历史上乌托邦思潮的又一轮兴起。19世纪欧美现代性的飞速进展所导致的严重社会不公和深重苦难，促使有良知的人们去寻找一种更加合理的社会制度。也就是说，我们可以把乌托邦思潮看作对现代性畸形膨胀的反动。然而，令人困惑的疑问也正出现在这里：那时的中国人还远未尝及现代性的真正滋味（即使见多识广如康有为本人，对之也不过是走马观花而已），何以会产生《大同书》这样一本与之发生强烈情感共鸣的著作？

本书在结论部分还将对此做更详细的分析，这里只能做一个初步梳理。简单说来，我想求助福柯（Michel Foucault，1926—1984）的一个观察：欧洲近代早期兴起的国家观倾向于管治臣民活动，直至其"最细微和最纤细"的地方。这种过度干预被自由主义观念激烈批判，但同时后者又因担忧日常的危险而再次促成了"控制、约束、强制手段的惊人扩张"，"重新掌控个人行为直至其最微小的细节之处"。[3]两

---

[1] 以赛亚·伯林：《休谟和德国反理性主义的起源》，收在《反潮流：观念史论文集》，冯克利译，南京：译林出版社，2002年，第194—195页。

[2] 齐格蒙·鲍曼：《现代性与大屠杀》，杨渝东、史建华译，南京：译林出版社，2011年，第120页。

[3] 本段和下段，见米歇尔·福柯：《生命政治的诞生》，莫伟民、赵伟译，上海：上海人民出版社，2018年，第10、85、323—324页。

种相反的治理观念殊途同归,意味着理性主义原则内在地包含于"现代国家"本身。为了反抗现代性的不公,乌托邦思潮也沿用了理性主义的思维方案,虽然不无反讽,却并不出人意料。

那一时期努力追求"现代化"的中国人当然未必真正清楚"现代性"的来龙去脉,但是通过对"文明国"政治和社会生活的观察与想象,一些敏感的心灵直觉地捕捉到现代治理的"神髓"。作为"现代性"的理性主义犹如特洛伊木马一般,经由"现代化"过程被吸纳进后发国家。因此,如果我们发现,按照康有为的描述,大同世界中的"类夫妻关系"只是一个人口再生产的单位,惊人地神似于20世纪后半期新自由主义在"企业"模式下对家庭的探索(不同之处是,新自由主义者心中的家庭合同是长期的),似不应对这种"时空错位"过分惊异:它只是再次表明,康有为准确地提取到了"现代性"的核心而已。

这也就是为什么我们必须把《大同书》这个"超国家"文本放在"现代国家"的思想情境中来理解——自然,这并不意味着"国家"背后浮现的"世界"图景就可以被忽视:世界既是国家生成的舞台,也是大同理想投射的空间。但它让我们意识到,无论是对世界的想象还是对国家的想象,都产生于一个由全球化与地方化共同作用的力场——而它们已经相互长入对方肌体,成为彼此的一部分,无法剥离。

二、历史进步的终端

孔教会发起人、康有为的弟子陈焕章(1881?—1933)在1922年为《经世报》所写发刊词中声言,对儒家经世学说的最好阐释莫过于《春秋》,而《春秋》经世说有"横""竖"两义。其中"横"义指空间:家、国、天下等不同层次皆在孔子的"治统之内",乃至"天亦为孔子之所临焉";"竖"义指时间,"往古来今"皆不出《春秋》治理范围,具体表现即是公羊三世说。[1]此中"横""竖"两义,亦可移来讲说《大同书》:如果说全球化和地方化的互动力场是其"横"义,那历史进化论和目的论即是其"竖"义。

晚清以来,中国人立场多元,历史进化论则是他们的最大思想公约数。在此大纛之下,当然也存在许多不同流派。而在清末民初势力最大的,要算高唱"优胜劣汰,适者生存"的社会达尔文主义。其声势之显赫,康有为亦不能尽脱其辐射范围。不过,构成康氏历史进化学说主体的,还是经他发挥的公羊三世说。此说的大义可以在创作于19世纪90年代中期的《春秋董氏学》中找到:"'三世'为孔子非常大义,托之《春秋》以明之。所传闻世为据乱,所闻世托升平,所见世托太平。乱世者,文教未明也。升平者,渐有文教,小康也。太平者,大同之世,远近大小如一,文教全备也。"[2]历史被看作普世性的渐进过程,按照据乱世、升平世和太平世的次序,逐级提升,日趋仁爱、平等、文明、和乐之境。[3]

三世说的提出是康有为大同学说发展的关键一步。学者多认为,在最迟完成于19世纪90年代早期的《实理公法全书》中,已可看到此说雏形。但那本书主要采用几何学论证方式,重点在揭示"实理"内涵,缺乏历史的透视空间,无法说明"应然"成为"实然"的可能和

---

[1] 陈焕章:《〈经世报〉发刊辞》,收在《陈焕章文录》,周军标点,长沙:岳麓书社,2015年,第381—382页。
[2] 康有为:《春秋董氏学》,第324页。
[3] 康有为有时也用"三世"指涉其他具有进化色彩的事件,如:"孔子以前,皆讲'三世'。洪水时,人与水争;周公时,人与兽争;孔子时,人与人争。"又言:"上三千年,兽与兽争。中三千年,兽与人争。下三千年,人与人争。"(《康南海先生讲学记》,张伯桢整理,第106、109页)又言:"太古人与兽争地,故人道始于猎。中古国与国争地,故成于兵。后古讲信修睦,人亦无所争,惟有驯兽。"(《日本书目志》,第523页)与他通常所说的"三世"不同,但精神上是一致的。

必然。三世说的提出则稍后于《实理公法全书》。[1] 从大同学说形成史的角度看,其价值在于,通过划分时段,将过去和未来衔接起来,使历史成为一个面向某一确定目标推进的整体过程,从而获得行动起来的可能。

从历史演进角度看,康有为三世说具有以下几个特征:首先,大同不能一蹴而就,只能阶段性推展,也就是他常说的不可"躐等"。三世中每一世都不可缺少,其意义只能放在整体中才能彰显。我们一旦知晓这一结构,就可以从"一世之治体"中"进退"推演,了解全部历史格局。其次,每一世的运行规则都不相同,甚至可能互相矛盾,"道极相反,行亦相反"。但从整体看,却"各得其宜"而"未尝小悖"。因此,评价一种制度的好坏,不能从其本身着眼,而要看它是否合时:若"适时"则虽彼此出入而各有所当,若"不当其时"则虽"圣人"亦"不能为"。学者须观之以辩证眼光:"能思其反,乃为合道;若从常道,反不合道矣。"[2] 由此,三世说便同时呈现出两种相异轨迹:一是层层外展的,三世之道一以贯之;二是不断摆荡的,三世之道各不相同。

复次,三世既用来指涉历史过程的固定时段(所谓"大三世"),同时又有相对性。其具体所指为何,读者须"善得其意,观其通,不可泥守"。比如,若以"地球未通之前"看,"则今为太平而昔为升平,

---

[1] 关于《实理公法全书》的写作年代,参考朱维铮:《从〈实理公法全书〉到〈大同书〉》,收在《求索真文明:晚清学术史论》,北京:中信出版社,2020年,第283、303—304页(注释18)。房德邻认为,康有为三世说形成于1892年以后(见其《儒学的危机与嬗变:康有为与近代儒学》,台北:文津出版社,1992年,第238页)。干春松也对此说的形成过程做过详细考察,见其《小康到大同的社会发展路径:康有为的三世说与〈大同书〉》,收在《理想的国度:近代中国思想中的国家观念》,成都:四川人民出版社,2023年,第5—24页。

[2] 康有为:《春秋笔削大义微言考》,第57、7、141页;《中庸注》,第371、390页;《论语注》,第454页。

太古草昧为乱世矣"；"若就将来太平言之，则今亦为据乱也"。这同样适合于对儒家经典的解读。如《孟子·离娄下》："禹、稷当平世，三过其门而不入，孔子贤之。颜子当乱世……人不堪其忧，颜子不改其乐，孔子贤之。"其中所谓"平世""乱世"皆与公羊三世无关，但康有为刻意以三世说解之："孔子托尧、舜为民主大同之世，故以禹、稷为平世，以禹、汤、文、武、周公为小康君主之世，而以颜子为乱世者，通其意，不必泥也。"[1]因此，原本描述相异时空的词语，在结构的意义上是可以互换的；而历史进化就是同一结构（三世）在不同时空下不断复制和敷演（因此也不断改善）的过程。当然，这也意味着，每一个时代究竟属于何世，可由"康圣人"出于其一时所需加以驱遣和分配。

再次，三世中之每一世皆可再分三世。比如"据乱亦有乱世之升平、太平焉，太平世之始，亦有其据乱、升平之别"。如此推衍，"三世而三重之，为九世。九世而三重之，为八十一世。展转三重，可至无量数，以待世运之变，而为进化之法叠加"。再加上"一世之中，又有三统三正以待变通"，[2]遂至应变无穷。这主要是因为，历史是渐变的，"圣人之道"着眼于"千万世"，而"不以期月"。尤其在跨入新世之初，旧制"一时不能"尽除，必须权用旧形，注以新义，由此"委曲"以渐，使人民在"不知不识"中"迁善远罪"，稳入新

---

[1] 康有为：《春秋笔削大义微言考》，第39、248页；《孟子微》，第422页。
[2] 康有为：《中庸注》，第387页；《英国监布烈住大学华文总教习斋路士会见记》，第33页。同样的意思，又见《我史（附日记）》，第81页；《孟子微》，第415—416、454页；《春秋笔削大义微言考》，第17、310页；《孔教会序》（1912年10月7日），第344页等。梁启超在湖南时务学堂曾大讲三世，有"大三世""小三世"，"前三世""今三世""后三世"，"竖三世""横三世"之别，乃至于"有小康之大同，有大同之大同；有小康之大一统，有大同之大一统"。见《读〈春秋〉界说》及《湖南时务学堂第一集·答问》《湖南时务学堂初集·札记》中梁启超批语，均收在湖南时务学堂编：《湖南时务学堂遗编》，第28、92、282—283、169页。

阶。[1]从内容看，康有为的大同学说相当激进，破坏性极强，但这显然并不符合他本人的政治美学品味。事实上，通过三世的重叠，历史进程被不断微分，成为一个连续性光谱，使其得以创造出一条平滑渐进的上升曲线，淡化了不同阶段的原则性冲突，减缓了通往大同的难度。

最后，尽管人类历史遵循着一元的进化模式，但同一时间不同地区的发展参差不齐，以至出现三世"同时并见"的格局。比如，按照康有为1901年的判断，其时中国境内的苗、瑶、番、黎等族群和非洲黑人还在"据乱之乱世"，土耳其、波斯、印度正值"据乱之升平"，而美国"已至据乱之太平"。他们"各用其据乱、升平之道而不相害"。即使人种合并，地球统一之后，"终有未尽进化之人种；故至太平世，亦有太平世之据乱、太平世之太平焉"。[2]处于同一物理和世俗时间中的异质空间，就这样被纳入同一历史架构的不同阶段，建立起一种可以相互比较、衡量、协调的动态关系，既实现了多元性和一元性的统一，也维护了三世的整体结构和终极目的。[3]此说"义取渐进，更无冲突"，[4]实际也是大同理想可行性的保证。

根据某一标准，将历史划分为几个连续上升而高下判然的阶段，是随着社会进化论的普及在中国流行起来的思维方式。[5]其中，甄克

---

[1] 康有为：《春秋董氏学》，第407页。
[2] 康有为：《中庸注》，第390页；《春秋笔削大义微言考》，第17页。
[3] 朱维铮（1936—2012）认为，康有为在《春秋董氏学》中已注意到"历史现象复杂多变"，故强调一世之中有三统；及至变法失败，流亡各国，"经验随见识变异，不得不承认社会非但有时间性差异，而且同一时间同一空间还有历时性差异"，于是"将'大同'再分作三等"。故其三世说"由单一的时间序列认识，转向朦胧的时空连续体的认识"。《从〈实理公法全书〉到〈大同书〉》，第309—310页（注释58）。
[4] 梁启超：《南海康先生传》，收在《康有为全集》第12集，第437页。
[5] 历史阶段论并不等同于进步史观，不过，它在历史进步论的形成过程中起着至关重要的作用。有关讨论参考林恩·亨特（Lynn Hunt，或译林·亨特）：《史学的时间之维》，熊月剑译，北京：北京师范大学出版社，2020年，第52页。

思（Edward Jenks，1861—1939）《社会通诠》里的三阶段论（图腾社会、宗法社会和军国社会），通过严复（1854—1921）移译，在清末风行一时；孔德（Auguste Comte，1798—1857）将历史分作神学阶段、形而上学阶段和实证主义（科学）阶段，也有不小的吸引力；此外，苏格兰启蒙运动中产生的四阶段（渔猎、游牧、农业、商业）学说亦有不少追随者。[1] 不过，与这几种学说皆由西方舶来不同，三世说（至少在形式上）扎根于中国自身传统：《春秋》公羊学本是汉代今文经学的重镇，惟在魏晋以后已少有人问津，直至19世纪才随晚清今文经学的崛起而复兴。在刘逢禄（1776—1829）、宋翔凤（1779—1860）、魏源（1794—1857）、龚自珍（1792—1841）那里，三世说已成解说群经的核心观念，康有为则进一步视之为"孔子之道"的命脉根基。[2] 而他之所以青睐此说，正因其可以为历史进化论提供一块本土基石。

汉代公羊三世说几经发展，完成形态保留在东汉何休（129—182）的《春秋公羊传解诂》中。何氏承袭先师旧说，将《春秋》所记时代分为"所传闻世""所闻世""所见世"，又分别将之与"衰乱世""升平世"和"太平世"三种治理境界对应起来：衰乱世"内其国而外诸夏，先详内而后治外"，升平世"内诸夏而外夷狄"，太平世则"夷狄进至于爵，天下远近大小若一"。"所传闻世""所闻世""所见世"原本只是对《春秋》书法的总结，但经何休发挥，成了一套适用更广的历史观。这套说法展示了王化由内至外、由乱而治，终及天下太平的过程，乍看颇具进化色彩，但事实上，不但汉代公羊三世说不含进化意味，而且直到魏源都还将其放在历史循环的背景下理解。它真正成为一种"一进不复退"的历史进化观念，正是在

---

[1] 王汎森：《中国近代思想中的"未来"》，收在《启蒙是连续的吗？》，第156—158页。
[2] 康有为：《春秋董氏学》，第324页。

康有为手中完成的。[1]

学界以前一直争讼的一个问题是,将公羊三世说改造成为一个历史进化理论,究竟是康有为本人的独立发明,还是经由西方进化观念的启发?在海外流亡期间,康有为曾在题赠新加坡华侨邱菽园(1873—1941)的一首诗中称:"我生思想皆天演,颇妒严平先译之。"[2]此处"严平"即指严复。南海的意思是,他在看到《天演论》的中译本之前,早就具有进化的观念,二者乃是不谋而合。[3]1904年,他再次强调自己"二十余年未读一字西书",仅靠着"穷推物化",就得到与达尔文(Charles Robert Darwin,1809—1882)、赫胥黎(Thomas Henry Huxley,1825—1895)"暗合"的结论,可谓"东海西海,心同理同"。[4]这一说法得到康同璧、康门弟子和今日一些学者的支持。[5]

确实,早在19世纪90年代初,康有为就曾对学生谈到三世说和大同说的内容,此时严译《天演论》当然还不存在。不过,即使康有为

---

[1] 有关公羊三世说的演变及其与进化论的关系,参看王汎森:《古史辨运动的兴起:一个思想史的分析》,台北:允晨文化实业股份有限公司,1987年,第117—132、143—144页(注释78)。陈徽与余露也辨明三世说与进化论的不同,惟陈徽认为,将进化观念引入三世说的是龚自珍,康有为乃集大成者(《公羊"三世"的演进过程及其思想意义》,《孔子研究》2016年第2期,第116—118页);余露则强调,将三世说的进化意涵发扬光大的是梁启超(见其《〈春秋〉三世说与"世界进化"》,收在彭林主编:《中国经学》第22辑,桂林:广西师范大学出版社,2018年,第193—204页)。丘为君认为,即使是康有为的三世说,"在本质上"也是"借用了进化论形式的历史退化观"。见其《戴震学的形成:知识论述在近代中国的诞生》,北京:新星出版社,2006年,第72页(注释3)。

[2] 康有为:《菽园以书告译〈天演论〉者得奇女子慕而嫁之,亡人闻之,忘其忧患,以国事郁郁久矣,今日轩渠,可愈肝疾,写寄观天演斋主邱菽园》,第204页。

[3] 他自称光绪十六年初识陈千秋(1869—1895),不久即"告以人生马,马生人,人自猿猴变出"。见《我史(附日记)》,第81页。

[4] 康有为:《英国游记》,第23页。

[5] 梁启超:《论中国学术思想变迁之大势》,收在《梁启超全集》第3集,汤志钧、汤仁泽编,北京:中国人民大学出版社,2018年,第101页;康同璧:《回忆康南海史实》,收在夏晓虹编:《追忆康有为》(增订本),北京:生活·读书·新知三联书店,2009年,第142—143页;常超:《"托古改制"与"三世进化":康有为公羊学思想研究》,北京:北京大学出版社,2015年,第206—212页。

发明此义在他读到严译之前，仍不能排除他受到西学影响的可能。因为早在《天演论》翻译和出版以前，有关进化的某些观念就已经通过各种渠道传入中国。[1]另一方面，历史进步论早在"达尔文主义"之前就已形成（尽管大多数中国人是从"社会达尔文主义"那里接触到这一观念的），并且自18世纪以来一直是西方社会的主流观念之一。[2]康氏热心西学，完全可以通过阅读而知其大意（参看附录二）。事实上，很多时候，康有为对西学的接触，主要是通过一些知识和思想的碎片，而不是有系统的文本，但他的本事在于通过丰富的联想力，将这些零碎组织拼合起来，成为一个独特的思想体系。

此外，作为上述两种观点的调和，张灏（1936—2022）曾主张，康氏"同等地受到了今文经学派历史观念和西方历史观的双重影响"。[3]坦率地说，根据现存证据，我们对此问题目前尚无法做出一确凿论断，但从历史语境来看，第二或第三种观点似更具说服力。

康有为三世说的另一特色是将公羊学说与《礼记·礼运》的大同小康说嫁接起来，使之成为一个整体（参看附录三）。这是他思想中的一个关键成分，直到晚年（1923年11月）他还在强调，"《春秋》三世

---

[1] 关于严译之前进化观念在中国的传播，参考马自毅：《进化论在中国的早期传播与影响——19世纪70年代至1898年》，《中国文化研究集刊》第5辑，上海：复旦大学出版社，1987年，第262—273页；佐藤慎一：《"天演論"以前の進化論——清末知識人の歴史意識をめぐって》，《思想》第792號（1990年6月），东京：岩波书店，1990年，第241—254页。坂出祥伸指出，康有为是通过对日本图书的收集接触到进化论的。沈国威则认为，康氏虽然可能收集到相关书籍，"但是并没有读懂"（氏著，《近代中日词汇交流研究：汉字新词的创制、容受与共享》，北京：中华书局，2010年，第256—257页）。但无论如何，得到与进化观念（不一定是"天演论"版本的）相关的信息，对康有为来讲，并非一桩难事。
[2] 林·亨特：《史学的时间之维》，第95—96页。亨特还特别强调，达尔文主义本身其实是非目的论的，"尽管它后来在十九世纪的历史学家眼中有时转向了庸俗的社会达尔文主义"（第95页）。
[3] 张灏：《危机中的中国知识分子：寻求秩序与意义》，高力克、王跃译，北京：新星出版社，2006年，第59—63页。

之义"和"《礼运》大同之说"是孔教的核心。[1]但叶德辉（1864—1927）在戊戌时期就指出，《礼运》"言世运之转圜"，与《春秋》并无关涉。[2]曾深受今文经学熏陶的吕思勉（1884—1957）则说，《春秋》张三世与《礼运》大同说"实如骖靳相依"——这显然来自康有为的影响，但他马上强调，孔子本意是"认最古之时为最好，而名之曰大同，降焉则小坏，名之曰小康，更降焉则更坏，就入于乱世了。其治天下，乃欲举乱世之局，逆挽之而还于小康，是曰升平，更进而欲还于大同，则为太平"。[3]

这分明是说，大同、小康和三世说的本来面貌都是退化论的。孔子欲由乱世返太平，只是一种理想，而非对历史运行方向的描述，故也无法像进化论自诩的那样，提供一重必然性的保障。[4]相反，按照历来旧说，孔子实是"知其不可为而为之"，他所追求的理想和面对的事实胡越相背，反道而驰。孔子不向现实屈服，执着地坚持自己的理想，其伟大之处就在于此。但同样地，在康有为笔下，它被改造成为一个进化论的框架。[5]如此一来，孔子的伟大在于其预言能力，而非具体的作为。

如同西汉今文经学家一样，康有为对某些数字情有独钟，尤其是

---

[1] 康有为：《长安讲演录》，第285页。此意又见同年5月《答李参奉书》，第244页。
[2] 叶德辉：《叶吏部与段伯猷茂才书》，收在苏舆编：《翼教丛编》，杨菁点校，台北："中央研究院"中国文哲研究所，2005年，第375—376页。吴仰湘认为，《翼教丛编》的实际编者是王先谦（1842—1917）。见其《〈翼教丛编〉"编者"问题考辨》，《社会科学战线》2022年第9期，第120—135页。
[3] 吕思勉：《中国文化诊断一说》，收在《吕思勉论学丛稿》，上海：上海古籍出版社，2006年，第407页。
[4] 不过，康有为以三世说诠释孔子托古改制，拨乱反正，以至太平，启发了廖平将其《知圣篇》的"三统不能循环者"改为"三世进化表"。此说见李耀仙：《〈廖平选集〉（上册）内容评介——代序》，收在《廖平选集》上册，成都：巴蜀书社，1998年，第10页。
[5] 至于"大同"为什么被康有为选中，成为一个未来主义的口号，似可将之与"三代"做一比较。在古典中，这两个词语都指向过去。但仅就字面来看，三代是一个具体的时段，大同则是对一种理想生活性质的界定，为其顺利地转向未来提供可能。

"三"。他说："孔子创义，皆有三数以待变通。"汉代之前的文献多有三公、九卿之名，皆是"三三相成"。这就是他要以三世相叠，而有九世、八十一世之说的依据。此外，他还很重视公羊学的另一个概念"三统"，曾言："不通三统三世之义而论经，则开口便错。"[1]但"三统说"是典型的历史循环论，[2]这就使得他的进化主张变得更加复杂。章太炎（1869—1936）尝讥"世儒或憙言三世，以明进化"，然据《公羊》本义，"三统指三代，三世指一代。三统文质迭变，如连环也；三世自乱进平，如发镞也"。无论是时间尺度还是运转方式、方向，二说皆不相同，然而"妄人多掍一"。[3]康有为显然就是太炎所攻"妄人"中的重要分子，因为他便常将此二者相提并论："三统、三世皆孔子绝大之义，每一世中皆有三统"，而这样做的目的是"待世变之穷而采用之"。[4]三统括于一世，一世又非一代可了，与章氏所言《公羊》本义的涵盖关系恰好倒置：按照太炎所说，应是三统大而三世小；南海所言，则是三世大而三统小。

康有为解释三统时，引用董仲舒（前179—前104）言："有再而复，有三而复，有四而复，有五而复，有九而复。"可知他很清楚三统说的本意在于循环。不过，他说自己重视"《春秋》三统"，是为了

---

[1] 康有为：《春秋董氏学》，第370页（类似的表述又见《孟子微》，第454页）；《英国监布烈住大学华文总教习斋路士会见记》，第27页。
[2] 廖平则反对以循环说三统，以为非孔子之意。见其《今古学考》，收在《廖平全集》第1册，舒大刚、杨世文主编，上海：上海古籍出版社，2015年，第40页。
[3] 章太炎：《訄书》重订本《尊史》，收在《章太炎全集》第1辑《訄书》初刻本、《訄书》重订本、《检论》合刊册，朱维铮点校，上海：上海古籍出版社，2015年，第324页。按这里的解释，三世含有进化之义，但那是"一代"之间的事，并不指整个历史。不过，1898年初，章太炎曾对孙宝瑄（1874—1924）云："孔子所以贤于尧、舜者，尧、舜处升平世，又在上位，其所为易；孔子处乱世，无权力，其所为难也。"（《孙宝瑄日记》上册，光绪二十三年十二月十八日［1898年1月10日］，北京：中华书局，2015年，第176页）此时他并不排斥今文学，此处三世当然就不限于"一代"，而更近康说；不过他明言三世是退化，与康说又远。
[4] 康有为：《春秋董氏学》，第370页；《日本书目志》，第263页。

"取其变",而"变"也是他钟情三世说的一个原因。二者之"变"有无差别？不妨细看康有为所举三统的具体表征：

> 如建子为正月，白统尚白，则朝服、首服、舆、旂皆白，今泰西各国从之。建丑为正月，俄罗斯从之。明堂之制，三十六牖，七十二户，高严圆侈，或椭圆，或衡，或方。上圆下方，则为泰西官室之制。衣长后衽，则泰西礼服服之。即以日分，或中半或平明或鸡鸣。今泰西以日午为日分，亦在范围之中，不独建寅之时。行之二千年也。

所言全是"礼制"之别。可知三统之变与三世之变不同：后者随时俱进，有如发矢；前者则平列于同一层次之中，并无进化关系（但也并不就是循环）。如是，三世之中既有小三世，又有三统，"于时推迁，穷变通久，使民不倦"，再次表现出孔子"无方不备"的广大。[1]

康有为在光绪二十四年岁暮（约1899年初）所作《我史》中，自称在光绪十年（1884）就已发明大同学说（至少是其萌芽），"以三统论诸圣，以三世推将来"（详论见第一章）。[2] 又在1912年的一篇文章中说："孔子虑后世之泥于一端"，于"近则设三统，远则张三世，以极其变通之宜"。[3] 这两条材料中都引入了时间维度，把三世说看作包含未来视野的整体性历史规划，而三统说则是总结过往经验而形成的一种历史备选方案。以时间之"远""近"判别两说之异，与此前所言

---

[1] 康有为：《圣学会后序》，第265页；《康南海先生讲学记》，第263页；《春秋董氏学》，第370页（标点有改动。类似的表达，又见《中庸注》，第388页；《英国监布烈住大学华文总教习斋路士会见记》，第33页等）；《孔教会序》（1912年9月），第341页（类似的表达，又见《孟子微》，第454页）。

[2] 康有为：《我史（附日记）》，第64页。

[3] 康有为：《孔教会序》（1912年10月7日），第344页。这两条材料使用相同句式描述自己和孔子对三统、三世的处理，让我们再次看到，他在下意识中是以孔子自比的。

略有不同，但都把三世推向一个多少有些线性的历史进程，而用三统指涉一世之中的局部变异。因此，三统的概念提示我们，历史中存有一些无法用进化或退化衡量的事物——虽然这并不能改变历史整体进化的属性。

在论述三世和三统观念时，康有为不断从中看到"孔道之大"：或如"春夏秋冬，兼备四时"；或"无所不有，如天之大"。[1] 这一方面是要放大孔子的教导适用的范围，另一方面也是适应于收纳"异端"学说的变革需要。[2] 同时，康有为对历史中各种制度的合理性皆能加以共情，而三世说为他肯定这些不同制度中各异的价值取向提供了可能，使其成为一种调和历史（现实）与价值（理想）的议论装置。这种兼收并蓄的作风在《大同书》中不可抑制地表现出来：和一般直接描述理想社会的文本不同，康有为在肯定大同的同时，也时时回顾过往，不断提醒读者，乱世制度仍有其意义，不可一味否定（参见第四章）。孔子虽知小康的不足，而为避免"大害"之故，亦不主张妄"行太平之制"，仅是预制三世之义，以"待后世之变通以去其弊"，此正"孔子立法之至仁也"。[3] 如是，即使作为历史终极目标的大同，仍须依"时"而立，并不因其本身的崇高而获得一种不由分说的可行性。[4]

按照康有为三世说，历史是一个既定程序的展开过程，而大同作为其终端目标，提供了一把测度历史进程的标尺，我们可以据之衡

---

[1] 康有为：《孟子微》，第422页；《与日人某君笔谈》，第118页；《中庸注》，第388页。
[2] 比如："后世不通孔子三世之义，泥乱世、升平之文，反割放生为佛教，宜孔子之道日隘也。"《春秋董氏学》，第390页。
[3] 康有为：《中庸注》，第387—388页。
[4] 故三世说与大同说虽在康有为的思想体系中紧密相连，仍是各有功能的两个部分，不能合二为一。约在1920年前，康有为提醒道："今所最要者，是三世之义"，意在强调"孔子之道如春夏秋冬，兼备四时，无所不有"（《与日人某君笔谈》，第118页）。此处"最要者"即不能加入"大同义"，只可是"三世义"。

导　言　理想的历史与现实的可能 | 25

量某一社会正处于进化阶梯的哪一级。这是一种典型的历史目的论思维，而后者在中国的正统思想中素无根基，[1]亦是伴随进化论一起传入的。中国传统当然不乏对理想社会的向往，但通常会把它放在时间的开端，或时间的流程之外。比如儒家追慕上古三代不绝，而老、庄皆认其理想境界存于人类尚未被文明腐化之前，至于陶渊明（约365—427）塑造的桃源中人亦是"不知有汉，无论魏晋"——历史的脚步只能绕行于美好世界的门外。因此，正如张灏说的："区分康有为乌托邦思想和儒家社会乌托邦观念的一个显著差异在于他的时间观念"，也就是"一种强烈的未来感"。[2]作为中国历史上第一部以面向未来立意的著作，《大同书》虽然借助了大量儒家术语，但也赋予了它们一种强烈的历史目的论视角，实则倒转了儒家乃至整个中国文化传统的思维取向。

　　如前所述，西汉公羊学将孔子视作预为汉代立法的先知，故它原本存在着一种（有限度的）未来视野。康有为将孔子的这一预言家形象全盘接收，又做了两个关键性改动：第一，如前所说，他敏锐地抓住"百世"二字，并加以创造性发挥，从而合法化自己的大同构想。第二，他也因此伸展了孔子前知的时空范围，将其从汉代的立法者，转变成整个人类历史蓝图的绘制者。康有为强调，孔子"作《春秋》"，"立三统"，"非特治一世，将以治万世也"。[3]这就是前引梁启超那段话的由来。此处的"万世"，不能按他对"百世"的解释方式，理解为三十万年，而是一个虚词，言其久也。实际上，即使到了大同世，"其进化尚多，其分等亦繁"，仍需三世说的指导。孔子"为天下万世立公

---

[1] 余英时：《中国史学思想反思》，收在《人文与理性的中国》，程嫩生、罗群等译，上海：上海古籍出版社，2007年，第409页。
[2] 张灏：《危机中的中国知识分子：寻求秩序与意义》，第68页。
[3] 康有为：《康南海先生讲学记》，第121、123页。类似的表述又见其《南海师承记》，第263页。

律",其关怀远超时间和地域("不暇为区区一国计也")的局限,[1]既普世又永恒,宜乎其学说成为世间的最高真理。

以未来为导向的历史叙事,通常都有一个目的:"让尚未发生的未来影响现在",或"将未来带入到现在之中"。[2] 由是,它为世人观察问题提供了一个特殊视角:从世界大同的视野出发,中国被殖民和侵略的历史可以呈现出另一种意义——人类走向终极平等与和平的前奏。这就是前文所说"象征性疗愈"的意思。

不过,这一论说也并不完全贴合于《大同书》的实情。梁启超早就觉察到,康有为似乎并不急于推动大同的实现,甚至"竭全力以抗之遏之",表现得颇为奇怪。[3] 任公的理解未必准确,但绝非空穴来风。的确,康有为在向往未来的同时,也对传统表达了深沉的眷念。事实上,他写《大同书》的主要目的不是(或不只是)为了"将未来带入到现在之中",同时也是要证明包括大同在内的新说并未逸出孔子的预见,本质上是要把"过去"带入"现在",乃至"未来"。在这一点上,此书不同于近代中国大多数宣扬历史进步主义的著作:它激进地召唤未来,至少部分地是为了肯定传统的地位——然而,这显然并没有改变《大同书》作为一部历史目的论著作的性质。

三、书写"想象史"

康有为对孔子学说的阐释中存在一个二元模式:从内容上看,这

---

[1] 康有为:《论语注》,第393、405页。在另外一处地方,康有为曾坦承此非孔子本意,而是他自己"欲以孔道推四海而皆准,范千世而罔外"。见其《覆山东孔道会书》,第28页。
[2] 爱德华多·科恩(Eduardo Kohn):《森林如何思考:超越人类的人类学》,毛竹译,上海:上海文艺出版社,2023年,第60、53页。
[3] 梁启超:《清代学术概论》,收在《梁启超全集》第10集,汤志钧、汤仁泽编,北京:中国人民大学出版社,2018年,第276页。

体现为大义与微言、小康与大同之分,即"大义多属小康,微言多属太平",康有为视之为孔学第一要旨。[1]从载体形式看,又表现为文字与口说之异:大义著于竹帛,微言寄于口说,故孔学之精华"在口说而不在竹帛之书",在"师说"而"不在经文"。按照康有为的理解,孔子之所以这样做,是因其主张中有不少"非常异议"可怪之论,与流俗见地不同,比如"人人皆为天之子",就与时人"独以王者为天之子"的认知相反。此类言说倘若公之于众,未免惊世骇俗,故孔门师弟绝"不敢笔之于书",只能口耳相承,寄望于后世。[2]日本学者中西牛郎(1859—1930)称此说为孔教的"显密二教":"显教言大义,密教言微言。"[3]梁启超甚至强调:微言有时连"口说"亦"不能尽传",故"孔门经学最重推补"。[4]康门师弟往往撷拾经书只言片语,而大胆发挥,有时离题万里,仍能信心十足,即因其有此一信念作为基础。

这一二元结构的根本在于孔子的理想与其历史处境之间的紧张关系。康有为说,孔子"身行乎据乱,故条理较多;而心写乎太平,乃意思所注"。孔子生时只"宜行小康之法",其论述乃不得不"独详"于"小康之制",而于自己最珍视的"太平大同之义",只能"稍微其文","引而未伸"。[5]但后者毕竟是其"归宿"所在,故"孔门远志"

---

[1] 康有为:《春秋董氏学》,第324页。需要注意的是,在此书中,三世中与小康相对应者是升平世,而后来的表述则有变动。比如,1913年3月的一篇文章说:"尚有升平、太平之深微,出小康之上,犹有天下为公之大道。"(《覆山东孔道会书》,第28页)升平似较小康更高一层,则后者只能与乱世相应了。

[2] 康有为:《孟子公羊同义证传序》,第128页(类似的表述,又见《春秋董氏学》,第356页);《春秋董氏学》,第375页;《孔子改制考》,第114页。

[3] 中西牛郎:《论康有为氏之理想及事业》,见吉辰译注:《戊戌政变后〈太阳〉杂志关于康有为的两篇文章》,收在廖大伟主编:《近代中国》第29辑,上海:上海社会科学院出版社,2018年,第345页。

[4]《湖南时务学堂初集·札记》中梁启超批语,收在湖南时务学堂编:《湖南时务学堂遗编》,第180—181页。

[5] 康有为:《春秋笔削大义微言考》,第3页(引文出自该篇"自序",发表于1913年4月);《中华救国论》,第326—327页。

仍"时时行之",使后人得以在"微言之中"窥见端倪。[1]总之,孔学层次复杂,是由于现实和理想对立造成的,而《大同书》就是对孔子理想的发挥。

20世纪初的中国,人人心头弥漫着大变已至的惶惧,不知所措,又不能不有所作为。此前的一切经验都变得脆弱不堪,难于信用,让人困扰于如何应对历史风险,掌控未来。这种紧张不安为历史进化论的传播提供了绝佳时机:因为它向皈依者承诺,把控历史,将不确定性降到最低,并非是不可能的空想,而那最终的保障就在对进步的信念中。《大同书》诞生于同一种心理土壤和思想养分,深合齐泽克(Slavoj Žižek)心中那种"真正的行动":通过"回溯"孔子的"预言",康有为不但改变了中国传统思想的"坐标",也"创造"了《大同书》降生的"条件"。[2]

危机与转机大大激发了中国人的思想潜能,而一切主义都还有待试验,使得那时成了一个理想先行的时代。顾随(1897—1960)曾说:"中国幻想不发达。"他所说的"幻想"就是"理想":"人生总是有缺陷的,而理想是完美的。诗人不满于现实,故要求理想之完美。"[3]中国传统缺乏幻想,即不能超脱现实、批判现实。但近代以来,风气一转。鲁迅1919年时回忆道:"理想"的价值在清末还颇受人看重,"许多国民,也肯认理想家是引路的人";民国建成,"理想派"更是"格外举起头来"。直到"近五年以来",理想的价值方才"跌落"。[4]他所谓"理想"有特定所指,但对急于脱困的近代中国人来说,每一种理

---

[1] 康有为:《论语注》,第411页。梁启超也说,《春秋》并非"专言小康之义,特小康之条理较备耳",但"虽则如是,而大同之宗旨往往存焉"。见《湖南时务学堂初集·札记》中批语,第287页。

[2] 斯拉沃热·齐泽克:《事件》,王师译,上海:上海文艺出版社,2016年,第168—169页。

[3] 顾随:《顾随诗词讲记》,叶嘉莹笔记,北京:中国人民大学出版社,2009年,第155、174页。

[4] 鲁迅:《随感录三十九》,收在《鲁迅全集》(编年版)第1卷,第681页。

想都提供了一种救亡的可能，各具说服力，各有信奉者。

在1904年出版的《訄书》重订本中，章太炎引用日本宗教学者姊崎正治（1873—1949）的理论，宣布"理想虽空，其实力所掀动者，终至实见其事状，而获遂其欲求"。[1]而更早一些时候，梁启超就已高调宣布："理想者，天下之最大力量者也，其力能生出种种风俗、种种事业。"他批评中国传统史学的弊端，其中也有一条："知有事实而不知有理想。"[2]其实，史家以记录往事为业，知"有事实"已毕其功，是否"有理想"实无关大体。但观过知仁，我们从这段指责中，不难发现任公对理想的尊崇和渴望与另一位新派人士、小说家吴趼人试图证明"理想为实行之母"的努力，[3]出自同一心曲。

早在万木草堂时期，康有为就反复对学生强调理想的价值。不过他那时使用的还是传统词语："天下实事出于虚言。有是虚言，便有是实事。"此说与他的托古改制论有密切的逻辑关联，盖"托古"即"虚言"也。故历史中最重要的是把握"宗旨"，一旦宗旨"讲定"，"一切条理"就会自动"奔而赴之"。因此，1903年，流亡多年的康有为难耐寂寞，再次撰文参与国内实际的政制改革时，祭出了同样的法宝："有知而后有行，有虚论而后有实事。"[4]康门弟子也都继承了老师的这一主张，这几乎成为一种集体信条。不但梁启超的说法脱胎于此，还在

---

[1] 章太炎：《訄书》重订本《通谶》，第164页。
[2] 梁启超：《中国积弱溯源论》，收在《梁启超全集》第2集，汤志钧、汤仁泽编，北京：中国人民大学出版社，2018年，第254页；《新史学》，收在《梁启超全集》第2集，第499页。梁对理想的礼赞，颇得孙宝瑄赞同，见《孙宝瑄日记》中册，光绪二十八年八月初十日（1902年9月11日），北京：中华书局，2015年，第610页。
[3] 吴趼人：《小说丛话（四则）》，收在《吴趼人全集：诗·戏曲·杂文》，刘敬圻主编，哈尔滨：北方文艺出版社，2019年，第191页。在《新石头记》中，作为作者化身的"老少年"向无意间闯入"文明境界"的贾宝玉介绍各种新发明，道："这也是先由理想发出来……既有此理想，便他见诸实行。"（《新石头记》，第445页）看原文可知，此处的"理想"也就是"空想"，但在吴趼人那个时代，"理想"和"空想"的区别似乎并不重要。
[4] 康有为：《南海师承记》，第234页；《英国游记》，第13页；《官制议》，第234页。

戊戌时期，刘桢麟（生卒年不详）就发表过一篇文章，题为"实事始于空言说"，大谈"空言"垂教的意义，为已成"实事"的维新事业擂鼓助威。[1]

廖平也有同样看法。他早岁所作《知圣篇》说："孔子道不能行，乃思垂教，取帝王之成法，斟酌一是，其有时势不合者，间为损益于其间，著之六艺，托之空言，即明告天下，万世亦不得加以不臣悖逆之罪也。"[2] 其学第三变分孔学为大小统，大统有"知""行"之异，其中"知"为"空言"，"行"为"行事"。魏彩莹说，此即"蓝图与实践之意"。[3] 廖学第四变又改分儒学为天学与人学，其中天学"全为思想学"，着意于"研究空理"。[4] 这些表述都含有以空言引导实事的意思。故其弟子黄镕说："必先有学说发明于先，而后事迹从而践之。"廖平又借另一位弟子隆凤翔（生卒年不详）之口，吹嘘自己所说"在今日固托之空谈，将来必征诸实事"。[5]

"空言"与"行事"在传统学术中是一对常见术语，而古人的态度皆是异口同声，否定前者，肯定后者。廖平和康有为的看法却与前人大异其趣，不啻儒学史上一次重大的思想革命。[6] 不能不说，这和他们的今文经学背景有关。蒙文通（1894—1968）曾在廖平主张的基础

---

[1] 刘桢麟：《实事始于空言说》，《知新报》第66册，光绪二十四年八月十一日（1898年9月26日），第1—3页。此期杂志出版当日，慈禧太后下诏废除变法。但刘氏写作此文之时，维新犹在如火如荼阶段。

[2] 廖平：《知圣篇》，收在《廖平全集》第1册，舒大刚、杨世文主编，上海：上海古籍出版社，2015年，第200页。

[3] 魏彩莹：《经典秩序的重构：廖平的世界观与经学之路》，台北：联经出版事业股份有限公司，2018年，第186页。

[4] 廖平：《哲学思想论》，收在《廖平全集》第8册，舒大刚、杨世文主编，上海：上海古籍出版社，2015年，第355页。

[5] 黄镕：《五变记笺述》卷上，第565页；隆凤翔：《八行星绕日说》，收在《廖平全集》第8册，第76页。

[6] 约瑟夫·列文森（Joseph R. Levenson, 1920—1969）在评述廖平思想时已注意到此，见《儒教中国及其现代命运》，刘文楠译，香港：香港中文大学出版社，2023年，第391页。

上指出，今古文经学的一个主要差异是："古以史质胜，今以理想高。"古文主"六经皆史"，重在记录实事；今文言"托古改制"，高扬理想价值。[1]其次，他们的创新之处是把这对概念放入时间线索，将原本共时性的对立关系，转变为历时性的因果关系——如此一来，虚实之间的壁垒立时打破，历史成为"虚理"步步变现的过程。在此意义上，"空言"不"空"，只是暂未实现的"行事"而已。

廖平和刘桢麟使用了同样的论述结构和语汇，却赋予这些词语以不同意义：廖氏所谓空言具有强烈的神秘意味，是一种按定时程序打开的"预言"，尽管它实际上是通过廖平的诠释被"回溯"出来的；刘桢麟所谓空言则是世俗的、去神秘化的，基本就相当于梁启超使用的"理想"——它直面未来，虽有成为现实的能力，却也允许失败的可能。这两重相关而相异的涵义都可在康有为那里找到：一方面，他同廖平一样，试图将孔子打扮成无所不知的预言家；另一方面，当他宣称实事出于虚言的时候，差不多就是表示理想乃事实之母。[2]这一事例提醒我们注意："空言"和"理想"的语义存在着微妙而重要的差别，但它们的语义空间又紧密毗邻，关系密切以至可能合而为一，使用者可以在它们之间自由滑动，感觉不到其间的裂痕。进化论和目的论意义上的"历史"就通过这样的滑动来到中国，从此，"历史"中不只有事实/过去，而且（乃至必须）有理想/进步和未来。[3]

除了今文经学的影响，理想精神迸发的另一个动力源头是思想解

---

[1] 蒙文通：《儒家政治思想之发展》《古史甄微》，分别收在《蒙文通全集》第1、3卷，蒙默编，成都：巴蜀书社，2015年，第56、4页。
[2] 流亡海外之后的康有为阅历渐多，对理想与历史的关系也做了关键性的修正。在1913年发表的一篇文章中明确指出："夫政治非空言理想所能为也，以政治法律皆施于人民者，必与人民之性情习俗相洽相宜，乃可令下如流、施行无碍也。"见《中国颠危误在全法欧美而尽弃国粹说》，第130页。
[3] （作为一种理想的）历史目的论中存在的必然性和预言不无几分神似，但重要的是，前者并没有一个固定的时间运行表，它的必然性是结构性的，而不是"定时"的。

放。甲午之后,西学在中国蔚成巨流,各种新知破空而来,动摇了许多不言自明的传统价值,一些在过去难以接受甚至无法想象的东西,突然产生新意,或是有了实现的可能,至少不再显得那么荒诞了。[1]此时输入的新知识和新思想多是随机性和碎片化的,源流不清,系统不明,对于一知半解的读者,正好留下大量任意联结、推理和误读的空间,时人的想象力也由此喷薄而出。研究表明,清末是20世纪中国科幻小说发展的两大高峰之一(另一个是80年代)。而研究者常常提到的晚清科幻作品,有不少(以今日眼光来看)其实并不怎么"科学",更有些根本就是乌托邦文本,而《大同书》就常厕身其中。[2]这些作品大都指向一个未来境界,时人通常称之为"科学小说"或"理想小说"。

晚清的科幻文学和《大同书》至少在两个方面享有思想上的亲缘关系:首先是未来主义导向。1903年,青年鲁迅从日文转译了儒勒·凡尔纳(Jules Gabriel Verne,1828—1905)的科学小说《月界旅行》。他之所以钟情此书,是因为人类是一种"有希望进步之生物",而该书"默揣世界将来之进步",写出了"希望的进化"。[3]这一断语有着鲜明的历史进化论背景,代表了对"人"的一种新界定。从此,理想、希望、未来、进步等成为判断人生价值的决定因素,向往大同当然是其中应有之义。[4]其次,科幻文学的性质是对"理想"做出科

---

[1] 王东杰:《寻索中国文化的"另类活力"》,《澎湃新闻·私家历史》2018年2月6日,网址:https://www.thepaper.cn/newsDetail_forward_1977396(浏览日期:2023年6月15日)。
[2] 参看武田雅哉、林久之:《中国科学幻想文学史》,李重民译,杭州:浙江大学出版社,2017年。是书上册(武田雅哉著)所列科幻文学书目中,《大同书》赫然在列(第51—53页)。
[3] 鲁迅:《〈月界旅行〉辨言》,《鲁迅全集》(编年版)第1卷,第57页。
[4] 吕思勉自述云,其幼时最喜康、梁议论,而最笃信者为大同之境和张三世之说。他的根据是,"人莫不欲善,世界愈变必愈善;既愈变而愈善,则终必至大同而后已。至于大同世界,究系如何情状?当由何途以赴之?余时年少,不知考虑也"(李永圻编:《吕思勉先生编年事辑》,上海:上海书店出版社,1992年,第12页)。从这个例子中,我们不难看出进化思维是怎样为大同思想的流行奠定了基础。

学性的表述，而康有为的大同世界同样高度倚重于知识、信息、理性和计算（这也是本书要论述的主题之一）。二者不约而同，提示着有关议题的重要。

无论将大同看作一种理想还是空想，抑或其所论是否真正"科学"，它都要求创作者具有明确、尖锐而充满理据的想象力。[1] 由此，要真正理解《大同书》，就需要去考察一种"想象"或"虚构"的历史。[2] 具体来说，我想讨论的是，康有为通过什么方式来构想他的完美世界。我们当然无法复现其大脑运思的过程，但是观察一栋大楼的整体结构，可以推知建筑师的设计理念，我们也能从《大同书》的结构中获益甚多——不是要精准还原其营建的每一步骤（那既无可能也无意义），而是要考察支配康有为的大同想象，赋予《大同书》以整体节奏的原则是什么。事实上，就连其本人对此原则也未必了了：它很可能在其下意识层面运转，不过这也恰好是其重要性所在。

为何要探讨想象之物？这是因为想象并不脱离现实，反而和现实密切相关（至于具体关联方式则是多种多样，其中有些且不乏辩证意味）。加斯东·巴什拉（Gaston Bachelard，1884—1962）说："想象力乃是最自然不过的官能。"[3] 因此或者也可以说，没有比想象更加"现实"的现实了。梦，正因为是梦而变得尤其真实。它展示了人们对"应当如何"的界定，而主体的"认同"也就随之产生。[4] 实际上，这

---

[1] 想象力是这几种类型的作品共享的特征。贾立元指出，时人所谓理想小说所描写的，未必都是理想世界，比如讲外星人入侵等（见其《"现代"与"未知"：晚清科幻小说研究》，北京：北京大学出版社，2021年，第11页）。可知此所谓"理想"，更侧重于对想象的运用。
[2] 欧阳哲生已从"社会想象"这一角度讨论过《大同书》的意义，见其《康有为的未来意识与社会想象》，《中国高校社会科学》2018年第6期，第108—122页。
[3] 加斯东·巴什拉：《空间诗学》，龚卓军、王静慧译，北京：世界图书出版公司，2017年，第271页。
[4] 查尔斯·泰勒（Charles Taylor）：《自我的根源：现代认同的形成》，韩震等译，南京：译林出版社，2012年，第158页。

就是"幻想"（或者也可以理解为想象）无法"真正'无所事事'"的原因。[1] 人体中这个"最自然的官能"一直跃跃欲试，时刻准备行动起来。

需要说明的是，我所谓的"现实"，不仅指正在行进中的现实，同时也包括改革所要达到的目标。它当然也是一种"理想"——但从终极理想（比如大同）的尺度看，却又过于切近，为表达的简洁计，不妨亦看作"现实"之一种。[2] 如果说前一种现实是康有为写作《大同书》所依托的具体时空环境，也为其思想的"可能性"提供了依据（详见下文）的话，[3] 那么后一种"现实"和大同理想就具有一种明确的同构关系：康有为仿佛在使用同一柄望远镜，既眺望天涯海角，也察看肉眼可及之处，焦距虽然需要略做调整，遵循的却是同一视觉原理。

有两种想象理想的方式，第一种是将现实中的美好事物加以数量的倍增。比如，亚马逊河上游地区的印第安人认为，天堂里充斥着木薯、啤酒和鱼。他们的天堂矗立在"尘世"中。[4] 类似的想象在《大同书》中也不难发现。不过，我更关注的则是另一种想象：它不是（或不只是）尘世欲望的放大，而是性质的突破。荷兰政治学家

---

[1] 齐格蒙特·鲍曼：《全球化：人类的后果》，第35页。
[2] 用鲁迅的话说，这种现实也是一种"梦"，但它是"目前的梦"，而不是"将来的梦"——"这虽然也是颇远的梦，可是比黄金世界的梦近得不少了"。见《娜拉走后怎样？》，收在《鲁迅全集》（编年版）第2卷，北京：人民文学出版社，2014年，第360、362页。
[3] 安德鲁·琼斯（Andrew F. Jones）指出，乌托邦写作的一个悖论就在于，"如何解释作者是在现存的社会资源里想象出如此迥异的乌托邦来"（《鲁迅及其晚清进化模式的历险小说》，王敦、李之华译，《现代中文学刊》2012年第2期，第25页［注释9］）。然而，问题可能并不在于这种"想象"的不可能，而在于乌托邦的"迥异"究竟有多"异"。
[4] 爱德华多·科恩：《森林如何思考：超越人类的人类学》，第289页。晚清理想小说亦常用此法。贾立元注意到，"高阳氏不才子"（许指严，1875—1923）的《电世界》酷好"几千倍"的表述，未来世界的图纸只是现实物事的夸大，贾氏称为"千倍比例尺"。见其《"现代"与"未知"：晚清科幻小说研究》，第173—180页。

西佩·斯图尔曼（Siep Stuurman）说："迈向自由的第一步是释放想象力。要改变世界，必须能够设想出一个想象的世界，它不同于在经验上被给定的世界。"许多我们今日视如拱璧的观念，曾经都只是少数人的想象，但是"当有足够数量的人这样认为时，'现实'就改变了"。[1]大同社会与过去完全不同甚至截然相反（因此即使只是数量的倍增，也将获得一种新异的质量），我们必须以一种全新的眼光去理解它：这就是《大同书》的魅力所在。

突破性想象也可分作两种，一是努力超离现实束缚，一是在反抗现实的过程中弥补现实的缺陷，指示历史转轨的可能，并由此将我们对社会的认知推进到极限。用近代中国的流行表述说，前者重在"破坏"，后者重在"建设"。晚清两部重要的思想作品《仁学》和《大同书》，恰好就可作为这两种类型的代表：《仁学》壮怀激烈，要"冲决网罗"；《大同书》虽然也要批判旧世界，一些具体主张也相当激进，但整体的叙说态度却要温和许多，主要精力放在大同的构筑上，且时不时还有对传统和现实的辩护。

但再激进的想象也有耗尽能量之时——那是最终不能想象的东西，却也是对想象根基的提醒。在想象的边界处，想象和现实一齐停止，因为想象最终依赖的还是现实本身。即使最不可思议的异象，也映照着现实的面庞。用查尔斯·泰勒的话说，想象必须"真是可能的"。[2]因而，使其变得不可能的边界就暴露出现实中那些暂时却又必然的局限。保罗·韦纳（Paul Veyne，1930—2022）提醒我们："不可能指望古代基督教具有废除奴隶制的思想。"[3]想象可以改变现实，但问题还

---

[1] 西佩·斯图尔曼：《发明人类：平等与文化差异的全球观念史》，许双如译，桂林：广西师范大学出版社，2022年，第4—5页。

[2] 查尔斯·泰勒：《世俗时代》，张容南等译，上海：上海三联书店，2016年，第905页（注释15）。

[3] 保罗·韦纳：《福柯：其思其人》，赵文译，开封：河南大学出版社，2018年，第193页。

有另一面：想象的疆域又必须以现实为前提，它不是不可以变动，但那仍然需要现实变动在先。

查尔斯·泰勒和保罗·韦纳不约而同使用了"可能"或"不可能"。这令我们想到，《大同书》的"不可能性"是什么？前引毛泽东的话，或许就蕴含了对此问题的某一种回答。通过引入康有为从未认真对待的思路和做法，毛和他的同志们大幅修改了康有为的答案。[1]不过，他们与《大同书》的关系，更符合由齐泽克阐释的黑格尔辩证法："假定一个反抗运动开始时提出的诉求是伸张正义，一旦人们全身心地参与其中，他们便开始意识到：为了实现真正的正义，运动最初的诉求是远远不够的。"于是，"普遍维度自身被重新建构，一种全新的普遍性也呼之欲出"。[2]但这一重构也增强了"普遍维度"的力量。运动的初始目标并未被抛弃，而是以"全新"的方式得到重申。如果把晚清以来的中国历史视作一个单元，则大同理想正在其可能性乃至必然性的边线上：无论是康有为的拥护者还是批评者，身处左翼还是右翼阵营，每一个人都难逃此境，这即是必然。它的实质，也就是被某些人称为"现代化"，而被另一些人称为"现代性"的那些东西。

其实，相比起《大同书》的"不可能性"，我更想追问的是，它使得什么东西变得"不再可能"。这只有在与"前现代"的对比中才能看出。我曾论证，从思维风格看，《大同书》的典范是西来的"乌托邦"，而非中国传统的"桃花源"：它们代表了两种迥异的社会类型和思维方

---

[1] 彭明（1924—2008）执笔的一份材料说：《大同书》是"中国资产阶级"的"经典"，他们之所以"口头高叫'天下为公'，实际是抹煞阶级存在，幻想资产阶级的永久繁盛"（《关于几个历史人物的介绍》，收在《认真学习〈论人民民主专政〉》，知识书店编辑部编，天津：知识书店，1949年，第58页）。然而，这种指控和康有为的本意风马牛不相及，绝不足以服其心。

[2] 斯拉沃热·齐泽克：《事件》，第217页。

式。[1]本书是这一论点的进一步展开。如果《大同书》的出现意味着有什么变得不再可能,"桃花源"必是首当其冲——康有为这样做当然未必出于自觉,但也恰好提示了乌托邦之于现代中国的"必然性":20世纪那些未必赞同乌托邦理想内容的人,也在不同程度上共享着它的思维方式。是什么造成了这一转变?需要追根溯源,才能打开结界。而一旦察觉到某种"不可能性"的存在,我们也许就(无意)撞开了另一扇"可能性"的大门。

四、如何重读《大同书》

《大同书》向来是中国近代思想史的核心议题,热度直至近年未减。其中大多数成果聚焦于其创作年代、版本流变、思想资源等,或关注大同观念与康有为的经学、孔教思想的关联,或究心于大同的社会属性。在更大论域中,相关讨论沿两条线索展开:一是将其视为中国古代"大同传统"的接续和发扬,二是将其视作20世纪中国人寻找大同道路的发端。[2]但此前的研究者似乎满足于对《大同书》内容大

---

[1] 王东杰:《从"桃花源"到"乌托邦":〈大同书〉关于理想社会的构想》,《近代史研究》2022年第2期,第47—59页。需要说明的是,我并不赞成将中国传统的理想社会观念称为"乌托邦"(事实上,多数学者也只是从理想秩序的意义上借鉴这个词语,在我看来这近乎一种无意识的行为,林毓生[1934—2022]则对"儒家传统的乌托邦"有一明确的论证,参看其《反思儒家传统的乌托邦主义》,收在《现代知识贵族的精神:林毓生思想近作选》,丘慧芬编,香港:香港中文大学出版社,2020年,第63—74页),但本书引用其他学者的相关论著或有此一表述,读者取其大意可也。

[2] 有关《大同书》的研究,此处仅列几种代表性著作。除了前文提到的,又如伯纳尔(Martin Bernal,今通译马丁·贝尔纳):《一九〇七年以前中国的社会主义思潮》,丘权政、符致兴译,福州:福建人民出版社,1985年,第7—18页;汪晖:《现代中国思想的兴起》上卷第2部,北京:生活·读书·新知三联书店,2004年,第744—793页;汪荣祖:《康有为思想研究》,北京:新星出版社,2005年;汤志钧:《康有为的大同思想与〈大同书〉》,上海:上海人民出版社,2016年;竹内弘行:《康有为と近代大同思想の研究》,东京:汲古书院,2018年;张翔:《大同立教:康有为政教思想研究》,北京:社科文献出版社,2023年。

意的复述，而不大关注其整体和部分的构造及它们的联结方式。至于康有为究竟如何展开具体论述和论证，学者更极少关注。若把《大同书》看作一栋建筑物的话，此前的考察仿佛沉迷于指出这栋建筑本身的存在，讲述其每一个房间的装饰与功能；我的兴趣则是试图通过对建筑形式的考察，回溯设计师的思路铺展与运思风格。这个任务不能仅仅通过提炼作品的中心思想、段落大意完成，而必须注意其文本的构成、表达和组织方式。

前边曾约略谈到，康有为的大同构想具有高度的理性主义特征。为了论证这一主题，我将检视该书诸多耐人寻味的细节：俯瞰众有的目光、包罗万象的计划、对"大地统计学"的热爱、对整数的偏执、网格状铺展的空间想象、整齐有序的生命节律安排等。它们都指向同一组意义类型：价值取向上的全面、统一、集中、细密、高效、平滑、均质，操作方法上的调查、运算、设计、管理、规训和监察，二者通过科学、知识、信息和数据联系到一起。

康有为赋予大同的价值前提是，只有人人都能独立、自由、平等地满足其合理欲求，才能最大限度地实现整体的幸福和进步。但其实际思考更侧重于实现这一前提的手段：似乎只有实现了人类整体的幸福，每一个人的幸福才会得到坚实保障。这使得他的大同构想隐秘地遵循了一条以规划和管控为中心的原则。他所追求的目标和实际的思维动线南辕北辙，冲突明显。裂隙当然可以通过"辩证"方式缝合，但关键在于，康有为似乎根本没有意识到其中的分歧。对此，一种可能的解释是，二者发生于不同的意识层面：大同的价值前提是康有为自觉的追求，他对规划和管控的倚重则存于下意识中。我们不能想当然地认为：只有后一个"我"才是真"我"，有意为之的"我"是假的。事实是，任何人都是矛盾的综合体，这两个"我"都是真的。不过，由于先行研究对《大同书》的价值目标做了充分考察，本书将更注意那些有意无意间引领了大同规划的主导原则。

重要的是,《大同书》的理性主义思维方式并非康有为一个人专属。近代不少中国人在不同场合,以不同形式,不同程度地流露了类似诉求,不仅是针对理想,更是指向现实。这意味着,看似目光辽远的《大同书》代表了中国人治理观的一个重大改变:传统社会最理想的治理方式是"无为而治"或"垂拱而治",身居高位者具有垂范意义的德性修养和自我管理成为整个社会的稳定重心;如今,人们则把眼光移向社会本身,相信良好的治理是按照某种普遍公理实施的推导、规划、设计与监管的结果,对知识和信息的统计、掌握与利用则是其中的关键环节。治理观的变化又可以追溯至宇宙观层面,对无为政治的称道,源自对宇宙自身合理性的信念:万物依其自然,各得其所,即是秩序本身;对纤悉之治的向往则把合理秩序看作人为努力的结果。这里存在一个从"天然"向"人工"的转变。[1]知道了这一点,我们也就可以理解完美社会的认知典范为何不是"桃花源",而是"乌托邦"了。[2]

新主张当然不可能完全变现(正如"无为而治"也只是一个理想,并不等于实践一样),但作为一种思想机制,它引导和调节了政治实践的制度建设和行为走向。为了表述方便起见,我将这一理想称为"规划社会"(这里说的规划二字包含了前边提到的一系列价值取径和操作规程)。规划社会的形象当然不是由《大同书》创造的,恰恰相反,

---

[1] 关于中国近代思想史上从"天然"向"人工"的转变,参看王汎森:《从新民到新人——近代思想中的"自我"与"政治"》,收在《启蒙是连续的吗?》,第102—111页。事实上,此文讨论的另几组成对的概念,如"无意识的"和"有意识的"、"'自然的'生活"和"'向上的'生活",亦与这一问题有关。同上文,第111—126页。

[2] 在本书中,"完美社会"和"理想社会"所指不同:"理想"社会并不都是"完美"的,甚至也不刻意地追求"完美"——"桃花源"即其代表,而"乌托邦"则是因其"完美"而成为"理想"的。不过,也有人将乌托邦分为两种,一种是追求"完美的",另一种是并不"完美的"(格雷戈里·克雷斯[Gregory Clacys]:《乌托邦的观念史》,张绪强译,北京:商务印书馆,2023年)。如此一来,"乌托邦"就等同于一切理想社会甚至是社会理想。但在我看来,这个定义过于宽泛,实际上丧失了某些特定的解释力。

《大同书》能够出现，正有赖于这些观念已经流行开来。不过，《大同书》自身的"想象"属性，将其理性主义主导原则发挥得分外尖锐，也因此为我们讨论中国思想史上这一重大转折提供了极佳样本。

本书建立在细读《大同书》文本的基础上。不过我不准备逐项复述书中的各个部分，而是从中提炼几个贯穿性主题。第一章追溯大同观念在近代的兴起及康有为大同构想的变化，接下来两章讨论书中隐含的视觉观念、康有为的人性论与苦乐观等——它们都是《大同书》预设的理论前提。随后两章集中考察该书的主体内容，其中第四章侧重于其方案中的"破坏"方面，聚焦脱离旧制走向大同的具体路径，我的关注点是康有为叙述中的迂回成分。第五章侧重于大同社会的"建设"方面，考察其实际运营和制度设计。第六章将分析康有为的理性主义规划思维模型，并关注其中那些无法被消灭也无法纳入大同的裂隙与缺陷。在结论部分，我试图将《大同书》的"现代性"放在一个更大的视野（近代中国历史）中，以理解20世纪的中国思想在哪些最基本的意义上成为"现代的"。[1]

近年来，学界对康有为其人其书发生了浓厚的兴致，提出不少极富新意的观点，但也有一些论著诠释过度，有意无意地将自己的发挥等同于南海的本意。本书则采取史家立场，力图在特定时空情境中理解康有为的所思所言（包括自觉的和未能反省的），意图不是要"接着写"，而首先是要"照着写"。自然，"照着写"的方式多种多样，结果未必一定是照片或肖像，也可能是贵在神似的漫画或卡通，但若

---

[1] 本书所用"现代"一词是中性的描述，不包含任何价值取向。"现代"既可能福佑万物，亦可能作恶多端，重点仅在于它与"传统"不同。不过，"现代"和"传统"都是20世纪初自日本引入的新名词（黄克武：《"现代"观念之源起与历史研究的本土反思》，收在《反思现代：近代中国历史书写的重构》，成都：四川人民出版社，2021年，第5—7页），几乎从未出现在康有为笔下。因此，本书使用这两个概念时，无意用它们取代康有为的自我认识：他大概从未想到自己的观念是"现代的"，恐怕也未必喜欢这样的界定，他也许更希望将自己放在"传统"（另一个他没有想到的词语）的延线上。

是立体主义或抽象绘画的，或许就有些离题过远。阅读和研究《大同书》离不开批判眼光，读者自然可以从中推演新的"主义"。但无论是赞是弹，都须平气静心，不宜肆无忌惮地错置时空。在把握其意义指向时，我们必须知道康有为不知道什么，或认为什么现象没有意义，才不致强人就范，说出他并不知其意的主张——尽管康氏自己就常常这样对待古人，但并不意味着我们可以将同样手法施诸其人之身。

但"照着写"并不意味着限于表浅层次的复制，研究者必须选择一个适当距离，以便清楚看到思想家的"前后左右"，[1]并善加利用此一后见位置，从文本肌理中爬梳其编码逻辑：离开这个"适当距离"，本书的考察无法想象。我们要尽可能比作者知道更多（却不能用自己的所知去涵盖作者的未知），有时甚至必须努力觉察作者无意留下的微细接痕，以便看到使其思考成为"可能"与"不可能"的边界。有些表面看来直截了当的征兆，比如《大同书》开端那篇世间苦况的分类，虽然毫无疑问地具有佛教背景，但若我们将其放入全局考察，就会发现要真正理解其义理系统，就必须超出佛教的概念架构。

一种观念之所以可以吸引到追随者，往往并不真的靠它那一套系统的主义，而是靠其采用的说辞。人是在特定话语的刺激和引导下展开思考的，首先是词汇。在每一座话语森林里，都有一些常用词充当路标，指示前行的小径。康南海身为"教主"，更要构筑一套上手的语言工具。这套工具不必全靠自己发明，在大多数情况下，他乐于利用陈词，经过修补后，用来搭建一套超出前人想象的观念建筑。比如《大同书》里的"大同""仁""天""公""天民"等，都属于被改造过的词语。没有它们，《大同书》将只是一堆散落的部件，难成整体。此

---

[1] 罗志田：《事不孤起，必有其邻：蒙文通先生与思想史的社会视角》，《四川大学学报》（哲学社会科学版）2005年第4期，第102页。

外，也有一些非概念性的日常表述，如"详""繁"等字，在书中反复出现。这些记号貌不惊人，但对穿越康有为思想密林提供的帮助，并不比那些引人注目的词汇少，事实上，比起用以描述特定价值的术语，这些不经意的日常表达更贴近康有为的无意识层面。

不过，本书无意于概念史的分析。我对说辞的态度，接近于林·亨特考察法国大革命语言的态度——"不想在言辞之下或之外去探寻政治话语的含义，而希望首先阐明其修辞语境"。[1] 这就把我们的目光引向了《大同书》的修辞风格。我所谓"修辞"，指的是作者如何运用语言手段，更清楚有效地阐明自己的主张，说服读者接受它们。它从文章的布局、叙述的语调等方面体现出来。修辞是所有历史文本的共同要素，却往往因表面上的"文学性"（这是个严重误解，除非我们像章太炎一样，采用一种更宽泛的方式来定义"文学"），而被史家忽视。但修辞分析应该成为史料批判的一部分，只有充分考虑了文本的修辞性，我们才能更好地理解史料的性质和它提供的信息。

在文学批评中，"风格"被认为是一个作家"思考和存在的方式"，也是"最为个性化的标签"，作家借此（有时是以不经意的方式）表现他/她（考虑到康有为对性别关系的思考，本书以下凡是指人的不定代词，皆使用此种表达方式）"最内在的自我"。[2] 我想略加补充的是，有时风格表达的不是作家的"内在自我"，只是他/她"想向人展示的自我"——风格并不都是自然的流露，也可能是被调控的对象（但并不一定是有意作伪。事实上，两种"自我"可以同时并存）。每一种表述方式都携带各种直接或微妙的信息，但不管哪种情况，都要求研究者对修辞高度敏感，把作者的语言带给我们的感受链接至他的思想内

---

[1] 林·亨特：《法国大革命中的政治、文化和阶级》，汪珍珠译，北京：北京大学出版社，2020年，第25页。
[2] 大卫·米基克斯（David Mikics）：《快时代的慢阅读》，陈丽译，南京：译林出版社，2022年，第75—76页。

涵，转换为对其思考方式的省察。

康有为对语言的运用具有高度自觉。早在《康子内外篇》中，他就把文字风格与作者心迹联系起来，指出发言"繁复重碎"是"忠爱之心"的外现，而"严简短朴，剪截刚断"则出自"裁制之心"，是有"节"也。儒家六艺二体皆备，佛典则偏好"繁重之言"，如"智"则说"智慧"，"勇"则言"勇猛"，"清"则言"清净"，"恼"则云"烦恼"，皆是"悲悯之心"的自然流露；又如"泰西文字，亦尚详赘"，同样是"恐人不解"。[1] 对繁复表述的高度评价，只是康有为一系列背离传统的观念之一（中国的文学传统一向以雅洁为尚），也为我们了解康有为的写作策略提供了线索：《大同书》文字繁详，证据赡博，解说详密，既刻意显露作者的腹笥之宽博（这是受到清代考据学风的影响），又有意无意应和了其书以"仁"为本的立论基调。

不过，康有为也很懂得简洁的价值："凡人有爱恶心，则有情；有耻辱心，则有气。感之以情，动之以气，则懦夫立愤，面红耳热而起矣。夫以情感以气动者，虽所挟多偏激之义，而最足以动人。"如果只注意立说圆满，"中边俱到，八面无罅，盛水不漏"，就难以打动人情。自然，"一事之立，理甚繁复"，有时"万言"且"不能尽"，仅靠几句单辞片语，就想讲清道理，势不可能。"然而"，转折来了——"鼓动常人之情感，则万言反不能，而单言者反易动听也"。南海一向以教主自居，对于宣传蛊惑，确有心得。此外，他也很看重夸张，曾说孟子雄辩，"多作加倍之语，好乐则恐不甚"。[2] 这种"加倍"之法，是出于动人的需要，亦为康有为所喜，《大同书》中就常出现一些大数量级的表述，力道强劲，向读者扑面而来。

---

[1] 康有为：《康子内外篇》，第104—105页。标点略有改动。大约同一时期（1888年前后），他在笔记中说："始学作文，先洁其体，无去冗长"，盖"一览无余，纵能辞达，已无余味"（《笔记》，第208页）。结论相近而角度不同。
[2] 康有为：《救亡论》，第227页；《孟子微》，第475页。

修辞方式即是论证方式，也是一个人最内在情感和观念的自然流露。上边的引文皆出于一个鼓动家的天赋，与康有为对"术"和"势"的热衷相互呼应。不过，也正是通过修辞，我们可以看到一个多面性的康有为。在《大同书》"去家界为天民"部分，他论及家庭制度的功过，笔锋再四反转，去而复来，既要论证"去家界"的合理，却又不断论述其存在具有历史的必要，仿佛家庭存废不再是同一条进化路线上先后经过的两个路口，而是同时出现在我们眼前的两条岔道，作者徘徊其间，难做取舍。这一部分的叙事回环往复，拖泥带水，色调暧昧，而类似的踌躇在其他部分也都不同程度地存在。这种不知如何是好的两难心态不同于他在宣布大同理想时的斩钉截铁，亦和充满信心与智慧的"圣人"形象不无差距，可也揭示出康有为常被忽视的另一个"自我"：矛盾、多情，有时不知所措，试图让一切都恰到好处，却因此把自己挂在历史的转轨器上，徒劳挣扎。

思想家以言行事，若把一部思想论著看作一套拳谱，则其中每一个论证都是一个招式，一个言辞就表征一个"动作"。[1]康有为写作《大同书》时（详见第一章），已经被迫从政治舞台退出，虽然还在寻觅重回中心的机会，但不得不更多地依赖于写作这种象征性参政方式。学者对于康有为为何在1913年发表《大同书》的前两部分（其余部分则一直待字闺中）不无疑惑。在我看来，其中原因不一，但有一种可能性是，将此视作他对新共和国所做的一种试探性反应。因此，我们不仅要把《大同书》放在康有为的思想和言说系统中，也要放入他的政治行动中去理解。这再次提示我们，此书虽然指向一个理想境界，但也回溯性地提供了可以反照康有为政治行动的线索，而前边反复提

---

[1] 昆廷·斯金纳（Quentin Skinner）说："我论述霍布斯关于公民科学的主张时不单单是把它们看作各个命题，而且还看成存在于一个论点中的各个动作。"（《霍布斯哲学思想中的理性和修辞》，王加丰、郑崧译，上海：华东师范大学出版社，2005年，第9页）这是此处"动作"一词的由来。

及的现实与理想的同构性，也可由此得到解说。此外，引起我关注的不只是《大同书》的"述行性"（performativity），也实实在在地包括了其中的某些关键性动词。比如，贯穿全书始终的那个"去"字，如果要演成一个真正的动作，应该是什么样的？

我的阅读遵循一种双中心模式，同时关注作者的意图和文本的意义。经过后现代主义的洗礼，如今只有文本意义才是读者自由驰骋的草原，再探讨作者意图，似乎已成学术古董。然而，阅读的伦理性并未因文本潜藏的多元意义而失效。文学批评家或许有更多理由注重文本的自主性，但作者意图在史学工作者的考虑中仍然占居首位。当然也要承认，文本确有自主一面——它有它的"文意"。[1]文本的意义开敞了更多可能，而且很多时候是作者没有想到，也不能控制的。它不仅包含了文本中那些违背作者意愿的表述，也包含作者未能自觉的时代和社会共识（或共同的无意识），有时，甚至连（包括研究者在内的）读者及其所在时代与社会的意图也应被纳入考量范围。

因此，好的阅读是围绕两个中心（作者和文本）形成的椭圆轨迹，研究者必须同时看顾两边。具体到《大同书》，作者意图指的当然就是康有为所思所想，而文本意义则可以在那些永远无法妥帖安顿下来的"畸零"因素和书中到处弥散着的理性主义气息中发现。需要说明的是，我所说的文本意义虽然是作者未曾明白意识到的，但仍存在于他/她的"意识"之内，通过逻辑严密而无征不信的分析手段，研究者至少可以将其线索呈现在众人的眼中；绝不是指文本脱离作者掌控之后所产生的"自发"意义——它们只能随着某些读者的灵光一闪而显露，

---

[1] 查尔斯·拉莫尔（Charles Larmore）的《阅读伦理学》及德里克·阿特里奇（Derek Attridge）的评论，均收在彼得·布鲁克斯（Peter Brooks）、希拉里·杰维特（Hilary Jewett）编：《人文学科与公共生活》，余婉卉译，南京：译林出版社，2022年，第78—79、95页。

舍此别无坦途。

阅读《大同书》，也必须同时阅读康有为的其他作品，尽管它们处理的看起来是完全不同的课题：《大同书》是对"太平世"的设想，而其他作品是对"据乱世"的反应和引导中国走向"升平世"的努力。但所有这些出自康有为的文字组成了一个整体，它们彼此相互校正，为对方定位。这尤其是因为，我们已经反复强调，《大同书》不只是关于未来的，也以一种投射方式表达着康有为对现实的关切。从各种类型的文本中寻找解读线索，就不仅可能，也是必要。事实上，读者也许会发现，在展开对《大同书》具体内容的分析之前，本书用了大量篇幅重建康有为的观念系统，它们中的大多数并没有直接出现在《大同书》中，但对于理解后一著作，却是不可或缺的。

有四部著作在康有为的思想体系中居于枢纽地位：《新学伪经考》《孔子改制考》以及《大同书》和《诸天讲》——有充分证据表明，后者本名《诸天书》。[1] 这四本书功能不同：两《考》重在破旧，两《书》重在立新。前者要为"改制"扫清障碍，不得不挑战东汉以来的经学传统；《大同书》意在提供构想，只需考虑自身的逻辑周密，不必更多顾及对手意见。若采用康有为对孔子学说的区分，则两《考》及一系列改革方案皆是应时之作，相当于康学的"小康"层次；《大同书》则代表其政治和社会见解中最高深的部分，相当于康学里的"大同"。此外，这几部书也存在一种层层递进和衔接关系：《新学伪经考》意在正本清源，回答"孔子学术不是什么"；《孔子改制考》改从正面立论，回答"孔子学说是什么"；《大同书》回答的则是"孔子真正在意的是

---

[1] 1926年，康有为在《诸天讲·自序》中，自称此书系早年所著，题为《诸天书》（第12页）。次年2月10日，康有为写信给子女，"催《诸天书》速成"（《与同复、同镮、同凝书》，第453页）。1929年，康氏殁后，其门人伍庄（1881—1959）为《诸天讲》写序，也通篇称为《诸天书》（《诸天讲》，第11页）。此外，其诗集中也有一篇题为《吾著〈诸天书〉以示树园》（第389页）的诗作。

什么"。至于《诸天讲》的境界，已非"世法"所能包容，[1]在传统学术范围内，与佛教关系更为亲密；在新学中，吸取了天文学、物理学的不少知识。

既然是文本的解读，当然必须回到文本的河流，辨别它哪怕最细微的流向变化。但是在任何情形下，文本都不是自我指涉的，它的根扎在作者生活的社会和历史情境（但这情境并不都是"物质性"的）中。只有时刻考虑到这一点，我们才能准确把握其整体和细节，判断其价值与意涵。抛开史实去解读文本，虽有可能在纯粹逻辑的层面上达到精巧完足，最终却可能只是谬以千里。我们只能由文本产生的社会环境去解析文本的意义，而不是执着于从文本表面维持的秩序中去辨认时代的风貌。这些话都是老生常谈，但近年来这种从纯粹文本出发而不是从历史事实出发去谈论"历史"的风气，正在随着"历史兴趣"（表面上）的增长而在人文学界悄然兴起，因此不得不有反复重申的必要。

最后，思想和行动与一个人的性情、气质、经历密不可分，因此，讨论《大同书》显然不可能回避康有为本人。这一直是研究者的困扰：我们可以相信他吗？其著作在多大程度上反映了他的真实经历与思想，在多大程度上只不过是出于自我矫饰的需要？康有为的同时代人有一个共识：康好吹嘘，不诚实，为人轻浮，大言欺世，所以他的话绝不可信。还在戊戌变法期间，孙宝瑄就说："心辨而险，言伪而辨，行僻而坚，志愚而博，顺非而泽，五者康长素皆近之。"[2] 胡嗣瑗（1869—1949）说康有为质性轻飘，"飞扬浮躁"。康氏晚年弟子任启圣（生卒年不详）则说其"志大言大，好高骛远"，而且"处处欲为第一人"。

---

[1] 不过康有为仍试图将之与儒学挂钩，如谓孔子"履险如夷，从容弦歌，讲学不辍，盖神明别有天游，视人间之穷通，皆如幻人之变化，浮云之来往"（《论语注》，第500—501页）。"天游"在此是一种境界，但同时似也指涉一种实存。
[2] 孙宝瑄：《孙宝瑄日记》上册，光绪二十四年五月二十三日（1898年7月11日），第251页。

另一个与暮年康有为有过接触的人的印象是:"虽然声名这样大,岁数这样老,但仍然喜欢吹。"[1]康有为的行为方式和性格特征(加上众人的印象)严重影响了他的历史信誉,[2]以致史家面对其著作,几乎本能地生起不信任感,考证其如何作伪,遂成为相关研究的一大主题。

这种状况不可避免地会累及《大同书》,首当其冲的就是其创作时间。对康有为自称的写作年份,今天的研究者多数认为不足采信。[3]然而问题在于,康有为的人品是否已经可疑到使其留下的所有文献都不再可靠?实际似亦并未严峻若此。他的作伪主要集中在政治方面,或涉及某些重要观念、著作的源起、写作时间,目的是为了营造自己的先知形象,不需要也不可能在每件事上都要造假。朱维铮说:"康有为的毛病在于好以'生知'自炫。其实他的若干自述,并非都是吹牛撒谎。"[4]茅海建曾细致比勘《我史》,认为除了对"一些历史的关键时刻"的记录外,内容"大体可靠",只是为"夸大自己的作用"做了一些"粉饰"而已。"康在《我史》中作伪次数还不是很多",因此"是一部可以小心利用的史料"。[5]

这个结论可以推广至康有为的大部分著作,特别是《大同书》这样专力书写理想的作品:本无多少需要伪冒之事,即使在书中夹带私货,也并不因此耗尽全书价值。一个人的思想和性格固然不可二分,

---

[1] 周君适:《康有为卜居丁家山》,任启圣:《康有为晚年讲学及其逝世之经过》,李可良:《我印象中之康有为》,均收在夏晓虹编:《追忆康有为》(增订本),第353、384、393页。
[2] 比如,狭间直树直言,根据康有为伪造谭嗣同遗言一事就可以"认清其为人":其一切写作皆"是以如何有效实现眼前主要课题为主的"。《梁启超:东亚文明史的转换》,高莹莹译,北京:北京大学出版社,2021年,第35页。
[3] 又如,在其自编年谱《我史》中说,"大同历法"是他光绪十二年(1886)观测天象的成果。但茅海建查看手稿本后发现,这些段落是后来添加的。见其《康有为自写年谱手稿本阅读报告》,《近代史研究》2007年第4期,第138页。
[4] 朱维铮:《康有为在十九世纪》,收在《求索真文明:晚清学术史论》,第213页。
[5] 茅海建:《从甲午到戊戌:康有为〈我史〉鉴注》,北京:生活·读书·新知三联书店,2009年,第14页。

但两者终究又并非一事。说一个思想系统是包括其创造者在内的特定历史环境的产物,并不等于可以将前者化约为后者,它们的关联性和各自的独立性需要被同时关注。更何况前辈学者对康有为文献已经做了大量实证性批判研究,便于学界更合理地利用这些史料。在他们完成工作的基础上更进一步,就是对他们所付出心血的最好回报。

第一章 | 大同主义的兴起与康有为的大同说

《礼记·礼运》是在近代中国产生最大影响的儒学文献之一，康有为每将其学说溯源于此，孙中山（1866—1925）则最爱为人题写"天下为公"四字。[1]这二人在政治上长期对立，却都对《礼运》钟情不已，[2]这篇文章的重要性可想而知。然而，回到历史中，《礼运》实际上长期遭受冷落，直到19世纪末，才在西学刺激下被"重新发现"，从此成为"中国历史中乌托邦思想的典型"，"中国古代'大同'思想的总结"。[3]出现于清末民初的大同主义也因此被视作《礼运》的直系后裔，血脉相承，遥相呼应。然而，论者引用一篇文献，并不必然代表对原作的致敬，更未必与之隶属同一思想阵营，不乏断章取义、"别有用心"的可能：征用过去并不意味着（真正地）继承了过去。[4]近代大同论述之与《礼运》的关系即是如此。

无人否认，康有为为大同主义的兴起提供了最关键的助力，但他

---

[1] 桑兵：《同盟会成立时孙中山的政治形象》，收在《孙中山的活动与思想》，北京：北京师范大学出版社，2015年，第120页。

[2] 孙中山对《礼记》和大同的关注，受到了康有为的影响。参看余英时：《孙逸仙的学说与中国传统文化》，收在《人文与理性的中国》，第250—251页。

[3] 中国科学院哲学研究所中国哲学史组编：《中国大同思想资料》，北京：中华书局，1959年，"序言"，第1页；侯外庐主编：《中国历代大同思想》，收在张岂之主编：《侯外庐著作与思想研究》第22卷，长春：长春出版社，2016年，第198页。

[4] 迈克尔·陶西格（Michael Taussig）：《构建美洲》，收在《本雅明之墓：一场人类学写作实验》，王菁译，北京：北京大学出版社，2023年，第61—62页。

既非这一观念的唯一鼓吹者，亦非大同蓝图的专利设计师。相反，他的大同论述之所以产生巨大影响（甚至在《大同书》发表之前就已经腾播人口），根本得益于整个时代的思想氛围——当然，他也反过来促进了这种氛围：他和他的时代相互成就。因此，在进入对《大同书》具体内容的解读之前，我们不妨先回顾一下清末民初大同观念是怎样崛起的。在此基础上，我将集中考察康有为大同学说的发展与流传。其中一个关键是区分大同学说的内容、名称和著作：写作通常要晚于观念的诞生，而一种主张的出现也未必就附带着对它的命名，这是三种工作，相关却不相同，需要分别处理。最后，我要根据《大同书》的版本系统，特别是该书篇章结构的变化，试图从各种迹象中推断康有为怎样提出并不断调整和修正他的大同构想。

一、复数的"大同"与大同观念的崛兴

尽管20世纪的历史学家孜孜不懈地发掘古代中国的大同观念，试图重建一个连绵不绝的思想谱系，[1]但毋庸置疑，我们今天熟知的这个概念，与其说是历史的自然生长，不如说是一种晚近的"发明"。[2]它的崛起离不开一批近代思想家的努力：正是他们从古代典籍的浩瀚

---

[1]《中国大同思想资料》和《中国历代大同思想》就是两部代表性论著。前者收录《礼运》《论语》《墨子》《老子》《庄子》《孟子》《吕氏春秋》以至近代洪秀全（1814—1864）、康有为、孙中山的著作片段，后者将中国大同思想分为古代、中世纪和近代三个时期，中世纪部分又分为农民和"异端"思想家两类。这两本书篇幅都不长，一是史料汇编，一是历史叙述，性质不同而彼此匹配，同时付梓。考虑到其出版时代，显然是一项政治任务的成果。20世纪80年代以后，这一主题逐渐淡出学界热点，但出现了一部总结性著作，即陈正炎、林其锬：《中国古代大同思想研究》，上海：上海人民出版社，1986年。

[2] 马永康在《大同的"发明"——康有为〈礼运注〉析论》（《中国哲学史》2019年第4期，第121—128页）中，已经讨论了康有为如何通过注解《礼运》，"对大同作了极致的'发明'"。不过，这里要指出的是，"发明"大同的工作不是康有为一个人所能完成的，而是近代思想界的一项集体工程。

海洋中将《礼运》打捞出来，赋予它崭新的意涵，确定了今日人们对此观念的认知框架；实际上，现代的历史学家对中国古代大同传统的构建，本身就是这一诠释架构的产物。芬兰学者凯瑞·帕罗内（Kari Palonen）说：给一条街道命名，就会产生"一个新事物"；也"只有在被命名以后，它才能在城市地图上被识别为一个单独的街道"。[1]康有为等人对中国大同传统的挖掘，正可以理解为这种意义上的命名行动：从此，大同在中国思想地图上被标注为一条"单独的街道"，为我们谈论它提供了便利。当然，不可避免地，它也导致我们对这条街道尚未被命名时的初始形貌产生误解，甚至倒果为因。

打破以《礼运》为中心的大同迷思，返回这两个字原初的使用情形，我们可以勾勒另一个大同谱系：它（准确地说是它们）由多种话语脉络构成，不同话语各有所指，《礼运》的用法仅是其中一支。这些话语之间当然不是全无联络，事实上，它们的内核确实存在一种模糊的相似性，使其可以自由流动、漫延。不过，在进入20世纪以后，《礼运》之外的其他用法已经淡出人们的认知，以至今天人们提到历史上的大同观念，已经很少再想及其他可能：这是"中国大同传统"叙事被刻意修剪、整理定型的结果——它追认《礼运》为其最重要（甚至唯一）的思想源头，而完全无视历史的本相。

下面我要梳理一下古典文献中的大同表述，尽量呈现其多元面貌，作为近代大同主义兴起的参照背景。但我无意为这一符号作一篇跨越古今的传记，而是想考察它怎样在不同时期被不同力量利用、改造、发挥和扭曲，在联想力的推动下，不断衍生新的内涵——与此同时，它作为一种能指的面貌依然不变。换言之，我并不把"大同"看作一个自动增殖以生产新的历史情节的"主体"，而将它看作在各色人等的

---

[1] 凯瑞·帕罗内：《昆廷·斯金纳思想研究：历史·政治·修辞》，李宏图、胡传胜译，上海：华东师范大学出版社，2005年，第33页。

作用下不断生成新能量的思想资源；康有为的《大同书》，也是这一利用、改造、发挥和扭曲过程的一部分（但他在利用《礼运》的同时，也吸纳了"大同"的其他义项）。

在现存文献中，大同二字较早出现于今文《尚书·洪范》篇："天乃锡禹洪范九畴，彝伦攸叙"，其中第七项是"明用稽疑"："汝则有大疑，谋及乃心，谋及卿士，谋及庶人，谋及卜筮。汝则从，龟从，筮从，卿士从，庶民从，是之谓大同。"此处，大同是一种决疑原则，要点是萃取众意之同归。[1]康有为非常喜欢这个典故，常加引用，尤其钟情于"谋及庶人"一句，认为这是中国本有"议院"和"民主"的证明。[2]比如，1895年的《上清帝第三书》宣称"先王之治天下，无不与民共之"，就举出"《洪范》之大疑大事，谋及庶人为大同"为证。[3]为此他不惜篡改《论语》原文，以"天下有道，则庶人不议"之"不"为衍文。[4]

大同的另一用法见于今文《尚书·禹贡》孔颖达疏：

> 昔尧遭洪水，道路阻绝，今水土既治，天下大同，故总叙

---

[1] 有学者认为，此处"大同"是"卜筮时的用语"，显示出"'神本'思想"的影响，与《礼运》大同的"人本"原则不同。见刘新民：《〈尚书〉中的"同"与"大同"浅析》，《语言应用研究》2010年第12期，第22、23页。
[2] 康有为也在一种近似的层次上，将大同看作"善与人同"。如："此二章明学派中迁善改过之可贵，而折衷于大同。善与人同，其道最大。"又："孟之反……劳而不伐，有功而不德，自同于人，可以进大同之道。"分别见《孟子微》，第492页；《论语注》，第420页。
[3] 康有为：《上清帝第三书》，第79页。类似的表达，又见《上清帝第四书》，第82页；《日本书目志》，第328页；《论语注》，第512页；《意大利游记》，第375页。康有为相当重视这一观念，其弟子所录《万木草堂口说》，就有《洪范》的专目（第153—154页）。以其所处时代的情况看，康有为把议院看作一种咨询商议机关当然是个误解。不过，英国的议会制度确实起源于由国王临时召集的咨询顾问机构（参考 J. R. Maddicott, *The Origins of the English Parliament: 924-1327*, New York: Oxford University Press, 2010, pp. 1–2, 23–32），康有为的言说未必那么离谱。
[4] 康有为：《论语注》，第512页。

之。今九州所共同矣，所同者：四方之宅，已尽可居矣；九州之山，刊槎其木，旅祭之矣；九州之川，涤除泉源，无壅塞矣；九州之泽，已皆陂障，无决溢矣；四海之内，皆得会同京师，无乖异矣；六材之府，甚修治矣。言海内之人皆丰足矣。

这段话从治国角度立论，既包括对自然环境的改造，也包括对政治和社会的管理。其中"九州所共同""四海之内，皆得会同京师"等，即是大同的解说。它指向万方一同、天下乂安的景象，具有强烈的大一统色彩，与《洪范》篇的大同语义无干，视角有异：后者是在异中求同，此处则是求同去异。

康有为一向钟情于统一，而他笔下的大同根本即是全球范围的大一统。[1]他明确指出："将来必混合地球，无复分别国土，乃为定于一、大一统之征，然后太平大同之效乃至也。"又云："雅典以商立国而成民政，斯巴达以兵立国而成大同。"[2]此处的大同显然指向斯巴达的集权政体（与雅典的"民政"相对）。在其心中，集权政治、大一统和大同理念存在高度的协和关系。因此，他虽然没有直接称引孔疏，但大同规划中却有不少与之相近的成分，比如对道路山川的清理、对壅塞陂障的疏通、对自然资源的开发等（参看第五章），即使不是有意借鉴，也是英雄所见略同。

《礼运》大同章的内容已是家喻户晓，为便于阅读起见，不妨录其核心部分于下：

> 大道之行也，天下为公。选贤与能，讲信修睦，故人不独亲其亲，不独子其子，使老有所终，壮有所用，幼有所长，鳏寡孤

---

[1] 杨念群：《"天命"如何转移：清朝"大一统"观的形成与实践》，上海：上海人民出版社，2022年，第501—502页。
[2] 康有为：《孟子微》，第451页；《意大利游记》，第405页。

独废疾者皆有所养，男有分，女有归。货恶其弃于地也，不必藏于己；力恶其不出于身也，不必为己。是故谋闭而不兴，盗窃乱贼而不作，故外户而不闭，是谓大同。

对这段话，前人阐释已多，本书无意赘言。[1] 需要指出的是，它所说的大同，与《洪范》、孔疏中的大同，关注点都在政治和社会层面，而含义绝不相同。相对来说，似与孔疏更近，但它强调的是社会治安之效，而非政治的一统格局。

道家也使用大同二字，不过主要用它指涉一种心灵境界。有学者统计，这一概念在《庄子》中"先后出现了5次，其中《在宥》篇3次、《天下》篇2次"。比如《在宥》中"颂论形躯，合乎大同，大同而无己"一句，郭象（约252—312）注谓"其形容与天地无异"，成玄英（生卒年不详）疏云："圣人盛德躯貌，与二仪大道合同，外不窥乎宇宙，内不有其己身也。"学者以为，此即《齐物论》"天地与我并生，而万物与我为一"之意。[2] 此外，五代时期的道教著作《化书》也说："虚实相通，是谓大同。"又谓："无所不同，无所不化。"[3] 都是对《庄子》意境的另一表述。

理学家也从道家/道教传统中汲取了营养。清初潘平格（1610—1677）云："若格通人我工夫不切，全是一腔有我之私，截断家、国、天下在膜外，将一个大同世界横自隔截，但知有六七尺之躯，将本来浑然天地万物一体之性枉自缩小、枉自失丧，还成甚人在？"[4] 这里的

---

[1] 陈赟在最近的一个研究中认为，《礼运》的"大同"并不是对处于过去或未来的"终极完美秩序"的描述，而是一种"原初秩序经验"（见其《"大道之行"与原初秩序经验：〈礼运〉"大同"新解》，《社会科学》2024年第5期，第21—38页）。这是一个值得关注的新看法，与既往认知相当不同。
[2] 裴植、鲁德平：《大同·〈礼运〉大同·大同主义》，《孔子研究》2015年第4期，第153页。
[3] 谭峭：《化书》，丁祯彦、李似珍点校，北京：中华书局，1996年，第1、28页。
[4] 潘平格：《潘子求仁录辑要》，北京：中华书局，2009年，第225页。

"大同"是从"世界"角度来看,若从"性"上说则是"本来浑然天地万物一体",从工夫上论即是"格通人我",三位一体,是理学传统共享的宇宙观。在理学家那里,大同二字不算罕见,[1]虽然没有一种统一含义,但"浑然天地万物一体"的宇宙观无疑为其加添了一种新的理解方式:对他们来说,这既是一种内在体验,又导向了对政治、社会事业的关注,并经由儒者个体的修身工夫将之融贯为一。本书将指出,此处前两个层次在《大同书》中都有体现,但康有为对将它们沟通起来的第三个层次(修身)却有不同的认知,标志出中国思想史的一个关键转折(详见第三章)。

不难看出,大同在传统典籍中涉及政治、社会、心灵、修身等不同领域,其义项各不相同,《礼运》的论述只是其中一种,并不比其他用法更占优势。这些义项处在共时性的流动关系中,如同泡沫一般,随时可能从水下腾起或消散。然而,当20世纪的中国人提到历史上的大同时,通常都将之与《礼运》绑定起来。这决定性地改变了我们对大同这一语汇的理解,也在相当大程度上改变了我们对历史、现实的感知。不过,这不是说大同的其他用法就此被消除了,不,在(比如康有为所表达的)现代大同观念中,这些异质性的涵义仍在以各种变奏形式微妙回响(但作者往往并不是在自觉表达这些异质性涵义):不同义项之间仿佛存在一条联想的通道,不时开启,以供语义流动;又迅速关闭,维持了人们对大同的基本认知。

《礼运》将三代贬为小康,令不少儒者感到不适,故其虽名列经

---

[1] 如程颐(1033—1107)曾说:"至公无私,大同无我。"(见《河南程氏粹言》,收在程颢、程颐:《二程集》下册,王孝鱼点校,北京:中华书局,1981年,第1172页)明儒薛瑄(1389—1464)亦谓:"大同之道,即理也。"(见《读书录·读书续录》,孙浦桓点校,南京:凤凰出版社,2017年,第333页)不过,整体来看,大同在理学家那里并非一个特定名词,语义多元,其用法也相对随意。

典,却常遭人质疑。[1]朱熹(1130—1200)门人曾问朱子:"人皆谓"《礼运》之说"似庄老",如何看待?朱熹明确指出,其书肤浅,"不是圣人书"。[2]既说"人皆谓",则对其书的怀疑与贬抑此时已相当流行。之后,宋末的黄震(1213—1280)、清初的姚际恒(1647—约1715)也都发表过类似意见。[3]连一向攻击宋儒不遗余力的纪昀(1724—1805)也提出,"大同小康之说,颇近于黄老"。[4]直到20世纪,梁漱溟(1893—1988)还说,自己通读孔经,"只有《礼运》'大同'一篇话看着刺眼",其"气味太与孔家不对",乃至对《大同书》亦"只觉其鄙而已矣"。[5]冯友兰(1895—1990)在《中国哲学史》中重申《礼运》受到道家影响。[6]此二人作为"现代新儒家"的开创者,都在其中嗅出异样气息,似非巧合。[7]此外,蒙文通、伍非百(1890—1965)也都主张,《礼运》乃儒者采取墨家之言"而又大进于墨"者。[8]

---

[1] 此篇自然也有其辩护人。如王夫之(1619—1692)就认为,此与老庄之言实则"词同而理异",大同谓"上下同于礼意也"。见其《礼记章句》,收在《船山全书》第4册,《船山全书》编辑委员会编,长沙:岳麓书社,2011年,第535、538页。

[2] 黎靖德编:《朱子语类》第6册,王星贤点校,北京:中华书局,1986年,第2240页。康有为因此颇觉愤懑,直至20年代仍攻击朱子不解六经,"徒存据乱之说",遂致孔学"不能范围欧美民主社会之义",而"为新学中所疑攻"(见《答朴君大提学书》,第346页;又见《培山书堂记》,第260页),强调应把朱熹与孔子分开,谓"今之议孔子者,议朱子耳,非孔子也"(《开封演讲辞》,第238页;类似的评论又见《长安讲演录》,第285页)。

[3] 萧公权:《中国政治思想史》,北京:新星出版社,2005年,第50页。

[4] 纪昀:《乾隆己卯山西乡试策问三道》,收在《纪文达公遗集》(《清代诗文集汇编》第354册,《清代诗文集汇编》编纂委员会编),上海:上海古籍出版社,2010年,第365页。

[5] 梁漱溟:《东西文化及其哲学》,收在《梁漱溟全集》第1卷,中国文化书院学术委员会编,济南:山东人民出版社,1989年,第462、463页。

[6] 冯友兰:《中国哲学史》上册,北京:中华书局,1992年,第455—456页。

[7] 熊十力(1885—1968)的看法则似颇受康有为影响。见《读经示要》,北京:中国人民大学出版社,2009年,第344—345、352—356页。

[8] 蒙文通:《论墨学源流与儒墨汇合》,收在《蒙文通全集》第1卷,第96页。饶宗颐(1917—2018)也指出《礼运》大同说和墨子"尚同"说的关联,见《大同释义》,收在《澄心论萃》,上海:上海文艺出版社,1996年,第417页。顺便一提,在这篇文章中,他把"大同"二字的出现追溯到金文。

不过,《礼运》的历史地位从19世纪晚期开始发生了逆转。不少学者注意到,洪秀全就曾引用这一观念:

> 遐想唐、虞、三代之世,天下有无相恤,患难相救,门不闭户,道不拾遗,男女别涂,举选尚德。尧、舜病博施,何分此土彼土;禹、稷忧溺饥,何分此民彼民;汤、武伐暴除残,何分此国彼国;孔、孟殆车烦马,何分此邦彼邦。盖实见夫天下凡间,分言之,则有万国;统言之,则实一家。

接下来,他抄录了《礼运》大同章,感喟:此境"而今尚可望哉"![1] 这段话除了"男女别涂"是太平天国的特殊政策外,描述多有与《大同书》相类者。然而,我并不主张将其看作中国近代大同主义的发轫。事实上,我们没有任何证据表明它曾对后来的相关主张产生实质性的影响(参看附录四)。

曾与太平天国运动有交集的王韬(1828—1897)也表达过对"大同"的向往:

> 今日欧洲诸国日臻强盛,智慧之士造火轮舟车以通同洲、异洲诸国,东西两半球足迹几无不遍,穷岛异民几无不至,合一之机将兆于此。夫民既由分而合,则道亦将由异而同。形而上者曰道,形而下者曰器。道不能即通,则先假器以通之。火轮舟车借所以载道而行者也……故泰西诸国今日所挟以凌侮我中国者,皆后世圣人有作,所取以混同万国之法物也。此其理,《中庸》之圣人早已烛照而券操之,其言曰:"天下车同轨,书同文,行同伦。"

---

[1] 洪秀全:《原道醒世训》,收在《洪秀全集》,广州:广东人民出版社,1985年,第12页。很显然,洪秀全把"大同"和三代连起来,并不符合《礼运》的本意。

而即继之曰:"天之所覆,地之所载,日月所照,霜露所坠,舟车所至,人力所通,凡有血气者莫不尊亲。"此之谓"大同"。[1]

这篇文章收录于1883年初刻的《弢园文录外编》中。如果说洪秀全对"大同"的理解仍是和上古连在一起的话,王韬这里则把"大同"的愿景转向了未来,因此,他的用法事实上已经违背了《礼运》的原意,而其论证思路也颇有和包括康有为大同观念在内的近代大同思想的同调之处。因此,如果说有一个近代大同观念的开创者的话,与其将此头衔归于洪秀全,不如归之于王韬。

不过,王韬的这段话似乎并没有引起更多的关注。在近代大同观念崛起的过程中,真正扮演开启者角色的,是美国作家爱德华·贝拉米(Edward Bellamy,1850—1898)的小说《回顾:公元2000—1887年》(*Looking Backward, 2000-1887*)。它假托主人公在梦中穿越到公元2000年,看到一个充满了公平、正义和幸福的未来社会,[2] 被今人视为一部"空想社会主义"作品。是书1888年在美国出版,迅速风靡,成为19世纪美国销量最大的小说之一。[3] 虽然其时中国的社会情形与美国完全不同,此书却同样广受欢迎,仅1891—1905年就出现了两个中译本:1891年底到1892年春,它以《回头看纪略》为题,连载于《万国公报》,译者署名"析津"——通常认为即李提摩太(Timothy Richard,1845—1919)的笔名;1894年,由广学会出版单行本,改题《百年一觉》,译者署名李提摩太。是为此书第一个中译本,也是最有

---

[1] 王韬:《原道》,收在《弢园文录外编》,上海:上海书店出版社,2002年,第2页。原文标点误把"此之谓大同"视为《中庸》的一句。
[2] 爱德华·贝拉米:《回顾:公元2000—1887年》,林天斗、张自谋译,北京:商务印书馆,1997年。
[3] Jonathan Auerbach, "'The Nation Organized': Utopian Impotence in Edward Bellamy's Looking Backward," *American Literary History*, Vol. 6, No. 1(Spring, 1994), p. 24.

名的一个。[1]另一个译本题名《回头看》，先在1904年连载于《绣像小说》，次年由商务印书馆刊发单行本，1914年再版。[2]

《百年一觉》的出版呼应了那个时代中国人想象力的觉醒，令读者眼界大开。1897年，孙宝瑄（1874—1924）读过是书，倍感激动，不觉"为之舞蹈，为之神移"。不久，他在日记中说，"机器之学"可以极大解放人力，"于是人不妨皆贵，而事无不成也"，证据就来自此书：《百年一觉》所云：二千年后，地球之人，惟居官与作工者两种是也。"[3]语气笃定，分明将虚构的作品视作了可以信赖的预言，敬服之情溢于言表。

"大同"二字赫然出现在该书第19章：主人公了解了新社会的各种制度、习俗，又听闻时人"均以相亲相爱之意"彼此对待，亦无"任性暴虐"之人，不由"叹曰：'若是，则真所谓大同之世也，与前百年霄壤之别矣。'"。[4]房德邻指出，这是"空想社会主义"第一次被"概之以'大同'一词"。[5]查阅英文原本，与此表述相应的词语是millennium。[6]可知在李提摩太心中，与"大同"对应的是基督教传统

---

[1] 李提摩太译本采用浅近文言。1898年，裘维锷（1857—1943）将之"铺排"为白话文（实际是内容撮述），仍名《百年一觉》，发表于他本人主编的《中国官音白话报》第7、8期合刊本（1898年6月29日），但实际仅有4页，真正的故事尚未开始，未见后续，有学者将之列为译本之一，似不妥。

[2] 关于《百年一觉》各种译本的讨论，参看武春野：《政治小说的语言策略——以 Looking Backward 的四个汉译文本为中心》，收在徐兴无、王彬彬主编：《文学研究》第1卷，南京：南京大学出版社，2015年，第14—24页。

[3] 孙宝瑄：《孙宝瑄日记》上册，光绪二十三年四月初九日（1897年5月9日）、光绪二十三年五月十六日（1897年6月15日），第107、117页。

[4] 毕拉宓：《百年一觉》，李提摩太译，收在北京大学《马藏》编纂与研究中心编：《马藏》第1部第1卷，北京：科学出版社，2018年，第34页；析津：《回头看纪略》，《万国公报》第38期，1892年3月，第16页A。

[5] 房德邻：《儒学的危机与嬗变——康有为与近代儒学》，第239页。

[6] 原文是："we have entered upon the millennium"（Edward Bellamy, *Looking Backward, 2000-1887*, New York: Penguin Putnam Inc., 2000, p. 133）。林天斗、张自某译作："我们已经进入千年至福的时代了。"（《回顾：公元2000—1887年》，第149页）《回头看》（收在《马藏》第1部第1卷）的相应部分则并无此言。

中的"千年至福时代"或"千年王国"。他使用这一来自儒家经书的词语,是希望借此"争取中国人的合作",以"推进学术进步"。[1] 毫无疑问,这一目标实现了,而且效应远超预期。[2]

康有为一向明白"托古"的价值,坚信"无征不信,不信民弗从",能托古则"国人所共尊而易信从"。[3] 李提摩太这一举动立刻引起他的关注。根据万木草堂某位弟子1896年的课堂记录,康有为曾对学生说:"美国人所著《百年一觉》书,是大同影子。《春秋》大小远近若一,是大同极功。"又说:"《公羊》何注及董生言'人人有士君子之行',此句最宜着眼。大同之世,全在此句。反复玩味,其义无穷。"[4] 他的意思是,《百年一觉》设想虽好,离真正的大同还有差距。

然而这也恰好提示我们,《百年一觉》对他造成了强烈冲击。一般认为,康有为把大同小康说与公羊三世说结合在一起,始见于1893—1897年间所写《春秋董氏学》,而这恰好与《回头看纪略》或《百年一觉》的发表时间相合。他对《礼运》的熟悉程度,当然远在李提摩太之上,但他此前的作品并没有对"大同"一词加以特别留意,[5] 此时则郑重提出(参看附录五),很难说与《百年一觉》的启迪

---

[1] 李提摩太:《亲历晚清四十五年:李提摩太在华回忆录》,李宪堂、侯林莉译,南京:江苏人民出版社,2018年,第183页。
[2] 张冰:《继承、误读与改写:清末士大夫对〈百年一觉〉"大同"的接受》,《浙江外国语学院学报》2017年第6期,第95—97页。
[3] 康有为:《孔子改制考》,第128页。
[4] 康有为:《南海康先生口说》,吴熙钊、邓中好校点,广州:中山大学出版社,1985年,第31页。标点略有改动。按,《康有为全集》本《万木草堂口说》似是此书的另一版本,内容大体相仿,而无此条。
[5] 当然不是说他在此完全没有提到过这篇文献或这个词语,比如在1886年完成的《民功篇》就曾提道:"孔子有元宗之才,尝损益四代之礼乐,于《王制》立选举,于《春秋》尹氏卒讥世卿,又追想大同之世,其有益于变周公之制而光大之矣。"(该文,第89页)无论此句是否当日原稿,但有关例证在《春秋董氏学》之前的文章中亦极为罕见,远未成为其思考的重心。

没有干系。[1]当然，在此之前，大同观念中的某些具体内容已经出现（详见后文），不过，彼时的康有为感兴趣的还是"实理公法"这样具有理学和西学意味的概念，而似乎没有想到从经典中摘取"大同"二字作为自家学说的总纲领。可以说，是李提摩太的无心之举给了他灵感。

无论如何，其时在接近康有为圈子的年轻人中，提到《百年一觉》，必会联想到《礼运》的大同说，反之亦然。比如，梁启超在1896年介绍《百年一觉》时，谓其乃"小说家言，悬揣地球百年以后之情形，中颇有与《礼运》大同之义相合者，可谓奇文矣"。[2]古今中外不谋而合，即所谓"奇"也。谭嗣同亦说："若西书中《百年一觉》者，殆仿佛《礼运》大同之象焉。"[3]他们当然是先读《礼运》，后来才读到《百年一觉》的；其叙述的口吻，也俨然是在后者中听到了前者的回声，因而又惊又喜。然而，实际过程有可能正好相反：是《百年一觉》才令他们重新认识了《礼运》的价值。[4]张尔田（1874—1945）就坚持认为，梁启超的"大同主义"是从《百年一觉》中"悟出"的。[5]

廖平似乎也受到同样影响。1898年，他编印了一部《地球新义》

---

[1] 康有为提到李提摩太时，往往会牵连及于大同学说。比如，1919年李氏逝世后，康所写悼诗云："大同皆有□□志，教宗合一订兼持。二人同心惟与汝，万方多难共匡时。"（《吊李提摩太先生》，第389页）1923年，他回忆自己1914年归国后，李提摩太在沪"开会欢迎，吾演说大同"（《戊戌与李提摩太书及癸亥跋后》，第15页；这篇演说题为《上海演讲辞》，第196—197页）。这都从侧面提示他对"大同"的关注与李提摩太有关。
[2] 梁启超：《西学书目表》，收在《梁启超全集》第1集，第176页。
[3] 谭嗣同：《仁学》，收在《谭嗣同全集》（增订本），蔡尚思、方行编，北京：中华书局，1981年，第367页。
[4] 类似地，梁启超还曾宣布："非有今日西人为证，必疑孟子王道不可行矣。"见《湖南时务学堂第一集·答问》，收在湖南时务学堂：《湖南时务学堂遗编》，第65页。
[5] 孙德谦、张尔田：《新学商兑》，收在《张尔田著作集》第5卷，黄曙辉、张京华编，上海：上海大学出版社，2018年，第25页。

（戊戌本），内中不少文章以其弟子名义发表，实际作者则是他本人。[1]其中，廖承铭（生卒年不详）就摘引了《礼运》大同章，谓："西人所著《百年一觉》屡观大同，颇具此见。"胡翼（生卒年不详）云："西人所著《百年一觉》，穷及美善，屡叹大同。夫大同者，非即《礼运》所言古帝大一统之治哉？"古德钦（生卒年不详）则批评历代解经者均在"小一统"中打转，于"大同之说则甚略，历来经师皆以不解解之"，倒是《百年一觉》与之精神"颇合"。又谓："小康以臻大同，西人虽著其说，而孔子未言之，于此无说，人愈滋疑。"其实孔子"言之屡矣"，《礼运》即是证据。[2]这些表述清楚显示，廖平对《礼运》大同说的发掘，受到了《百年一觉》的刺激。[3]

其实，李提摩太在《回头看纪略》（《百年一觉》）中使用大同二字，未必经过深思熟虑，很可能只是无心插柳。但它在中国读书人中引发的正向反应，给了传教士极大鼓励。[4]1894年8月出版的《万国公报》发表了一篇短文，报道瑞士在统一欧洲度量衡、货币、邮政和法律方面的贡献，就题作《大同发轫》。[5]此文的署名是：林乐知（Young John Allen，1836—1907）选译，蔡紫黻（即头一年加入该报的蔡尔康[1851—1921]）属草。这是大同二字第一次在该刊作为标题出

---

[1] 廖平文孙廖宗泽（1898—1960）说："先大父《地球新义》二卷，创始光绪丁酉，成于己亥。以事属新创，不敢自署，因托为先父及胡翼等课艺。"（见其《地球新义（丙子本）·跋》，收在《廖平全集》第8册，舒大刚、杨世文主编，上海：上海古籍出版社，第135页）不过，本书下引该书文章，作者姓名均照原文出录。

[2] 廖承铭：《〈乐记〉〈礼运〉帝王论》，胡翼：《书〈出使四国日记〉论大九州后》，古德钦：《百年一觉书后》，均收在《廖平全集》第8册，第17、47、32、33、80、81页。按，1936年，廖宗泽将是书重加编订后再版（称作丙子本），删去廖文，留下胡、古二文。

[3] 廖平的这一认知是否受到康、梁等人的启发？没有相关的证据，但似不能完全排除这种可能性。

[4] 康、梁等人和李提摩太颇有往来，梁启超还曾担任过李提摩太的秘书。参看李提摩太：《亲历晚清四十五年：李提摩太在华回忆录》，第212—214页。

[5] 林乐知：《大同发轫》，《万国公报》第67册，1894年8月，第25页A、B。

现，作者显然是有意采用了这一表述。

更重要的一个事件是，1899年《万国公报》分四期连载了李提摩太和蔡尔康翻译的《大同学》第二至四章，同年由广学会出版全书单行本。此书原为英国思想家本雅明·颉德（Benjamin Kidd，1858—1916）的《社会进化》（*Social Evolution*）。大同在书中意指一个更加公正平等的社会，但该词在译本里仅出现寥寥数次。事实上，此书主题和人们通常理解的"大同"关系并不密切，颉德的目的也不是描绘大同社会，取此标题的意思仅为强调是书宣扬的"安民""养民"之学乃是通向理想的不二法门（参看附录六）。其时大同二字在新学家中已成热词，这一标题自不无借光之意；书中不止一次提到《百年一觉》，虽然略有批评，却特意注明该书有广学会译本，[1]当然是想诱使读者在二书之间建立关联。

《大同发轫》和《大同学》的翻译都有蔡尔康的参与：他自幼熟读诗书，富有文名，具有很高的古典文化修养。[2]我们当然有理由推测，蔡尔康（或其他与传教士合作的华人）很可能在选择与使用"大同"二字的过程中起到了主导性作用。不过，西方传教士在其中（至少无意识地）扮演的发动机角色也需要得到重视——事实上，我们目前尚无法得知《回头看纪略》的翻译是否以及究竟依靠了哪一位中国士人的帮助。[3]可以肯定，大同是通过中国读书人（既包括蔡尔康这样的

---

[1] 颉德：《大同学》，李提摩太、蔡尔康合译，姚达兑校注，广州：南方日报出版社，2018年，第56页。

[2] 汪叔子、王河：《近代著名报人蔡尔康及其手稿本——江西社科院图书馆发现蔡氏五部未刊手稿本》，《江西图书馆学刊》1992年第2期，第70—73页。

[3] 蔡尔康1892年曾短暂地受聘于《万国公报》，当年便在其上发表了他与李提摩太合译的作品《华英澉案定章考》《八星之一君论》等（汪叔子、王河：《近代著名报人蔡尔康及其手稿本——江西社科院图书馆发现蔡氏五部未刊手稿本》，第70页）。不过，《回头看纪略》仅以"析津"一人署名，其实际翻译活动应在1891年已经启动，其中是否有蔡尔康或其他人的参与，待考。

译者,也包括康有为、梁启超这样的读者)和西洋传教士之间的互动得到"命名"的。这也同时意味着,对于康有为等中国士人来说,传教士也是大同宣传的有力竞争者(他强调《百年一觉》只是大同影子,或可由此角度解读)。

显然,《礼运》作为儒家经典的地位并没有自动引发人们对大同的关注。[1]事实上,进入民国以后,李传元(1854—?)还在强调,《礼运》"虽出于子游氏之儒,说有似乎庄周,细绎词旨,盖谓三代以后非礼无以治人",绝无菲薄三代"而慕大同"之意;康有为等"执《礼运·大同》章数语及《孟子》'民为贵'一章",而"强指孔孟为革命巨子",乃是对经文的歪曲。[2]的确,《礼运》被推向中国思想的核心地带,成为一部儒学要籍,完全离不开西学东渐的刺激。[3]这一过程大大收缩了大同的语义范围,将它原本的许多含义排除出去,重新塑造了人们对此概念的认知,在"发现"传统的同时,也"发明"了传统。和那时流行的用中国本土词汇理解西学意涵的"格义"取向不同,大同这类词汇是以西学为蓝本,投射于本土传统中形成的认知形式,

---

[1] 江亢虎(1883—1954)自称"在髫龄读《礼运》一篇,即慨然慕天下为公之盛",从而发生大同思想(《环游留别词》,收在《中国近代思想家文库·江亢虎卷》,汪佩伟编,北京:中国人民大学出版社,2015年,第55页)。若他所言无误,则其大同观念与西学刺激无关。但这种例子并不多见。

[2] 李传元致曹元弼,收在崔燕南整理:《曹元弼友朋书札》,上海:上海人民出版社,2018年,第41页。夏敬观(1875—1953)说:"有为《大同书》,以马克思社会主义说之,显违经义。"(见其《康有为传》,收在夏晓虹编:《追忆康有为》(增订本),北京:生活·读书·新知三联书店,2009年,第139页)夏氏认为《大同书》来自马克思主义,当然是个误解。但他虽不熟马克思主义,却曾追随皮锡瑞(1850—1908)研习经学,因此能立刻指出康有为的学说不合经义。

[3] 皮锡瑞《经学通论》辟有专节,论证《礼运》一篇"说《礼》极精"。为此,他称引了宋、清诸家说,论证其义无有瑕疵(收在《皮锡瑞全集》第6册,吴仰湘编,北京:中华书局,2015年,第479—481页)。不过,在他引用的文字中,除了邵懿辰(1810—1961)谓原书有"错简",为其做了全面辩护外,其余诸家说中,实多微词——其实邵说以"错简"为名,也不啻承认其书有"疵",而皮氏对此一概视而不见,正印证了《礼运》在晚清的升格。

我们或者可以称之为"反向格义"。

大同学说最早的一批宣传家,对此渊源心知肚明。1897年冬,梁启超对时务学堂的学生说,要想深入了解大同学说,必须"先读西人富国学之书,及《佐治刍言》等",接下来"再将《礼运》'大道之行也'一节熟读精思,一字不放过,亦可以略得其概"。这正提示了他自己的治学次第:虽说要求对大同章"一字不放过",但在此之前则要先读西书作为铺垫;如是,其对《礼运》的理解就只能是西学主导下的推论。1902年5月,他在给康有为的信中说,大同思想"在中国固由先生精思独辟,而在泰西,实已久为陈言",具体则有柏拉图、托马斯·莫尔(任公写作"德麻摩里")、圣西门(Claude-Henri de Rouvroy, Comte de Saint-Simon, 1760—1825,任公写作"仙世门")、奥古斯特·孔德(Isidore Marie Auguste François Xavier Comte, 1798—1857,写作"喀谟德")等人的学说。[1] 前一句或许是为了维护老师的颜面,后一句则直言此说与西学的同步。此时他出国已久,与当初只知"富国学"相比,已能举出一连串西哲姓名,西学功力突飞猛进,但基本认知取向并无不同。任公以此教学,学生亦步亦趋。汪燮(生卒年不详)就在札记中比较了《孟子》的仁政说与"今泰西各国"所行之法,证明"彼之所以为国者,皆我三代以前之治道也",立刻获得另一位学堂教习也是南海弟子的叶觉迈(1871—1954)的表扬:"将西政比附看得孟子言仁政道理,愈推愈大。"[2] 在万木草堂弟子之中,这种"比附"和"推"的治学路径是一种普遍风气。

经过以康门弟子为主的新学家的阐扬,《礼运》成为近代中国思想的公共源泉,许多取向相类而实质不同甚至相互抵牾的派别都从中各

---

[1] 梁启超:《上康有为书》(1902年5月),收在《梁启超全集》第19集,第199页。
[2] 《湖南时务学堂初集·札记》中梁启超批语、汪燮札记、叶觉迈批语,均收在湖南时务学堂编:《湖南时务学堂遗编》,第97、235—236页。

取所需。1908年,在巴黎出版的无政府主义刊物《新世纪》发表了一篇"荷兰来稿",对大同章做了逐句解说,试图将其界定为一部无政府主义作品。[1]九年后,这篇文章再次出现于一部无政府主义的文献汇编里,且其涟漪一直波荡到20年代初的无政府主义思潮中。[2]广义的社会主义运动也试图从中借助东风。[3]蔡元培在1920年的一篇文章中,依据《礼运》等文献证明"我们中国本有一种社会主义的学说"。[4]梁启超更是从《礼运》中读出"民治主义""国际联合主义""儿童公育主义""老病保险主义""共产主义""劳作神圣主义"等新文化运动时期的各种时髦主张。[5]然而,这些当然都只是近人的诠释,而非《礼运》的原始意图(参看附录七)。[6]

明白了这一历史渊源,我们可以来思考一个问题了:《大同书》的思想模本主要来自中国传统还是西方?如同任何一个类似议题一样,在此问题上也存在两种对立意见。墨子刻(Thomas Matzger)是正方的一员,主张宋明新儒家"倾向于'大同'(全体人民的和谐一

---

[1] 佚名:《礼运大同释义》,《新世纪》第38期,1908年3月14日,第2页。

[2] 1923年,北京《国风日报》副刊《学汇》发表了一篇同题文章(第283期,1923年8月20日;第285期,1923年8月22日,均在第5—6页),题为《"小我"演》。据其文前识语,此篇原载《实社自由录》第1集(1917年7月出版),署为荷兰来稿,并有凌霜按语,作者将其"演"为白话云云。我没有看到《自由录》,从"小我"的识语来看,该文应是从《新世纪》上转载,凌霜按语是《自由录》所加。此文之影响力由此可见一斑。按,《学汇》和《实社自由录》都是宣扬无政府主义的刊物,凌霜即当时著名的无政府主义者黄文山(1898—1988)。

[3] Edmund S. K. Fung, *The Intellectual Foundations of Chinese Modernity: Cultural and Political Thought in the Republican Era*, Cambridge: Cambridge University Press, 2015, pp. 219-221.

[4] 蔡元培:《〈社会主义史〉序》,收在《蔡元培全集》第4卷,中国蔡元培研究会编,杭州:浙江教育出版社,1997年,第166页。

[5] 梁启超:《清代学术概论》,第275页。

[6] 1916年,易白沙(1886—1921)、陈独秀(1879—1942)都指出,《礼运》"本义"与"今日学术"的意旨"绝不"相同,不可混淆。前者的文章见《孔子平议(下)》,《新青年》2卷1号,1916年9月1日,第1—2页(篇页);后者的文章见《宪法与孔教》,《新青年》2卷3号,1916年11月1日,第5页。

致）的普遍的乌托邦思想"。他特别说明，"'大同'思想出自儒家经典《礼记》，后来为康有为这样的现代人所接收"。[1]贺麟（1902—1992）则认为，《大同书》中"许多胆大激越的理想"，与"王学末流猖狂的一派相接近"，而陆王心学是对康有为影响最大的思想流派。[2]事实上，近些年来，强调康有为大同观念与中国传统思想的连续性，在学界似乎有成为主导性思路的趋势。[3]反之，朱维铮力主《大同书》"与以《礼记·礼运》为代表的古典大同说的联系，薄弱之至"，与其说它"来自古老的儒家经传，不如说来自某种外来学说"。美国学者贾祖麟（Jerome B. Grieder）则说："康有为只不过从《礼运》传统中借用了大同这个关键词和无欲无争、勤劳和谐的社会秩序思想中的某些东西"，其实质"与传统文化所提供的范例根本相悖"。[4]至于《大同书》来自何种外来学说，其具体成分如何，则众说纷纭，[5]如今未能定谳。

---

[1] 墨子刻：《摆脱困境：新儒学与中国政治文化的演进》，颜世安、高华、黄东兰译，南京：江苏人民出版社，1995年，第78页。

[2] 贺麟：《五十年来的中国哲学》，北京：商务印书馆，2002年，第3页。

[3] 比如，Federico Brusadelli, *Confucian Concord: Reform, Utopia and Global Teleology in Kang Youwei's Datong Shu*, Leiden and Boston: Brill, 2020；杨念群：《贯通"地方性知识"与"普遍性知识"的近代儒学体系——康有为"新粤学"发微》，《清史研究》2024年第2期，第1—30页。

[4] 格里德尔（汉名贾祖麟）：《知识分子与现代中国：他们与国家关系的历史叙述》，单正平译，桂林：广西师范大学出版社，2010年，第119页。

[5] 朱维铮：《从〈实理公法全书〉到〈大同书〉》，收在《求索真文明：晚清学术史论》，第298页。伯纳尔认为，《大同书》受到贝拉米的影响（*Chinese Socialism to 1907*, Ithaca: Cornell University Press, 1976, p. 20），叶凯蒂（Catherine Yeh）也认为至少二者是相似的（《晚清政治小说：一种世界性文学类型的迁移》，杨可译，北京：生活·读书·新知三联书店，2020年，第41页）。马悦然（N. G. D. Malmqvist, 1924—2019）主张，《大同书》中可以见到马克思、贝拉米的启发（《从〈大同书〉看中西乌托邦的差异》，张京媛译，《二十一世纪》第5期，1991年6月号，第11—15页）。此外，《佐治刍言》也常被认为是《大同书》的思想资源之一（参看邹振环：《〈佐治刍言〉与〈大同书〉》，收在《影响中国近代社会的一百种译作》，北京：中国对外翻译出版公司，1996年，第91—94页）。

其实，问题的关键并不在《大同书》存在哪些思想成分——这个问题的答案只能是：古今中外皆有。然而，对于康有为这样有意形成"思想体系"的学者来说，赋予其观念以独特性的，绝不是其中所含的"元素"，而是将这些元素统合起来形成的"秩序"。同一种"元素"可以出现于不同"秩序"之中，而一旦进入另一种"秩序"，它就可以在保持自己面貌（能指）的前提下，承担起与在前一"秩序"中截然不同的功能，甚至呈现完全相反的意义。[1]本书想要证明的一个主要观点是：从思想"秩序"的角度看，《大同书》的思路绝非来自中国传统，而和西学的刺激密不可分。因此，梁启超1901年撰文向世人介绍康有为的哲学思想，特意声言他发明大同学说时"未读一西书，冥心孤往，独辟新境"，[2]不但完全是"此地无银"的讳饰之辞，而且恰好暗示此说与"西书"的亲缘关系。

然而，本书也并不主张，康有为的大同说完全是西方思想的乔装打扮。毋宁说《大同书》通过和中西两种传统的复杂互动（既接受、改造，又排斥、切割），创造了一种与它们都不尽相同的思想类型（理性主义思维方式使它远离了历史上中国人对理想社会的想象，世界主义的视野又使它和西人此前的乌托邦传统拉开了距离）。与他自称的（完全来自传统）不同，康有为制订出来了一个混杂性的新选项——它们是中西不同思想的混杂体，其自身或者彼此冲突，"但从思想家本人的角度来看却是一个逻辑一贯的有机体"。[3]也许我们可以称之为（中国的）"现代性"：它的语境不在中西的对立，而是古今的转化。不过，也必须指出的是，中西两种传统在其中所处的地位并不是对等的：西

---

[1] 详论见王东杰：《从内部看历史和回到列文森》，《读书》2020年第2期，第24—32页。
[2] 梁启超：《南海康先生传》，第436页。
[3] 王汎森：《如果把概念想象成一个结构——晚清以来的"复合性思维"》，收在《思想是生活的一种方式：中国近代思想史的再思考》，台北：联经出版事业股份有限公司，2017年，第308页。

来的乌托邦观念（及理性主义的思维方式）提供了基本的秩序格局，中国传统思想则被拆解开来后，放置在不同部位——无论色彩多么鲜艳，它们都只是组织成分而不是组织的骨干。

二、康有为大同说的形成

康有为在1889年左右彻底转向今文经学，[1]先是大力发挥公羊三世说，约在1892年左右形成了自己的主张；大同概念则是更晚（主要通过《春秋董氏学》）引入的。从语义看，"大同"与公羊三世说的"太平"所指相同，且在康有为笔下常常连用或混用，但他之所以采用前者而非后者来定名自己的主张，一方面可能和李提摩太等人有关：既然西洋传教士都认为"大同"是一个可以和基督教"千年王国"相媲美的概念，对于其时正在致力于"保教"事业的康有为来说，魅力自然不言而喻；另一方面，从可发挥性的角度看，公羊三世说主要从夷夏边界的变动着眼，关于太平世的描写只有一句"天下远近大小若一"，内容较为单薄，虽然想象空间很大，但也不易取信于人。事实上，康有为所看重的，也主要是它对历史的解释和对预言的确认功能。相对来说，《礼运》对大同的刻画就要详细得多，虽然具体"条理"仍然有待"补衍"，[2]却也因此为论者提供了可以附丽的把手。

如同康有为的许多重要作品一样，《大同书》的写作年代也是学界一向争论的热点。南海自称其书作于光绪十年即1884年，虽经其

---

[1] 康有为转向今文经学的具体时间，学界尚存争执。事实上这也是一个过程，很难画出一个确定点位。具体论述见房德邻：《论康有为从经古文学向经今文学的转变——兼答黄开国、唐赤蓉先生》，《近代史研究》2012年第2期，第100—114页。
[2] 康有为：《春秋笔削大义微言考》，第9页。

女儿康同璧与晚年弟子崔斯哲背书,[1]但学界附和者甚少。[2]目前通行的意见认为,该书起草于1901—1902年康有为旅居印度大吉岭期间,嗣后又经不断修改,直至去世时仍未定稿。[3]严格来讲,学界目前所见史料彼此分歧,在关键节点上又缺乏直接证据(参看附录八),此一问题似尚无法做出终审判决。[4]不过,综合考虑各方意见后,我决定追随多数史家的看法:至少我们目前所见的《大同书》,其主体部分最有可能是1901—1902年的作品。事实上,就连热心为其父辩冤的康同璧,在这一最关键的时间点上也是含糊其词:她论证的只是康有为在1884年提出了"大同思想",却未明言《大同书》写于是年(参看附录九)。[5]

其实,康有为早就对《大同书》的写作年份做过暗示,玄机即在

---

[1] 康有为说见《大同书》"绪言"首句:"吾地二十六周于日有余矣"(《大同书》,上海:上海古籍出版社,2005年,第1页),即光绪十年(1884);康同璧说见《回忆康南海史实》,第142页;崔斯哲说见"跋《大同书成题词》",收在《康有为全集》第12集,第136页。

[2] 这一方面是因其以惯于作伪著称,一方面也因其"往往先有题目",而不能落实成书(任启圣:《康有为晚年讲学及其逝世之经过》,第387页),故其自述无法取信于人。

[3] 汤志钧、朱维铮等都持类似看法。其中朱先生认为,《大同书》的雏形是作于19世纪90年代的《实理公法全书》,《春秋董氏学》则是这二书的过渡环节(《从〈实理公法全书〉到〈大同书〉》,第278—290页)。不过,我认为,1901年前后所写的《中庸注》《孟子微》《礼运注》等,可能和《大同书》之间有更明显的关联。有关学界对是书写作年代的争论,茅海建曾有一简要综述,见其《康有为与进化论》,收在《戊戌时期康有为、梁启超的思想》,北京:生活·读书·新知三联书店,2021年,第311—314页。这些讨论所引发的争论,参看汤仁泽:《〈大同书〉的成书年代及其思想实质——重温那场历经六十年的学术论争》,《史林》2020年第2期,第204—218页。

[4] 赞同康说的著作,如汪晖:《现代中国思想的兴起》上卷第2部,第754—759页。

[5] 康同璧1958年编成的《南海康先生年谱续编》油印本1901、1902年全未言及南海写作《大同书》事。不过,在完成于1961年的修改本中,1902年条"三月,《论语注》成"一段中,加入"同时演《礼运》大同之义,折衷群圣,立为教说。自甲申十年廿七岁属稿,初以几何原理著人身公法,旋改为万身公法,实理公法……数易其稿,而卒成《大同书》十部"云云(康同璧:《补南海康先生自编年谱》,收在张启祯、张启礽:《康有为在海外·美洲辑:补南海康先生年谱(1898—1913)》,北京:商务印书馆,2018年,第147页),表述非常含糊,涉及《实理公法全书》等和《大同书》的关系,前辈学者已有辩正,我们从这里能够确定的只是《大同书》完稿于1902年而已。

1911年收入《南海先生诗集》的《大同书成题词》中。此诗向受关注，但研究者的目光往往为诗后所附任公跋语吸引："先生演《礼记》大同之义……二十年前，略授口说于门弟子；辛丑、壬寅间，避地印度，乃著为成书。"〔1〕这是学界目前推断《大同书》写于1901—1902年（辛丑、壬寅）的主要证据，但此诗第三首第一句却往往被人忽略："廿年抱宏愿，卅卷告成书。"此诗是何年所作，虽无直接证据，但如把1884年当作康有为始"抱宏愿"之年（详见下文），把1902年当作是书"告成"的年份，按照传统文人的表述习惯，确可谓"廿年"（至于"卅卷"云云，可能是其最初的构想，但据今本已难确知）；可是，若将此诗看作1884年的作品，则这两句将全无着落（逆推二十年，时康有为年方七岁，即使其善于自夸，也不见此时已怀抱大同理想的迹象）。〔2〕

不过，康有为将此书的写作定在光绪十年，也并非毫无因由。他在自编年谱《我史》（写于1899年初）中花了很大篇幅，讲述此年的经历对其人生的重大意义。是年，他回到南海乡居，凭借已有的理学、佛学、西学知识，"俯读仰思"，终于"悟"出时空的相对性：由显微镜"悟大小齐同之理"，由电机光线"悟久速齐同之理"。之后，他以"统"的方法处理空间，将物理和诸天界、诸星界、地界、身界、魂界、血轮界囊括为一；以"推"的办法处理时间，"以三统论诸圣，以三世推将来"，知"以合国、合种、合教一统地球，又推一统之后，人类语言、文字、饮食、衣服、宫室之变制，男女平等之法，人民通同公之法"，乃至五百年、千年后的世界、诸天、人民、政教等，"奥

---

〔1〕 梁启超：跋《大同书成题词》，收在《康有为全集》第12集，第136页。此诗与跋语又曾发表于《正志》第1卷第1期（1915年4月30日，文苑第1页），有误字。
〔2〕 1902年5月梁启超致康有为书云："先生大同条理之书，弟子以为宜早日写定之，盖若更迟，则人将以为剿袭西学，殊不值也。"（《上康有为书》[1902年5月]，第201页）则至此时，《大同书》初稿似尚未完成——至少，身在日本的梁启超还没有得到完稿的消息，则即使已经竣工，亦当不久。事实上，玩味梁书语气，他很可能还不知道南海已经开始着手著书的消息。

远窅冥,不可思议,想入非无,不得而穷"。之后又发下宏愿,"日日以救世为心,刻刻以救世为事",决定先"就其所生之地、所遇之人、所亲之众而悲哀振救之,日号于众,望众从之,以是为道术,以是为行己"。[1]

《我史》中这段话并未提及大同二字,但其叙事结构和某些具体元素都再次出现在《大同书》的开篇(详见本书第二章),提示出二者的密切关联。无论其所述是否属实,这段话都是想将1884年确立为其大同思想的起点,而在接下来的几年中,他多次提到这一主题:

> 以几何理著《人类公理》……乃手定大同之制,名曰《人类公理》,以为吾既闻道,既定大同,可以死矣。(光绪十一年)
>
> 又作《公理书》,依几何为之者……夜为天象学,乃重定天然历法。(光绪十二年)
>
> 是岁编《人类公理》,游思诸天之故……推孔子据乱、升平、太平之理以论地球,以为养兵、学言语,皆于人智人力大损,欲立地球万音院之说以考语言文字,创地球公议院,合公士以谈合国之公理,养公兵以去不会之国,以为合场地球之计。其日所罩思大率类是,不可胜数也。(光绪十三年)
>
> 三月,陈千秋来见……乃告以诸天之界、诸星之界、大地之界、人身之界、血轮之界,各有国土、人民、物类、政教、礼乐、文章,则信而证之。又告以大地界中三世,后此大同之世,复有三统,则信而证之。(光绪十六年)

这些记录仿佛交响乐中不断奏响的主旋律,使用同样的表述,陈

---

[1] 本段和以下三段引文,俱见康有为:《我史(附日记)》,第64、65、67、81、71页。个别标点略有不同。

述同样的见解和体会,甚至连《人类公理》这个书名(在其遗存著作中并无此书)都重复了不下三次,令人不解它们究竟是何关系。另一方面,经过不断发挥拓展,这一主题变得越发完善:从大同历法到地球万音院、地球公议院等,内容日趋丰富,而且最终都将汇入《大同书》中。看起来,康有为试图通过这些片段记述,向人们展示其大同观念的发展历程。后来,康同璧就是根据这些记录替他辩护的。

《康有为全集》本的《我史》同时插入了现存康有为相关年份的日记,其中有些内容可与年谱相互对应。比如光绪十三年中的一条说:"列国并峙"和"各私其国"是"争"的根源。如果万国合一并"废其君",则又"何争之有"?他提议法、美两国总统"相约,尽废天下之君,合地球为一国,设一公议院,议政事之得失。列国之君充议院人员,其有不从者,地球诸国共攻之。斯真以天下为一家,中国为一人,兵军永息,太平可睹矣"。又云:"凡治地球,尽废郡县,以三百六十度经纬线为界。每度之边,莫不树界";"凡为其度之人,其衣上皆绣经纬线,使可望而知也"。《大同书》中"公政府"和"度"的观念(参看附录十),都可以在这里找到苗头。此外,据信写于1888年前的《实理公法全书》也存有大量可以在《大同书》中得到印证的内容。

这些迹象表明,康有为在那几年的确在陆续思考这些问题。但不一定像他所描绘的:光绪十年的顿悟使其先产生了一条思想主干,再由此生发枝叶,充实内容。实际很可能是,南海头脑中原本只有一些针对具体现象的漫想,既不连贯,也未成系统。他不见得从一开始就将其当作一个完整议题来思考,也未必想到用"太平"或"大同"之类的术语来统摄之:那时这些概念尚未进入其意识之中。但随着大同二字的发现,这些零散的思考与想象开始慢慢串联起来,统合为一,获得了一种整体的意义,其思想系统也逐步形成。

《我史》光绪十六年的记载似乎暗示,那时他关于大同的想法已基本完成。这当然有所夸张。不过,在稍后的万木草堂讲学时代,他的某些设想确已相当成熟。[1]梁启超多次回忆,自己曾在草堂听闻其义,甚至还曾诵读其书:"有为虽著此书,然秘不以示人,亦从不以此义教学者……其弟子最初得读此书者,惟陈千秋、梁启超,读则大乐,锐意欲宣传其一部分。有为弗善也,而亦不能禁其所为,后此万木草堂学徒,多言大同矣。"又言:"有为不轻以所学授人。居一年,乃闻所谓'大同义'者,喜欲狂,锐意谋宣传。有为谓非其时,然不能禁也。"[2]两段话都出自《清代学术概论》,细节微有不同而意思接近,但任公说南海不欲使大同广为人知,似为其师所蒙。康氏其实极愿有人为之张扬,其不肯"轻授"于人者,不过是欲擒故纵、半就半推之技,故弄玄虚,自神其术而已。

我们不知道梁启超是怎样在同门中宣传大同的,但可以看到他离开草堂之后,如何在更广大的范围内扩散这一观念。他的工作主要沿三条途径展开:一是在报刊发表文章,二是对友人(如谭嗣同)宣讲,三是在时务学堂讲学。此时的他对大同说相当沉迷,以至把自己的主业定为"传教",而未像康有为希望的那样投身于现实政治的改革。他二十四岁时写信给康有为,说:"我辈宗旨乃传教也,非为政也;乃救地球及无量世界众生也,非救一国也";甚至说:"一国之亡于我何与焉。"[3]他的意思很清楚:大同以全体人类乃至有情众生为目标,一国(当然就是中国)之兴亡已是次等事业。显然,至少就此处的表述而言,任公对大同的理解尚不够"辩证"(参看"导言");而在康有为那

---

[1] 康有为去世后,梁启超代表群弟子所作《公祭康南海先生文》云,大同学说乃"我师三十年所尝瞑索而精奢"者(收在《康有为全集》第12集,第502页)。由此倒推"三十年",可以追至南海在万木草堂讲学时代;若倒退至1884年,则是四十年矣。这再次表明,《大同书》不可能是1884年所作。
[2] 梁启超:《清代学术概论》,第276、277页。
[3] 丁文江、赵丰田:《梁启超年谱长编》,上海:上海人民出版社,1983年,第58页。

里,"一国"与"地球"绝非简单对立关系,而是共同归属一张既相对立又相依赖的复杂网络。[1]

康门弟子在戊戌时期曾掀起一个宣传大同的高潮,积极分子包括梁启超、徐勤(1873—1945)、欧榘甲(1870—1911)、刘桢麟、韩文举(1864—1944)、王觉任(生卒年不详)、陈继俨(生卒年不详)、黎祖健(生卒年不详)等。相对于老师,他们对大同的兴致更为热烈和迫切。此外,谭嗣同、唐才常(1867—1900)、徐仁铸(1863—1900)、皮锡瑞等,也都不同程度地参与了宣传。他们的学术渊源与南海关系不大,但因与任公往来密切,或从他那里间接受到影响。康门彼时有意把大同做成自家"品牌",在言论之外,又有许多实际的事业,如在上海开办大同译书局、在日本开设大同学校等。

综合相关文献,戊戌之前梁启超等宣传的大同观念有以下几个要点:一是无分别。用徐勤的话说,即是"无疆界之分、人我之相"。具体内涵包括"无国界,无种界","无兵事,无兵器,无兵制"。人所关心者唯"农、商、医、律、格致、制造等事",尤以医学为重:"吾闻师之言曰:'凡世界蛮野之极轨,惟有兵事,无有他事;凡世界文明之极轨,惟有医学,无有它学。'兵者纯乎君事者也,医者纯乎民事者也,故言保民必自医学始。"二是平等,废君主、行民政,男女平权。其时"国人无男无女,皆可各执一业以自养,而无或能或不能之别",故女子必受教育,"女学与男学必相合"。此外是经济"均平"。三是"仁"。梁启超建立了一个以《孟子》为中心的大同学说体系,谓"《孟子》言'无义战'为大同之起点","《孟子》言井田为大同之纲领",

---

[1] 不过他很快就修改了自己的看法,在时务学堂提出"以小康之道治一国,以大同之道治天下",谓"我辈今日立志当两义并举。目前则以小康之道先救中国,他日则以大同之道兼救全球"。《湖南时务学堂初集·札记》中梁启超批语,收在湖南时务学堂编:《湖南时务学堂遗编》,第97页。

"《孟子》言'性善'为大同之极致"。[1]

这些论说不是对大同观念的专题阐发,不能看作一个系统的概论。梁启超说,南海的思想"条理极详,至纤至悉",弟子"侍先生数年,尚未能悉闻其说"。[2]其实,南海本人其时也未必已经存有一个周详的大同计划,他对学生所谈只言片语,有可能已是其思考的全部。1898年底,因为变法失败而流亡日本的康有为接受角田勤一郎(1869—1916)的采访,以笔谈方式讲述了自己的大同学说,主要集中于一个"仁"字:"人之所以为人者,仁也",故能"爱他人之身""爱他人之家""爱他人之国",乃至"爱他类",最终达到"众生安乐、众生性善之地"。[3]这是现存康有为首次向"外人"讲述大同的记录,可见其大体结构已经完成,然而其讲述主要集中在"宗旨"层面,不涉具体制度(有可能是采访的条件决定的)。

南海的对手们也试图把握其思想主旨。茅海建曾引梁鼎芬(1859—1919)在康有为流亡日本期间所作《康有为事实》一文,说康氏宗旨以大同为主,主要内容是"化三界":化各国之界(包括泯除君臣之界)、化贫富之界、化男女之界(包括儿童公育)。[4]梁氏此说虽只是耳食(甚至是辗转耳食)得来,相当简单,却可以和角田勤一郎

---

[1] 康有为:《春秋董氏学》(徐勤按语),第416页。梁启超:《变法通议》《医学善会序》《论君政民政相嬗之理》《〈论语〉、〈公羊〉相通说》,均收在《梁启超全集》第1集,第76、252、268、233页;《读〈孟子〉界说》,收在湖南时务学堂编:《湖南时务学堂遗编》,第13—14页。类似的意见又见《湖南时务学堂第一集·答问》中梁启超批语,及《湖南时务学堂初集·札记》中李炳寰札记、叶觉迈批语、郑宝坤札记,均收在湖南时务学堂编:《湖南时务学堂遗编》,第35、55、96、174、236页。

[2] 《湖南时务学堂初集·札记》中梁启超批语,收在湖南时务学堂编:《湖南时务学堂遗编》,第97页。

[3] 不二行者(角田勤一郎):《康有为氏之大同太平论》,吉辰译注:《戊戌政变后〈太阳〉杂志关于康有为的两篇文章》,收在廖大伟主编:《近代中国》第29辑,上海:上海社会科学院出版社,2018年,第355页。

[4] 茅海建:《戊戌时期康有为"大同三世说"思想的再确认——兼论康有为一派在百日维新前后的政治策略》,收在《戊戌时期康有为、梁启超的思想》,第361页。

的采访互证（内容也较为具体和丰富）。更重要的是，他对大同学说的主干做了相当精当的概括。当我们打开《大同书》，看到一系列以"去某界"为开头的标题时，不能不佩服他的敏锐。

无独有偶，叶德辉也察觉到，康、梁学说的一个重点是否定"界"。其《正界篇》即是针对任公为时务学堂所写《读〈春秋〉界说》《读〈孟子〉界说》两文而发，意在为被"邪说"蛊惑的"湘中子弟"解毒。他将任公的主张归结为"无界"二字："宣尼与基督同称，则东西教宗无界；中国与夷狄大同，则内外彼我无界；以孔子纪年黜大清之统，则古今无界；以自主立说平君民之权，则上下无界"；乃至"治经无界""读史无界"。叶德辉认为，康、梁袭取佛家义理，关键是提倡"无事不平等，无说不平等，而尤慕西俗之轻财"，故其大同的本质就是"混夷夏而大同之"。[1] 叶德辉的认知比梁鼎芬要来得片面，情绪性更强，但也从反面触及了大同观念的某些重要内涵。

显然，戊戌之前流传的大同学说都是一些枝节片段。直到梁启超1901年底发表的《南海康先生传》第七章"康南海之哲学"中，才对它做了一个完整的描述。在任公笔下，大同学说包括"原理""世界的理想""法界的理想""理想与现在之调和及其进步之次第"四部分，每一部分又有"条理之分目"，一改支离破碎，变得井井有条。不过，梁氏承认，直到此时，南海的大同学说尚"未有成书"，自己所写亦只是"十年前"（约1891年）所受口说，不少内容早已"遗忘"，并且任公本人的主张此时已转向国家主义，与大同学说的世界主义取向迥异，故此文"固不足以尽先生之理想"。[2]

这是梁启超第一次对老师的学说加以系统梳理，文字饱含敬意，

---

[1] 叶德辉：《叶吏部正界篇》，收在苏舆编：《翼教丛编》，第186—187页。又见《叶吏部与南学会皮鹿门孝廉书》，同上书，第348—352页。
[2] 梁启超：《南海康先生传》，第436页。梁启超此处所云和他说自己在草堂"居一年，乃闻所谓'大同义'"的回忆相合。

带有浓厚的宣传色彩。狭间直树指出，此文源于1899年东京帝国大学哲学会请梁启超做的一次演讲，也是梁氏"从此脱离康的思想的独立宣言"。[1] 这一复杂的写作背景值得关切。因为要向日本学者介绍南海学说，梁启超便不得不将其系统化，其中势不可免地要掺入他本人的理解，而未必尽符南海本意；然而，如果考虑到这是任公在走向独立思想道路之前的一次"告别"，则又带有盘点自家财产的意味，态度之郑重可想而知，其内容自然不会出于杜撰。

三、永远的"未定稿"

在弟子和敌手的喧腾鼓噪下，康有为大同说的名目早已腾播众口，然而不无讽刺意味的是，世人目睹《大同书》的真正面目，已经迟至1913年，而且还不是全貌。那时中华民国已经成立一年，南海不得不面对一个自己并不赞同的政治局面。但他审时度势，迅速决定了应对方案。为了继续引领舆论，他令学生创办了一份《不忍》杂志，这份杂志几乎成为他个人的专刊。该刊自第1期（1913年2月出版）起，在"瀛谈"栏目刊出《大同书》，连载至第8期（1913年11月出版），登完甲、乙两部，旋即停刊，直到1917年才续出第9、10期的合刊号，此后再无下文，而合刊号也没有续登《大同书》的剩余部分。因此，甲、乙两部就是《大同书》在南海生前发表的全部内容。[2]

此后，不同出版社根据这两部分推出了多种单行本。1927年，康

---

[1] 狭间直树：《梁启超：东亚文明史的转换》，第95页。狭间的解释有助于说明任公为何强调南海学说未受西书启发：其中自不无中国人的自尊，恐怕也有对其时日本正在流行的黄白种争学说的迎合。

[2] 韩国儒者李炳宪（1870—1940）自称于1920年来华见到康有为，康氏赠之以《伪经考》《论语注》《春秋笔削大义微言考》《大同书》（李炳宪：《我历抄》，转引自彭春凌：《康有为、李炳宪交往和思想关系论》，《近代史研究》2016年第3期，第76页）。他所获《大同书》是一种抄录本，还是发表在《不忍》上的甲、乙两部？今已难知。

有为去世。《大同书》由其弟子钱定安（生卒年不详）负责整理，中华书局1935年4月付梓印行。1956年7月，古籍出版社（北京）在钱本的基础上，根据当时所见稿本重加订正，推出了今日坊间最流行的一个版本（与钱本略有差异，参见下文）。以上是《大同书》第一个版本系统（以下将此系统的版本统称为"刊刻本"）。第二个系统是"手稿本"。目前所见《大同书》手稿分为两部分，分藏于天津图书馆和上海博物馆。1985年，江苏古籍出版社将之合璧后影印出版；2014年，作为《康有为手稿》的一部分，再次由大象出版社影印刊行；此外，姜义华、张荣华主编的《康有为全集》所收《大同书》也是据手稿本排印的。[1]

这两个版本系统在表达和结构上都有不同，有些只是字句上的更动，有些则涉及对康有为整体思想的理解，后者主要表现在结构的差异上。刊刻本的特点是以天干为序，将全书分为十部，各有标题（其下又分章），均照《不忍》第1册刊印的全书目录排列（参看附录十一）：

  甲部 入世界观众苦
  乙部 去国界合大地
  丙部 去级界平民族
  丁部 去种界同人类

---

[1] 关于《大同书》的版本系统、流传情况和各本文字差异，汤志钧有详细考证，参看《康有为的大同思想与〈大同书〉》，第63—93、111—147页。王水涣略有补充，见其《〈大同书〉铅印本、石印本流传次序及其与康有为手稿关系考略》，《中国出版史研究》2021年第4期，第69—81页。本书所用《大同书》，主要依据的是上海古籍出版社2005年出版的排印本（属于刊刻本系统），并参考《康有为全集》本。在引用上海古籍出版社的本子时不加说明，在同时参考《康有为全集》本时则注明"《全集》本"。此外，我也核对了《大同书》手稿的影印本（《康有为手稿·一，大同书稿（上、下）》，王刘纯、李培、刘洪辉主编，郑州：大象出版社，2014年，以下简称"大象本"）。

戊部　去形界各独立
己部　去家界为天民
庚部　去产界公生业
辛部　去乱界治太平
壬部　去类界爱众生
癸部　去苦界至极乐

可以肯定，这一目录经过了康有为首肯，至少在"部"的层次上（甲、乙两部则包括章节在内）可以视为南海"定论"，钱定安整理全书时遂以之为据，因此它是《大同书》出版史上一个重要节点，基本形塑了我们今天对《大同书》的认知。手稿本分作八卷（前七卷标名"大同书第几"，最后一卷写作"卷八"），其下不分章，其中第一卷对应于刊刻本甲部，第二卷基本相当于丙、丁、戊、壬四部，第三卷对应于己、庚两部（目前所见手稿本无第四卷），第五、六、七、八卷分别对应乙、庚、辛、癸部。其次序有升降（各卷内部也有微调），内容有分合，反映出康有为对于进入大同程序的思想变化（详见下文）。

刊刻本各部标题句式相同，字数相等，除了绪言性质的甲部以外，其余各部都以"去某界"为引领，暗含进化态势。当然，汉语表述本有喜好字面齐整的习惯，我们不能轻易被其语法结构蒙蔽。比如，戊部的结尾部分、己部的后半部分、庚部和辛部的主体部分以及癸部的大部分内容，实际上都是对大同世界不同面向和制度的描绘：戊部关注男女婚姻关系，己部陈述公共教养机构，庚部注重经济产业，辛部描述行政和奖惩，癸部刻画生活面貌。这些内容相互平行，并非简单的递进关系。不过总体看来，说《大同书》的各部之间带有某种层层推进的意味，似可成立。

梁启超在《南海康先生传》里转述的大同学说，第一部分"原理"阐述人类痛苦根源，基本与甲部重合；第二部分"世界的理想"，由

"理想之国家""理想之家族"和"理想之社会"组成。"理想之国家"又分"国家与人民之关系"和"万国相互之关系",大体与乙部相当。虽然刊刻本主要侧重于万国关系,但在叙述中也涉及了"国家与人民关系"的主题。"理想之家族"又分"亲子之关系"和"夫妇之关系",其中亲子关系对应于己部("去家界为天民"),夫妇关系对应于戊部("去形界各独立")。"理想之社会"包括人种改良、阶级平等、男女同权,及各种社会设施、政治制度等。第三部分"法界的理想"包括"世间之法界"和"出世间之法界",大致相当于癸部。第四部分"理想与现在之调和及其进步之次第"在现存《大同书》中并无直接对应,而是分散于全书各部。[1]

可知,梁启超的回忆与《大同书》内容大致吻合,并未远离南海本意,亦表明那时南海大同观念的架构确已基本定型。不过,其间也有几个重要差异:首先,在任公叙述中,除了先破国界再破家界之外,大部分内容并非按照线性递进关系排列,而是以思维逻辑顺序结合起来的;文中虽然提出"进步之次第",却没有详释其内涵。而康有为一向强调做事须循序渐进,反复申明社会发展不可"躐等"。因此,这里的空白只能表明,那时他虽然对"进步"的程序略有所思,但还没有完全想透。即使在完成《大同书》主体部分之后,这一问题还在继续纠缠着他,迫使其不断调整思路。

其次,"理想与现在之调和"并未成为《大同书》的一个专门主题,但不等于康有为对它不重视。相反,他不断针对现实变化表达自己的政见,相当一部分主张与《大同书》的终极取向背道而驰,正表明他一直关心着这一课题。不过,对于与此有关的一个延伸性话题——如何更切实地衔接"现在"和"理想",康有为却始终没有做过细致论述。

---

[1] 梁启超:《南海康先生传》,第431—436页。

第三，梁启超转述的大同学说，佛教色彩比目前所见《大同书》更为浓厚，如谓人生苦恼之"最大之根源，曰妄生分别"，又说"大同根据之原理，以为众生本一性海，人类皆为同胞"，[1]在《大同书》中虽有其意而未有明言，提示出康有为在此问题上，态度也有变化。

在上面三个问题中，最重要的是进入大同程序的设定。它以一组整齐有序、脉络相接的句子为《大同书》提供了骨干，使其从一堆松散汇聚的砂石，变成了风格明快、极具立体感的建筑。尽管我们尚无法断定手稿本的具体抄写年代，但比对不同版本结构，基本可以断定它是1902年初稿本和1913年发表本的过渡版本（它本身也处在一直修改的过程中）。[2]从中很容易看出，初稿完成后，康有为仍在不断修改自己的思路，试图找到一条阶段更为明晰、各阶段之间的衔接也更加流畅的大同之路。同时，它也提示我们，尽管篇目结构不如刊刻本那般整齐，但手稿本存留了康有为思考过程的众多痕迹，使我们意识到，思想不只是其最后展示的清爽面貌，也是一个修修补补、涂涂抹抹的过程。

下面，我将比较一下这两个版本，对康有为在建构大同次序上的思路变动略做一番推测。[3]手稿本第二卷开门见山，宣称"人类不平等者有三：一曰贱族，一曰奴隶，一曰妇女"，似乎暗示此章要按这三个主题展开。作者也的确首先讨论了贱族和奴隶（"种族、阶级之制"）的问题，预期"数百年后"，随着民权日盛，各国"既尽改为民主统

---

[1] 梁启超：《南海康先生传》，第432页。
[2] 因此，手稿本包含了两种可能的顺序，比如《大同书第六》的标题下有"大同书部庚"几个字（《大同书》，《全集》本，第153页），实际内容也与今本庚部相应，大概是康有为在修改时所留痕迹。
[3] 宫志翀注意到，《大同书》的手稿本和刊刻本展现的是"两条通往大同之路"，这主要涉及"形界""家界"和"国界"三部分，其核心是"去家界"和"去国界"孰为优先（见其《〈大同书〉稿本与刊本的结构差异探微》，《中国哲学史》2020年第5期，第119—123页）。他的主张颇有所见，不过具体论断亦有可以修正和增补之处。

领"，一切等级差别随之消灭，"不待平而已平，男女之权又已独立"，于是"全世界人类尽为平等，则太平之效渐著"。[1]但紧接着，其笔锋一转，开始讨论起种族不平等的话题（此处"种族"是以生理特征即肤色为基础的种族，其前文所谓"种族"是种姓），而以一份《人类平等进化表》作结：其中以三世为区分，展现了阶级、男女、种族关系渐趋平等的过程。接着是对"众生"平等的讨论，[2]之后突然插入一个小标题"大同书第二论女"，转入了对男女平等的探讨，洋洋洒洒，篇幅较前三个议题（阶级平等、种族平等和众生平等）的总和还多出一半。

可见此卷内容极为芜杂。作者并未遵照开篇暗示的顺序，而在没有任何预告的情形下，插入了种族和"众生"的问题，而此时尚未提及的妇女问题却已出现在《人类平等进化表》（刊刻本改为《人类进化表》）中——此表在理论上涵盖了所有社会关系，按照逻辑似应放在论述妇女平等之后。[3]那个小标题似乎暗示，在其原来的计划中，第二卷是专论妇女议题的（这从其所占篇幅也可看出），但后来康有为又决定先讨论阶级、种族和众生的平等，遂形成这个明显拼凑和杂糅的版本。[4]在刊刻本中，此章内容被拆成数块，分别成为丙部（阶级）、丁部（种族）、戊部（妇女）和壬部（众生）的主题：前三部分基本保

---

[1] 康有为：《大同书》，《全集》本，第38、42页。据影印手稿，"者有三：一曰贱族，一曰奴隶，一曰妇女"一句，"男女之权又已独立"一句，系修改过程中添入者。大象本，第1册，第75、81页。
[2] 据影印手稿，《人类平等进化表》和讨论众生平等部分，与前后所用纸张不同（大象本，上册，第93—107页），显系在修改或整理过程中添入者。
[3] 此表在刊刻本中改放在丁部之后，但它按照"去级界""去形界""去种界"的顺序安排，与两个版本的实际叙述次序都不相同。
[4] 据影印手稿，"大同书第二论女"单为一页，页首写有"（□□［原文此二字模糊不清，经与缪元朗先生讨论，细辨似为"记查"。——引者注］族迹进化考，女性添入）"等字（大象本，上册，第107页），似是提醒作者本人或整理者将论妇女平等部分添入《人类进化表》中。手稿中有很多这样的提示，利用它们可以更好地帮助我们了解《大同书》的成书过程。

持了手稿本次序，众生平等则被降至最后，成为人类大同之后才会处理的事务——这个安排似乎更加吻合康有为的差序性思维（参看第三章），反过来更加凸显了手稿本的杂乱。

接下来各卷的内容相对比较单纯：第三卷处理"去家界"，同时讨论公养、公教、公恤之法，从人生周期的角度论述了公有制下社会福利机构的设置；在刊刻本中，这部分内容分别成为己部（"去家界为天民"）和辛部（"去乱界治太平"）的一部分。第五卷讨论"去国界"，基本与刊刻本乙部重合。第六卷与刊刻本庚部（"去产界公生业"）相同，第七卷对应于刊刻本辛部的部分内容，第八卷即刊刻本的癸部。

我们目前所见手稿本相当于《大同书》修改过程中的一张照片。它看起来是静态的，实际却隶属于一个不断变化的过程。因此，把手稿本看作一个（相对）稳定和封闭的事物，认为它"历历有序"地标注了"进化之路的每一处站点"，甚至认为这两种版本反映了"思想创作"和"面对现实"的差异，并试图以之为依据，重建"另一条"（可以和刊刻本相提并论的）通向大同的道路，[1]恐怕已经背离了手稿本的原初语境。事实上，此时的康有为心中并不存在一幅完备而清晰的大同线路图，他的思路还在不断生长和调整的过程中（也可以说是一直犹豫不决），[2]手稿本只是这一过程某一瞬间的影像而已。

不过，手稿本中也有几个关键步骤需要留意，这主要在第六卷也就是"去产界公生业"中。南海指出，要真正消灭贫富差距，"欲急至大同"，"最难"的是"去国"。"若去民私业，此事甚易，即在去人之家始也。即欲急去国界者，亦自去家始。欲去家乎，但使大明天赋人

---

[1] 宫志翀：《〈大同书〉稿本与刊本的结构差异探微》，第123、120页。
[2] 比如，第二卷所包含的"去种界""去类界"等似乎和第六卷反复提及的几个关键步骤（见下文）没什么关系。它们为什么会被放在开端？事实上，这并不意味着它们要在"去形界""去家界""去国界"之前进行。因此，这里的顺序只能是一种论述逻辑上的次序，而不是实行次序。

权之义,男女皆平等独立,婚姻之事不复名为夫妇,只许订岁月交好之和约而已。"如此行事既久,自然无家。"全世界之人既无家,则去国而至于大同,易易矣。"[1]也就是说,"公生业"须先"去家界",再"去国界",而"去家界"又有赖于"去形界"。

  这一思考的痕迹仍可在刊刻本庚部看到。其中"欲急至大同,最难则在去国"至"亦自去家始"几句,都基本保持了手稿原貌,而在"去形界"部分则做了引人注目的改动。强调了"全世界欲去家界之累",必自"明男女平等各有独立之权始"之后,他连续用了几个设问,将结论引向了"去形界"的必要:"全世界人欲去私产之害乎?""全世界人欲去国之争乎?""全世界人欲去种界之争乎?""全世界人欲致大同之世、太平之境乎?""全世界人欲致极乐之世、长生之道乎?""全世界人欲炼魂养神、不生不灭、不增不减乎?""欲神气遨游、行出诸天、不穷不尽、无量无极乎?"皆"在明男女平等各自独立始矣"。如此,"去形界"就在实际上成为走向大同的起点,这不仅适合"去家界""去国界",也适合"去种界",乃至"去苦界"(注意,此处所说的程序又与其他几个版本不同)。[2]

  刊刻本另一处值得关注的地方在丁部的开篇:"今如家界去矣,国界去矣,而尚有一非常大界妨害大同太平之道者,则种族之界其最难者也。"[3]首先,它再次表明,康有为一度主张"去家"应在"去国"之

---

[1] 康有为:《大同书》,《全集》本,第163页。据影印手稿,"大明天赋人权之义"系修改过程中添入者,后经删除,而又恢复,可知康有为对"天赋人权之义"的态度不无踌躇;又,"全世界之人既无家,则去国而至于大同,易易矣"一句,系修改过程中添入者。见大象本,下册,第338页。

[2] 康有为:《大同书》,第245—246页。在接下来的几个步骤中,康有为又暗示,"去形界"之后即是"去家界",再之后是"公生业",然后是"去国界",最后是"去种界"。不过,考虑到他认为"有家有国"则不能共产的主张,则完全的公有制似应在去国之后才能实行——在刊刻本中,"公生业"也的确被放在"去国界"之后。

[3] 康有为:《大同书》,第113页。

前。其次，不妨比较一下这段话和手稿本第二卷的一段话："同种国既合一矣，既大同矣，而民族之混同为难……所最难合同而化者，人种颜色绝殊异也。"（这句话在刊刻本丙部仍然保留下来。）[1] 不难发现，在"去种界"与"去国界"的关系上，康有为的认知也有调整：他早先认为，"去种界"应在"去国界"过程中进行，具体时机就在"同种国"已合并而"异种国"尚未合并之时，因此可以把"去种界"和"去异种之国界"看作同时展开的两项工作；[2] 而在刊刻本中，二者则成为先后关系，在"去国界"之后，"去种界"才提上日程。[3] 这大概是因为康有为逐渐意识到"去种界"之难：其中有一项重要工作是全球范围内的移民（"迁地之法"），这显然只有在一个世界政府的统一规划与管理下才能进行。因此，他不得不在刊刻本指出："人种大同"乃是大同的最后阶段，人类进入大同之后，尚需"行化千年"，才能达到最终圆满。[4]

如果暂时抛开阶级、种族、众生等因素，上述线索表明，康有为一度设想过一条依照"去形界""去家界""去国界""去产界"的次序走向大同的道路。不难发现，它契合了传统儒家的思考程式：一方面，

---

[1] 康有为：《大同书》，《全集》本，第43页；《大同书》，第110页。
[2] 不过据影印手稿，"同种国既合一矣"中"同种"二字系在修改过程中添入者（大象本，上册，第83页）。可知康有为更早的想法似乎是认为，"去种界"是"去国界"整个完成之后才要考虑的事情。如果是这样，则刊刻本中的思路才是其原本的思路（参见下文）。我们从中不难感知到南海的踟躇不定。
[3] 需要说明的是，刊刻本也有两种不同版本，一是1935年中华书局的钱定安整理本，一是古籍出版社1956年的再整理本。其差别主要有二：一是整理本中丁部前半部分，在再整理本中排入丙部（故"今如家界去矣"一句，在整理本中放在丁部中间，在再整理本中放在丁部开端），个别段落的顺序也有不同；二是整理本删除了"同种国既合一矣"中"同种"二字，再整理本又恢复了原貌（第110页），反而使原本只存在于刊刻本和手稿本之间的矛盾，在刊刻本内部又表现出来。就这两点来说，整理本在逻辑上都优于再整理本。本书所用版本即据再整理本排印，故也保留了这一矛盾。
[4] 康有为：《大同书》，第117、112页。按，在1904年下半年所写的《荷兰游记》中，"无种可界"仍被视作国界渐消、人类步入"大同之世"的前提（该文，第502页），非常接近手稿本中的计划。

按照《周易·序卦》的说法："有天地然后有万物,有万物然后有男女,有男女然后有夫妇,有夫妇然后有父子,有父子然后有君臣,有君臣然后有上下,有上下然后礼义有所错。"男女、夫妇在父子之先,父子在君臣之先。如果我们用康有为的术语,或可说成:"有形界然后有家界,有家界然后有国界。"另一方面,大家耳熟能详的修齐治平之道同样按照家、国、天下的次第展开("公生业"是"平天下"的事业)。区别在于,传统儒家说的是"立界"的次序,康有为关心的则是"去界"的次序。

但刊刻本的思路大相径庭,走向大同的步骤被调整为"去国界""去种界""去形界""去家界""去产界"。其中最重要也最直观的变化是,"去国界"被提到所有步骤的开端,"去形界"和"去家界"反而放在较后的位置。然而,如果我们回忆一下梁启超1901年底发表的《南海康先生传》就可以知道,在那里"去国界"就被置于首位,这也可以在1902年5月发表的《答南北美洲诸华商论中国只可行立宪不能行革命书》中找到印证。[1]事实上,康有为在戊戌前热心于全球"弭兵"运动(参看第四章),或许可以从侧面解释他此时对"去国界"的积极态度。因此,手稿本所呈现的次序已是思路调整之后的反映,他只是在刊刻本中又回到了最初的路线而已。那么,为何会有这一变化?按照前述"去种界"问题的提示,最重要的因素可能就是,康有为设想的大同世界是以整个人类社会为单位的,而在一个日益全球化的国际政治体系中,国家已经越来越成为最重要的人群组织,几乎控

---

[1] 在此文中,康有为反复陈说自己虽发明有至公之理,却并非要当下实行,其中罗列了他的若干主张,若采用《大同书》的表述,其顺序是:"去国界""去家界""去类界""去形界"(《答南北美洲诸华商论中国只可行立宪不能行革命书》,第321页)。此文的写作时间大体与《大同书》同时,然而除了"去国界"之外,其他几项的次序与手稿本、刊刻本皆不相同,这可能和不同文章处理的主题不同有关,也可能是其思路不断调整、反复斟酌过程中留下的痕迹。

制了人类的全部生活。只有在"去国界"的前提下，才能有效实现全球规模的治理，使其他步骤诸如"去种界"等方案顺利进行。[1]

另一个因素也需要考虑。谭嗣同在《仁学》中宣称，《大学》中由家而国而天下的论说乃是"封建世之言"，但秦汉以降，封建解体，正确的思考方式是将方向颠倒过来："言治国者，转欲先平天下；言齐家者，亦必先治国矣。"故今日欲行大同，"无国"才是关键："地球之治也，以有天下而无国也。"[2] 康有为先"去国界"再"去家界"的思路，是否受到了这一论述的影响？[3] 考虑到《仁学》最初发表于1899—1901年的《清议报》上，而前述包括《南海康先生传》在内的证据都出现在此之后，这种可能性是不能排除的。不过，既然康有为的思路几经修改，我们不妨认为，它主要还是出自南海本人的裁断。[4]

康有为弟子陆乃翔、陆敦骙为其师所写传记，亦列出《大同书》十部的目录，次序与刊刻本相同，而仅有微小的字句差异。[5] 不过，文中具体论述康有为的大同观念，又提供了另一种可能的顺序：在"去国界""去级界""去种界"之后是"去产界"，接下来是"去家

---

[1] 不过，令人惊讶的是，梁启超的《南海康先生传》中并不存在"去种界"的内容。
[2] 谭嗣同：《仁学》，第368、367页。
[3] 梁启超曾说，《仁学》是对康有为学说的"光大"(《仁学序》，收在《谭嗣同全集》[增订本]，第373页)。此论影响甚广，不过，狭间直树已提出反对意见，认为这只是梁启超对谭嗣同的"利用"，以便推康有为"偶像化"而已。参看氏著：《梁启超：东亚文明史的转换》，第76页。
[4] 谭嗣同的表述和前引梁启超所说"救地球"而非"救一国"的话语脉相接，大概反映出他们在戊戌前的共同取向。
[5] 如丁部"去种界平人类、戊部"去形界各独立"等(陆乃翔、陆敦骙：《南海先生传(上编)》，收在《康有为全集》第12集，第462页)。张伯桢《南海康先生传》所提供的目录，戊部的标题与二陆所言相同，庚部题为"去产界均生业"(收在《康有为全集》第12集，第497页)，与二陆所说及刊刻本都不同，而与康同璧《南海康先生年谱续编》同(参看附录十一)。又，二陆《南海先生传》所言"去国界"的内容中，有一条是"都会定于一"，云："或以昆仑地顶为公都会，或以地中海、太平洋之一岛为之，以纪维度之东西线而归于画一焉。"此条不见于刊刻本，但在手稿本中可以找到相应内容(《大同书》，《全集》本，第133—134页；大象本，下册，第274页)。

界",这之后才是"去形界":"去产界"与"去形界"调换了位置。之所以同一篇文章中就有这两种不同的方案,大概是因为,康门弟子已公认1913年发表的《大同书》目录是其师定论(所以二陆、张伯桢、康同璧等都采用了这一顺序)。但在具体论述中,他们又都参用了自己听闻或记录的版本。由此或可推测,康有为一直都在思考这一问题,具体设想几经改变,其弟子各尊所闻,才导致彼此参差有异。

总之,在构建大同程序问题上,康有为的思路在甲、乙两部发表之前至少曾做过两次重大调整(均与"去国界"的位置有关);在那之后,这一工作也没有停顿。至于前边指出的刊刻本中那些与全书情调失谐的细节,应被看作钱定安整理过程中无意残留的"疤痕"。[1]它们的存在说明,对于怎样才能实现大同,康有为的思路一直徘徊不决,始终未能得出一个令他完全满意的方案:到底应先"去"什么,形界、家界,还是国界?什么时候"去种界"?如此等等。种种行动彼此相连,牵一发而动全身,构成一个整体。除了前边谈到的"去国界"和"去种界"的关系,又如己部所说的种种"公养""公教""公恤"之法,也都必须以"去家界"为前提,比如"不能多得公费以多养医生",就无法改良人种。[2]各种工作孰先孰后,必经仔细考量。在此过程中,他的思路犹如"薛定谔的猫",处在不同方案的叠加态中,有可能向任一合理的结果"坍缩"。

比如,"去家界"不但在手稿本中始终被视为大同最重要的前提,而且直到新文化运动时期,梁启超还强调:《大同书》"最要关键,在毁灭家族"。[3]陈焕章也说:天下为公即"破除家界,直隶于天",此

---

[1] 另一个明显的残存物是丁部尾端的《人类进化表》。前边已经说过,理论上,它似应放在戊部结尾,而之所以被放在此处,似和原表在手稿本中的位置(第2章中段)有关,钱定安在整理过程中,将"去种界"单列为丁部,自然将这份表格调整到今本的位置。
[2] 康有为:《大同书》,第185页。
[3] 梁启超:《清代学术概论》,第276页。

即"《礼运》所谓'不独亲其亲,不独子其子'也"。[1]可知这是康门弟子对大同学说的共同认知。但它在刊刻本中被置于非常靠后的位置,是否意味着在康有为的思想中,家庭问题变得不再重要?答案可能恰好相反:因为康有为对家庭抱有极深的感情,难下杀手(参看第四章),才有此拖沓;同时,"去家界"以后必须代以儿童公育、公教,康有为对育婴院等机构的设置有严格的要求,比如必须设在某一温度带上(参看第五章),也和"去种界"一样,依赖于一个全球政府的领导。

然而,"去国界"是一件易事吗?孙宝瑄读到梁启超的《南海康先生传》后表示,如要"世界大同",必须"地球之上无一国不富强,无一民不智慧,夫然后可去国界,消其互争雄长之心",而"今尚非其时也"。[2]按照他的想法,"去国界"并非大同起点,而应是其结局。如此一来,"去国界"和大同就成为一个相互追逐的循环,孰先孰后,令人为难。康有为是否曾想及此点,我们无从判断,但从逻辑上看,孙宝瑄的担忧绝非空穴来风,而提示出大同计划中各种项目彼此纠缠的性质,也是康有为感到棘手的原因。

康有为的学生们一直强调,其师之所以没有发表《大同书》完本,是因为担心自己的设想过于前卫:"思大同之治非今日所能骤几,骤行之,恐适以酿乱,故秘其稿不肯以示人。"[3]这一解说来自康有为本人。[4]然而,"维持旧状"和发明新说未必不能相容。他既说自己"预

---

[1] 陈焕章:《孔教论》,上海:商务印书馆,1912年,第49页。
[2] 孙宝瑄:《孙宝瑄日记》中册,光绪二十八年三月二十一日(1902年4月28日),第547页。
[3] 张伯桢:《南海康先生传》,第497页;崔斯哲:跋《大同书成题词》,第136页。又,康同璧:《回忆康南海史实》,第142页。
[4] 前引梁启超致康有为书,劝南海早日将《大同书》写定,内云:"至于恐其太早,为流俗所骇,则殊不然。"见《上康有为书》(1902年5月),第201页。又,康有为1919年8月致信犬养毅(1855—1932)云:"吾非不能以社会主义推翻今世,以时未可也。若妄发之,徒苦吾人。故吾之《大同书》以未至其时,亦不宣布。"《请犬养毅转达日本内阁撤兵交还电》,第108页。

立至仁之理"，是为"后世"着想，就并非主张"今日即可全行"。[1]
同理，一种设想不妨提前发表，其于当下虽不可"行"，却未必就不应
"知"。[2] 事实上，早在《实理公法全书》中他就指出："教与治，其权
各不相涉。"并谓："此乃几何公理所出之法，最有益于人道者。"他在
1912年发表的一篇文章中更是明确指出，"教"和"政"是两个并行不
悖的层次："各国皆妙用政教之分离，双轮并驰，以相救助；俾言教者
极其迂阔之论以养人心，言政者权其时势之宜以争国利，两不相碍而
两不相失焉。"[3] 大同是"教"，正该大讲特讲，"极其迂阔之论"，与具
体的"政"本无相妨，发表出来有何不可？

另一方面，早在《不忍》连载《大同书》之初，就先已刊出全书
总目，等于早把其中关键揭示给读者（而且在杂志刊出前，他曾仔细
修订过原文。比如乙部中"吾国今改阳历"一句，[4] 自是此时所改），
提示他那时的计划很可能就是出示全璧，而非其中一部分——至少也
要给人留下一个完整印象（因而，他此时很可能认为自己的想法已然
成形，但此后或又觉不妥）。[5] 又据其学生回忆，南海晚年主办天游学
院，亦时向他们讲及"未发布之《大同书》概要"，[6] 看来亦全非要将

---

[1] 康有为：《答南北美洲诸华商论中国只可行立宪不能行革命书》，第321页。
[2] 康有为在《不忍》杂志第7册发表的一篇文章中称："吾少著《大同书》，于世界将来之事，盖无不思及焉；而于一切革命、共和、社会之说，未敢妄出也。岂不知他日之有然，而夏葛冬裘，非其时不宜用也。"（《中国颠危误在全法欧美而尽弃国粹说》，第142页）然而其时《大同书》甲、乙两部正在《不忍》连载。他的说法和行动自相矛盾，正表明对此问题的理解可以有不止一个层面。
[3] 康有为：《实理公法全书》，第156页；《中华救国论》，第327页。
[4] 康有为：《大同书》，第86页。
[5] 郭湛波（1905—1990）说，甲、乙两部是在梁启超的"请求"下才在《不忍》杂志上发表的（《近五十年中国思想史》，济南：山东人民出版社，1997年，第15页）。他未交代依据，但很可能来自《清代学术概论》："启超屡请印布其《大同书》，久不许，卒乃印诸《不忍》杂志中，仅三之一，杂志停版，竟不继印。"（该文，第276页）但任公"请求"刊行此书，与南海将甲、乙两部刊布于《不忍》杂志，只是时间的先后，未必具有因果的关联。
[6] 蒋贵麟：《追忆天游学院》，收在夏晓虹编：《追忆康有为》（增订本），第377页。

是书雪藏之意。实际上,早在该书未成稿之前,他的某些具体主张就已被四处传扬,路人皆知,在这种情况下还要秘不示人,似乎并无太大意义。更何况康有为本就喜好争先,但吹嘘不能单以空言欺世,总须有证据示人(其习惯作伪的缘故亦在于此)。故因担心流弊而不肯发表全书,虽然并非完全没有可能,但多半属于托词。他对《大同书》的全貌欲说还休、半含半吐,很可能是因其思考尚未成熟,无法提供一个环环相扣、严丝密缕的行动方案所致。

那么,1913年他为何又决定发表甲、乙两部?若担心其学说产生流弊,则只需继续秘而不宣可也,何必还要展示其中一部分?这恐怕与康有为对时局的评估有关。他虽不赞同中国立即实行共和,但那是就时势而言,并非在价值上否定之。他早就说过:"升平世则行立宪之政,太平世则行共和之政。"[1]1911年12月,革命尚在进行时,他曾试图说服党人接受自己的主张:"闻今海内志士,咸欲用共和之政体。"此即"天下为公,选贤与能"及"见群龙无首",乃"义理之公也,孔子之志也,吾生平之愿也。昔著《大同书》专发此义,以时尚未至,故先主立宪,今其时矣"。但他很快发现时势发展迅猛,已无力回天。1912年夏,他发表长文,再次宣称:"孔子曰:'大道之行,天下为公,选贤与能。'故《书》称尧、舜,而《易》称'无首'。《春秋》据乱之后,为升平太平之世;《礼》于小康之上,进以大同,共和之义也。吾昔著《大同书》,久发明之。"[2]

这些写于不同形势下的文字意思不同,但都明确把"共和"与"大同世"联系起来。虽然他仍然认为,中国人的素质尚未达标,但既已宣布建立共和,是否可能是即将迈向大同长途的一种征兆?这种期待似乎一度在康有为心中燃起,使他预言各国"百年之间,殆无不

---

[1] 康有为:《论语注》,第387页。
[2] 康有为:《共和政体论》,第241页;《中华救国论》,第309页。

为共和者，亦天下大势使然耶也，而中国共和遂为亚洲先"，实是顺天之举："天下大同，日趋共和之运，而顺流以赴巨壑焉。"[1]这就不是时机未到，而是正当其时了。[2]换言之，他敏锐地感觉到，一个无法阻挡的新时代已经到来，他必须像当年的孔子一样拨乱反正，提供指导。在此意义上，发表《大同书》就是他对"共和之运"的回应：两次撰文都提到《大同书》，也提示了他有趁势推出此书的考虑。[3]

当然，康有为始终认为，无论是外部环境（"万国竞争之日，列强群迫之时"），还是内部条件（"人人所未经之途、人人所未闻之事"），中国都还远非实行共和之时。[4]所以他真正支持的还是"虚君共和"——与他最心仪的德国的开明专制模式相比，这一制度要来得更为激进，但相对于更激进的民权和自由观念已是一种牵制。事实上，《大同书》乙部对德国模式高度赞扬（详见第四章），也曲折地表明了

---

[1] 康有为：《共和建设讨论会杂志发刊词》，第288页。
[2] 即使在那以后，康有为对局势亦非一味悲观。"一战"结束后短暂的一段时间内，南海似乎与多数国人一样，陷入"公理战胜强权"的乐观情绪中（参看罗志田：《六个月乐观"的幻灭：五四前夕士人心态与政治》，《历史研究》2006年第4期，第105—124页），一度以为大同曙光在望。其诗集中有两首同题诗《乙未元月大雪，酒后巡视沁园新诗二章，写示同璧》。其一曰："五年战绝地天通，烽火于今始告终。苟全国命非己力，喜见人心趋大同。玉帛巴黎开盛会，珠盘钟阜可成功。声声爆竹将除旧，笑撚梅花春复红。"其二曰："遍空飞絮满池台，雪压园林覆碧苔。白射玉楼看冻合，红烧银烛照春回。阳和元气无南北，剥复天心有去来。旧著大同身竟见，醉斟葡酒且衔杯。"（该诗，第410页。按，题中"乙"字似应为"己"。1919年为己未年，与之最接近的乙未年则是1895年。）就是这种情绪的表露。此意又见1919年1月的《致议和委员陆、顾、王、施、魏书》（第99页）和《第一次欧战后与某执政书》（第102页）。
[3] 值得注意的是，《不忍》第8册将《大同书》甲、乙两部连载完毕后暂停刊行，直至1917年又出版第9、10册合刊，发表了严厉批评中国共和实践的长文《共和平议》。其第一卷"导言"言："鄙人昔发明《春秋》太平世无天子之义，《礼运》大同公天下之制"，第三卷又重印了《大同书》乙部的《大同合国三世表》(《共和平议》，第2、50页)，这都表明，发表《大同书》和他不赞同中国急于推行（不成熟的）共和并无冲突。
[4] 康有为：《中华救国论》，第309页。

他的政见。

其次，这也和他对孔教的认识有关。房德邻说，《不忍》杂志发表《大同书》，意在为孔教运动造势，借此说明"只要信奉孔教，就能够进入到大同世界"，而《大同书》扮演了孔教运动的"福音书和启示录"的角色。[1]这是一个合理解释。的确，1912年，康有为曾明确号召，"遍立孔教会，选择平世大同之义，以教国民"。[2]不过，在此之外，他更直接的意图恐怕还是要向世人表明，孔子之道无所不有，包括平等、自由在内的思想早就被孔子说过了（参见前文），不应随时代变迁而见弃。[3]

更重要的是，他也担心帝制消亡对孔教的冲击，希望借此证明后者具有不随政体、国体变迁而消灭的永恒价值。1912年7月30日，他致信陈焕章，要孔教会"发明升平、太平、大同之义，令人不以君臣道息而疑孔教之不可行"。[4]这在《不忍》刊登的一份图书广告上也有清楚提示：儒家经典"发明大同之道者，惟《礼运》一篇，若此篇不存，孔道仅有小康，则君臣之义被攻，而孔教几倒，中国礼文皆与孔为缘随之同尽"。自康氏《礼运注》出，"而孔子之道乃显，大教不坠"。从而，"近人疑孔子为专制，辩护者亦可闭喙矣"。[5]事实上，孔教会既然大唱"人人直隶于天"，在理论上即是进入大同的预备和初

---

[1] 房德邻：《儒学的危机与嬗变——康有为与近代儒学》，第220页。
[2] 康有为：《孔教会序》(1912年10月7日)，第344页。
[3] 比如，陈独秀就指责孔子之道完全是封建之道："孔子生长封建时代，所提倡之道德，封建时代之道德也；所垂示之礼教，即生活状态，封建时代之礼教，封建时代之生活状态也；所主张之政治，封建时代之政治也。"(《孔子之道与现代生活》，收在《独秀文存》，合肥：安徽人民出版社，1987年，第85页)此篇发表于1916年末，不过，类似的议论自清末就已经出现了，康有为的忧心不是空穴来风。
[4] 康有为：《与陈焕章书》，第337页。
[5]《康南海先生所撰孔子新教之礼运注出现》，《不忍》第6册(1913年7月15日)，插页（未标页码）。

演，在一定程度上是对共和制度的配合。[1]

孔教运动也是康有为保教情结的实施。这一冲动始终在其心中存在，但《大同书》直接论述"教"的部分很少，也没有"去教界"之类的表达。他强调的是："诸教竞争，各尊其教，谁肯俯就；人人各有自主之权，自由之理，不能以多数胜少数论也。"[2]因此，他一直公开主张"教无国界"——而这就意味着没有什么宗教是唯一的。1923年，他在西安演讲时说："吾少著《大同书》，即拟联合诸教。"后来遇到李提摩太，彼亦有"欲采大地各教主之所长，关合诸教"的议论，且"约吾共行之"。[3]事实上，他自称之所以提倡孔教会，一部分原因也是考虑到"异国从孔教者"的存在，[4]体现出一种国际眼光。孔教在一定程度上的跨国性，成为通往大同的一级阶梯。因此，孔教会一方面是为中国人奠定精神的根基，具有"救国"意义，一方面也具有超民族国家的意味。然而，这一切都可以归于康有为对儒家普世主义性质的发挥：孔子"敷教在宽"，所以不战而胜。

对于《大同书》的发表，康有为似乎始终被两种相互冲突的意图所左右，而这两者都和他对自己的形象设置有关：一方面，他希望被看作一个稳健的、负责任的思想家，不会只图一时快意，任性而为；另一方面，他也希望让人承认自己的"先知"地位，一切"先进"的思想在他那里早就已打好腹稿。除此之外，康有为不再公布《大同书》甲、乙两部之外的其余部分，也使我们意识到，在维持大同的前

---

[1] 进一步，它还有一种全球宗教竞争的意义：在"民主之国既多，社会之说盛行"的情形下，发明大同也是保教之法（《答朴君大提学书》，第346页）；应使西人"知吾国产有教主，道最中庸、最博大、最进化、最宜于今世，可大行于欧美全地"，才能见出"吾种"之"贵"（《英国监布烈住大学华文总教习斋路士会见记》，第36页）。发表《大同书》，就是一个向世人证明自己的绝佳机会。
[2] 康有为：《大同书》，第89页。
[3] 康有为：《长安讲演录》，第288页。
[4] 康有为：《孔教会章程》，第348、349页。

提下,他的具体思路原本就不止一种可能。法国理论家菲利普·罗歇(Philippe Roger)说,"一位作家故去,我们的阅读方式也会随之改变",因为"正是这一变故打断了写作活动",把一个人的"若干本书变成了"他的"<u>全部作品</u>"。[1]然而,这一评论不尽适合于康有为:《大同书》并未随着其离世而更加"全面",反而成为一部永远的"未定稿"。这再次表明,我们绝不能把手稿本和刊刻本看作两批"定稿",而应视其为多次修改而且始终保持在修改状态的一种记录。这是阅读和讨论《大同书》时一个须臾不能忘的前提。

但这究竟意味着什么?阅读未定稿和阅读成稿不同,因为它处在悬而未决中:钱定安的整理也只是其中一种可能的形态(虽然也许是最接近1913年时康有为本意的一种可能)。关键在于,在此问题上,连康有为自己都未有最终结论,我们并不知道1913年之后他的思路又发生了哪些变化。因此,钱定安的工作既是一种功绩,也可以看作一种特殊意义上的"背叛":他使《大同书》背离了其"既可能这样又可能那样"的叠加态,坍缩为一种确定的形貌。因此,阅读的时候,我们必须意识到它的可能性:多种结构的可能,另一种步调的可能。汉学家卢本德(Luke Bender)提出:"在一个尚未结束的故事中,任何特定事件的意义总是可以改变的。"[2]对《大同书》来说,这是知言。

我们喜欢看落成的华夏,但若有机会目睹它正在施工的现场,也许会为认知提供更多一重参考坐标。《大同书》就像一个连图纸都尚未完全确定的建筑工地,永远保持着向修改开放的姿态,而每一次修改也都激活了许多新的可能——当然,斯人已逝,已经无人再有继续修改这本书的资格了,连钱定安式的"僭越"也不被允许。然而这也是

---

[1] 菲利普·罗歇:《罗兰·巴尔特传:一个传奇》,张祖建译,北京:中国人民大学出版社,第1页。下划线是原文自带。

[2] 转引自童岭:《"中古"那迷人的魅力——耶鲁大学第三届中古中国人文会议侧记》,《中华读书报》2023年7月5日,第9版。

读者的一次机会。好的欣赏者能够带领我们从一幅书法作品笔画的微妙变化中体会书写者情绪的波澜起伏，读书也是一样，从作者语气的游移、踟蹰、退却中，我们可以体味他的犹豫不决或信心百倍。修改一个字眼、一个称呼、一个名相，都可能是一次具有深层意图的言语行动（当然也可能就只是一次修改而已），而未定稿和布满各种涂抹痕迹的手稿，也使我们有幸一窥那些伟大心灵偶然的蹒跚失步——无论是表述的，还是思想的。

第二章 《大同书》中的视觉性与方向感

开端对于一部作品的意义非凡。以色列作家阿摩司·奥兹（Amos Oz，1939—2018）说，开头是"作者和读者之间的一种合同"，它负责引诱读者上钩。[1]英国小说家大卫·洛奇（David Lodge）说："一部小说的开始就是一道门槛，把我们存在的真实世界与小说家幻想的世界分隔开来。"[2]奥兹看重融合：一个开头怎样把读者拉入故事；洛奇强调隔断：它怎样在两个世界间划出界线。与这二人着眼于写作技术不同，萨义德（Edward Wadie Said，1935—2003）更关注意识形态。他强调，一个开端标识出作家"采取的立场"。[3]他们几位看待问题的角度各不相同，但意思不无相通：开头奠定了全书的叙事与思想基调，举足轻重。

这些思考都是关于文学作品的。似乎很少有研究者注意到，在思想和学术著作中（某种意义上，它们也在讲"故事"），开头具有何种意义。不过，从文学作品中提炼的道理，也可以宽泛地用于其他类型的文本（当然需要根据对象的性质做出相应调整），《大同书》亦不例外。如果带着文学家和文学理论家的忠告打开这本书，我们会发现，

---

[1] 阿摩司·奥兹：《故事开始了》，杨振同译，南京：译林出版社，2012年，第9页。
[2] 大卫·洛吉（或译大卫·洛奇）：《小说的五十堂课》，李维拉译，台北：木马文化事业股份有限公司，2006年，第15页。
[3] 爱德华·W.萨义德：《开端：意图与方法》，章乐天译，北京：生活·读书·新知三联书店，2014年，第35页。

此书开篇就把读者带向一个眼花缭乱的世界：

> 康有为生于大地之上，为英帝印度之岁，传少农知县府君（讳达初，字植谋）及劳太夫人（名莲枝）之种体者，吾地二十六周于日有余矣。当大地凝结百数十万年之后，幸远过大鸟大兽之期，际开辟文明之运，居于赤道北温带之地，国于昆仑西南、带江河、临太平海之中华，游学于南海滨之百粤都会曰羊城，乡于西樵山之北曰银塘，得氏于周文王之子曰康叔，为士人者十三世，盖积中国羲农黄帝、尧舜禹汤、文王周公、孔子及汉唐宋明五千年之文明而尽吸饮之。又当大地之交通，万国之并会，荟东西诸哲之心肝精英而酣饫之，神游于诸天之外，想入于血轮之中，于时登白云山摩星岭之巅，荡荡乎其骛于八极也。[1]

这段文字弥漫着一股晴朗开阔的气息和富足丰厚的情感，但这种格调很快就被打破："已而强国有法者吞据安南，中国救之，船沉于马江，血蹀于谅山；风鹤之警误流羊城，一夕大惊，将军登陴，城民走迁，穷巷无人。"于是"康子避兵，归于其乡"，居于祖传的延香老屋内，"朝夕拥书"于七桧园、澹如楼中，"俯读仰思，澄神离形"。然而，人事终究还是无法被隔绝在外，他目睹了"乡人之酬酢，里妇之应接，儿童之抚弄，宗姓之亲昵"，痛苦也几乎立刻袭来，叙事的调子又一次转向沉郁：

> 耳闻皆勃豀之声，目睹皆困苦之形。或寡妇思夫之夜哭，或孤子穷饿之长啼；或老夫无衣，扶杖于树底；或病妪无被，夕卧于灶眉；或废疾癃笃，持钵行乞，呼号而无归。其贵乎富乎，则

---

[1] 本段与以下两段，康有为：《大同书》，第1—2页。

兄弟子侄之阋墙、妇姑叔嫂之勃豀，与接为构，忧痛惨凄。号为承平，其实普天之家室，皆怨气之冲盈，争心之触射，毒于黄雾而塞于寰瀛也。

在"宗姓之亲昵"与"耳闻皆勃豀之声"之间没有任何提示转折的词语，没有警告，没有说明，空气突然改变。仿佛痛苦就紧紧地依傍在快乐之旁，不留任何间隙，人在抚摩快乐的时候，会不可避免地触及痛苦的肌肤。

《大同书》是一部为未来世界立法的著作，却采用了一种高度自传性的开题方式，由"康有为"三个字引领大段叙述，为全书赋予了一种鲜明的个人印迹（虽然乍看起来，他的名字只在此处一闪而过，但实际上贯穿了全书，几乎无处不在）。然而，另一方面，"康有为"又毕竟并不就是"我"——这三个字将作者（因此也将整个叙述）客观化、中立化了，使这本书成为一件（在某种程度上）看似与"我"无关的物事。事实上，"康有为"的意象很快就被"大地"中和了，自传叙事与地球形成以来的宏大历史紧密交织，至少在叙事体量上弥合了（作为拯救目标的）世界与（作为叙事起点的）个体的巨大落差。但异质性并没有因此被消除：这样的写法提示了作者怎样的"立场"？它劝说我们跨入怎样的视域，和他待在一起；又如何在自己所处的真实世界与理想世界之间划出一条界线（并同时回应书房之外真实世界的叩门之声）？这一切与康有为的个人经验有何关联，后者怎样形塑了他的大同构想？最终，我们怎样理解这一叙述的鲜明个人特性和大同社会的普世追求之间的关系？

一、那道俯视的目光

为了回答这些问题，我要引入"视觉性"这一线索。它隐含在《大同书》的叙事中，有助于我们寻找康有为的表述、观念及其生活体验之间的接榫。[1]为此，本章首先要将上文引用的几段开头放回甲部（此部在全书中承担着"绪论"角色）的语境中，通过集中分析其中的几个关键词，将隐微的视角明朗化，以便更准确地把握康有为的思路。不过，在此之前，我需要先简略陈述一下视觉性的概念及其思想史意义。

在艺术理论中，视觉性是指"观看的行为、过程和观看经验"，尤其是"一系列政治与文化历史的建构，那些使视觉成为可能的条件"，以及它又如何反过来"构造"了社会和人。[2]简言之，视觉性指向"观看"行为的社会与文化维度。这使它超越于单纯的生理和/或美学维度，成为一种史学分析的对象。视觉和思想之间具有一种隐秘不彰的亲密关联。恩斯特·康托洛维茨（Ernest Kantorowicz，1895—1963）年轻时曾说："在思的时候，有一道目光紧挨着。"[3]但那时的他与其说是一位历史学家，毋宁说更像是一位"纯粹"的思想家。事实上，作为其时德国极具魅惑力的民族主义诗人斯特凡·格奥尔格（Stefan Anton George，1868—1933）圈子中的一员，这样的说法不无神秘意味，要表达的意思和我们这里的努力也不尽相同，但康托洛维茨将"思"与"目光"连接起来的论断，开启了我对"思想"加以视觉性分析的野心。

《大同书》不是美术作品，甚至没有一幅插图（参看附录十二）。在这种情况下，如何展示那一道伴随着"思"的"目光"？只能依

---

[1] 我对《大同书》视觉性的思考受到唐宏峰《透明：中国视觉现代性（1872—1911）》（北京：生活·读书·新知三联书店，2022年）的启发，该书第10章对"康有为的媒介世界观"做了精彩论述，明确指出了《大同书》开篇的"视觉性"（第402页）。有关这一问题的讨论，还可以参考朱也：《康有为的视觉书写与观看之道》，《文艺研究》2023年第4期，第23—33页。

[2] 唐宏峰：《视觉性、现代性与媒介考古——两种视觉文化研究界别与"视觉现代性"研究》，收在唐宏峰主编：《现代性的视觉政体：视觉现代性读本》，郑州：河南大学出版社，2020年，第15页；又见她的《透明：中国视觉现代性（1872—1911）》，第2—9页。

[3] 罗伯特·E. 勒纳（Robert E. Lerner）：《天使时间：康托维茨传》，宋宁刚译，桂林：广西师范大学出版社，2020年，第131页。

赖于康有为的表述。通过语言捕捉到的"视觉性",当然只能是一种非常间接的体验。不过,我们在描述观念时常常使用的"看法""观点""视角""立场"这些词汇,无不暗示出这道"目光"的存在,这也为我的考察方式提供了依据。表述是一种"描绘的体系",沿其逆行,才能找到它背后施法的"视觉性"。[1]由此,词汇、视觉和立场构成了三点一线:特定的词汇提示出特定的视觉方式,而视线的后方即是作者所在之处。相对于具体的思考对象和思想主张,视觉性和立场都是在"后台"运行的隐默程序,很容易被忽略,然而也正是它们为"前台"的表演提供了可能和限制。[2]因而,从这里观察思想的转型,也许会找到一个更加灵敏的风向标。

像任何一次正常的阅读一样,我们的观察可以从标题开始。在甲部的题目("入世界观众苦")中,有三个字眼值得特别留意:一是"入",二是"观",三是"苦"。此外,还有一个在其他各部标题中都会出现的"去"字:仿佛人类每踏入一道历史的门槛时就会敲响的钟声,在书中反复回荡。从字面看,"去"和"入"两个字构成直接的对立关系,而"入"出现在"去"字之前:无论是有心抑或无心,这些安排似乎都别有意义。不过,本章的研讨主要集中于"入"和"观",其他几个字将在后面的章节中涉及。

在中国古典思想传统中,"入"和"出"这两个字常常出现于"入世"和"出世"两种表述中。儒家主张"入世",而且往往同时批评佛、道两教背离了自己作为人的责任,出家弃世,遁入玄空。因此,毫无疑问,康有为使用"入"这个字眼,代表了他的儒家立场。不过,如果他本来就在"世界"之中,"入世界"三字又从何说起?这是否暗

---

[1] 安东尼·伍迪维斯(Anthony Woodiwiss):《社会理论中的视觉性》,魏典译,北京:北京大学出版社,2009年,第2页。
[2] 无须特别言明的是,视觉性、立场这些表述中也隐含了一个空间意识,提示了视线发出者所在的空间及其对空间的构建。

示着，他此前是站在"世界之外"的？那么，"入世界"等同于"入世"吗？事实上，对此意象，我们需要从他的几次特殊经历加以解读：其中有三次神秘性的体验，都发生在其生命的早期阶段；也有几次在今日看来可能非常普通的体验，但在当时却相当"先锋"。它们的共同作用是为康有为提供了一种在日常生活中很难获得的视觉经验。

这几次神秘体验均记录在《我史》中。第一次发生在光绪四年（1878）秋冬季节，当时他二十一岁（按照中国传统算法），还在朱次琦（1807—1881）的礼山草堂读书，因觉考据学无用，遂"绝学捐书，闭户谢友朋，静坐养心"。就在此过程中，第一次神秘体验出现了："静坐时忽见天地万物皆我一体，大放光明，自以为圣人则欣喜而笑，忽见苍生困苦，则闷然而哭。忽思有亲不事，何学为？"当时他"歌哭无常"，同门皆"以为狂而有心疾矣"。若干年后，南海自我反思，认为这即是《楞严经》所说的"飞魔入心"。当一个人"求道迫切，未有归依之时，多如此"。是年冬，康有为决定归家习静。次年（1879）正月遂入西樵山中：

> 居白云洞，专讲道、佛之书，养神明，弃渣滓。时或啸歌为诗文，徘徊散发，枕卧石窟、瀑泉之间，席芳草，临清流，修柯遮云，清泉满听。常夜坐，弥月不睡，恣意游思，天上人间，极苦极乐，皆现身试之。始则诸魔杂沓，继则诸梦皆息，神明超胜，欣然自得。习五胜道，见身外有我，又令我入身中，视身如豕，视人如豕。[1]

---

[1] 康有为：《我史（附日记）》，第62页。据茅海建云，《我史》手稿本此段后有"复以民生多艰，□□我才力聪明，当往拯之"一句（见其《论戊戌变法期间康有为、梁启超的政治思想与政策设计》，第17页）。按，"五胜道"是北宋晁迥（948—1031）自创的一种静修法门，见其《法藏碎金录》卷三。是书通常认为是道教著作，但也有人将其归入佛教系统。五胜道事，承四川绵竹遵道观万明清道长指点。

《我史》的记录主要就是这两次，但很可能这种经验在此后逐渐频繁化，因而也就不复记录，未必就是不再出现。光绪十年（1884），也就是《大同书》开头所讲"康子避兵"乡居那一年，康有为二十七岁，一次重要的转折出现了。这次体验依然带有神秘色彩，而在康有为的一生中具有至关重要的作用，被他看作大同思想的起点，他在《我史》中做了详细解说。故本书虽在前一章中已略有引用，此处仍不避重复，将其全文征引如下：

> 秋冬，独居一楼，万缘澄绝，俯读仰思。至十二月，所悟日深，因显微镜之万数千倍者，视虱如轮，见蚁如象，而悟大小齐同之理；因电机光线一秒数十万里，而悟久速齐同之理。知至大之外，尚有大者；至小之内，尚包小者。剖一而无尽，吹万而不同。根元气之混仑，推太平之世，既知无来去，则专以现在为总持。既知无无，则专以生有为存存；既知气精神无生死，则专以示现为解脱；既知无精粗、无净秽，则专以悟觉为受用；既以畔援歆羡皆尽绝，则专以仁慈为施用。其道以元为体，以阴阳为用。理皆有阴阳，则气之有冷热，力之有拒吸，质之有凝流，形之有方圆，光之有白黑，声之有清浊，体之有雌雄，神之有魂魄，以此八统物理焉。以诸天界、诸星界、地界、身界、魂界、血轮界统世界焉。以勇、礼、义、智、仁五运论世宙，以三统论诸圣，以三世推将来，而务以仁为主。故奉天合地，以合国、合种、合教一统地球。又推一统之后，人类语言、文字、饮食、衣服、宫室之变制，男女平等之法，人民通同公之法，务致诸生于极乐世界。及五百年后如何，千年后如何，世界如何，人魂、人体迁变如何，月与诸星交通如何，诸星、诸天、气质、物类、人民、政教、礼乐、文章、宫室、饮食如何，诸天顺轨变度、出人生死如何？奥远窅冥，不可思议，想入非无，不得而穷也。合

经、子之奥言，探儒、佛之微旨，参中、西之新理，穷天、地之赜变，搜合诸教，披析大地，剖析今故，穷察后来。自生物之源、人群之合、诸天之界、众星之世、生生色色之故、大小长短之度、有定无定之理、形魂现示之变，安身立命，六通四辟，浩然自得。然后莫往莫来，因于所遇，无毁无誉，无丧无得，无始无终，汗漫无为，谓而悠然以游于世。又以万百亿千世，生死示现，来去无数，富贵贫贱，安乐患难，帝王将相，乞丐饿莩，牛马鸡豕，皆所已作，故无所希望，无所逃避。其来现也，专为救众生而已。故不居天堂而故入地狱，不投净土而故来浊世，不为帝王而故为士人，不肯自洁，不肯独乐，不愿自尊，而以与众生亲，为易于援救。故日日以救世为心，刻刻以救世为事，舍身命而为之。以诸天不能尽也，无小无大，就其所生之地、所遇之人、所亲之众而悲哀振救之，日号于众，望众从之，以是为道术，以是为行己。〔1〕

这段文字洋洋洒洒，酣畅淋漓，却也恍兮惚兮，难辨理路。在某种程度上，我们可以把它看作康有为大同构想的思路总图。此时，南海经过长期的读书思索，积累沉淀，已经可以将此前种种神秘体验整合在一起，带入顿悟境界。但他在光绪五年（1879）说自己"现身"于"天上人间"，体会到"极苦极乐"，又目见"身外有我"，"我入身中"，都是通过静坐观想的作用；此处"想入非无"，大入诸天星界，小入一身血轮，过去未来，"无始无终"，虽然号称"不可思议"，却并未提到静坐或其他任何的修炼技术，给人的印象是，它们是一种理智（当然是一种非常传统意义上的理智）活动，即"悟"与"推"的结果。但他对"推"的认知是放在"阴阳类应"的解释体系中的（这又

---

〔1〕 康有为：《我史（附日记）》，第64页。标点略有更动。

与他设定了一个遍布宇宙的共情网络有关,参看第三章),而也正是因为"推"的作用,使他坚信人可以"前知"。因此,离开他此前的那些神秘体会,这番思议是无从想象的。事实上,他明确指出,在人类进入大同世界之后,仙学和佛学大兴,"又有五胜三明之妙术,神通运用,更为灵奇"。[1]神秘主义的思考并没有被放弃,而是和新的科技衔接起来。

这段文字出现了一些极为重要的观点。首先是时空相对主义:"大小齐同",则所有空间分界皆属虚幻,一切阻碍不攻自破;"久速齐同",则过去未来之分顿成虚相,遂能"专以现在为总持"。世界的这种"无定"性正是"道通于一"的根源。[2]在传统中国,人们对这种相对主义视角并不陌生,其中最有名的就是《庄子》中的《逍遥游》与《齐物论》,南海无疑也从中获益甚多。事实上,他根本认定庄子是得孔子"太平之传"者(孟子仅得"升平之传"而已)。[3]不过,我们不能把南海的看法简单视作庄子思想的翻版:与庄子不同,这种相对主义态度使得康有为能够从容地将世界看作一个整体,自由调整其论说的时空定位,[4]为其构想大同学说提供了必不可少的思维前提。简言之,这是康有为的相对主义,不是庄子的。

其次是康有为自述其救世心态的由来。这之中又可分作两部分:一部分是他常挂在嘴边的"不忍"之心,据说也是促使他入世的根本动因;另一部分则是"所生之地、所遇之人、所亲之众"这些偶然因素,也是他救世的起点。后一选择有些不得已而为之的意味,也和儒家的差序思

---

[1] 康有为:《春秋董氏学》,第411页;《大同书》,第292页。
[2] 康有为:《论语注》,第392页。
[3] 康有为:《春秋笔削大义微言考》,第3页。庄子传大同的观点,又见《论语注》,第411页。此外,康有为还多次指出,庄子学说多与西人主张相类。见《南海康先生口说》,第45、47页;《英国游记》,第23页。
[4] 比如他对世界及几个重要国家在"三世"中的位置,先后说法颇有改变(这已有不少学者关注)。在空间方面,大同计划也要求作者不断地调整其关注对象,也就是一系列不同的"界"。

维方式有关；前者则明确提示了他思想的佛教源头：尽管未曾明说，但康有为显然把自己看作降临人世搭救众生的佛陀——这即是"康有为生于大地之上"隐含的意义。据说，康有为晚年时曾对刘海粟（1896—1994）言，其所居"人天庐"有一副对联，上联原为"人天随观皆自得"，后为避免与古人语（应是程颢［1032—1085］《秋日》诗第三句："万物静观皆自得"）雷同，遂"改'皆'为'人'，有主动之意"。[1]联语中有"人"有"观"，与甲部题目相应，因而南海对"人"字的解释，颇有助于我们理解《大同书》的意旨：他是"主动"来到这个世界的。

叔本华（Arthur Schopenhauer，1788—1860）说："只有知道了书的结尾才会明白书的开头。"[2]大卫·米基克斯也提议读者，把一本书的"头一页和最后一页联系在一起"，会有意想不到的收获。[3]我们且按这个建议，看一下《大同书》的最后几句："故大同之后，始为仙学，后为佛学，下智为仙学，上智为佛学。仙、佛之后则为天游之学矣，吾别有书。"[4]此"别有"之"书"即是《诸天讲》。《大同书》的开头和结尾组成了一个闭环：康有为因受不忍之心的策动，自诸天而来，降生大地；及至大同实现，又当回归天宇，在诸天之中自由遨游。从天至地，复由地返天，构成了一阕完整的英雄传奇，同时也把人类的目光引向辽阔的太虚。思想史家大卫·阿米蒂奇（David Armitage）说："外太空可能是思想史真正的最终边界"，而这是由"海德格尔、施密特和阿伦特在20世纪中叶最先注意到的"。[5]这个结论显然需要

---

[1] 刘海粟：《忆康有为先生》，收在夏晓虹编：《追忆康有为》（增订本），第311页。
[2] 亚瑟·叔本华：《论阅读和书籍》，收在《叔本华美学随笔》，韦启昌译，上海：上海人民出版社，2004年，第23页。
[3] 大卫·米基克斯：《快时代的慢阅读》，第84页。
[4] 康有为：《大同书》，第292页。
[5] 大卫·阿米蒂奇：《思想史的国际转向》，收在达林·M.麦克马洪（Darrin M. McMahon）、塞缪尔·莫恩（Samuel Moyn）编：《重思现代欧洲思想史》，张智、左敏译，上海：上海人民出版社，2023年，第279页。

修正：至少，康有为比他们更早地（以一种严肃的、学术性的态度）到达那里。[1]

康有为四处宣扬自己来历不凡，身负使命；[2]每当其陷入逆境，也会以此自勉，纾解胸怀。1910年，他因保皇会内部的诸多人事冲突，心情大恶，在给梁启超的信中说，自己因为受到难以遏止的救世冲动的驱策，"好入火坑，好入地狱"，不料却深陷"此坑狱"之中，"虽复定慧不损，而身魄几夷"，心灰意冷，宣布自己"今不得不出此地狱矣"。[3]及至晚年，屡经政坛挫败的康有为更深地陷入对天游之学的耽迷中：[4]自号"天游化人"，取宅名"游存庐""一天园""天游园"，组建天游学院，[5]写《诸天讲》，都是具体的表征。而《诸天讲》

---

[1] 康有为逝后，弟子讨论刊行南海遗著。梁启超担心，"《诸天书》多科学家言，而不尽为科学家言；庄子《逍遥游》不言科学，《诸天书》兼言科学。后人或不以《逍遥游》视之，而议先师科学之言为未完也"，反对刊行是书。徐勤则说，此乃南海"神游诸天，偶然游戏"之作，"必执科学拘之"，未免小看了此书。伍庄也说："先师之讲诸天，为除人间患苦，发周子'务大'之义，泰其心也，予之真乐也，不能执科学议之也。"（伍庄：《诸天讲》序，《诸天讲》，第11页）其实这三人都是把"科学"与"哲学"分开，南海则不然，"神游"之作与"科学之言"，在他那里并非势不两立，此《诸天讲》所以重要欤！但目前学术界似并未认真对待此书。
[2] 1904年，他在瑞典告诉康同璧，自己"本澹荡人"，只因一念不忍，"无由自遏"，而"濡首救溺，几殒其身"（《瑞典游记》，第479页）。1907年，他再次强调："吾本澹荡人，当时为救中国而来，不忍其就亡，乃舍身而救之。"（《与梁启超等三子书》，第321页）
[3] 康有为：《与梁启超书》（1910年2月4日），第124页。
[4] 1923年秋天，康有为在陕西做了一系列演讲。11月14日第一讲的听众主要是陕西政界人士，南海大谈人生之苦、诸天之学、电通之理，最后结论是："吾生平多在患难中，然游于天，故以不忧不惧为事。望请君顾谟天命，留心电通。"（《长安讲演录》，第275页）这是他开始日渐沉迷天游之学的一个征兆。
[5] 刘海粟、蒋贵麟（1906—1993）皆言，"天游"取自康有为的诗句"避地避人与天游"，意为明乎天地之大，岁月之久，则一切外物得失，均不足撄其心（分别见《忆康有为先生》《追忆天游学院》，第305、375页）。在天游学院读书的任启圣则回忆，康有为"颇以教主自居，故借天以说法，所言诸星中必有人物、政教、礼乐、风俗为其绝妙之思想"（《康有为晚年讲学及其逝世之经过》，第381—382页）。类似的议论确可在《诸天讲》中找到（特别是第76页），但并不多见。

110 | 规划社会的来临

中的一段话，又恰好和《大同书》的开端形成了呼应和对比："吾诚能心游物表，乘云气而驾飞龙，逍遥乎诸天之上，翱翔乎寥廓之间，则将反视吾身、吾家、吾国、吾大地，是不啻泰山之与蚊虻也，奚足以撄吾心哉！"[1]"入世界"的事业即将告一段落，他已做好"出世界"的准备。

如同康有为自己承认的，这些意象都来自他的"心游"。在东西方许多古老文明中，都存有类似的精神修养工夫。皮埃尔·阿多（Pierre Hadot，1922—2010）注意到，古希腊、古罗马的哲学家将"俯视的目光"当作一种修炼法门，借此练习如何"从地面上升到一个更高的地点观看事物"。[2]与南海的思路不谋而合（详见下文）。不过，除此之外，《我史》光绪十年条还出现了一些新的元素——显微镜和电机光线，这使其经验超出了传统的神秘主义界域，走向了"现代"。事实上，康有为的相对主义思想主要就是靠这类科学仪器建立的。他明白："显微千里之镜，皆粗器耳。"但从"粗器"中观察到的景象更新了他的眼光，使其领悟了"道尊于器，然器亦足以变道"的道理——事实上，他曾自认"于显微镜得大道焉"。[3]在这个意义上，康有为并不只在利用器物，他也在被器物改变——但另一方面，器物也只能沿着某种特定的路线去改变他，而这条路线原本已经潜藏在他的身上，是通过另一种形式（静坐）承载的。

显微镜对康有为具有一种特殊意义。他观看显微镜的经历不止一次，[4]但最令其震撼的还是二十七岁这一回，直到晚年还时常向人提起

---

[1] 康有为：《诸天讲》，第132页。
[2] 皮埃尔·阿多：《别忘记生活：歌德与精神修炼的传统》，孙圣英译，上海：华东师范大学出版社，2015年，第78页。
[3] 康有为：《日本书目志》，第366页；《德国游记》，第420页。类似的表述又见《笔记》，第196页。
[4] 如光绪十三年日记中就有显微镜下见物中"动植物甚多"的记录。见《我史（附日记）》，第69页。

这次的经验。他在镜中见到"巨蚁若象，菊花一瓣若蕉叶，一滴之水，生物无数，中有鳞角，蠕蠕若蛟龙然"，从中悟到"小大之无定形也"。他更想到，"若有缩大镜"，亦应看巨物如微；再推及时间之久暂，亦应如是。[1]加斯东·巴什拉通过对童话的研究指出，微型世界的一个主要特征就是容纳"巨大感"，[2]此之谓也。而从这番解释中我们不难发现他的思维方式：他把在一种情境中获得的结果，置于另一种相反或相异的情境，再通过想象、推理与总结，获取一个更广泛的结论。因此，他"神游于诸天之外，想入于血轮之中"，实际还是靠了天文望远镜和显微镜的力量，并不完全凭借"心游"。同理，他的"齐同"论和《庄子·齐物论》的结论虽不无相似，依据却全然不同。

汉娜·阿伦特（Hannah Arendt，1906—1975）曾说，世界现代史的开初发生了三件决定性的大事，一是发现美洲及全球殖民，二是宗教改革，三是"望远镜的发明和一种从宇宙角度来看待地球自然的新科学的发展"。[3]她所说的望远镜即是天文望远镜。这件仪器早在明末已经传入中国，也曾激发少数人对宇宙天体的崭新想象（参看附录十三），但并未引发全局性的反响。事实上，晚明清初的许多中国士人使用望远镜时，采用的还是他们所习惯的观看方式，与同一时期欧洲人使用望远镜观看的方式相当不同。[4]康有为也很重视天文望远镜的应用，无论是在思考中还是教学（天游学院就有一架天文望远镜）中，

---

[1] 康有为：《戊戌轮舟中绝笔书及戊午跋后》（戊午跋），第5—6页。相似的回忆，又见1917年《致沈子培书》（第466页）和1923年《与甥女谭达印书》。后者明言，自己所见与佛同，所得"又与佛殊"，盖得自显微镜也（第311页）。1923年11月，他在西安演讲又谈到此事，但重点落在人一旦起心发念，虽在"隐微之中"，而"鬼神已觉"，可知慎独之要（《长安讲演录》，第280—281页）。与他处所言不同。
[2] 加斯东·巴什拉：《空间诗学》，第195—198页。
[3] 汉娜·阿伦特：《人的境况》，王寅丽译，上海：上海人民出版社，2021年，第198页。
[4] 陆骐：《睨与观：明末清初文人的望远镜观察实践》，《美术大观》2022年第9期，第69—74页。

都将其观测结果当作重要依据。[1]他并且认为,中国人不能制造望远镜,就是导致在学战中失利的重要原因。[2]不过,对他来说,显微镜对于世界观的改造作用更大。[3]

望远镜和显微镜的视觉投射形式有着显著差异:前者的视线可以自下而上发出,也可以平行投射,但观察者和观察对象都处于同一平面之中。在显微镜中,视线则自上而下发出,穿透对象的外表,深入其内部,也将观察者和观察对象区分为两个层次,很容易令前者产生掌控全局之感。其次,从这种观测中,也很容易使人想象一个层层环套的种属系统,这既适于微观世界,也适于宏观世界。比如,康有为将宇宙推演至二百四十二天,且认为其上仍有"无量数不可思议"的世界,重重嵌套,形成了与中国人所熟知的"省府县之相属"相类似的结构。[4]这番想象无疑受到佛教"三界二十八天"的启发,但也和显微镜下的视觉经验具有同构关系:随着显微镜倍数不断放大,世界的秘密也就一层层展开。

---

[1] 康有为:《〈中国学会报〉题词》,第17页;唐修谨:跋《诸天讲》,《诸天讲》,第132页。南海自称的某些观测结果匪夷所思,如谓月球上有海洋和绿草等(《〈中国学会报〉题词》,第17页;《诸天讲》,第39页),显然掺入了他个人的幻想。不过,时人普遍相信外星生命的存在,比如孙宝瑄提到的火星人(见《孙宝瑄日记》中册,光绪二十八年十二月二十七日[1901年2月5日],第675页)。长尾伸一将此观念称为"多宇宙论",并探讨了它在西方世界和东亚(主要是日本)的影响,参看氏著:《十八世纪的宇宙论与道德哲学——东西方多元世界论》,韩丹译,收在毛利平、张小钢、牛贯杰主编:《风俗、社会与风雅:十八世纪东西方的共时性》,北京:中国社会科学出版社,2023年,第436—481页。

[2] 康有为:《诸天讲》,第52页。

[3] 这不只是康有为的个人经验。曾给予孙中山重要启发的"细胞智能说",就是其发明者,挪威籍生物学家圭哇里(Nels Quevli,约1866—?)通过显微镜仔细观察细胞获得的灵感。这是显微镜改变近人世界观的另一个例子。日本学者武上真理子认为,因为曾经学医的缘故,孙中山对显微镜下的世界也非常熟悉,是他接受圭哇里学说的重要基础。见其《孙中山与"科学时代"》,袁广泉译,北京:社会科学文献出版社,2016年,第51页。

[4] 康有为:《诸天讲》,第83—92、79页。

如同阿多笔下的西方古典哲学家，登高远眺也给康有为带来了同样的体会。如前所引，仅仅"登白云山摩星岭之颠"，就令他产生"荡荡乎其骛于八极"之感——也就不难想见，1904年在巴黎乘坐热气球升空带给他的巨大冲击。[1]吟咏此事的《巴黎登汽球歌》劈空第一句即是："超超乎我今白日上青天。"又惊又喜的心情无可遏制地跃然纸上。事实上，这是他第一次通过感官而非想象俯瞰大地：无论是"巍楼峻宇"，还是"车驰马跃"，甚至庞大如国家（无论强如德、英、罗马，还是弱如埃及、突厥），一切在地面上看来巨大无比的事物，在空中看来都微缩入掌，等无差别。然而就在他陶醉其中，不知身在何处之时，中国的意象却突然闯入他的脑海，打断了他的神思："或者已度东亚海，临睨禹域为潸然。"但这悲戚之感片刻之间已然消散，他再次沉入浮想："或者去我恶浊世，突出诸天之外焉。"在一长段描述诸天"乐土"的文字后，快乐的基调再次中断："忽视地球众生苦，哀尔多难醉腥膻。"这使他毅然摆脱天上的诱惑，回顾人间，决定承担自己的使命："不忍之心发难灭，再入地狱救斯民。特来世间寻烦恼，不愿天上作神仙。复从虚空降尘土，回望苍苍又自怜。"这次经历几乎使南海难以自持，尽管不久就发生了一起气球堕地致使乘客骨折的悲剧事件（正是"现代性"造成痛苦的证据），也未能阻止他一直沉浸在"升天"的"旧梦"中。[2]

热气球是晚清科幻小说里常常出现的物事，激人玄思，本不足奇：正如日本学者武田雅哉的专著《飞翔吧！大清帝国：近代中国的幻想与科学》的标题所示，[3]对于清末的中国人来说，"飞翔"唤起的感受

---

[1] 早在光绪十三年（1887）的日记中，康有为已经注意到巴黎的热气球。《我史（附日记）》，第68页。
[2] 康有为：《巴黎登汽球歌》，第249页。就在同一年，他畅游比利时时，再次生发类似的感想：自诸天视角看，地球渺不足道，"俯视"人间霸业，"不过蚁穴联群相噬云尔"。《比利时游记》，第491页。
[3] 武田雅哉：《飞翔吧！大清帝国：近代中国的幻想与科学》，任钧华译，北京：北京联合出版公司，2013年。

既是身体的，更是心灵与观念的。[1]比如，早在1891年出版的一本法语著作中，陈季同（1851—1907）就展望了"人类随心所欲驾驶飞艇的那一天"，认为那将是历史"新纪元"的开端："这个美妙的工具取消了边界，对海关嗤之以鼻。面对它，各国人民将会感到如兄弟般团结。科学将会创造出这个美好的未来，那时全世界亲如一家，从东方到西方，普天同庆人类的和平。"[2]这一认知和康有为不谋而合，后者也曾根据"近者飞船日出，国界日破"的事实做出乐观推断："大同之运，不过百年。"[3]

在描述诸天乐土的景象时，康有为从佛经描写西方净土世界的常用词汇中，提取了七宝、妙莲、乐音树、长寿、无量等字样，同时也在其中插入了儒经的"大同""太平"等概念，遂将传统的理想与现代的展望做了等量同观。这里的意象模式高度呼应了《大同书》甲部的描述（详见下文），而他在讲述自己"不忍之心"时使用的"忽视众生苦"和"再入地狱"等，更是"入世界观众苦"的不同表述。因此，他所说的"入世界"既是佛教的，也是儒家的（在这方面，它和"入世"在方向上是重叠的）；既来自于传统，又根据于"现代"。

康有为真正的飞行经验不多，但每次升空都唤起他相同的感觉结构和思维模式。1923年，他第一次在保定坐飞机，兴致大发，赋诗以纪之："飘飘乎我今日又上青天！升腾虚空，凌跨紫烟。"不用说，"又上"者，就是对应他在巴黎乘坐热气球的第一次升空而言。不过他这次用的形容词是"飘飘乎"，比当年的"超超乎"少了几分惊讶，显得

---

[1] 热气球在18世纪末的法国也曾激起狂热的反响，参看罗伯特·达恩顿（Robert Darnton）：《催眠术与法国启蒙运动的终结》，周小进译，上海：华东师范大学出版社，2010年，第19—21页。
[2] 陈季同：《巴黎印象记》，段映虹译，桂林：广西师范大学出版社，2006年，第85页。
[3] 康有为：《大同书》，第76页。查手稿本无此句，应系1913年发表这部分时所添加，可知此时康有为处在一种乐观的情绪下，也间接印证了我在第一章的推测：彼时南海对中国的共和制度并非全然反对，甚至认为这是全世界即将步入大同的先机。

更为自在从容。接下来的经验则是一样的:他先是"俯视人世",见到万物缩微,既而神飞天际,回看人间,只见此争彼斗,有若蜗角蛮触,然而终究不过是南柯一梦,不值一哂。尽管如此,他终于还是不忍放弃这个世界:"吾非斯人之徒与而谁与?哀生民而救旐,不愿居天上,仍还处人间。忽飙隳于吾地,遂转轮于人寰。回望诸天游戏事,世界无量劫经贤。"[1]

可知,无论是在纯粹观想中神游天外,还是在自我认同中化身救世仙佛,抑是经由显微镜察看细枝末节,或者在半空中自由翱翔,乃至登高望远,这些经验虽然形形色色,各不相侔,却都可以立刻激起康有为的深远之思、救世情怀和大同理想。[2]这些经验之间究竟有何相同之处?从康有为的描述看,它们主要来自两种(不无张力的)视觉经验,一是时空相对主义,一是洞悉一切的"上帝视角":事物以全景方式暴露在观察者面前,后者可以随心所欲地调整视线,从一个局部转向另一个局部,细细察考。观看者无所不知,也许亦无所不能;被看者毫无秘密,只能无条件地信任/服从观看者的眼光——因为他比自己还要了解自己。

这种全局感不只是在平面上的铺伸,也向纵深延展。在康有为那里,显微镜下的微观世界即是整个宇宙的模型。据陆乃翔、陆敦骙的描述,康氏将宇宙分为血轮界、地界、星界、天界,"发明其各有生物、国土、人民、礼乐、制作、政教、器用",而各个层次都是相对的,"异而同者也"。自天外推,"复有一天,天复为物,物复有星,星

---

[1] 康有为:《癸亥三月廿五日,在保定乘飞机,空中御风,神为天游。口占示善伯》,第313页。
[2] 在《百年一觉》中,主人公经过游历新世界,恍然悟到自己时代中原有许多苦楚,"上天向下看,实怜此等人,欲想法救之",而世人却漠不关心,只追求自己的一己欢快(析津:《回头看纪略》,《万国公报》第39期,1892年4月,第17页A)。此处,上帝一般的俯视目光和对世人痛苦的关怀,与康有为的思路如出一辙,但后者的思想资源更多地来自佛教。

复为天。若是者展转推之，百千万亿，帝网重重，大小相衔，而无尽也，不可思议也"。自血轮内推，"为天、为物、为星，亦又百千万亿，帝网重重，大小相衔，而无尽也，不可思议也"。[1]层层嵌套，正来自显微镜的视觉经验，而不同层次内部又是面貌万殊，诡异繁变；[2]但不同世界在本质上并无差别——这不能不让人想起康有为那辗转相乘以至无量数的三世说（参看"导言"），时间和空间的构造又一次遵循了同样的法则。

因此，显微镜从多方面形塑了康有为的世界观，不仅带给他一种不同于日常经验的时空尺度（这是他常常提到的），也给他带来一种自上而下的观察视角（这是他自己亦不曾察觉的），实际就是阿伦特所说"从宇宙角度来看待地球自然"的体验，只是在南海这里，它主要是由显微镜而不是天文望远镜提供的。用传统术语来说，这就是来自天上的仙佛视角。康有为为自己配置的初始位置高高在上，而一个居高临下的"白日梦者"会感到自己"支配"了世界。"因为他在高处，所以每件事物显得渺小。既然他在高处，于是他显得巨大。"[3]因此，当他对现实表达失望时，所运用的是同一种俯瞰的目光，但这时他所看到的不再是人世，而是"地狱"和"火炕"；他所体会的不再是"不忍"，而是嫌恶。一首写作年份不详的诗作就畅快表达了这份情感："本无所住，聊复与群。俯视世间，腥臭血熏。坑陷遍地，狼蟒啖人。目骇神伤，是何缘因。掩目难视，裹足不巡。不敢再来，谢汝下民。"[4]

这种视角为康有为提供了一种不受障壁的自由感："自由暗含着一

---

[1] 陆乃翔、陆敦骙：《南海先生传（上编）》，第469页。二陆说这番说法来自《诸天》，应该即是《诸天讲》，但今日所见此书不包括对"血轮界"的描写，虽言及外星生物，亦不多见。他们还提到，康有为认为天亦为一生物，在今本《诸天讲》中亦无对应之处。
[2] 康有为：《诸天讲》，第76页。
[3] 加斯东·巴什拉：《空间诗学》，第214页。
[4] 康有为：《不敢再来行》，第313页。

种空间感,它意味着我们有力量,亦有足够的空间可供我们行动。"[1]这正是康有为用"游"字来描述他在"诸天"神游时想要传达的感受。在语义感觉上,"游"和"入"恰成对比:后者带来的是狭窄的空间感和限制性。不过,如同康有为提示的,他用的"入"字带有一分主动意味,并不受制于世界的有限:他抱怨的"不敢再来",实是"不想再来"。在《大同书》中,他用慈悲的目光把世界拥入怀抱,穿透它的整体,既包括现状和过往(对苦难的分类),也包括未来(对大同的规划)——缺乏一个无所不包的全局视野,想要规划出井井有条的大同世界是不可能的。尽管这个俯瞰的视角只存在于其头脑中,是虚拟的想象,而非实际的身体感知,但后者无疑支撑了他的视觉经验。

对于康有为来说,这种自上而下的观察角度是无意的,但有意思的是,它和许多"现代性"经验产生了共鸣。布鲁诺·拉图尔(Bruno Latour,1947—2022)在讨论19世纪法国社会学家塔尔德(Jean Gabriel Tarde,1843—1904)的量化方法时说:"自然科学是从远处,或者说是从整体上把握其对象的。"[2]如果说这只是一种隐喻的话,那么,米歇尔·德·塞托(Michel de Certeau,1925—1986)区分的两种观察城市的视角就更具经验性。其中一种是观察者视角,或"空间组织者、城市规划者或地图制造者"的视角:从摩天大楼的顶端向下俯瞰,"意欲透视一切",将世界饱览无遗。另一种是步行者视角:他们是"城市平凡生活的实践者",却不能从整体上把握它,只能作为其中的一个局部来体验它,经历它。德·塞托指出,观察者视角来自西方的城市规划传统,具体可分三个操作步骤:1."生产一块洁净的空间"——这要求"理性机构"将所有"物质上、精神上或者政治上的污染"全部

---

[1] Yi-Fu Tuan, *Space and Place: The Perspective of Experience*, p. 52.
[2] Bruno Latour, "Tarde's Idea of Quantification," in Mattei Candea ed., *The Social After Gabriel Tarde: Debates and Assessments*, London and New York: Routledge, 2010, p. 146.

驱逐一空；2. 使用"一种同步体系"代替传统的、容易出错的"使用者的策略"；3. "最后，创造一个通用的主语"（即城市本身），将各种"彼此独立而又互相关联"的资源动员起来，以"构思和建设空间"。[1]显然，《大同书》的目光就是"观察者"的目光。康有为看视的对象当然远超一个城市的规模，但其运作思维与"设计师"差相仿佛——德·塞托总结的几个步骤在其中一个也不缺少，而那个主宰性的"通用主语"当然就是"世界大同"。

一切都集中于那道俯视的目光——它为规划社会的诞生铺好了产褥。由此图景出发，我们才能理解康有为大同学说的两个特征。一方面，大同理想在他的叙述里总是和相对主义世界观同时出现，而这是具有伦理意义的：南海反复强调，自宇宙之大而"俯视此人间世也，何止南柯之蚁国也"。时空的无限广阔，使得所有的前辈智者看起来都那么"无知"（连最智慧的佛陀亦不例外）；以此眼光看，一切你争我斗，不过是将某一特定时空局部幻象的放大，实则相当渺小："俯视拿破仑、惠灵吞之二雄者，不过蚁穴联群相噬云尔。"[2]真正的超脱来自站在更高角度将所有局部整合起来的能力。它根植于中国古典文化的悠久传统，其意义早就通过"蜗角蛮触"（出自《庄子·则阳》）这样的寓言故事表达出来。不过，它也预演了多年以后从太空返回地球的宇航员的体验："我们以技术人员的身份登上月球，以人道主义者的身份回归。"[3]康有为的肉身虽远未到达月球的高度，但神思飞得比那还要远。[4]

---

[1] 米歇尔·德·塞托：《日常生活实践：1.实践的艺术》，方琳琳、黄春柳译，南京：南京大学出版社，2015年，第168—171页。

[2] 康有为：《告国人书》，第405页；《诸天讲》，第101页；《比利时游记》，第491页。

[3] 皮埃尔·阿多：《别忘记生活：歌德与精神修炼的传统》，第137页。

[4] 孙宝瑄了解到新的天文知识后，也立刻把"星学大明"看作一种扩展"眼界胸襟"的力量。参看《孙宝瑄日记》上册，光绪二十七年十一月初三日（1901年12月13日），第470—471页；中册，光绪三十二年正月二十九日（1906年2月22日），第885页。

另一方面，大同世界在结构上与齐格蒙特·鲍曼用充满讽刺的笔调所描述的现代官僚体制是如此相似："社会总和将是一个范围更大、包容更广的地域等级制度，盘踞在顶部的是一个超地方的国家权威，它居高临下，审视一切。"这一系统吸纳了两种视线运作方式：对监管者而言，它是一个透明空间，"完完全全、时时刻刻"将被监管对象收入眼底，而被监管者却"完完全全、时时刻刻都看不见监管人员"。[1]这在《大同书》中存在一个对应物，那就是全球"公政府"。它隐身在大多数人的视线之外，有时虽可闻其声，而终不见其人（参看第五章）。在某种意义上，它犹如中国传统中的灵神。直到1923年，康有为还在西安的一次演讲中提醒人们，"肉眼"能见的世界是有限的，"虚空"之处并不真正虚无："当知鬼神万灵在上在旁，暗室幽独，时时监视。"[2]此说有神道设教之意，他未必真心相信，不过，技术的发展为他提供了一种更切实的保障。他曾坦率指出，在督察人的行动（从而促进人的道德）方面，机器之力有若神明（具体论述参看第六章）。

事实上，大同世界的人们在日常生活中也形成了一种相互监督的模式（主要是通过集体生活养成，参看第五章），共同构成了毛细血管式的、弥散的监视眼光。尽管就视线的运作本身而言，它们似乎是平视的（那是因为在那里，每一个人都是平等的），但赋予它们实际效力的，仍是一个高出其之上的权威，也就是大同本身。当然，在这两种目光之外，还有一道来自更高地方的目光，"居高临下，审视一切"，不消说，那就是康有为的眼光——《大同书》开篇处的那三个字（在全书中体现为一种贯穿性的全知视角），就是它的具身。他站在所有故事的开端，预定了一切情节。

---

[1] 齐格蒙特·鲍曼：《全球化：人类的后果》，第16、32页。
[2] 康有为：《长安讲演录》，第282页。

二、内外之别与平面视角的展开

尽管康有为满怀"不忍"来到人间,但自人世角度看(如果将垂直轴转化为水平轴),从天而降的仙佛是一种外来力量,其立场是外在的。而正是这个外来的位置,为他那股全盘改造世界的信心和力量打下了基础——对此,康有为本人也颇具自觉。他在《论语注》中形容圣哲气质,谓:"君子人貌而天心,燕处超然,虽现身人群,而不随于事物;游于物表,和于天倪,在众如无众,在身如无身,故无所惧也。圣人之于群生,如慈母之抚婴儿,无论笑啼,但有爱怜,全无愠怒,争席则喜,遇难而安,故无量出入,绝无窒碍也",此皆因"圣者自得之至,无人己之见存"之故。[1]降世救苦的圣人并没有奋不顾身地投入他要搭救的对象,与之俱化,而是有意地维持一种"超然"心态,自由"出入"人世,而不为世间所困。这只能是外来者的特权,而也是康有为的人格理想(实际能做到几分,当然又是另一回事)。

心态上的外在立场与那道俯视的目光紧密相接。阿伦特说,早期探险家和环球旅行家对地球加以探索、测量,本欲在知识上"扩大地球",结果却使其日渐"萎缩",成了一个村落("地球村")。然而这是认知理性带来的必然结果:"从人类测量能力的本性上来说,测量能力要发挥作用,人就必须从他的周围环境、从他对周遭事物的关心中抽身而出,与周围的一切保持距离。"距离越远,测量技术越有效,"地球就越小"。而真正致使地球"萎缩"的"是飞机的发明,即一种彻底离开地表的技术的发明"。[2]康有为习惯假设一种居高临下的俯瞰视角,因为他已经把自己抽离人世——然而,这也使得"入世界"成为必要与可能。

---

[1] 康有为:《论语注》,第380页。
[2] 汉娜·阿伦特:《人的境况》,第199—200页。

要改造世界，就要与世界"保持距离"，要站在"世界"之外。这看来不无吊诡，实则正是现代观念的支撑。丸山真男（1914—1996）指出：传统社会的秩序是"有机体"的，"**站在它之外做出**它的主体至少不是最重要的"；现代社会则是"机械"的，"它预设了站在它之外，制作它，并使之活动的主体"。[1]1902年，马君武（1881—1940）在一本介绍俄国无政府主义运动的小册子的序言中说：

> 人间之最恶者，莫如野蛮时代之圣贤矣。其识见局于社会之中，受社会之等等影响而不可脱却，故顺社会之风潮所趋而立说，不能立足于社会之外以指点批评现社会之罪恶，出大力以改造社会，破坏旧恶之社会，另造新美者。其人又稍有知识，愈于众，其说现出，则万千之庸众奉其言为经典，视为神圣不可干犯，于是旧社会罪恶之根蒂因之愈固。[2]

于是，要"破坏旧恶之社会"，就不能不站在"现社会"之外，因为只有这样才能获得批判的眼光和"新美"的理想。

20世纪中国层出不穷的社会改造运动，归根结底，都离不开"现社会"之外的立场，而马君武对"野蛮时代圣贤"的指责，正提示中国社会思想的大转折。在传统儒家的主流观念（尤其是理学传统）中，宇宙和人伦本身就具备了合理的秩序（"天理"在人性之中，而不是一个外来的、强制的力量），圣贤的任务是通过语言和行动将之呈现出来，而民众自然而然就会去追随效法。君子和细民走在同一条道路上，只有先知后知、先行后行的差异，而不是两条道路的差别。王阳明

---

[1] 丸山真男：《日本政治思想史研究》（修订译本），王中江译，北京：生活·读书·新知三联书店，2022年，第187页。黑体字原有着重符号。

[2] 马君武：《〈俄罗斯大风潮〉序言》，收在葛懋春、蒋俊、李兴芝编：《无政府主义思想资料选》上册，北京：北京大学出版社，1984年，第1页。

（1472—1529）明确指出："与愚夫愚妇同底谓之同德，与愚夫愚妇异底谓之异端。"[1]儒者希贤希圣，一个必要（而非充分的）条件是"学如愚"。[2]这就意味着他必须站在"现社会"之中：他是示范者，不是批判者；是引导者，不是干预者。他改变风俗的方式是把内在于社会的理想召唤出来，而非由一种"外来的"力量去强制塑型。

对于20世纪的大部分人来说，社会进步实质上是理想对实事的引导，而理想之所以是理想，就因其站在现实之外，无法为现实触及（而可以触摸到现实），外部性是其力量的来源。[3]冯珠娣（Judith Farquhar）敏锐地发现，在中国现代文学作品中存在一种"有意为之"的"疏离"，"一个对抗'外部'社会需求的、'自然的'个体"。[4]如果说此前中国是"在传统中变"，20世纪的中国就不得不"在传统外变"。事实上，外部眼光正来自中国这种"后发国家"面临的实际困境：它没有办法像欧洲列强一样，从容不迫地在其内部多元力量的互动竞逐下稳步地探索出一种"现代性"，而必须立刻回应外来的挑战（但这不等于说它在事实上可以完全跳脱传统的掌控）。它努力想要变得和侵略者一样强大，无意间就从后者那里接受了一个目标和模本，而这些当然都是外在于其自身传统的。进一步，从西方引进的"现代性"本就存在着一种断裂式的思维：现代就是努力将步伐迈出传统之外——这更强化了外在视角的说服力。

---

[1] 王守仁：《传习录》，收在《王阳明全集》上册，吴光等编校，上海：上海古籍出版社，1992年，第107页。

[2] 王东杰：《在乡里"作圣"：颜元与其乡人的互动》，收在《乡里的圣人：颜元与明清思想转型》，南京：南京大学出版社，2022年，第161页。

[3] 尽管事实上正好相反。如同卡尔·贝克尔（Carl L. Becker, 1873—1945）在其天才杰作中指出的，18世纪的启蒙哲学家从中世纪的舆论气候出发，修建了一座新的"天城"（《18世纪哲学家的天城》，何兆武译，北京：北京大学出版社，2013年）。但这并不妨碍"现代人"建立一种通过"外在"方式引领历史的意识。

[4] 冯珠娣：《食色性也》，收在《身体与生命》，赖立里等译，上海：上海人民出版社，2023年，第112页（注释1）。

20世纪中国发生的变化，无论是相对温和的改革，还是更为激烈的革命，或多或少都离不开一种外部视角的启动。需要说明的是，这个视角既是空间的（西方），同时也是时间的，它和未来主义具有一种逻辑的同构性：一个人只有站在现世界之外，才能看得到将来；反之，只有看到了未来，我们才能跳出现世界的藩篱。时间（未来）和空间（外来）乃是同一事物的不同侧面，出自同一种力量，遵循了同样的施力路线：也正因如此，"想象"才突然在20世纪初的中国变得那么重要。明乎此，再来看廖平与康有为对"空言"的重新估价（参看"导言"），或者可以有更加深切的了解：随着中国思想的转轨，即使没有廖平和康有为，也会有人说出同样的话。

也是在1902年，梁启超在《新小说》创刊号上发表了《论小说与群治之关系》一文，提出了"欲新一国之民，不可不先新一国之小说"的名论。文章重点在于指出小说具有四种"支配人道"的力量：一是"熏"，即熏习；二是"浸"，即浸染；三是"刺"，也就是刺激。"熏"和"浸"采取渐进方式改造人心，不动声色，令人难以觉察；"刺"的作用是突发性的，使读者"入于一刹那顷忽起异感而不能自制"。第四种力量是"提"，也就是提升。这几种力量的作用路线不同："前三者之力，自外而灌之使入；提之力，自内而脱之使出，实佛法之最上乘也。"[1] 这里自外而内和自内而外两条路径，都是指力的作用方式；从力的来源看，它们实际都是外在的——否则，究竟从何"提"起，又如何"使出"？因此，小说之所以具有"新一国之民"的力量，乃是因为它的位置本在"国"与"民"之外。

日本学者野村浩一说，孙中山的政治视线具有"由外而内"的特点，致力于"从外部世界综合把握对象并形成较为激进的社会观"，与

---

[1] 梁启超：《论小说与群治之关系》，收在《梁启超全集》第4集，汤志钧、汤仁泽编，北京：中国人民大学出版社，2018年，第49—51页。

张謇（1853—1926）"由内而外"的视线形成了对比：后者立足于乡土社会以形成其改革方案。他从社会出身的角度来理解这两种视线的不同，认为它们实际上反映出文化"边缘人"和乡绅的思想方式差异。武上真理子在野村论述的基础上，解读了孙中山《实业计划》中建设东方大港的思路，指出："孙中山首先在世界地图上俯瞰当时中国的现状，从而规定了中国通向世界的门户'东方大港'的位置"，其"视线的方向是'由外而内'的"；"张謇则首先谋求其所立足的当地的发展，而后逐步扩大其范围。他试图从吴淞商埠建设而腾飞于世界，其视线是'由内而外'的"。[1]

简单地说，孙中山的思路是先从总体格局（世界和全国）入手，再确定局部（地方）的发展方向，以大驭小，体现出一种规划性的思维方式；张謇的思路则是先从乡土建设入手，再一步步地推向全国和世界，由点及面，展示出传统儒家差序性思维方式的影响。这也就是野村浩一和武上真理子所说的"由外而内"和"由内而外"的意思，而马君武、梁启超所说的"内"和"外"，则是指思想上的新旧位置而言。这两种外在视角的意义并不一致，一个从空间角度立论，一个从时间角度立论。不过，它们在近代中国思想史上都占有重要地位。事实上，这两种类型的外在视角也常常混杂：以《大同书》而言，其外在视角就既是空间的，指诸天宇宙，较诸孙中山的世界立场更为壮阔；也是时间的，回荡着未来召唤的声音。

外部视角和社会改造立场的密切联系是"现代社会"的一个重要特征，这里指的当然不只是中国。根据杰夫·洛夫（Jeff Love）的转述，海德格尔（Martin Heidegger，1889—1976）主张，"当人立足于某种特殊方式的存在之上进行反思的时候，他就不可能在思考这一基础的同时又不在某种程度上离开这一基础"。因此，反思与反思的对象

---

[1] 武上真理子：《孙中山与"科学时代"》，第179页。

必须相互分离:"要么参与,要么离开。"[1]海德格尔关注的不是改造社会,而是"反思"——相对于社会改造,"反思"更为静态,而且并不总是为了"改造世界",很有可能只是为了"解释世界"(借用马克思的有名区分);但从我们的角度看,无论如何,社会改造中已经预设了一种反思立场,一种在行动中并通过行动呈现的反思立场。这些在《大同书》中都可以获得印证:康有为不仅反省和批判既往社会制度的不合理,而且如同一个向导,象征性地带领读者一次次远离那些为人熟习的界域。只是他的心思更加复杂:他不只是世界的"改造者",也是世界的"解释者";既想"离开",又想"参与",因而不自觉地拖延着离开的脚步(参看第四章)。

查尔斯·泰勒也指出:西方传统宗教要求我们,从"我们的有限性和脆弱性的境况中去把握世界";近代人文主义立场则将世界的有限性和脆弱性视作"全面地改革"的对象,"需要我们站在它的外面,将它看作一个体系,以一幅画面或者'世界图像'的方式呈现于我们眼前,然后我们才能计划各种转变"。这与近代宇宙论中的"外部观点"或"远经验的观点"相呼应:后者希望我们"全景地接纳整个宇宙",因此赋予我们一种"遥远的距离"感。从太空观察,"我们都像蚂蚁,注定毫无踪迹地来过和离去;如其他物种一般"。[2]除掉悲观色调,这段描述正好适用于《大同书》的视觉性:所谓"去类界爱众生",要求我们对人和"其他物种"提供同一类型的尊重(尽管容许有程度差异);而人如蚂蚁的图景在康有为乘空飞行的视觉经验中也反复得到印证——但不同的是,他为"我们"赋予了一种温情。

另一方面,如果仔细思索被梁启超视为"佛法最上乘"的"提"

---

[1] 杰夫·洛夫:《黑圈:科耶夫思想传记》,孙增霖译,桂林:广西师范大学出版社,2023年,第39—40页。

[2] 查尔斯·泰勒:《世俗时代》,第743、677页。

力,会发现它的作用方式已经包含了一个视角的转换:先是自外而内的注入,再是自内而外的抬升。这也是康有为在《大同书》和《诸天讲》中为自己设定的动作方向。那么,从"入世界"到"出世界"之间发生了什么?这正是《大同书》叙事的重心所在。因此,不妨重读一次书中的第一句话:"康有为生于大地之上。"这句话向我们铺开了一个舞台,敞明了一种"立场":康有为的思考不是站在天上,而是站在地上进行的,至少当他写这本书的时候,他希望向我们传达这一层信息。

"大地"意味着什么?它在心中唤起了无边无际的辽阔感,伴随着一种君临于世的庄严;与此同时,所有复杂地貌的差异性都消失了,它获得了视觉的统一性,甚至呈现为一种空白:一张白纸,可以随意挥写自己的理想。然而,事实上,并没有什么人能够真正看到"大地"(而只能看到"大地"的一部分)。看到"大地"的是一双"'非人格化的眼'",被放置在一个虚拟的观察点上:人们假设,"处在那观察点的任何一个观察者都会以完全相同的感受看到"同一种"空间关系"。[1]不过,这种事实上并不存在的"客观"点位,也就是康有为构想大同计划时下意识占据的视觉位置,完美配合了《大同书》的整体氛围。

然而,仍有一个问题:为什么康有为说自己生于"地上",而非"天下"?一个可能的原因是,从天文学意义上讲,"地"并不真正地与"天"并立(参看下文)。[2]不过,这并不妨碍我们在日常感知和语言习惯上将之并称为"天地",在这一点上,康有为本人也未能免俗。在语义上,"地上"和"天下"所指乃是同一事物,差别不大,但是当我们考虑到康氏(自认为)刚从天上降临人间,而"天下"又是一个儒者最顺口的表述时,则他选择以"大地"为基准,而不是以"天"为基准,也就不能不令人感到困惑:对他来说,"天下"与"地上"究

---

[1] 齐格蒙特·鲍曼:《全球化:人类的后果》,第30页。
[2] 康有为:《诸天讲》,第19页。

竟有何不同?

在康有为看来,"天下"是"一统"格局下使用的词语,已经不再适于国际竞争时代了。因此,早在戊戌之前,他就开始用"大地"一词指示相关语境。比如1895年的《京师强学会序》:"夫中国之在大地也,神圣绳绳,国最有名。"1898年的《日本书目志》:"今吾中国……在大地中为五十余国之一,非复大一统之治也。"同年的《上清帝第五书》:"大地八十万里,中国有其一;列国五十余,中国居其一。"《请定国是明赏罚一正趋向而振国祚折》:"夫当今大地既通,万国环逼,新法日出,其不能复用元、明一统之旧法甚明。伏闻皇上圣明天亶,讲求变法,此祖宗艰难缔造之天下,望以不坠者也。"[1]最后一句既有"大地",又有"天下",后者强调传统("祖宗缔造"),前者则和"万国"相关。换言之,万国并立、国际竞争是康有为对世界的基本认识,而这就是他自称生于"大地之上"所欲传达的讯息。[2]

"大地"一词也呼应了他对自己与世界关系的反省:从国际到家族,从自然到文明,在康有为身上浓缩了整个人类历史(参看附录十四)。这种感受原本来自法国吞并安南而"风鹤之警误流羊城"此类政治事件,以及显微镜、热气球所提供的日常经验,但它很快就成为中国知识人主动拥抱的对象:我们从那一句"荟东西诸哲之心肝精英而酣饫之"中,不难体会到康有为的自豪。[3]

---

〔1〕 康有为:《京师强学会序》,第89页;《日本书目志》,第357页;《上清帝第五书》,第3页;《请定国是明赏罚一正趋向而振国祚折》(代杨深秀作),第69页。
〔2〕 在近代中国思想从"天下"向"世界"转型的过程中,"地球"的概念起到了"衔接"作用。参看余露:《虚实互用:洋务运动时期的"天下""地球"与"世界"》,《中山大学学报》(社会科学版)2017年第4期,第75—78页。
〔3〕 康有为提到自己的经历,多用孔子纪年,如《孔子改制考·序》(1898)、《中庸注·叙》(1901)、《春秋笔削大义微言考·序》(1901)、《印度游记》(1902)等都是如此,而《大同书》则以英帝印度、法侵安南等国际性殖民事件为纪时参照点,和这本书的主题有密切关系。

康有为是中国第一代通过实际外部经验产生"大地"意识的知识分子：它和理学家常说的"以天地万物为一体"，在形式上一脉相贯，但具体内容（这是其体验真正抵达之所）已有了很大差异。至少，康有为所说的那些经验，已经大大超出大多数理学家的体会：毕竟，后者生活于"天下"，而不在"大地"之中。如果说康有为早期的经验还建立在与理学家同样的基础上，从光绪十年接触显微镜开始，他和世界的关系就发生了改变。此后，这类体会的主要源头就不再是静坐，而成为气球、飞机这类新式交通工具。不过，康有为也试图将这两种经验贯通起来。[1] 这一点，尤其可以从他对"仁"的理解看出（详见第三章）。

　　因此，在康有为那里，"大地"的意象具有至少两种意义。在最直观的层次上，它是"天下"的代用品——这个表述似与中国人天圆地方的认知传统有关：圆无所不包，方分此疆彼界。在传统观念中，"地"和"方"相贯，也连带具有多样性与特殊性的意味。不过，在康有为心中的"大地"还蕴含着一个理想层面，成为一种普世性的代表。这从"大地远近大小若一"（注意，何休《春秋公羊解诂》隐公元年的原文所用的不是"大地"，而是"天下"）之类的表述中不难看出。[2] 如此，"地上"也就包含了对"天下"的某种延续和转换：就本质而言，大同不就意味着"天下"再次降临，"大地"已尽成"天下"吗？

　　构成康有为思想底色的那些恒久主题：国际意识、文明意识、进化意识、宇宙意识乃至家庭（家族）意识，都凝缩在开头这段文字中。所有这一切又都指涉了一种文本之外的现实——后者实际构成了《大同书》的另一开端：在这个"大地"上，一切都是争强好胜、弱肉强食，充满了混乱和痛苦；然而，它同时又是我们迈向大同的始发站。

---

[1] 无论是对"诸天"还是"诸国"，康有为使用的都是同一个"游"字，意味着对他来说，这两种经验是高度相似的。事实上，简单比较一下就可以发现，《诸天讲》的文体形式与《欧洲十一国游记》中最著名的《意大利游记》也非常相似，这显然不是偶然的。

[2] 康有为：《孔子改制考》，第3页。

在此意义上，它是一个开端，但也是个终结：因为它要同过去——由"英帝印度"为表征——相决裂。[1]对康有为来说，只有在全球一统格局下，大同才是可能的，"万国"之中的任何一国都无法承担这副重担。因此，《大同书》开端段落描绘的"大地之上"的种种景象，至少有一部分是作为接下来要对其加以否决的铺垫（另一部分则是使这种否决成为可能的基础）。

随着"大地"二字的展开，读者的目光被导向一个水平方向，一种新的内外关系也浮现在我们面前，那就是公羊学的"异内外"之义：随着三世演进，内外界线不断游移，"内"的区域不断扩展，从"内其国而外诸夏"到"内诸夏而外夷狄"，最后是"天下远近大小若一"。康有为在《春秋董氏学》中将"内外"列为专目，其高弟徐勤依据师说写下若干按语，对它们的关系做了详细阐述。其一谓，内外是相对之辞，视其"所引"而言，"若将夷狄而引之于诸地、诸天、诸星之世界，则夷狄亦当谓之内，而诸地、诸天、诸星当谓之外矣。内外之限，宁有定名哉？"。二谓，实现太平当"先近致远，详内略外，等差秩然"，此以"势"言，乃圣人所不能违者。三谓，太平世"外而变内，是天下无复有内外之殊矣"，此即"圣人大同之治"。[2]

简单地说，内外区分必将消失，但这过程必须遵从严格的程序设定，由内而外，循序而行，其运动方向和"入世界"的叙事正好相反。这里体现出康有为所受不同思想系统的影响：入世救苦的说辞来自佛教，而在一个平面上层层外拓的视角来自儒家。不论是《礼记·丧服

---

[1] 值得对照的是《诸天讲·自序》中的这段话："康有为生于绕日之地星，赤道之北，亚洲之东，昆仑之西南，中华之国土，发现海王星之岁。"（《诸天讲》，第12页）"发现海王星之岁"当然也就是《大同书》所说的"英帝印度之岁"。显然，康有为根据书的主题采用了不同的参照事件。有趣的是，二者形成了引人注目的对比：在地的层次上发生的事件是武力和野蛮，在天的层次上发生的事件则是知识和文明，而后者乃是大同追寻的方向。

[2] 康有为：《春秋董氏学》，第414、415、416页。

小记》中论述的"五服"系统，[1]还是《礼记·中庸》规定的理想的生命实践历程（修齐治平），乃至"爱有差等"的伦理观念，都按照一个以"我"为中心的同心结构展开；在工夫论的层次上，则体现为推己及人的絜矩之道。公羊三世说那充满流动性的内外分界线，也来自相同的思维架构：所有这些处于不同社会与生活层次的形形色色的现象，都按照同一种方式运转。

值得注意的是那个"推"字——如前所示，这也是康有为最喜欢的字眼之一。通常来讲，它的用法有两种，一是伦理意义的，近于"絜矩"之道的本意，或王阳明所说的"同德"：无论是所欲还是不欲，人与人都差不多。经过反身而诚，我们能够了解自己的需求；再将之推广开来，就能理解他人的需要。康有为常常回忆自己年轻时，听到母亲和姐妹在病中的"痛苦呼号"而"恻恻不忍"，由此"推之族人、乡人、邻人，见有颠连困苦者，亦复恻恻然不忍。又推之邑人、郡人、国人、大地百国人，见有颠连困苦者，亦复恻恻然不忍。又推之生物困苦者，亦复恻恻然不忍"。他解释孔子所说的孝悌之道，也强调那是"先导其一家之小康，而徐推于天下之太平"，认为儒者不能"仅知证其直指之心，而不知推其公同之理"。[2]事实上，大同观念就建立在恻隐之心不断外推的基础上。

"推"的第二种意义是认知论的，比如前边谈到的，他的相对主义主张就来自把显微镜下的结论层层推演，直到无垠宇宙的结果。因此这里存在一个演绎过程，而且既可以推向宏观（诸天之外），也可以推向微观（血轮之内）；既可以用它处理空间，也可以用于处理时间

---

[1] 杜正胜：《五服制的族群结构与伦理》，收在《古代社会与国家》，台北：允晨文化实业股份有限公司，1992年，第857—858页；《编户齐民——传统的家族与家庭》，收在杜正胜主编：《吾土与吾民》，台北：联经出版事业股份有限公司，1982年，第13—16页。
[2] 康有为：《戊戌轮舟中绝笔书及戊午跋后》（戊午跋），第4—5页；《论语注》，第380页；《孟子微》，第413页。

（"推太平之世""推将来"）。草堂弟子对此方法的使用也很娴熟，比如叶觉迈批示时务学堂学生札记，就说："将西政比附看得孟子言仁政道理，愈推愈大。"[1]颇表赞赏之意。认识论意义上的"推"和伦理学意义上的"推"在语义结构上不无相似，都是用演绎的方法（参看第六章），将之扩大、缩小或挪移到不同尺度、场景中。

因此，在内外的问题上，《大同书》交缠着两条相反的行动路线。而它们之所以交织起来，就得益于"康有为生于大地之上"这个事实。在南海自述中，它具有强烈的"事件性"，迫使我们将注意力从自上而下的垂直轴面转向水平轴面：一旦进入世界，"天"就成为一个必须隐退的背景，只有在大同实现之后，才会再次浮现。其次，这个事实还纠缠着偶然性和必然性的辩证关系：康有为在特定的时间诞生于特定的地点，是一个"偶然"事件，[2]但离开这些偶然性，他也就丧失了存在的根基。在此意义上，他和这些"偶然因素"已经融为一体，无法切割：这些"偶然性"具有非常积极的意义，也为他带来一种"必然"的情感义务，无可推脱。[3]

康有为曾在不同场合，多次表达对他出生的时间与地点的赞叹。1898年，在《孔子改制考》的序言中，他说孔子"因其所生之国，而立三界之义"——这里"孔子"的背后，无疑隐藏着一个"我"。1904年，他畅游欧洲诸国，说中国才士虽多，然皆"闭处内地"，与外界不

---

[1]《湖南时务学堂初集·札记》中叶觉迈批语，收在湖南时务学堂编：《湖南时务学堂遗编》，邓洪波、彭世文校补，长沙：湖南大学出版社，2017年，第236页。

[2] 康有为在戊戌变法失败后逃亡过程中（1898年9月24日）曾慷慨宣称："地球诸天，随处现身，本无死理。"（《戊戌轮舟中绝笔书及戊午跋后》，第4页）在理论上，他完全可能生于另一个时间或另一个地点，而并不妨碍他救世的事业。

[3] 齐泽克说，"种族之根、民族身份等等均不属于真理的范畴"，那只是"偶然的、教条化的前提预设"（斯拉沃热·齐泽克：《视差之见》，季广茂译，杭州：浙江大学出版社，2014年，第12页）。但康有为并不把偶然性看作需要否弃的负面因素，似乎只有通过对偶然性的否定才能进入普遍的"真理"。相反，他在偶然性和普遍性之间看到了现实的连续性。因此，他沉醉（但并不拘泥）于自己的"偶然性"中。

相沟通,"而独生康有为于不先不后之时,不贵不贱之地",得以遍游"大地",观览各国得失,斟酌时地所宜,提出一个适合中国国情的疗救方案,免其为庸医所"误"。[1]出生时空的偶然性成为他负有天命的证据:《大同书》开篇那段话,其实就是使康有为成为"康有为"的前提。事实上,在另一处段落,他的表达更为动人:

> 康子不生于他天而生于此天,不生于他地而生于此地,则与此地之人物,触处为缘,相遇为亲矣。不生为毛羽鳞介之物而为人,则与圆首方足、形貌相同、性情相通者尤亲矣。不为边僻洞穴生番獠蛮之人而为数千年文明国土之人,不为牧竖爨婢耕奴不识文字之人而为十三世文学传家之士人,日读数千年古人之书,则与古人亲;周览大地数十国之故,则与全地之人亲;能深思,能远虑,则与将来无量世之人亲。凡其觉识之所及,不能闭目而御之,掩耳而塞之。[2]

康有为虽是自愿"入世界",但其"生于此天""生于此地",都不无偶然;然而从"缘"的角度讲,也可说是一种必然。"相遇为亲",即是将命运交给偶然来把握,但因"遇"的扩展而爱上了中国与大地、过去人和将来人,遂使其成为一种"必然"。"必然性"从"偶然性"中产生,与康有为行动路线自内而外的推展相伴而行。

然而,为什么偶然性会转化成一种无法脱卸而又心甘情愿的情感与道德责任?这仍要回归到儒家的思想立场。《中庸》云:"君子素其位而行,不愿乎其外。素富贵,行乎富贵;素贫贱,行乎贫贱;素夷狄,行乎夷狄;素患难,行乎患难。君子无入而不自得焉。""位"是

---

[1] 康有为:《孔子改制考》,第3页;《欧洲十一国游记·序》,第344—345页。
[2] 康有为:《大同书》,第4—5页。

一个人遭遇的环境,特定的"位"产生特定的"行"。它们都无法自主选择,也就不足以危及君子之"自得",而后者才是一个人真正的本质所在。尽管康有为绝非一个安于现状之人,但对"素位"的境界也颇为神往。梁启超说,他常教育学生"思必出位"(此与《论语·宪问》"君子思不出其位"的教导正相反),以"穷天地之变";又要学生"行必素位",以"应人事之常"。又"理想"又"实际",[1]真可谓"极高明而道中庸"。而南海笔下的孔子就是这方面的样板:孔子本是"天游"者,只因"偶受人身",来到人世,一切言行举动遂"无异常人",而同时保持着"神明超然",对于外在环境的变化无动于心,"自得安居",此其所以为"圣人"也。[2]

一切都充满了偶然:偶然生于大地,偶然成为一个中国人。这种偶然性为康有为的生命奠定了基础,也为其加上了局限。他承认,地球在宇宙中只是一粒微尘,宇宙间国土无尽,大同亦无尽期。"即吾大地大同,吾之仁能及大地矣,其能救诸星乎?然则战争终无有息也。"不得已,"亦惟就吾所生之大地"救之而已。[3]套用《中庸》的表述,此所谓"素地球行乎地球"。素位无碍于君子本质,却也不无几分无奈。但正是这种偶然性为他提供了行动的出发点和阶段性的目的地:前者即是他所在的中国,后者则是整个大地。这两点距离遥远,其间足以容纳形形色色的"界"分,成为需要我们一次次"去"除的对象;但从时空相对主义角度看,这一距离又完全可以克服。因此,不像很多人所困惑的那样,[4]康有为(由偶然性锻造而成)的中国认同,和他

---

[1] 梁启超:《南海康先生传》,第437页。
[2] 康有为:《论语注》,第450页。
[3] 康有为:《大同书》,第54—55页。
[4] 1897年,时务学堂学生陈其殷(?—1916)曾问梁启超:"既言大同矣,何必保种乎?何必保教乎?"梁启超答到,这是不同时代的要求,之间并无矛盾(见《湖南时务学堂第一集·答问》,收在湖南时务学堂编:《湖南时务学堂遗编》,第88—89页)。可见康有为主张中的"不一致",确曾引人困惑。

的大同理想之间并无根本性的冲突。伍庄尝转述其说,云:"吾之志愿,在普度世界众生而致太平,而治之次序,则必先强中国……苟中国不强,大同终不可施。"[1]此之谓也。

每当"去"的声音再度响起(这是一种具有通告作用的钟声),我们的目光也伴随《大同书》的叙事而在大地上铺开,直到全书最后一章。那时大地上的大同已经完成,我们的目光也要再次升腾,进入诸天。不光对康有为,对我们每个人来说,它都是一次回归。因为此前我们的意识被遮蔽了,只知"矫首引镜仰望土、木、火诸星",而忘却了地球也是诸星之一,"自金、水、火、木、土诸星中,夜望吾地",看到的地球也是"光华烂烂运行于天上"(此中蕴含了天文望远镜的平面视角)。地在天中,"地上人"即是"天上人"——忘记这一点也就忘记了自己的地位。如果只知有家者可以称为"家人",知有里闾族党者称为"乡人",知有国者称为"国人",那么不知天者,即使曾"游学诸国,足遍五洲",也只能是个"地人"。只有明白自己的"天人"本相,才可能真正到达"人道之极乐"。[2]换言之,终极的大同是在天上,而不在大地,大地只是大同的起点。

由此,《大同书》至少为视觉的运行提供了垂直和水平两个方向,而其背后又各有不同的思想来源:由上而下的视角主要受到佛教叙事的影响,自内而外的视角则来自儒家。与此同时,康有为思想中始终维持着一种外来姿态,即使"入世界"以后,也一直潜藏其中。梁启超说,康有为以"佛说'舍世界外无法界'",乃专欲"造世界",实是"于世间造法界"。[3]然而,南海的理想实质上仍是把法界与世界二分,法界在世界之外,从法界出发改造世界,终归是以外部准则为

---

[1] 伍庄:《校刊大同书序》,旧金山:世界日报社,1929年,第1—2页(篇页)。
[2] 康有为:《诸天讲》,第11—12页。
[3] 梁启超:《南海康先生传》,第436页。

准则，与佛所说的世界与法界无二，其意悬隔。[1]因此，和梁启超想要表达的相反，康有为始终维持了一个高于世界的外部立场。不过，即使康有为居高临下的视角真的来自佛教叙事，其外部立场也构成了他和所有近代社会改革（革命）家共享的姿态。它将来自佛、儒二教的思路统摄起来，汇入一套现代叙事，实际上已使其脱离了传统轨迹。

三、热和冷的交融

"热"是康有为最喜欢的名词之一，他毕生坚守对热的颂扬（尽管在态度的复杂性上有所变化）。1898年，他参加京师保国会第一次集会发表演说时，就对之大唱赞歌：

> 万物之生，皆由热力，有热点故生诸天，有热点故生太阳。太阳，热之至者，去我不知几百万亿里，而一尺之地，热可九十匹马力，故能生地，能生万物，被其光热者，莫不发生。地有热力，满腹皆热汁火汁，故能运转不息。医者视人寿之长短，察其命门火之衰旺，火衰则将死。至哉言乎！故凡物热则生，热则荣，热则涨，热则运动；故不热则冷，冷则缩，则枯，则干，则夭死，自然之理也。[2]

康有为抓住一切论证"热"的重要性的机会。他强调太阳是地球之父，地上的一切，从"风云、雨雪、雷电之变化，蒸气、水源之腾发，

---

[1] 孙宝瑄读过此文后说，康有为"欲造世界中之法界"，是对佛旨的误解（《孙宝瑄日记》中册，光绪二十八年三月二十一日［1902年4月28日］，第547页）。是也。
[2] 康有为：《京师保国会第一次集会演说》，第59页。个别标点略有改易。

石炭之火力，植物之茂育，动物之生活"，到"吾人身之所动作，手足所扶持，耳目声色所接应"，无不依赖太阳的"热力"而存在。热为整个宇宙提供了能量，"无此热力，天亦已焉哉，何况于人"。他甚至仅仅根据火星上有火山的传言，就推断其地"热力未衰"，故"人物必盛"。在他的分类体系中，和"热"一组的词汇与物事有"动、光白、吸、离、拒"等，它们同属于"阳"，意味着"生"；相反的一组则是"冷、静、闇黑、无拒力而被吸"，它们都属于"阴"，意味着"死"。[1]

"热"的意义不只是物理的，也是人文的。康有为对学生说："孔子者，火教也，以太阳为主。"人也是一个小太阳，积满热、光和力。根本上，他倾向于用"热"解释儒家多项重要价值："仁"是热，一旦发动，"盛大热蒸，不能自已"，"故能急人之难，济人之困"；"诚"也是热，"如日之含热质，运热力，自然大发其光，此天然自得之。思诚者，如蓄火积薪而生热力，此人事为之"。孟子说"可欲之谓善，有诸己之谓信，充实之谓美，充实而有光辉之谓大"（《孟子·尽心下》），其实也全是热，"盖有诸己者，阳气潜藏；充实者，热力澎涨；光辉者，光明照耀"；大而化者如太阳，"热力既盛，光力极猛，于是照灼大地，而化生于万物"。至于困学勉行，则如"热极一摩就生光"。[2]

有无"热力"也是"圣哲豪杰"与"庸人"的差异，[3] 而在康有为看来，中国人的病根就在一个"冷"字：

今吾中国以无动为大，无一事能举，民穷财尽，兵弱士愚，

---

〔1〕康有为：《万木草堂讲义》，第279页；《日本书目志》，第285页；《诸天讲》，第40、41、44—45、39页。在他看来，热的流失已经对人造成了不好的影响：古人"去巨兽之期不远，地热力甚大"，故也长得高大，而今"地绕日渐远，热力渐小"，故而"人身渐短"。《我史（附日记）》（1891年），第81页。

〔2〕康有为：《万木草堂讲义》，第280、300页；《孟子微》，第423、489、481、483页；《诸天讲》，第59页。

〔3〕陆乃翔、陆敦骙等：《南海先生传（上编）》，第469页。

好言安靖而恶兴作，日日割地削权，命门火衰矣、冷矣、枯矣、缩矣、干矣、将危矣。救之之道，惟增心之热力而已。凡能办大事、复大仇、成大业者，皆有热力为之；其心力弱者，热力减故也……凡古称烈士、志士、义士、仁人，皆热血人也，视其热多少以为成就之大小。若热如萤火、如灯，则微矣；并此而无之，则死矣。若如一大火团，至百二十度之沸度，则无不灼矣。若如日之热，则无所不照，无所不烧。热力愈大，涨力愈大，吸力愈多，生物愈荣，长物愈大。故今日之会，欲救亡无他法，但激厉其心力、增长其心力，念兹在兹，则爝火之微，自足以争光日月，基于滥觞，流为江河。果能合四万万人，人人热愤，则无不可为者，奚患于不能救？[1]

因此，当南海自称"仆受质甚热"时，[2]实际是把自己放入古来仁人的谱系中。不过，其"热血"也确实令人难忘，以至论学与之多有不合的朱一新（1846—1894）也不能不承认："君之热血，仆所深知。"[3]

基本上，（作为价值象征意义的）热和冷在中国文化传统中都是中性词，感情色彩随语境而变。以热来说，既有褒义的"热血"，也有贬义的"热衷"。颜元（1635—1704）曾谓："乾坤中二气五行全赖此火。天地非太阳真火则黑暗，人非命门真火则灭绝，忠臣孝子一副热肠，愚夫愚妇一段热情，酿成世界，这大地众生离了火宅，便过不得日子……火便是世间生生不穷的种子，火宅便是世间君臣、父子、夫妇、兄弟、朋友行走的去处。"不过，颜元这番议论针对的是佛教自许

---

[1] 康有为：《京师保国会第一次集会演说》，第59页。
[2] 康有为：《与沈刑部子培书》，第237页。类似的表述，又见《与朱一新论学书牍》，第323页。同样的，那时深受南海影响的梁启超也自认"性禀热力颇重"。见丁文江、赵丰田：《梁启超年谱长编》，第28页。
[3] 朱一新：《朱侍御一新答康有为第一书》，收在苏舆编：《翼教丛编》，第2页。

"清凉世界",而以世间为"火宅"之说,并不代表一个普遍性的认识。事实上,在另一处地方,他也曾说,孔子试图"以一剂仁慈凉药",化"解"春秋时候"满世戈戟热毒"。[1]

西方传统对此问题的认知则似有所不同。在古希腊,"体热是人类生理学的关键:最能够集中及引导体热的人,不需要穿衣服。此外,与冷而迟缓的身体相比较,热身体对于他人比较有反应,比较热情;热身体是强壮的,拥有热来活动与反应"。热和冷也被对应于一系列高下有别的社会价值,比如男性和女性、主动和被动、强壮和软弱、群体辩论和独自思考、公民与奴隶等。[2]整体来看,热和冷的差别,也就是积极和消极、正面和负面的差别。而在中世纪,"火被认为是最纯洁的、最高级的元素",甚至被视为"上帝"本身。[3]

无论其是否从中国传统观念中汲取营养,但可以肯定,康有为对"热"的颂扬受到了西人的影响。在李提摩太和蔡尔康翻译的《大同学》中,就可以找到热气冷凝成为诸星的说法。[4]酷好西学的孙宝瑄也留下大量类似议论,比如:"人所赖以生者,地心之火也。"又说,地球生物必须依靠日光的照射才能生存,否则早已冻死,又"安有生发之机哉"。[5]他读到傅兰雅(John Fryer,1839—1928)、赵元益(1840—1902)合译的《儒门医学》(*A Medical Handbook*),留意到其中说"暂无热,则动物必死",就立刻抄录下来。同样地,他也认

---

[1] 颜元:《存人编》《四书正误》,收在《颜元集》上册,王星贤、张芥尘、郭征点校,北京:中华书局,1987年,第148、216页。
[2] 理查德·桑内特(Richard Sennett):《肉体与石头:西方文明中的身体与城市》,黄煜文译,上海:上海译文出版社,2011年,第7、19—29页。
[3] 康斯坦丝·克拉森(Constance Classen):《最深切的感觉:触觉文化史》,王佳鹏、田林楠译,上海:上海人民出版社,2022年,第61页。
[4] 颉德:《大同学》,第9页。
[5] 孙宝瑄:《孙宝瑄日记》中册,光绪三十二年正月二十五日(1906年2月18日)、光绪二十九年九月十八日(1903年11月6日),第884、810页。

为仁、热本是一物，仁是"无形之热"。[1]其日记中还留有时任邮传部侍郎沈云沛（1854—1918）的一番议论，大意谓："凡有爱情之动物，其血最热；而以人之爱情最重，热力最大。"[2]可见在清末的趋新人士中，"热""爱""力"等词汇和它们背后的一整套观念已相当普及。

在褒扬热的过程中，康有为的主张已明显偏离中国文化的传统。他号称"受质甚热"，从其个人角度看不失为一种自我表彰，但从社会角度看，却也有自我辩解的意味。1886年，他在《康子内外篇》中高调宣称："天下之能立功立事者，惟其热气为之也。凡挟才智艺能之人，其下者，利禄富贵之欲必深；其高者，功名之心必厚，寡有淡泊者。盖其热盛也。"书中还专门辟出一章，取名《湿热篇》，意谓"湿热"属"阳"，"干冷"属"阴"；前者主"生发"，后者主"枯槁"。湿热是"天地之正气"，世间一切自然和文明成就的来源。但若"纵极之"，亦有其弊。儒者见此，试图以"温良恭俭，撙节退让，崇礼尚义，讲信修睦，以平其气，而制其行"；佛教则欲以"持戒绝欲，清净能忍，以平其气，而伏其心"。然而这两种方法都是"干冷之道"，后者更属"干冷之至"，难以维持，"夫干冷非人道也"，其价值只在"济湿热之病"，不能单独使用。故他理想中的"圣人之道"应该是，"常任湿热之自然，而时以干冷为之节"。[3]

《康子内外篇》是康有为早期的代表作，淋漓表现了他不守故常、放言高论的特色。对热的推崇使他不但公开为一向被传统价值体系鄙薄的功名利禄之心（此即所谓"热衷"也）翻案，而且将古人高度推

---

[1] 孙宝瑄：《孙宝瑄日记》上册，光绪二十三年六月二十八日（1897年7月27日）、光绪二十七年九月初六日（1901年10月17日），第133、441页。
[2] 孙宝瑄：《孙宝瑄日记》中册，光绪三十四年正月二十四日（1908年2月25日），第1224页。
[3] 康有为：《康子内外篇》，第99、105页。个别标点略有改动。

崇的"淡泊"贬入另册。[1]《湿热篇》更明确宣称,干冷"非人道也",其价值只在于作为救弊补偏的药方,本身并无独立意义。为此,他不但直接否定了佛教的主张,也否定了儒家倡导的众多价值取向。其中特别引人注目的是"讲信修睦"四字,这在《礼运》中正是大同的表征之一。这再次证明,直到此时,《礼运》篇还没有进入"康子"青睐的范围(参看第一章),也提示出那一时期康有为思想的激越程度远超后来。

从康有为具体列举的条目看,被他欣赏的价值皆是张扬进取的类型,而其所抨击者则是克制退让一类,大体可以归为积极与消极价值之分。这在相当程度上可以归结为康有为对国势的认知:士大夫害怕被批评为热衷功利,遂不敢积极任事,处处退缩,以致天下糜烂。同样地,中国在对外关系上的谦和"退让",也只能诱使列强步步进逼:这从他把"拒"和"无拒力而被吸"分别与"热"和"冷"对应起来也可看出(参看下文)。进入20世纪,康有为的思想表现得更为"保守",但此区分始终没有消失。事实上,它们在《大同书》的理性主义规划中以不同面目再次出现:积极的态度被转化为对规划管理的推崇,也就是康有为正在从事的工作;消极被视为放任自流,而那正是这个世界痛苦的根源之一。

对热的高度礼赞呼应着他的入世情怀。他虽然赞同仙、佛乃是

---

[1] 康有为多次试图为"好名"正名:"名者,所以补政刑之终,而立教化之始也。"又说:"名为孔子大义,所以厉行耻而光声誉,致人道于高尚,而补刑赏所未及者也。"宋儒因误信道家学说,遂"以好名为大戒",以致"人避好名而好利",后世"风俗大坏,皆由于此"(《春秋笔削大义微言考》,第139页;《论语注》,第403页)。作为对比,我们不妨引用一段宋儒议论:"太宗天资高而学问不足,其得在于好名,其失亦在于好名。好名故能矫揉为善,惟名之好,而观省存养之不加,故矫揉之力怠,而禀受之偏者不能捄。轻我宫人之怒,不役一夫之怒,会须杀此田舍翁之怒,以至好大喜功而多爱,无非本心之发露也。"见洪咨夔:《进唐太宗谕萧瑀故事》,收在曾枣庄、刘琳主编:《全宋文》第307册,上海、合肥:上海辞书出版社、安徽教育出版社,2006年,第155—156页。标点略有更动。

"大同之归宿",但并不主张在乱世之中通过个人修行脱离苦海。因为个人的解脱究非解脱之道:"超然于天人之上"的圣者"因不忍人之心盛大热蒸,不能自已",而不得不投身救世。[1]所以在他罗列的人世之苦中,"神圣仙佛"亦是其中之一(详见第三章)。且人人皆有不忍之心,退隐修行的"干冷"行为,终非人所应为。然而,在其中始终隐藏着的那个外部视角,又何尝不是一种"冷"?事实上,一些敏感人士早就注意到,康有为身上兼有冷热两种气质。1889年,康曾致信沈曾植(1850—1922),云:"兄谓仆冬夏气多,春秋气少,是良然。"他表示要"力求盎澜和乐之气",然而随即又暗示"变化气质"之难,[2]等于委婉说了个"不"。"冬夏气多,春秋气少"是说康有为性情偏至。春秋皆是温气,冬夏则是一冷一热,沈曾植的意思显然是说,康有为性情激烈(冷与热皆激烈也),而缺乏中和。

同样,朱一新在承认康有为满怀热血后,也立下转语:"古来惟极热者一变乃为极冷……此中转捩,只在几希,故持论不可过高,择术不可不慎也。"[3]"极热""极冷",位置相反,而同在极端。这令我们注意到,前引康有为所列冷、热的各种表征,将"吸、离、拒"这三种施力方向完全不同的性质都放在"热"的一边,而将"无拒力而被吸"看作"冷"的特性。这和通常人的区分颇为不同:后者往往把"吸"和"拒"视作相反两端,如果"吸"是热的话,那么"拒"就是冷。[4]但康有为看重的则是主动和被动之别:不管是"吸"还是"拒",出于主动者即是阳/热,被动者即为阴/冷。在此意义上,进攻型的"拒"

---

[1] 康有为:《大同书》,第291页;《孟子微》,第423页。
[2] 康有为:《与沈刑部子培书》,第238页。许全胜将此函系于1889年农历七月,见其《沈曾植年谱长编》,北京:中华书局,2007年,第111页。
[3] 朱一新:《朱侍御一新答康有为第一书》,第2页。
[4] 比如孙宝瑄就强调爱(与"吸"同类)、拒之别:"世界之成,以有对待,有对待则有爱力、拒力;爱之极而淫起,拒之极而杀起。"见《孙宝瑄日记》上册,光绪二十七年十月十九日(1901年11月29日),第463页。

实际上就是"热"。换言之，朱一新所说的"冷"，在康有为看来可能根本就是"热"。

显然，康有为对自己身上冷的一面缺乏深入体察。这很大程度上是因为，这是他不自觉的外部立场带来的——而这就把我们的目光引向了"入世界"之后的那个"观"字上。他虽已身入世界之中，在意识上却还保留着世界之外的感受，这赋予"观"一种冷静意味。康有为"目击"人世"无量数不可思议之苦"，也因为与世人的共情而备感苦痛——然而这是一种"神圣仙佛之苦"，实质是"以自度而度人者也，入浊世救人而不厌不倦者也，入地狱救人而不苦不恼者也"。一句话，它是主动入世所求，而非身不由己所陷，故虽身遭苦患，但心中并不感到深刻的苦恼（不过，人事的不顺有时也会在他那里激起悔恨之意，使其不自觉地发出脱身之想，这也是一种"冷"）。

由此，康有为才得以从容写出一篇看来相当"客观"的关于"人道之苦"的概论，将其中"易见之大者"分为六类三十七种，末了还不忘反观自照，列入"神圣仙佛之苦"。此即"观众苦"，其法实和佛陀入定之"观"无异。的确，只有和痛苦分开，而不是无条件地热切投入其中，我们才可能从容地对之加以审视。如同乔安娜·伯克（Joanna Bourke）在一部研究疼痛历史的著作中注意到的："写或读关于疼痛的内容，总要跟别人的痛苦拉开一段距离：不然我们怎么受得了？"[1] 另一方面，此一"观"字不只用于观察痛苦，也用来确定幸福的法门：康有为号称，他之选择大同，就是在"遍观世法"之后所做的决定。[2]

另一个有助于我们理解"观"字的线索是康有为对天人庐对联的修改。如前所云，其上联本是"人天随观皆自得"，康将其改为"人天

---

[1] 乔安娜·伯克：《疼痛的故事》，王宸译，上海：上海人民出版社，2023年，第29页。
[2] 康有为：《大同书》，第8、51页。

随观入自得"。此处的"观"和"入世界观众苦"的"观"是同一种"观"法。这段逸事提示我们,康有为使用的这个"观"字,隐含有一重理学背景。理学家受佛学影响,特重"观"的工夫,其要点是在"静中观喜怒哀乐未发时"的"湛然太虚","此即天也"。[1]他们常用镜子比喻这一境界(此亦来自佛教),比如,程颢以"圣人之心如鉴"解说孟子的"勿忘勿助",程颐也说圣人之心有如明镜:"好物来时便见是好,恶物来时便见是恶,镜何尝有好恶也?"[2]

从实践本身看,这种观法与康有为"观众苦""观世法"的"观"相当不同。不过南海也是有静坐经验的,对理学家的观照工夫并不陌生。更重要的是,后者的重点在于体认自性,不因外部事物干扰而产生过当的喜怒哀乐,不失冷静清醒的一面,与康有为的"观"字有异曲同工之妙。这也使南海无法完全投身于某一局部(即使是他亲爱的中国和大地)的价值,而要同时维持着两种意识:在"具体性"的上/下/内/外之外,永远存在一种"超越性"。正是在这种冷静的、外在于人间的目光照料下,大同世界才组织得细密入微,一切井井有条。在这个意义上,理性主义是冷的。

"冷"也表现为一种冷峻。这在他早年的《康子内外篇》中已经泄露无遗:"有大不忍人之政,施之又不可以不忍人之心也,必有大忍人之心而后可也。"[3]在万木草堂讲学时,他又一次提道:"仁者,忍也;又不忍也。皆从字音生。"[4]"不忍"当然就是"仁",但问题是"忍"何以也是"仁"?这仍要从《康子内外篇》中寻找答案。康有为注意到:

---

[1] 高攀龙:《示学者》,收在《高子遗书》,李卓点校,北京:中国社会科学出版社,2021年,第69页。
[2] 谢良佐:《上蔡语录》,收在朱杰人、严佐之、刘永翔主编:《朱子全书外编》第3册,上海:华东师范大学出版社,2010年,第16页;程颢、程颐:《河南程氏遗书》,收在《二程集》上册,王孝鱼点校,北京:中华书局,2004年,第210—211页。
[3] 康有为:《康子内外篇》,第98页。
[4] 康有为:《南海康先生口说》,第79页。

> 天下移人最巨者何哉？莫大于言议、觉议矣。父子之亲，天性也，而佛氏能夺之而立师徒；身命之私，至切也，而圣人能夺之而徇君父。夫以其自有之身，及其生身之亲，说一法立一义而能夺之，则天下无有不能夺者矣。故明此术者，何移而不得！

这就意味着，"善为君师者"只须"明于时势，通于人心，顺而导之，曲而致之，而才智足以操驭焉，则若决江河之堰，放湖堤之波，积巨石大木于高山之上，惟其意之所欲为，无不如志矣"。[1]

"术"在中国思想史上是一个法家术语，儒者一般都尽力回避。但康有为并不忌讳他对这个概念的好感。这对他来说是一个中性的词语，"斟酌时势，曲折施行，或权或实"，即是行术。术乃"人道不可少者"，重要的不是有没有用术，而是用术的动机是什么："苟其不仁，则以无术为优。苟其仁也，则以多术为善。"[2] 事实上，国家"强弱之道"，全视统治者"从行之术"而定。[3] 他特别赞赏德王威廉二世最初不顾人民之"不悦"，用以"压制"之法，成就"自强"大业，最终赢得人民称颂的事迹，并从中得到启发：如要强国，就"万不能尽听民自由"。一时的"舆论"无关紧要，"顾成功如何耳"。[4] 因此，对于智者来说，"专制"未必就是一件坏事。

事实上，康有为终身陶醉在以术驭民的感觉中。驭民是为了救民，救民出于"不忍人之心"；可是要救民就必须"明术"、用术，这又要有"大忍人之心"。一项事业不会因为目标美善就一帆风顺，其中存在无数细小关节，一旦选择失当，不恰其时，贸然推进，就会带来意想不到的更大痛苦。因此，只有能"忍"，才不会为一时一地的"不忍之

---

[1] 康有为：《康子内外篇》，第97页。
[2] 康有为：《孟子微》，第457页。
[3] 康有为：《论强国富民之法》，第203页。
[4] 康有为：《补德国游记》，第342页。标点有所改动。

心"所干扰,而能看得更高、更远,察觉得更复杂、更微妙,做出更为明智的选择。圣人立说制法以"夺"人"天性",表面上看当然是不"人道"的,可是其最终目的是为了将更大的"人道"带到人间,才是真正的至善至仁。这当然并不适合于每一个人,只有那些明通才智之士,才有"操驭"它的可能,而康有为自己无疑就是其中一员。

对"术"的热衷也促使康有为为法家另一个遭人诟病的概念——"势"平反。他论证人类必将进入大同时说:"以公理言之,人心观之,大势所趋。"[1]这之中涉及影响历史变迁的三种因素,在《大同书》里反复出现。这里的"大势所趋"并非一个普通修辞,因为南海在《康子内外篇》中就已指出,势在人间事业中处于枢纽地位。它是一项变动因素,因此也就是可以被操作的:"势生理,理生道,道生义,义生礼。势者,人事之祖,而礼最其曾、玄也。圣人之言,非必义理之至也,在矫世弊,期于有益而已。故圣人对众人之言,不能尽诚也。"[2]圣人对群众"不能尽诚",即是造"势"的需要。但如果"诚"是一种"热","不诚"岂非就是"冷"?显然,在康有为看来,冷热之间并无隔阂,全凭"圣人"一心做主。但这也不能不令人发起几分疑惑:《大同书》是康圣人的"义理之至","尽诚"之言吗?

其实,在康有为看来,"理"也是由圣人决定的。比如,善恶就本无自性,而是系于特定时空的概念。"夫公理本无善恶是非,皆听圣者之所立。"比如"佛法戒淫",而"孔子言不孝无后为大",孰是孰非?他如藏传佛教的莲花生大师、日本的亲鸾和尚(1173—1263)和耶教的马丁·路德(Martin Luther, 1483—1546),皆于其旧教内自创新教,却从者如云,孰是孰非,又如何评判?"故知善恶难定,是非随时,惟是非善恶皆由人生,公理亦由人定。我仪图之,凡有害于人者则为

---

[1] 康有为:《大同书》,第69页。
[2] 康有为:《康子内外篇》,第109页。

非，无害于人者则为是。"[1]《大同书》里的这段议论虽然针对的是相当特殊的议题（如何对待男色），但"理由人定"（此处的"人"当然就是他这样的"圣者"）却是南海一贯的主张。它既提示了价值的多元性（参看第四章），也为《大同书》的立法行为提供了合理性，同时亦更加尖锐地暴露了南海那居高临下的威权意识。

因此，康有为所说的"才智"有相当浓厚的权术味道。不过，这并不足以完全概括他的思想，有时候它就是指对知识和信息的有效利用（事实上，"智"在大同世界的建构中一直起着骨干作用。详见第三章），而有时确实就是一种清醒的态度和明睿的判断。在游历各国的过程中，同时伴随着他对中国政治、社会思想变化的观察（以及对自己主张的坚守），康有为对于历史演进的复杂性开始有了更加切近的认知（不再只是一种理论预设）。在1912年的长文《中华救国论》中，他提醒人们，中国已有人心过热的危险：

> 夫道有阴阳，统有文质，原有异同，并行不悖。力之有拒吸也，汽之有冷热也，皆物质不能少者也。惟所贵者，两者调均，造物以成。诸游星之绕日也，如无拒力，则并为日吸久矣；若拒力太过，则离心力既尽，不为他星所吸，则星陨矣。以火蒸水，未至热度，不能用也；若至沸度而过之，则水化为汽矣，今者吾国之沸，虑其为星陨而化汽也，盖几散裂而灭矣。[2]

自他流亡海外开始，这一观念就被反复陈说。比较一下1898年在保国会的演说，此中语锋的转向一目了然：那时他认为中国人太冷，现在他担忧的是人心沸腾。实际上，他对大同学说的过度传播（但绝非秘

---

[1] 康有为:《大同书》，第273页。
[2] 康有为:《中华救国论》，第317页。

不告人）有可能引发"躐等"的担忧，也是沿着这条路线展开的。这虽然并没有在根本上改变他的价值取向，但冷的成分（作为对过热的平衡）开始受到有意识的关注，而不只存在于下意识中。

值得注意的是，孙宝瑄的思想中也存在一个类似转向。他在1906年抱怨："今日热心二字，忽变为趋时者之口头禅，极可厌。"这使他修正了自己早年的主张："余谓君子所贵者，固在热力，然智增一分，往往热力似减一分。非减也，彼见时有不利，则须善藏其热以待时。"正像四季轮转："有春夏必有秋冬，热发于春夏，至秋冬非无热也，敛之藏之也。天所以善养其热力于冬，以待春之发生也。是故君子虽有热力，亦须法天道之藏焉养焉，待时而动，不肯妄发。乃趋时者无知，反讥君子为无热心，为冷血动物，君子亦甘受其讥而不顾也。嘻！"[1] 和沈曾植一样，他在这里也使用了季节的比喻，但比较的对象不是"冬夏"与"春秋"，而是"春夏"与"秋冬"，冷热对比的意味更为强烈，表明他已自觉地由"热"转"冷"（然而又并非"趋时者"所界定的"冷"）。此外，这段话对"智"与"热力"彼消此长的观察，也（部分地）印证了康有为的冷和他对"智"的推崇之间的关联。

在康有为那里，有一种并不常见（甚至是极为罕见），但也因此给人留下深刻印象的思想因素：在《大同书》中，他建议对少数无法改良的棕、黑人种，采用药物手段以"沙汰"之；对于那些有疯疾和身体缺陷有遗传之虞的残障人士，同样要采取办法绝其种嗣（详见第四章）。[2] 这种对于少数人的极端冷漠甚至是冷酷（并非因为他们有什么道德缺陷），不但可能令今天的读者大吃一惊，也和康有为处处宣扬的"不忍之心"形成了强烈对比。自然，在他看来，使用药物来行事已是尽了"人道"的责任。我们也当然不能以20世纪后半期和21世纪的平

---

[1] 孙宝瑄：《孙宝瑄日记》中册，光绪三十二年九月初二日（1906年10月19日），第998页。
[2] 康有为：《大同书》，第118、218页。

权观念来指责康有为，不过有一个因素却可能造成他对这一思考的冷酷性视而不见，那就是他对大同的高度自信（这是"热力"的产物），毕竟，后者是他认为救世的唯一可能。显然，这为朱一新的论断提供了一个绝佳证据："极冷"正由"极热"转来，这两个看似对立的极端在实践中却是如影随形。

如同前引《康子内外篇》提示的，在意识层面，康有为也并没有忽略"冷"的价值。他认为，人种差异主要由"地宜天时"造成，其中温度带的影响最为重要："冷带之人白，温带之人黄，热带之人黑。"白、黄二种是文明人（白人又更为文明），棕、黑二种是野蛮人，意味着热并不是在任何问题上都胜于冷。事实上，虽然"富暖之地易生文化"，但白种人在近代的崛起亦和其长期位处寒带有关："数千年耐冷蓄养"了他们的"坚忍强鸷之力"，一旦"攫取温热之土地人民而尽吸收之"，加之其内部竞争的促动，即带来"今日之治化"。康有为坚信，人类"最后之战胜"应属于"寒带之人"，"热带之人"恐将沦为其"奴属"，他之所以有此判断，依据主要还是"寒带之人"具有"坚忍强鸷"的性格。他说这番话最终是要表明："温带人兼有冷热带人之短长"，一旦"愤发"，必能"与欧美并驱争先"。[1] 这正是《大同书》开端处庆幸自己"居于赤道北温带之地"的原因。不过，"坚忍强鸷"这一特性表明，冷的作用显然不只是消极的，而康有为对此也有清醒的认识。

在康有为那里，"冷"的气质形成了从冷静到冷酷的一条渐变光谱。整体来看，它们有两个来源，一是其下意识中维持的外部立场（和那种终极真理在手的感觉相互维系），一是其理性主义的思维方式（一部分源于他对"术"的热衷）：后者既体现在大同世界的整体设计里，也在康有为对其尚未成熟即已降世的担忧，和他将历史行进的方

---

[1] 康有为：《大同书》，第117页；《德国游记》，第425—426页。

向与速度扳向其心中合理轨道的努力中。从视觉性的角度看，这两个来源实际也可合并为一，也就是某种程度上的置身事外：它不是把人世隔绝在外，仿佛一切都漠不关己，而是向人世开放，聆听苦难的叩门声，但又和现实维持着心理和认知的距离。这种距离感为理性主义的计算、安排提供了足够空间。

因此，如果我们此时还记得《大同书》开头的个人化表述，或许会意识到，书中存在两个"康有为"：一个饱含热情、义无反顾地投向这个世界，以高度的共情力将读者导入他的理想——"不忍"和"仁"是其中的恒星，以其强大的重力维持着整个星系的平衡；另一个则始终带着几分冷眼，尽力维持对全局的观照，（在自己的理想中）敏锐地调控每一个细节的运转方向、方式和速度，因而也在理性、冷静之外，维持了几分疏离。这两个"康有为"是如此不同：一个由情感驱动，一个靠理智生存，但他们合作无间——用一个并不符合其原作者本意的称呼，我们因此可以把南海称作一个"动情的观察者"（vulnerable observer）。[1]"动情"让他行动，"观察"使他思考——然而，说到底，思考不也是一种行动的方式吗？而他之所以能够将这两种素质毫不费力地融合在一起，一个重要的原因在于，他将自己链接在了一个"智""仁"并在的共感网络上。

---

[1] 露丝·贝哈（Ruth Behar）：《动情的观察者：伤心人类学》，韩成艳、向星译，北京：北京大学出版社，2012年。

第三章 人性的"历史化"与中国思想的转向

"苦"是康有为对人世的基本定性,也是催促他构建大同的动力源泉:人世若没有痛苦,"大同"也就丧失了意义。然而,儒家虽然始终关念民生之苦,却从未把"苦"这个概念当作系统思考的出发点。[1]相反,"乐"在儒家观念中一直享有极高地位,以至李泽厚提出"乐感文化"的概念,视之为中国文化的一项特色。[2]北宋以后,"寻孔颜乐处"成为理学家教人入德的法门,也不可避免地变成许多人有口无心的口头禅、假面具。"乐"的频繁出现当然也可能同时提示了"苦"的存在,不过,儒家在谈到"乐"时,往往与"忧"字对举,用以表现君子的淑世胸怀和自足心志;《大同书》所追求的"乐"则意指一种理想的社会状态,二者的内涵并不相同。

通常认为,在中国的传统文化资源中,对"苦"的分析是佛教所长,故《大同书》甲部常被视作康有为受到佛教影响的证据。这当然不

---

[1] 不过,这个字却频繁地出现在民间文化语境中,如"苦力""苦戏""哭调"等,代表了下层民众对其生活的基本感受,也是基层读书人所熟悉而时常采用的一种抗议手段(比如清初有名的江南哭庙案),为"诉苦""忆苦"等在20世纪成为一种至关重要的政治手段提供了历史文化和心理的基础。

[2] 李泽厚:《试谈中国的智慧》,收在《中国古代思想史论》,北京:人民出版社,1985年,第308—313页。柯律格(Craig Clunas)注意到,在明人的描述中,"乐"并不只和正面的事物连在一起,不过他也指出,士人精英所说的"乐"多集中在"道德情操或人伦品德"上。详论见《大明:明代中国的视觉文化与物质文化》,黄小峰译,北京:生活·读书·新知三联书店,2019年,第166—193页。

错,不过也应注意到,"观众苦"是在"入世界"之后,这意味着南海此时正站在人间。他自觉地选择了一个"人道"的立场,既用以界定孔教特征,也用于为自我定位。在他看来,佛教关注的只是"神识心性",而非"处人接物",因此也并不适于(现阶段的)人世。[1]认真考察一下《大同书》对"苦"的分类和分析就可以发现,它虽然大量采用佛教话语,却没有采纳其论说框架。因此,佛教术语在其中所起的只是接引作用,并非思维的主干。当然,这样说并不意味着我们就此可以把康有为的论述完全视为儒家传统的延伸,而排除其他思想系统的作用。事实上,对苦乐主题的关注本身,就已将其带向了一个更为"现代"的立场。

康有为的苦乐论述是由几种不同思想资源的合力造成的。为了更好地理解《大同书》在近代中国思想转型中的作用,我们需要重新审视南海对传统思想资源,尤其是儒学中的一些核心观念,比如"仁"和人性论等问题所做的修改。在此基础上,我们才能理解他将思考重心转向苦乐的意义,将之放置于一个更大的历史格局中评析。

一、"人道":一个居中的位置

康有为1901年所写《孟子微》征引了其师朱次琦的话:"天生人耳目手足与物殊,便当尽人之任。"隔了几十页,他又引用其祖康赞修(1806—1877)所说:"既为人身,即为人类,当行人道,任为人之责。"这两句话意思相仿,究竟出于谁人,抑或是二人的共识,今已不可知,但它显然已深深渗入康有为的脑海。他们所说的"人身"当然是泛指,但用在以降世仙佛自居的康有为身上,则又别具一番意味:他既已生于"大地之上",拥有"人类"的"耳目手足",就该采取人的立场。事实上,相同的意思也出现在甲部论"神圣仙佛之苦"一段:

---

[1] 康有为:《致朱师晦书》,第255页。

"夫既为人矣,则入而与之俱,不易其形,不易其情,因以为流波,因以为弟靡,时其得失,达其苦心而与之救之。"此所以"人道不可绝","避世"不可取也。[1]

康有为所说的"人"是在与"天神"和"禽兽"的对比中存在的,人不及神,而远超于兽,处在不上不下的中间段位。他引用《楞严经》之语:"纯想即飞生于天上,纯情即累人于人间,纯欲即坠落于禽兽",以为"此理甚铿"。故"人道"就是既非"鬼神道",也非"鸟兽道"的中间之道。其次,人道具有普遍性:"吾万国人皆生于地上,所见皆同,始所受用皆因于地",故"人情"亦无太大差异。虽有少数人(既包括圣贤,也包括爱好或价值取向特异之人)的思想或品味与众不同,但"人道"是就多数人而论,不能"尽得人人之情",只能存"小异"求"大同","近尽"人情而已。[2]

西佩·斯图尔曼指出,在西方思想史上,"高于动物,低于神"的"居中"位置,为"共同人类概念"提供了基础。[3]康有为则强调,这种以人为本位的立场正是孔教与其他宗教不同的特色所在。他指出,"教"有两种:一是"人道教",一是"神道教"。世界各大知名宗教如婆罗门教、基督教、佛教、回教等,都是"只注重灵魂"的"神道教"(即英文的religion,对应于"鬼神道"),只有孔教"不专言灵魂,而实兼身兼魂",属于"人道教"。从历史进化角度看,神道教是"太古草昧尚鬼"的产物,而"近世文明重人",以"人道为重",故"人道教"实较"神道教"进步。[4]此说在近代有不少同道,比如蜀士刘沅

---

[1] 康有为:《孟子微》,第417、472、475页;《大同书》,第51页。
[2] 康有为:《长安讲演录》,第287页;《开封演讲辞》,第236页;《论语注》,第420页;《大同书》,第83页。
[3] 西佩·斯图尔曼:《发明人类:平等与文化差异的全球观念史》,第9页。
[4] 康有为:《长安讲演录》,第282页;《开封演讲辞》,第236页;《孔教会序》(1912年10月7日),第345页;《致朱师晦书》,第255页;《论语注》,第497页。

源(1875—1950)就宣称:"孔教广大,人道二字,可以概括无余。"[1]

康有为所说"人道"的主要意思是指一切从"人情"出发。在他看来,道并非"天降地出",而是由人的需要产生,具体根据即是"身体"和"性情",而前者尤为重要:"内自性情之微,外及衡度之粗",皆以身为本。故"人身之宜,即人道之宜也"。倘或"人身之性情好恶有异,衡度之小大或变,则一切制度皆无所用"。其次,人道必须是可行的:"其可行者道也,其不可行者非道也。"因此,它必须正视甚至尊重人欲的存在:凡是生而有之的欲望,皆无可禁绝。"圣人不废声色",只是"因势利导","顺而纵之"而已(自然,为防其过度,亦须加以节制):宫室、饮食、衣服、礼乐皆是为满足相应的人欲而发(然而其称为"人情"而不仅称"人欲"者,是与"禽兽"之"纯欲"相对而言,此可参考前引《楞严经》)。[2]

"人道"观念提示了一系列思想后果。首先,它标定出两个重要的治理原则。一是"凡人情所不能缺者,即为王政所不能无",二是"人身本有好货、好色、好乐之欲,圣人不禁,但欲其推以同人"。[3]这既适于小康时代,也是整个大同的起点,具有永恒的意义。梁启超说:"《礼记》言:'饮食男女,人之大欲存焉。'《礼运》一篇条理,即从此着想"[4],就建立在这两个原则的基础上。其次,通过把人情和人欲联系起来,康有为也在"人道"和"习俗"之间划出了一条界线:并非

---

[1] 刘洙源:《治经杂语》,收在《刘洙源集》,鲜成、王家葵编,成都:巴蜀书社,2018年,第189页。
[2] 康有为:《英国监布烈住大学华文总教习斋路士会见记》,第54页;《论时务》,第164、165页;《笔记》,第203页;《中庸注》,第388页;《德国游记》,第411页;《春秋董氏学》,第387页。类似的主张,又见《南海师承记》,第234页;《孟子微》,第415—416页;《论语注》,第392页;《曲阜大成节举行典礼序》,第199页。
[3] 康有为:《列国政要比较表》,第365页;《孟子微》,第462页。
[4] 《湖南时务学堂初集·札记》中梁启超批谭国鬺劄记语,收在湖南时务学堂编:《湖南时务学堂遗编》,第151页。

要求人们遵守的所有规则都合乎"人道",比如守节,就只是局限于特定时空的"习俗",必须改革。再次,这一观念也证明了孔教的普世价值:只要一个人不离"饮食男女别声被色",便已"在孔教之中",[1]无论其自觉的信仰为何。

第四,康有为对自己不赞同的学说,常会评以一个"高"字。在这里,这是一个贬义词:"高"则"难行",[2]不足为训。他多次批评理学家"好为高义",虽然"清节高行"值得尊敬,但"末流"一味"清苦卓绝",忽视了物质发展,才导致"中国工艺之不兴,宫室、器物之败窳",在国际竞争中落败。[3]而他早年与朱一新辩学时,就说理学陈义太高,多数人无法践行。不过,朱一新立刻反唇相讥,说康有为实际上是把宋儒之说看得太低太浅,"而欲扬之使高,凿之使深",故流于二氏。盖"佛、老之所以异于吾道者",就在其说太"高"也。"高者可心知其意,而不可笔之于书",[4]不能用作人间指南。显然,两人论学虽南辕北辙,但都一致反对"高论",[5]代表了有清以来思想界的一个普遍取向。

最后,康有为虽然坚持有人身即有人道,但在其心中,少数精英和多数民众之间仍然存在一条分界,这可以从他说"君子议道自己,而制法以民"看出;而二者的根本差别即是:"圣人"无"欲"而"民"有"欲"。[6]这意味着,一个好的立法者不应只从"高尚"出发,

---

[1] 康有为:《大同书》,第155页;《孔教会序》(1912年9月),第341页;《孔教会序》(1912年10月7日),第343页。
[2] 康有为:《论语注》,第423页。
[3] 康有为:《大同书》,第154、155页;《德国游记》,第409页。
[4] 朱一新:《朱侍御一新答康有为第一书》,收在苏舆编:《翼教丛编》,第1页。
[5] 虽然他们心中"高"的标准似乎不同。事实上,康有为曾经指责有些"学者"将"先正之美言"视作"高远而不可几"之物(《长兴学记》,345页),这或许可以看作他对朱一新等人指责的一个回应。
[6] 康有为:《春秋董氏学》,第398页。又言:"教众人要有欲,教学者要无欲。"见《南海师承记》,第234页。

而应着眼于更普遍的情形。但另一方面，这其实也同时为他自己保留了一个高位：那道俯看人世的目光和热衷于操弄权术的思想倾向，已经对此做了充分说明（参看第二章）。这和人人平等的主张当然相互抵牾，但对康有为来说，也只是一种暂时情形。他以先知先觉之身启蒙后知后觉，目的是让每个人都意识到自己本为"天人"，得以最终享受"天游"之乐。[1] 这种快乐已不同于人间的快乐，不再着眼于身体的需求，而是"专养神魂"。也许到了这个阶段，"神道教"又可以大显身手。但仙佛之乐的前提仍是人世大同的实现，只要世人仍在苦海挣扎，仙佛便不得不"冒险""犯难"以救世，终于仍是一"苦"。[2]

二、心物交融的共感网络

理论上，每个人都自成一体，却也能彼此感格。前者是悬断，后者是贯通，两个面向互相抵牾，又如何统一？用康有为的话说，这实际上就是问："吾自为身，彼身自困苦，与我无关"，然而其苦痛何以能"感我如是"？他的答案是：因为我有"觉"能"见"，对方的苦痛"传送于"我的"耳目"，"冲触于"我的"魂气"，使我"犹犹然不能自已"，为其所触。然而是什么将另一个生命的"困苦"传送到我这里？有一种媒介，这就是"欧人所谓以太"、中国人"所谓不忍之心"的东西。[3] 它将天、地、人连接一气，形成一个共感网络，使宇宙中的万物成为一个整体。

和《实理公法全书》比较一下，我们立刻可以发现《大同书》这段论述的重要：前者仅是根据一些抽象命题所做的推导，而共感网络

---

[1] 康有为：《孟子微》，第417页；梁启超：《南海康先生传》，第436页。
[2] 康有为：《大同书》，第291、51—52页。
[3] 本段和下段，康有为：《大同书》，第2—3页。

则使大同呈现出更坚实的可能。事实上，正是这一网络的存在彰显出"去界"的必要："界"阻碍了共感网络的活力，因此"去界"的冲动就一直内蕴在这一网络之中。康有为将之放在宇宙论意义上理解：

> 夫浩浩元气，造起天地。天者一物之魂质也，人者亦一物之魂质也；虽形有大小，而其分浩气于太元，挹涓滴于大海，无以异也。孔子曰："地载神气，神气风霆，风霆流形，庶物露生。"神者有知之电也，光电能无所不传，神气能无所不感。神鬼神帝，生天生地，全神分神，惟元惟人。微乎妙哉，其神之有触哉！无物无电，无物无神。夫神者知气也，魂知也，精爽也，灵明也，明德也，数者异名而同实。有觉知则有吸摄，磁石犹然，何况于人；不忍者吸摄之力也。故仁智同藏而智为先，仁智同用而仁为贵矣。

这段表述意象密集，令人眼花缭乱。作者不断改变其论述的步调，每次移步都会更换新的术语，由此，一系列来源不同、意义各异的概念被黏在一处，形成了一个多元一体的复杂结构：它除了是中国传统的"气"，还是"魂质"，是"神""风""电""光""知气""魂知""精爽""灵明""明德"，也是"觉知""吸摄"和"不忍"。它是本体，又是发用，以至我们很难厘清这些名相的含义和彼此的关系，但仍可从中获得一个强烈印象：这些词汇是等值的，可以互换。[1]《孟子微》为这组繁杂概念提供了一个简约版本："不忍人之心，仁也，电也，以太也，人人皆有之，故谓人性皆善。"[2] 有时，他也进一步将之

---

[1] 不特此也，"热"（《中庸注》，第382页；《诸天讲》，第54页）、"通"（《论语注》，第483页）等也处在这组概念的延线上。关于"热"，参看第二章。
[2] 康有为：《孟子微》，第414页。

缩减为两个表述:"不忍"或"仁"。

共感网络是康有为将来源不同的几个观念系统杂糅在一起形成的。冯友兰说,大同观念依赖的"不忍人之心"来自理学的核心理念"以天地万物为一体"。[1]就此而言,大同二字也承继了它在古典中的境界论含义,而将所有概念归约一处,也是理学家常用的认识论手法。比如程颐说:"在天为命,在义为理,在人为性,主于身为心,其实一也。"[2]王阳明说:"性一而已,自其形体也谓之天,主宰也谓之帝,流行也谓之命,赋于人也谓之性,主于身也谓之心。心之发也,遇父便谓之孝,遇君便谓之忠。自此以往,名至于无穷,只一性而已。"[3]不同概念只是不同视角的反映,实质并无差异。只是程颐、王阳明整合的对象还在儒家传统内,康有为牵涉的事物更加复杂而已。[4]此外,传统的气化观也为其论述提供了一个"物理"基础。他强调,"天地之间"皆有"气点之联接",人的气点可以"感动流通相嘅"。因此,人、物之气上蒸而为云气,智者望之,即可觇视一国之风俗政治。[5]这些贯穿于天人之间的"气点",与"以太"和"电"是同质的。

共感网络的另一思想来源是佛教。康有为痴迷华严学说,自称十七岁"即读《华严经》",觉其"圆满精深,不可思议"。他称颂"孔子之言",也说其"圆通无碍,如《大华严》"。[6]根据梁启超的转述,南海把孔教比作"佛法之华严宗",谓其"专言世界,不言法界。庄严

---

[1] 冯友兰:《中国哲学史》下册,北京:中华书局,1961年,第1018页。
[2] 程颢、程颐:《河南程氏遗书》,第204页。标点略有改动。
[3] 王守仁:《传习录》,第15页。
[4] 这也是19世纪末新学家一种共同的思维方式。除了谭嗣同《仁学》中那段围绕"以太"的著名议论,又如孙宝瑄也说:"佛家称真如,又云妙明觉心,又云大乘觉海。西人所谓以太,儒家所谓一元,道家所谓先天真一之气,即是纯阳,无质而有质,有质而无质,弥漫于空间,寂然不动者也。"见《孙宝瑄日记》中册,光绪二十九年四月二十二日(1903年5月18日),第731页。
[5] 康有为:《春秋董氏学》,第374页;《日本书目志》,第284页。
[6] 康有为:《长安讲演录》,第293页;《论语注》(标点有所改动),第382页。

世界，即所以庄严法界也"。[1] 其弟子受到濡染，也常使用类似的观念。陆乃翔、陆敦骙复述康有为的诸天说时不断提到的"帝网重重"（参看本书第二章），就出自此经。梁启超形容小说之引人入胜，亦云："所谓华严楼阁，帝网重重，一毛孔中万亿莲花，一弹指顷百千浩劫，文字移人，至此而极！"[2] "帝网重重"，谓帝释天之珠网重重无尽，交相辉映，含有一多相涵、一即一切之意，与康有为笔下的万物共感共生的宇宙，结构相同（参看附录十五）。

"电"要算这份清单中最引人注目的一个字眼。还在19世纪80年代晚期，康有为就对电的威力大表惊叹，谓其"神气风霆，无所不布"。电是万物生长和动力的来源，也是他颇为心仪的一项知识分析工具。在他看来，电线的有无和多少，直接关系政治的"通与不通"，表明国家治理能力的强弱；"电气魂知相引相感"，触发了从个人到国家的兴衰福祸，正是古人所谓"一念之得失，感召悉符"；"电线能通言传声于千万里"，与"妇女观演剧有涂面者，感而成孕，子生面色半分红蓝白"，都源自感应的原理；电乃"物质之至精新者"，故处此"物质之世界"，中国人必须精通电学；议院的一场演说能够鼓舞民气，亦靠"气感传电为之"；儒者所说的"明德"仿佛电灯，"至诚可以格物"则如同无线电。南海终生为电痴迷，老而弥笃：1923年，他应邀在陕西发表了一系列演讲，天游之学和电通之理是其中反复致意的两个主题。[3]

对上文引述的这些资料，我只是按照时间顺序略做了一点排比，并没有按照主题加以归类。但这反而让我们更加清楚地看到，在康有为那里，电是怎样成为一种"万能元素"的：它的性质模糊，似乎既

---

[1] 梁启超：《南海康先生传》，第436页。
[2] 梁启超：《论小说与群治之关系》，第51页。
[3] 康有为：《笔记》，第201页；《中庸注》，第376、377、371页；《日本书目志》，第289页；《列国政要比较表》，第363页；《孟子微》，第434页；《德国游记》，第420页；《救亡论》，第227页；《济南演讲辞》，第249页；《长安讲演录》，第271—275、288—289页。

是物质的，又是精神的；既是有形的，又是无形的；既是传输的，又是感应的；既是科学的，又是玄学的，可以解释世间的一切。将两个性质完全相异的事物冶为一炉，融合无间，在今人看来或许是逻辑错乱的表征，但对那个时代的人却是再正常不过的思维。事实上，电给时人带来的最大冲击正在于它的"无所不通"：虽然目不能见，耳不能闻，却能瞬间作用于远方，仿佛完全不受时空约束。这使它和许多神秘主题自然产生了契合，以"电气""磁气"等名义流行于"超心理学""灵学""催眠术"中，无论是在18世纪的欧洲，还是19世纪晚期的日本，都曾风靡一时。中国当然也不例外。[1]

在这方面，孙宝瑄的感受也提供了一个类似的证据。他把电拟人化，称为"天地万物之脑气筋"，认为其中蕴藏着"无穷奇妙"："佛言众生同入觉海，数万里外有一波动，悉皆知觉"，不是已被电报证实了吗？不同的是，佛国"不借器而通"，只靠"神"的力量，"非电所及也"。可是，"吾不知神耶，电耶，果有分耶，其无分耶？"。实际上，"神"或许就是"电"。他曾为电灯赋诗一首，道："爱力相摩火起无"，从中看到了"爱"的反应；[2] 也用电理解儒家概念："古称至诚格天，又云诚能动物"，皆是借助宇宙"电力"交通而成。盖"至诚之极，其电之蕴积也独厚，故其吸力也独大，足以感召天地，贯通万物。其理

---

[1] 有关欧洲的情况，参看罗伯特·达恩顿：《催眠术与法国启蒙运动的终结》，第4—29页；斯尔詹·斯马伊奇（Srdjan Smajić）：《鬼魂目击者、侦探和唯灵论者》，李菊译，南京：译林出版社，2022年，第173—184页（此书主要讨论"以太"概念的类似作用）；有关日本的情况，参看吉见俊哉：《声的资本主义：电话、RADIO、留声机的社会史》，李尚霖译，台北：群学出版有限公司，2013年，第31—60页；有关中国的情况，参看黄克武：《惟适之安：严复与近代中国的文化转型》，台北：联经出版事业股份有限公司，2010年，第165—169页；张邦彦：《精神的浮雕：近代中国的催眠术与大众科学》，台北：联经出版事业股份有限公司，2020年，第56—65页；贾立元："现代"与"未知"：晚清科幻小说研究》，第237—238页。
[2] 孙宝瑄：《孙宝瑄日记》上册，光绪二十三年五月初一日（1897年5月31日）、光绪二十四年正月初二日（1898年1月23日），第112、180页。

至浅显易明，何神奇之有？"。此外，谭嗣同也告诉孙宝瑄，自己"每于静中自观"，"见脑气之动"，有如"云中电"。[1]这和康有为、孙宝瑄的想法如出一辙，也是把"脑气"与电相比拟。

如果说坚船利炮还可以放在相对传统的技术层面理解，电则是中国人普遍感受的第一个具有强烈"现代性"的事物。康有为说："物质之为用，未有如远镜与电者也。"[2]电产生的蒙太奇一般的冲击力，是此前各种"奇技淫巧"都无法比拟的。许指严在小说《电世界》里幻想了未来的"大同帝国"。在那里，一切器物的运转全靠电作为"原动力"。这个世界的创造者"电王"在演讲中，一口气使用了17组对比，对电大表敬意：

> 电的性质是进行的，不是退化的；是积极的，不是消极的；是新生的，不是老死的；是澎涨的，不是收缩的；是灵活的，不是阻滞的；是爱力的，不是弹力的；是吸合的，不是推拒的；是光明的，不是黑暗的；是声闻的，不是寂灭的；是永久的，不是偶然的；是缜密的，不是粗疏的；是美丽的，不是蠢陋的；是庄严的，不是放荡的；是法律的，不是思想的；是自由的，不是束缚的；是交通的，不是闭塞的；是取不尽用不竭的，不是寸则寸尺则尺的。所以我们不但用电，而且要学电的性质，方才可称完全世界，方才可称完全世界里的完全人。[3]

这不正是康有为那段充满神秘意味的论述想要表达的意思吗？电将这个世界联系在一起，而康有为也就是要通过它的这种种"性质"，将大

---

[1] 孙宝瑄：《孙宝瑄日记》中册，光绪三十四年三月初七日（1908年4月7日）、光绪二十八年二月十二日（1902年2月21日），第1242、525页。
[2] 康有为：《诸天讲》，第57页。
[3] 高阳氏不才子（许指严）：《电世界》，《小说时报》第1期，1909年9月，第55—56页。

地变成一个"完全世界"。"电王"的"大同帝国"和康有为的"大同世界"彼此支撑。[1]

我们可以把《孟子微》那个简化版本中的四个元素分为两组，一组是传统的"不忍之心"和"仁"，一组是来自"最新科学"的"电"和"以太"。[2]它们表征了共感网络存在的两种方式：一种是不忍之心的自发冲动，一种是像电一般的联通能力。前者被康有为用来解释自己的行为动机，后者则为大同世界提供了一个本体论基础。这两组元素是互补的：电是不忍的物质保障，不忍是电的情感特征。[3]这意味着，在康有为那里，仁兼具心理和物理的二相性——正是仁的物理属性将共感网络与理学家的"以天地万物为一体"拉开了距离。[4]1923年11月14日，康有为面对陕西政界人士大讲了一番"电通之理"，高妙眇远，玄之又玄，最后却以救国须"从物质起，从理财起"作结，[5]听起来相当突兀。但从共感网络的物质性看，则可以说是顺理成章——这句话的原理，当然也适合于大同世界。

---

[1] 从19世纪早期开始，电就造成了许多事故、伤亡与痛苦，进入到西方人的"疼痛语言"中（乔安娜·伯克：《疼痛的故事》，第95页）；而在康有为和许指严那里，电的形象似乎完全是正面的。

[2] 1927年2月10日，康有为在写给子女的信中，注意到"爱恩斯坦拨弃以太"的事（《与同复、同篯、同凝书》，第453页）。不过，"拨弃以太"其实是爱因斯坦早期在狭义相对论中的看法，到1920年，他已经改变了这一主张，"广义相对论实际上需要以太的存在"（参看斯尔詹·斯马伊奇：《鬼魂目击者、侦探和唯灵论者》，第181页），可知南海虽然力图追上科学发展的脚步，但消息并不算灵通。

[3] 那一时期思想界的共识是把电看作仁爱的象征，但也有不同主张。如章太炎就认为，电是战斗之气："古者不言神，亦不言电，而统之以申。非战斗无电，非申无明万物之自鼓舞者，然也。"见《訄书》初刻本《独圣上》，收在《章太炎全集》第1辑《訄书》初刻本、《訄书》重订本、《检论》合刊册，第102页。

[4] 另一方面，这也使我们不能完全把康有为的思想放在马克斯·韦伯（Max Weber, 1864—1920）的"理性化"概念之中：在南海这里，理性规划并不完全意味着对神秘主义宇宙论的摒弃，而在它们之间起转换、连接作用的是"知"（详见下文）。不过，二者的关系究竟应该怎样理解，康有为的说明似乎始终不够透彻。

[5] 康有为：《长安讲演录》，第275页。

戊戌变法前，梁启超曾发表过一篇题为《说动》的论文，其基本意象就脱胎于这个共感网络。他以汪洋恣肆的笔墨，论证了"动力"如何塑造了从宏观到微观的整个世界，而"动力"的本质就是"仁"："动则通，通则仁。仁则一切痛痒相关之事，自不能以秦越肥瘠处之，而必思所以震荡之，疏瀹之，以新新不已，此动力之根原也。"[1]"界"就是"不通"，就是"仁"的反面，故"去界"也就是"大同"。与此思路颇为类似的是，林·亨特注意到，在18世纪的英美启蒙思想家中，"同情"的概念几乎成为一种"社会万有引力"，[2]而"人权"的观念就是其结果。不过，把"人权"说成"社会万有引力"终究只是一个比喻；而对南海及其弟子来说，仁的力量绝不只是个隐喻，同时也具有物理的保障。

共感网络遍布宇宙，但要走向大同只能由近及远，这就凸显出仁的普世性和儒家"爱有差等"的主张之间的紧张。康有为的立场不断徘徊于二者之间。为了坚持前者，他不惜为墨子的"兼爱"说大做背书，[3]而徐勤为《春秋董氏学》写按语，亦说"分差等"不过是据乱世"不能不"为之事。[4]但另一方面，南海也反复强调："差等乃天理之自然，非人力所能强为也"，犹如光行"最速"，也必须"自近而至远"。"极仁之人不能不杀异类"，此是"势"也，故"界限"之"出"与"差等"之"立"，正是"仁"的体现。对于其中的紧张，南海的基

---

[1] 梁启超：《说动》，收在《梁启超全集》第1集，第421页。
[2] 林·亨特：《人权的发明：一部历史》，沈占春译，北京：商务印书馆，2011年，第45页。
[3] 他认为墨子的兼爱和仁的主张是一致的，甚至说墨子"至仁"，乃至"有大同大平之义"（《春秋董氏学》，第402页；《康南海先生讲学记》，第117页；《万木草堂讲义》，第284页；《孟子微》，第493页）。当然，他并不主张行墨子之道，但那是因为墨子"太俭，其道太苦"；而一直为儒家所批判的"兼爱"说，不但不是其问题，反而是一种"长"处（《康南海先生讲学记》，第124页；又见《南海师承记》，第233、263页）。故他说："不能以兼爱攻墨子，以无父攻墨子则可。"（《万木草堂讲义》，第283页）但问题是，孟子说墨子"无父"，正是针对"兼爱"而发，若将此二者剥离，"无父"之说亦将无所着落。
[4] 康有为：《春秋董氏学》（徐勤按语），第415页。

本解决办法是将爱的主题历史化:"亲亲而仁民,仁民而爱物。"(《孟子·尽心上》)这本是描写君子仁爱的差等与推廓的程序,康有为则将之与三世说联系起来:"拨乱世仁不能远,故但亲亲。升平世仁及同类,故能仁民。大平世众生如一,故兼爱物。仁既有等差,亦因世为进退大小。"[1]因此,要想拥抱普世性的"仁",就必须从特殊性的"亲"做起。这当然完全是因为实践所限:资源不足又要博爱众生,实在是"力有不能、势有不可";[2]但同时也就意味着,从特定的历史阶段看,"界"自有其不得不存在的根由(参看第四章)。

共感网络不只有"仁"的属性,也有"智"的属性。梁启超曾解释道:"大同根据之原理,以为众生本一性海,人类皆为同胞。由妄生分别相故,故惟顾己之乐,而不顾他之苦;常以己之自由,侵人之自由;相侵不已,相报复不已,而苦恼之世成焉。"[3]据此,康有为的思想主要来自佛教,"大同"是和"无明"相对的一种状态。不过,仅将南海的思考看作佛教的启发是不够的,事实上,他所说的"智"更侧重于感官、知觉因素。他举例说,德军在普法战争中火烧法国色当,时"我年已十余,未有所哀感也;及观影戏,则尸横草木,火焚室屋,而怵然动矣"。由此可知,"有觉知"才"有吸摄",而"吸摄"就是"仁"。[4]

没有"智"的参与,"仁"只是一种潜在状态,不能变为现实。然

---

[1] 康有为:《孟子微》,第497、416页(类似的表述,又见《中庸注》,第379页);《孔子改制考》,第221页;《南海师承记》,第228页。
[2] 康有为:《长安讲演录》,第280页。
[3] 梁启超:《南海康先生传》,第432页。
[4] 康有为:《大同书》,第2、3页。唐宏峰就是据此指出视觉对康有为思想形成的关键作用:"'觉'源自'见'。"(《透明:中国视觉现代性(1872—1911)》,第10页)不过,可能需要略做补充的是,康有为本人表达的不只是视觉,而是更广泛的知觉的作用。顺便说一句,南海的推论部分毫无依据:21世纪神经科学的研究表明,仅仅目睹别人的痛苦,就会激活观察者脑中类似的神经元,使其感同身受(乔安娜·伯克:《疼痛的故事》,第211—312页)。

而我们一旦"觉知"到对方的痛苦，则必"与有亲"焉。且情感是随知觉展开的，"其觉知少者其爱心亦少，其觉知大者其仁心亦大"。若"外而推之诸天，内而推之微生物"，皆"觉其婉转呼号，知其呻吟痛楚"，则"恻然"之心必油然而生。在此意义上，"吾人之仁"实"由其智出"，"无知"则"不仁"。他引用理学家常讲的"手足麻木者谓之不仁"，认为那其实即是"不知"："故仁之所推，以知为断。"要激活遍布整个宇宙的共感网络，就要不断扩展人的知觉范围：仁为"贵"而智为"先"。[1]

南海很早就意识到知觉、知识、智力的重要，《康子内外篇》中不少内容都涉及这一主题。如《爱恶篇》认为："爱恶仁义"不只是"人心"所独具，"虽禽兽之心亦有焉"，但只有人才有"智"，才能取得"政教、礼义、文章"等成就。故人禽之别的关键就不在孟子所说的"仁义"，而在于"智"。《仁智篇》再次声言："物皆有仁、义、礼"，只因"无智，故安于禽兽耳"。在五常之中，"惟智能生万理"，"义、礼、信不能与仁、智比"。他还批驳了理学家"仁统四端，兼万善"的主流观点，认为对于不同对象和不同历史时期，仁、智的主导性不同，但整体而言，"人道以智为导，以仁为归。故人宜以仁为主，智以辅之"，具体到"后此之世"，则当以"智为重"。所谓"仁主智辅"，亦即《大同书》所说的"仁贵智先"。仁是大同的起点也是终点，但真正在这两点之间起导航作用的则是智。[2]如果说《爱恶篇》从本体角度确定了"智"的重要性，《仁智篇》则从实践方面确立了"智"的主导

----

[1] 康有为：《大同书》，第4、288页；《孟子微》，第417页。
[2] 康有为：《康子内外篇》，第101—102、108—109页；《论语注》，第383页。在此前的《教学通义》中，他就已经宣布："人类之生，其性善辨，其性善思，惟其智也。禽兽颙颙冥愚，不辨不思。人之所以异于禽兽者在斯。智人之生，性尤善辨，心尤善思，惟其圣也。民生颛颛顽愚，不辨不思。君子所以异于小人者在斯。"（第20页）不过，此文经过他不断修改而最终放弃（朱维铮《重评〈新学伪经考〉》，收在《求索真文明：晚清学术史论》，第262页），故其中内容很难确定具体写作时间。

地位，是对传统儒家思想的重大改造。[1]

大同以普救世人为目标，但"救人"的前提是不"失己"，这也要求人必须先掌握学问和智慧。"好仁不好学，其蔽也愚"——墨子就是其典型。故"仁"虽是大同发动的原初心理动力，但大同事业的完成不能仅仅依靠仁心和热力（参看第二章），也必须依赖"智"的指引。他解释《中庸》"博学之，审问之，慎思之，明辨之，笃行之"一句时指出："学、问、思、辨，皆知之事，所以择善也。笃行，所以固执也。行居一而知居四。盖民者冥也，患于痴愚冥行，无烛必致颠堕，未能知则不能行也。"推动历史进步的主力是"知"。因此，当他说"大地各国，皆积世累年，圣人迭出，而后开化"时，[2]他讲的"圣人"也首先是在"知"的意义上而非"行"的意义上成立的（换言之，相对于知识，道德的作用是次要的）。无疑，他就是这一类型的"后圣"。[3]后面的章节将展示，"智""学"等因素（包括知识、信息等）如何嵌入大同世界的运作：在生命方面，表现为医生和医学知识的至高无上；在生计方面，则体现为大地统计学的广泛应用（均参看第五章）。

李泽厚（1930—2021）曾经对中西文化传统中的德性观念做过一番比较，发现二者各有偏好："古希腊有名的'四大美德'——节制、正义、智慧、勇敢，其中没有仁爱一项，即没有情感性的东西。除了勇敢之外，另外三者都是理性的。"而在中国，"'智、仁、勇'三达

---

[1] 清儒焦循（1763—1820）已从"人有智慧"的角度理解"性善"，视为人禽之辨的标准，钱穆谓其说源自戴震。见《中国近三百年学术史》下册，北京：商务印书馆，1997年，第502—503页。戴震论智与性，见该书上册，第370、378—379页。
[2] 康有为：《论语注》，第423页；《孔子改制考》，第38页；《中庸注》，第382页；《礼运注》，第559页。
[3] "太古之圣，则以勇为教主；中古之圣，则以仁为教主；后古之圣，则以知为教主。"康有为：《日本书目志》，第299—300页。

德，其中仁是最根本的"。[1]"智"在"五常"中排在第四位，重要性远不能与"仁"相比。但康有为将"智"的地位大幅提升，使其成为足与"仁"相颉颃的德目（在实践中甚至更为优先），标志了中国思想的一个重大改变。

康有为的这一认知呼应了晚清思想中"开智""兴学"观念的兴起。甲午前后，越来越多的读书人认为，中国之败于列强，败在知识不足，民智有限。康有为主张："泰西之强，不在军兵炮械之末，而在其士人之学、新法之书。凡一名一器，莫不有学。"实际上，世间一切事物的差异，也起源于对知识的态度和知识储量的不同："人与物之异，在传学不传学也；圣人与常人之殊，在学之至极与不至也。"他宣称，实行共和的"第一"条件是"民人知识平等"，[2] 依据也在于此。这是彼时中国思想界的集体风气。比如孙宝瑄就说："道德固以仁为主，然智不足以辅之，误用其仁者有之矣。故必仁智皆满其量，而后称完全之道德性。"[3] 江亢虎也指出："大同之功效四，智、强、富、寿，胥纳之学而出于学。"[4]

因此，弥漫宇宙的共感网络，不仅是心物交融的，同时也具备情感（仁）和理性（智）两个维度。在康有为所处的时代，启蒙运动还被视作一场纯理性主义的运动，现代社会就是在这方面成为其子嗣。只是到了近年，才有更多学者意识到，对于现代社会的成长，"启蒙情感主义"至少和"启蒙理性主义"一样重要。[5] 不过，对道德之情感维度的注重

---

[1] 李泽厚：《中国哲学如何登场：与刘绪源对谈》，南京：南京大学出版社，2021年，第142页。
[2] 康有为：《日本书目志》，第263页；《论语注》，第416页；《长安讲演录》，第290页。
[3] 孙宝瑄：《孙宝瑄日记》中册，光绪二十九年十月初三日（1903年11月21日），第819页。他认为，欧洲是极乐世界，因其"人多灵智也，多神通也"，证据就是"几乎无物不用电"。见《孙宝瑄日记》中册，光绪三十二年正月十七日（1906年2月10日），第881页。
[4] 江亢虎：《智学会序》，收在《中国近代思想家文库·江亢虎卷》，第1页。
[5] 迈克尔·L.弗雷泽（Michael L. Frazer）：《同情的启蒙：18世纪与当代的正义和道德情感》，胡靖译，南京：译林出版社，2016年，第2—4页。

是中国传统所固有，因此，使得《大同书》成为"现代"的，并非康有为对"仁"的阐发，而恰是他对"智"的看重。如同我们看到的，虽然共感网络已然为整个宇宙的终极大同（《大同书》所描写的只是它的一个序幕）铺设了前提，但作为其情感动力的"仁"，只能通过"智"的刺激得到发动。没有"智"的参与，它就像一盏静静垂悬的吊灯，只能偶尔闪动几星微弱的光芒，更多时候则陷入黑暗；然而，一旦有人扭亮开关，它就光明四彻，耀眼无边。电本来就在，只等开启。

然而，这番描述也蕴藏着一些没有解决的问题，最重要的是：为何原本存在于整个宇宙的共感网络，实际上却遍布"界"的阻隔，它们是怎样造成的？共感网络是先于历史存在的（因此是一个共时性结构），而它似乎又只能通过历史进化的过程从隐到显，变为现实。这两个主题在逻辑上不无矛盾，但康有为显然没有意会及此。实际上，从全书结构看，共感网络在《大同书》中似乎只起到一个前奏和潜在的终曲作用，主要功能是说明康有为何以满腹"不忍"；而随着故事展开，除了起到某些细节上的支援作用（本书将对此随文提示）之外，这一假设就被弃置一旁，仿佛已是可有可无。[1]

---

[1] 不过，共感网络观念中弥漫着一种乐观主义情绪，和《大同书》对历史进步的信仰基调是一致的。儒家传统本来就认为，宇宙内蕴着合理秩序，和西方文化中源远流长的"悲剧意识"传统形成了强烈对比，以至林毓生认为"中国知识分子没有悲剧意识"，因而相信"社会的不公不义，可以通过'人间的力量'来彻底改变，进而使其完全符合公义"。他的判断所针对的既有现代知识人，也有传统的士。根据丘慧芬的解释，林氏所说的"悲剧意识"是一种宇宙本身存有缺陷、人性也存在阴暗面的意识（丘慧芬：《林毓生对中国知识分子的另一个观察》，《中国文哲研究通讯》第33卷第3期，2023年9月，第5—17页）。这是不错的。不过我想补充的是，近代西方的进步主义对人性本身抱持一种极度乐观的情绪，也强化了中国传统在这方面的说服力。另一方面，我也要强调，中国传统的确相信可以经由"人间的力量"达到社会的公义，但人间的理想秩序本身不是完美无缺的。比如王汎森指出，朱熹承认世界"万殊"，"不同当然会不完美"（参看《历史是扩充心量之学》，北京：生活·读书·新知三联书店，2024年，第95页）。事实上，林毓生也有同样的观察，参看他的《韦伯论旨纲要补正篇》，罗久蓉译，《中国文哲研究通讯》第33卷第3期，第98页。

三、人性的历史化

理学传统赋予"仁"以终极价值,认为它是人之为人的本质所在(即孟子所谓"仁者,人也"),可以包举所有德性,[1] 亦证明了人性本善。前引《孟子微》所云"不忍人之心,仁也,电也,以太也,人人皆有之,故谓人性皆善",即是此意。不过,南海实际并不赞同性善论,这从他对"仁统四端,包万善"的批评(参见前引文)中,已略可窥见一斑。对他来说,在"人人皆有之"和"故谓人性皆善"之间有一裂隙。宇宙间的确存在一个普世性的共感网络,但这并不能保证"人性皆善":二者虽有关系,却是两个议题。他对人性论的看法已经大为偏离(至少是理学以来的)儒家正统,也是推动他将注意力转向"苦乐"的重要逻辑根源。其中关键是他对"性"的定义,而根本仍须追溯到"人"所在的那个中间位置。

在1901年左右写成的几本著作中,康有为对"人"进行了深入讨论。他认为,人由"魂灵精气与魄质形体合会"而成,只"有体魄而无魂灵"和只"有灵魂而无体魄"皆"不得为人",故"孔子之道"既"重魂灵,亦重体气"。魂灵和体魄来源不同。《穀梁传·庄公三年》谓:"独阴不生,独阳不生,独天不生,三合然后生。故曰母之子也可,天之子也可。"人是天、父、母"三合"而生,其中"性灵生于天",而"体魄生于父母"。天赋予我们"魂气"(但并不确保"人身"),祖、父则给予我们"形类",也就是身体(但有身未必就有"性")。康有为用了不同词汇描画人来自天的那部分(也是人身上精致的部分),魂灵、精气、魂气、性灵、性、知气、神明、明德、

---

[1] 理学有"仁包四德"说,出自朱熹《仁说》:"故人之为心,其德亦有四,曰仁、义、礼、智,而仁无不包。"收在《朱熹集》第6册,郭齐、尹波点校,成都:四川教育出版社,1996年,第3542—3543页。

阿赖耶识等，着意强调其"智"的一面（明德之"德"亦是"智"）：分自"天地原质"的"灵魂"是"知识"和"学"的前提。灵魂与电的原理相同：一旦"德不能明，电力消耗"，人将立刻"去人身而堕禽兽"。[1] 人不仅不"上"不"下"，也能"上"能"下"，关键就在魂灵能否支配体魄——而他对后者的描摹非常简单，至少使用词汇就贫乏不少，似乎也证明了其质地的粗糙。

阐发孔教的"灵魂"学说，是康有为最感得意的一件事，自称来自上天所"诱"，乃"圣道不泯"之兆。他批评历来说经者"人人自以为是"，却始终"未知平世大同之道，归魂游魂之说"，以致"宋贤不穷理而误割地"，将之完全视作佛说——然而这才真正是孔学的精华与根本，在孔门高弟中也只有颜回"具体"而微，其余"不过得片鳞只甲"，何况后学。无怪乎"二千年来"，人们皆"以为孔子专言形体，而不知其言灵魂；以为孔子专言人世，而不知其多言天神"；以为"孔子不言死后"，而不知其"发轮回游变之理至精，语至元妙超脱"。如今这些理论俱经康有为"推"而"知之"，正是大同之运将临的表现：

> 他日大同后，魂学大明光。
> 粗迹人事极，度世魂灵扬。[2]

---

[1] 康有为：《礼运注》，第561页；《孟子微》，第444页；《春秋笔削大义微言考》，第60页；《中庸注》，第379页；《实理公法全书》，第152页；《长安讲演录》，第287—288页。早在《实理公法全书》中已经可以看到这一观念的萌芽。如《总论人类门》实理之二："人各具一魂，故有知识，所谓智也。然灵魂之性，各各不同。"第148页。

[2] 康有为：《论语注》，第378、536、465页；《日本书目志》，第300页；《基督新教浸礼会牧师未脱士传教中国廿年，今为僧于锡兰。吾游缅甸、锡兰，见英人为僧者数矣，皆赤足苦行，此为中国教士耳，但其所得仍是南宗，盖印度北宗已亡，但入中国。耶教出于佛之小乘，本近南宗。今印度译佛书虽二百余种，皆小乘也。惜西土佛会未闻吾中国大乘，他日译出，其倾倒归心转移教宗，必不可思议也。劫有轮回，道有深浅，他日大同之世，佛教必复兴于大地也》（题目标点略有改动），第313页。

"魄"常与"体"连用,但二者并非同物:体是"五官百骸,肌肤血液",魄是"脑气之白团,及腰之白筋如块者,周身之脑气筋","专司运动,微有知觉"而"强厉不化"。二者之所以连用,是和"灵魂"相较所言——顾名思义,后者的特征是"灵",但前边用来描述灵魂的那一系列词汇,其实也有程度的不同:性是"团聚尤灵而有知"者,精气、神明、明德是其"团聚不散"而"尤为灵明者"。"魂气有知",是不死的,死的只有体魄。佛教所修炼之"精神",也就是"知气",造成了轮回与果报的差异。需要注意的是,康有为指出:灵魂,"物皆有之"。[1]不用说,体和魄更是"物皆有"者。因此万物并无本质差别,使它们不同的乃是"魂"的"团聚"和"灵明"。梁启超曾转述南海的说法,谓"气之强弱根乎魄,性之愚智息于魂",故一切关键皆在"学之善不善焉已耳"。[2]

毫无疑问,"人身灵魂为主"。但人既是魂、体、魄会合,则从"人道"立场看,就必须同时顾及这几个方面的需要。如前所述,他认为佛、耶、回等教是"专重神魂者,以身为传舍,不爱其身";也有"专重魄者,载魄抱一,以求长生,若老学、道家是也";亦有"专重体者"——令人有些意外的是,代表是以孝道著称的曾子:"身体发肤受之父母,不敢毁伤。少有毁伤,则无以对所生",临终时"战兢守身,启手启足"——这些在康有为看来,"不过孝之始而已",实多偏颇,远不如孔子"性命交修,魂魄并养,合乎人道,备极完粹"。同样地,先秦儒家的两大师——孟子和荀子也仅各得一偏:"荀子明《礼》学,故专以制魄为主。孟子明性学,故专以养魂为主。"[3]不过,三人虽然皆"偏",南海对他们的态度并不一样。他认定孟子是大同学说的

---

〔1〕 康有为:《礼运注》,第558页;《长安讲演录》,第295页。
〔2〕 梁启超:《〈中西学门径书七种〉叙》,收在《梁启超全集》第1集,第686页。
〔3〕 康有为:《长安讲演录》,第295页;《论语注》,第434页;《孟子微》,第438页。

传人，自然多加回护；对荀子亦不无肯定（尤其还在早期讲学时期），于曾子则以批评为主。

"人"如此，"性"如何？1891年，康有为宣布："夫性者，受天命之自然，至顺者也。"其实就是告子提出而被孟子批驳的"生之谓性"说。康有为认为，此说和《孝经纬》《庄子》及荀子、董仲舒的主张相合，"自是确论"，"当是性之本义，制义制字者所为"。孟子虽然反对告子，但他"以形色为天性"，而"形色非生而何"？故孟子实"未能穷告子也"。性既"受于天生"，则无关"治教"，亦非人所独有，而是禽兽草木俱有之，比如"附子性热，大黄性凉"等皆是，惟"各从其类"而已。理与气、魂与魄与生俱来，也都是性的一部分；而"朱子以性为理"，实多偏颇。康有为说，性的内涵非一，"有质性，有德性"，其中德性乃"天生我明德之性，附气质之中"；又说，性"有义礼，有气质"。[1]显然，他希望更全面地看待"性"。但这种二元论的说法，与理学家区分义理之性和气质之性其实并无两样，[2]只不过理学的二元论以义理之性为前提，而康有为则以气质之性为优先而已。

无论如何，康有为决不赞同人性本善。他和朱一新辩学不合，这是一个焦点。朱氏指责南海"论性以荀、董为归"，[3]可谓一针见血。按，荀子持性恶论，董仲舒主张"性可出善"而"未可言善"（《春秋

---

[1] 康有为：《长兴学记》，第341页；《孟子微》，第431—432页；《论语注》，第516页；《中庸注》，第385—386页；《长安讲演录》，第283页。必须指出，康有为在最后一个问题上有过各种不同表述，比如其早期曾宣称："实则性全是气质，所谓义理，自气质出，不得强分也。"（《长兴学记》，第341页）但他后来又说："性者，人受天之神明，即知气灵魂也。"（《论语注》，第411页）这就是他自己批评过的"以性为理"。不过整体来看，他说的性仍是兼理气与魂魄二者而言，也最能与他的思想体系相吻合。
[2] 事实上，他已经表扬张载的"气质之性"和"义理之性"说"兼理气言之。其善乎！"（《孟子微》，第430页，标点略有改动）。
[3] 朱一新：《朱侍御答康长孺论性书》，收在苏舆编：《翼教丛编》，第331页。

繁露·实性》),二人持说不同,而皆异于孟子。朱一新的责难在万木草堂弟子的听讲笔记中可以找到不少证据。如:"荀子言矫揉,董子言勉强,极是。孟子之言性善未确。""漆雕开谓之人性有善,有恶,极公。《白虎通》谓性有阴,有阳,极好。"又言:告子之说与圣人同,荀子所谓性恶"非善恶之恶",乃"质朴之粗恶",等于说"本始质朴""天质之朴"。物亦有性,故"大黄性凉而兼补",人性自"莫不有杂质"。又云:孟子不能自圆其说,其"言忍性,则性不尽善可知"。不过南海最终认为:"性善性恶、无善无恶、有善有恶之说,皆粗。"唯言"天有阴阳之施,身亦两有贪仁之性"(出自董仲舒《春秋繁露·深察名号》,字句微有不同),是"精微之论"。[1]

不过,康有为仍主张,孟子深得大同嫡传,明悉"王道之本"。要了解孔子真意,必须"假途"于此。[2]因此,如何解释其性善论,就变成一个非常棘手的问题,这在《孟子微》中尤其成为一个难点。[3]对此,康有为采用了四种策略。一是把性善从实存变成一种可能:"天生民以物则善性,人人可为善也。"故性善只是说"人性之质点可为善",并不表明人人皆善。他多次强调,孟子说的是"乃若其情,可以为",而非言"性之本然"。性善论的实质"全在率性而扩充之",重点在后天而非先天。

第二种策略是强调,性善是个人修养和社会进化的基础(而非完

---

[1] 康有为:《南海师承记》,第246、248、233页;《万木草堂讲义》,第292页;《与朱一新论学书牍》,第330页;《康南海先生讲学记》,第106页;《春秋董氏学》,第386、365页。
[2] 康有为:《孟子微》,第461、412页;《春秋笔削大义微言考》,第3页;《日本书目志》,第377页。用梁启超的话说:孟子宗旨"实孔教之正派"。见其《读〈孟子〉界说》。又,韩文举在时务学堂批点学生札记时指出:"荀子好言度量分界,所以为小康。孟子言平等,所以为大同。"见《湖南时务学堂初集·札记》。以上均收在湖南时务学堂编:《湖南时务学堂遗编》,分别见第11、204—205页。
[3] 按照康同薇的说法,康有为的"中心思想寄托于《孟子微》"。见李云光:《康南海先生书学异闻记》,收在夏晓虹编:《追忆康有为》(增订本),第339页。

全的现实):

> 孟子之言养性,扩充此物此志也。若无此性,则无此明德,自不好此懿德矣。仁义礼智即懿德也。惟人入于形色体魄之中,则为体魄所拘;投于声色臭味之中,则为物交所蔽;薰于生生世世业识之内,则为习气所镕。故性不能尽善,而各随其明暗、轻清、重浊以发之,要其秉彝所含终不能没,苟能养之,终可以人人尽善。盖惟人人有此性,而后得同好仁而恶暴,同好文明而恶野蛮,同好进化而恶退化。积之久,故可至太平之世、大同之道、建德之国也。若无好懿德之性,则世界只有退化,人道将为禽兽相吞食而立尽,岂复有今之文明乎?[1]

这是从社会的立场来确立人性的价值,和传统儒家从性善来推论社会的和谐,思路恰好是背道相驰(参见下文)。

第三种策略是论证诸子所说只有侧重点的差异,并无实质的不同。孟子、告子、荀子、陆贾(约前240—前170)、董仲舒所言皆有"未得实"处,但也各有缘由。性善论适于"中人以上者",性恶论适于"中人以下者"(康有为显然并不坚持将"恶"解读为"粗恶"),至于"扬雄言人性善恶混者",乃针对"中人"立言(告子亦近是)。故"告子、荀子、董子与孟子,实无丝毫之不合,特辨名有殊,而要归则一也"。

第四是强调,孟子之所以主张性善论,有其深意:"夫有恶而防绝之甚难,不如有善念而扩充之甚易。待人以恶而立峻法以降伏之,何如与人为善,引之高流而鼓舞之?故言遏恶,则犹怀灭伏之萌;与鼓舞,则人怀进上之念。"所以孟子此论"不为上智下愚而言,但标名性

---

[1] 康有为:《孟子微》,第426、413、431、426—427页;《康子内外篇》,第111页。

善以为引进,此是善诱之苦心,不必以辞害意也"。[1]实际上,这和孟子针对"中人以上者"立论的观点是相互矛盾的,读者似亦无须"以辞害意"可也。

为了论证自己的观点,康有为转向孔子的支持。他提出,孔子之所以说"性相近",即是因为"性者生之质,人皆具一气质,故相近";所谓"习相远",指的是"圣人从其气质中别之曰,若者为义理,若者非义理,于是习圣人之道者,则日近于圣人,不习圣人之道者,则日远而入于恶人"。换言之,"性相近"指向人生的起点,"习相远"则是教化的结局。《论语注》进一步指出:世儒论性,无论持何种观点"皆泥于善恶而言之",而"孔子则不言善恶,但言远近。盖善恶者,教主之所立,而非天生之事也"。此处"教主之所立",显然对应着前边所说的"习圣人之道"。他由衷赞美:"甚矣!圣人之言之精浑而无病也。言性者聚讼纷如,亦折衷于孔子可矣。"[2]

康有为强调"性相近",源自他"生之谓性"的立场。《康子内外篇》根据《吕氏春秋》断言,人的"欲与恶"来自上天赋予我们的"耳目百体,血气心知"。鉴于"婴儿无知,已有欲焉",可知"欲者,天也"。至于天地本身,"则光、电、热、重相摩相化而已,何所谓理哉?"。理是智的产物,而智是人特有的素质:"夫有人形而后有智,有智而后有理。理者,人之所立。"故天和人的性质大不相同:"天欲而人理也。"[3]

---

[1] 康有为:《孟子微》,第427—429、414、436页。需要指出的是,康有为对荀子人性论的肯定,亦和清代学术的走向有关:随着经学兴盛及学人对理学的排斥,荀子的思想复兴,性恶论也获得不少人的肯定。实际上,叶德辉在痛骂梁启超的同时,也大为荀子鸣冤,谓:"性有善有恶,犹天有灾有祥。"(《叶吏部与石醉六书》,收在苏舆编:《翼教丛编》,第343页)他当然没有意识到,这一立场在无意中和康有为走到了一起。沙培德(Peter Zarrow)也注意到叶德辉和康、梁的不谋而合,见其《帝国之后:近代中国国家观念的转型(1885—1924)》,刘芳译,南京:江苏人民出版社,2023年,第163页。
[2] 康有为:《与朱一新论学书牍》,第330页;《论语注》,第516页。
[3] 康有为:《康子内外篇》,第111页。

康有为的主张与理学家宣扬的"天理""人欲"之分针锋相对，也远离了"天人相应"的中国思想传统（康有为尊崇的董仲舒就是这种观念的源头之一）。

不过，康有为既然坚执"性有善有恶"，则事实上他自己也还"泥于善恶"中。故此处他强调孔子说性不从善恶立论，是非常重要的观点。这仍要追溯到其天人观：随着中国近代思想的立足点从"天然"转向"人工"（详见下文），在康有为那里，"天然"已不再是合理秩序的象征，人生更非一趟回返原初（复性）的旅程，而是一份有待加工的材料。"天欲而人理"，意味着善是人为努力的结果，而非天赋的完足起点（当他说荀子所谓"性恶"只是指"粗恶"之时，就已隐含了这一语境）。时务学堂学生邹代城（生卒年不详）尝谓："性似无恶，人之所以有善恶者，习使之然也。"梁启超则援引荀子性恶论，谓善者"伪"也，"伪"即人为，则"善乃由人为也。纯任天者必恶，纯任人者必善。据乱世之人纯任天，太平世之人纯任人，此理近西人有斯宾塞尔一派极演之，实中国所旧有也"。[1] 但事实上，"任天""任人"是那一时期随着社会进化论一起在中国兴起的新观念（详见下文），和传统的关系不大。

与从"天"向"人"的转变相应，康有为的关注点也从"性"转向了"习"。引起他兴趣的不是人性为何相近，而是其何以"相去之远"，"乃至居行好尚"亦有"是非悬反者"。他认为，那根源就在于"习"。仁与不仁，完全由习染造成，"习于善则善，习于恶则恶"；人有"上智""下愚"之别，亦由"夙习"不同所致。而且一旦生成"习心"，就很难矫正，"见猎心喜"，上智者"不为恶习所移"，下愚者亦难为"善习"所动。"故天下之化莫大于习。"习的来源众多，或"本

---

[1]《湖南时务学堂第一集·答问》中邹代城问及梁启超批语，收在湖南时务学堂编：《湖南时务学堂遗编》，第44页。

于家庭",或"由于师友",或"因于风俗",或"生于国土";既可以是"一人一时之习",亦可能是"数千万里数千万年之习"。[1]

"数千万年之习"的表述意味着,"习"可以通过"传种"方式延续,性善传其善,性恶传其恶,而后者累积之力尤使人惊心:"今者乱世之人心,皆从大鸟大兽期争啮食而来,又从太古渔猎而至,积无量世杀心而有今日。故贪杀之心极盛",甚至"杀人之器日进日新,谬种流传,生生无已",如此,"人道何以有太平之日乎?"。相对于对同时代人的伤害,恶习传衍,"微在心术,人所难知",对于"后世传人种"的危害更大,故孔子"不得不恶害仁种之人"。"性"借助于"种"的方式传播,提示出它如同基因一般,具有一种物理/生理的属性(参看附录十六),这对人类造成的损害,超过罪恶本身。在《大同书》中,他激烈批判了战争的罪恶,其中一个重要主题就是它"养成"了人们的"争心"和"私心",深埋于人性,"根种相传",阻碍了大同到来——这一后果,被康有为理解为一种果报。[2]

在奥地利游览时,南海听闻有长期关押狱中者,获释之后亦不愿离开,"苟强易之且致死"的奇闻,立刻想到,这是因为习惯造成的"自然";并由此推知,"人之生于性不如成于习之甚矣","天下之化"的首要影响因素是"习"而非"性"。故"圣人立教"应着眼于如何使人"日习之于善道,而变其旧染之恶习。变之又变,至于恶习尽去,善习大明,至于太平大同之世,则人人皆成上智,而无下愚矣",于是习亦"不相远矣,而人道止于至善矣"。比如,原初社会皆盛行淫风,

---

[1] 康有为:《论语注》,第516页。梁启超将此描述为:"习者,有受生以后之习,亦有未受生以前之习。"(《湖南时务学堂第一集·答问》中梁启超答语,收在湖南时务学堂编:《湖南时务学堂遗编》,第49页)前者显然就是康有为说的"一时之习",后者则对应于"数千万年之习"。

[2] 康有为:《孟子微》,第446页(标点有改动);《仲姊罗宜人墓志》,第191页;《论语注》,第381页;《大同书》,第68、69页;《中庸注》,第375页。

须至"升平以后,贤哲有作,乃教以尚耻,然后稍变耳"。[1]

在《大同书》中,一个人从胚胎阶段就生活在一系列公立的教养机构中,直到成年(详见第五章)。这些机构的自然环境和社会环境都经过精心的考量、设计和管理,正是"圣人立教"的具体范例。值得注意的是,在谈到教化的重要性时,康有为将讨论焦点引向了大脑:"夫脑者,天下之至善居积者也,一有所感于外物,终生受之而不忘,遇事逢时,萌芽发扬。"[2]脑是一个解剖学概念,与古人讨论性时常常提到的"心"不同,不但再次提示了性的物理和生理属性,而且被理解为一个受体(即使不是洛克所说的"白板"),用来接收与储存外部环境的信息,完全是被塑造的产物,此所谓"习"也。

"习",自立教者而言是如何"教"的问题,对学者来说则是如何"学"的问题。康有为说:"习,即学也",一切"相远"——"人与禽兽相远,人与人相远,学人与学人相远",说到底皆是"学相远"。他坦言:"孟子言性善,不如《大学》言明德。"而他所谓"明"就是"知"的另一种表述:"万事万理皆赖于明,未能知,不能行。未能明善,何以固执?"在"尊德性"与"道问学"之间,他明确选择站在后者一边:"尊者以奉持德性为主也,然人间世与接为构,事理物理无尽也。非假途问学,虽生知之圣,亦不能通其名物象数,况其他乎?故以问学为道路也。"康有为高扬"道问学"的旗帜,自然受到清代学风影响,但对他来说,"学"最重要的价值不在"通其名物象数",而在人兽之别。只有知识才能增进道德(最重要的即是"读书"),"否则蠢然一物",即"如禽兽"一般,"为人贱恶矣"。[3]

---

[1] 康有为:《补奥游记》,第391页;《论语注》,第516页;《意大利游记》,第357页。
[2] 康有为:《大同书》,第189页。
[3] 康有为:《长兴学记》,第341页;《万木草堂讲义》,第300页;《孟子微》,第482页;《中庸注》,第385页;《长安讲演录》,第289页。

这也让我们看到康有为和儒学史上以倡导"习"的概念闻名的清初思想家颜元（1635—1704）的区别。在逻辑上，颜元所说的"习"与其"气质论"有密切关系；在工夫层面，他特重身体力行，甚至公开否定"读书"，和康有为执着于"智"的态度截然反背。另一方面，颜元不但绝不否定性善论，而且花费了极大心力证明，气质本身就是善的，这也和康有为的主张相反。颜元以决绝之姿，推翻前人壁垒，树立"自我做主"的思想形象，但无论是思路、概念，还是具体主张，其实都还局限在理学框架内。[1] 相反，康有为虽然自居儒家，使用的概念几乎也全都来自传统，但他的思想从取向到思路全是新的。

对"习"的看重，意味着"善"不再是不证自明的人生前提，而成为后天的变量。对个人来说，它随外部环境的改观而改观；从整体来看，也就成为一个在历史中展开的过程。人物随"知觉"而异，"知觉"又随"所学"而改，然而"时势不同"，"所学"亦变。"时当乱世，则为乱世学；时当升平、太平，则为升平、太平之学。"这即是孟、荀学术差异的本质："言性恶者，乱世之治，不得不因人欲而治之。故其法检制压伏为多，荀子之说是也。言性善者，平世之法，令人人皆有平等自立，故其法进化向上为多。孟子之说是也。"二者各有针对，"各有所为"，但总体来看，随着历史即将进入新阶段，孟子学说的指导价值也越来越大。这就是他说"仁运"是"大同之道"，"礼运"是"小康之道"的意思。[2]

由于人性论和公羊三世说的结合，人性的发展也就成为历史进化的指标。梁启超曾对此做过一个简要的总结："据乱世之民性恶，升平

---

[1] 王东杰：《气质为何不恶：颜元的身体经验与思想构建》，收在《乡里的圣人：颜元与明清思想转型》，第93—148页。
[2] 康有为：《论语注》，第379页；《孟子微》，第414页；《礼运注》，第554页。

世之民性有善有恶，太平世之民性善。"[1]康有为则说："世愈文明，则恻隐之心愈大，记念之事愈大。"《大同书》云："修其法律"而"未尝教人"，实是以法网待民，充其量惟使"民免而无耻"；进而则"知人道之治，风俗人心为先"，其实所化者也"不过一二士大夫儒生之向上者耳"；只有"大同之世，人人性善，不待劝惩，不待激厉"。[2]这样，性善就成为历史进化的结果，不是人生开端就被赋予的前提。这也就是时务学堂学生郑宝坤（生卒年不详）为什么要说："至太平极盛之世，则人人皆有一性法存于心中，而不必借《公法》以绳之矣。"[3]

如前所述，除了受到外部环境的影响，性也通过传种方式传衍，这使它部分地成为一个生理学问题，而这在此前儒家的人性论中是很少见的。康有为主张，社会进化的一个重要途径是通过生物学方法"汰恶而留良"（参看第四章），俾使"人种日善"。[4]"人种日善"就是"人性日善"。按，汰恶留良亦是严译《天演论》的一个重要观点。严复对其大加称叹，谓："天下之事，莫大于进种，又莫难于进种，进与退之间，固无中立之地哉！"[5]梁启超亦对此颇表倾心，而且立刻从社会进化论中看到了性善论变成现实的希望，充满信心地宣布："西人近倡进种改良之学，他日此学极盛，则孔子性善之教大可成矣。"[6]

当然，改种不能只是在物质层面展开，也需要重视政与教的作用：

---

[1] 梁启超：《读〈孟子〉界说》，第14页。唐才质（1880—1966）则从"民智"角度重述了这一主张："夫太平世之民智，据乱世之民愚"，前者是一个"智世界"，后者是一个"愚世界"。见《湖南时务学堂初集·札记》中唐才质札记。以上两文均收在湖南时务学堂编：《湖南时务学堂遗编》，第14、262—263页。
[2] 康有为：《春秋笔削大义微言考》，第144页；《大同书》，第188页。
[3] 《湖南时务学堂初集·札记》中郑宝坤札记，湖南时务学堂编：《湖南时务学堂遗编》，第257页。
[4] 康有为：《春秋笔削大义微言考》，第87—88页。
[5] 严复：《保种余义》，收在《严复全集》第7卷，汪征鲁、方宝川、马勇主编，福州：福建教育出版社，2015年，第84页。
[6] 梁启超：《读〈孟子〉界说》，第14页。

以"法律刑罚"慑其心志,更需经"德礼"教化,"养其善性,和以文明,使民种民俗皆至仁良,日迁善而不知",人民"自不屑为奸慝之事"。事实上,孔子学说的一个重要价值就是它为人"预植"了"太平世之善性"。它好比一颗种子一般,生根发芽,茁壮成长,都需要合适的环境。然而,人的认知既随社会变化而改变,则改良人种首先就需设计一种更合理的社会制度。这正是《礼运》"大同章"的精义所在:

> 夫人类不平,则教化不均。风俗不美,则人种不良。此为莫大之害。即中于大众而共受之,且人人何能自保不为老幼、矜寡、孤独、废疾乎?专待之于私亲而无可待也,不如待之于公而必可恃也。故公世,人人分其仰事俯畜之物产财力,以为公产,以养老、慈幼、恤贫、医疾,惟用壮者。则人人无复有老、病、孤、贫之忧,俗美种良,进化益上,此父子之公理也。分者,限也。男子虽强,而各有权限,不得逾越。屵者,巍也。女子虽弱,而巍然自立,不得陵抑。各立和约而共守之,此夫妇之公理也。更有二禁:世有公产,则巧者仰人之养,而不谋农工之业;惰者乐人之用,而不出手足之力,以公成其私,而以私坏公,则大道隳矣。故不作业、不出力之人,公众所恶。然将已刑措,但恶之以示不齿,而人耸劝矣。然化俗久美,传种改良,人人自能去私而为公,不专已而爱人,故多能分货以归之公,出力以助于人。

由此可见,社会和人性是相互塑造的。大同是人性至善之后的成就,又为人性的普遍改良提供了保障。如同康有为引用《春秋繁露·盟会要》所云:"天下者无患,然后性可善。性可善,然后清廉之化流。"[1]

---

[1] 康有为:《论语注》,第388、430页;《礼运注》,第555页(标点略有改动);《春秋董氏学》,第387页。

这样，性善就从每个人天生俱来的初始原则，变成了紧密依附于历史进程的集体事业。康有为把社会发展视角引入了人性论。

不仅对待大同这样的未来理想社会需要依循这一准则，处理现实政治也需循此准则行事。民国建立以后，康有为反复推销他的"虚君共和制"，期望保留一个"虚"的君主。其中一个重要缘由是他对人性感到悲观："夫人之必有争心也，犹水之有伏流也，有河道以顺之，乃不泛滥。"虚君共和制的关键在于"以总理大臣代君主之权"，这样，野心家会紧盯着"总理大臣"作为竞争目标，而君主高高在上，虽无实权，有如土偶，却能起到定盘星的作用，维持政局稳定。此法之奥妙在于"大导国人之争心，入于政党。争政党多者，得为总理大臣，而争政党者，只以口舌笔墨，所以暗销争总统之干戈，发其伏流，俾行轨道，虽有洪水乎，有河道则不泛滥滔天矣，是所以为绝妙之良法美意也"。[1]也就是通过制度建设引导人性，使之趋向善道。

康有为并不否认人性中存在着天然向善的可能："天之生人，与人魂魄、形体、才力、聪明，实有令人人皆才全德备之质。"惟因"教化未至"，所以人还无法匹配其"天性"，尚"未成为全人"。等到"太平"时期，"教化既备，治具毕张，人种淘汰，胎教修明"，人乃成"天生之成人"。但如果连改良的资质都不具备，则任何社会改造事业都不再可能。"故知一切仁政，皆从不忍之心生"，而"人道之仁爱，人道之文明，人道之进化，至于太平大同，皆从此出"。[2]这样，那张遍布宇宙的共感网络，再次和个体的人性系在了一起。

但是，"仁"作为"人性"的原初"质点"，势单力薄，易受外部环境的影响与制约，使得传统儒家"内圣外王"之路泥泞难行。为此，康有为建议我们将目光转向外部："王教在性外，而性不得不遂。故曰

---

[1] 康有为：《共和政体论》，第247页。
[2] 康有为：《论语注》，第491页；《孟子微》，第414页。

性有善质，而未能为善也。性者，天质之朴也。善者，王教之化也。无其质，则王教不能化。无其王教，则质朴不能善。"不是从"内圣"开出"外王"，而是由"外王"造成"内圣"。另一方面，这也伴随着一个从集体到个体的转变。康有为说，仁与不仁是判决"一切治教之得失、进退、是非"的标准，[1]实际是把"仁"放在集体而非个体层次理解（参见下文）。这意味着，只有当一个群体乃至人类全体都获得提升之后，个体的完善才变得可能。行动的方向颠倒了过来——这同时意味着，仅靠"推己及人"是无法实现社会大同的，相反，是社会的变化为前者的实施铺平了道路（详见下文）。

四、从善恶到苦乐

由上述讨论可知，康有为对儒家（尤其是理学）人性论的改造包括几个步骤，一是将人性与（先天的）善恶主题脱钩，二是将人性的决定力量从其内部转向外部，三是将性善的境界从人生的起点移至历史的终点。经过这番改造之后，性善和性恶就从一个人性论问题转变成为一个历史和社会问题。它不再是决定世间万事运转的逻辑中心，反而被中心所决定；至于它原本所在的位置，则在某种程度上被苦和乐的主题占据了。

在《康子内外篇》的《爱恶篇》中，康有为就断言："人生惟有爱恶而已。"爱恶的标准则是对外物的感受，"于其质宜者则爱之，其质不宜者则恶之"。七情皆是爱恶的变体，由之而有仁义的区分，仁对应于爱，义对应于恶；且因之而有"哀惧"，进而产生"愚智"之别。故"人之有生，爱恶仁义是也。无所谓性情也，无所谓性情之别也"。若说有性情，则性情只是"存"与"发"（近于宋儒所说的"未发"

---

[1] 康有为：《孟子微》，第430、416页。

和"已发")的区别:"其爱恶存者名为性,其爱恶发者名为情。"性情皆兼爱恶而言,"无所谓善恶也"。如此,则理学家以性为纯善、情为有善有恶,就是错误的理解:它们实际上都是"习",既非"性"亦非"情"。[1]

重要的是,"爱"和"恶"与《大同书》对"乐"和"苦"的定义如出一辙:

> 夫生物之有知者,脑筋含灵,其与物非物之触遇也即有宜有不宜,有适有不适。其于脑筋适且宜者则神魂为之乐,其于脑筋不适不宜者则神魂为之苦。况于人乎,脑筋尤灵,神魂尤清,明其物非物之感入于身者尤繁赜、精微、急捷,而适不适尤著明焉。适宜者受之,不适宜者拒之,故夫人道只有宜不宜,不宜者苦也,宜之又宜者乐也。故夫人道者依人以为道。依人之道,苦乐而已,为人谋者,去苦以求乐而已,无他道矣。[2]

二者的关注点都是与外物接触后感到的"宜与不宜",只是"爱"与"恶"侧重于个人情绪,"乐"与"苦"更偏向社会维度,这大概即是康有为选择后一范畴作为论述中心的主因。

在康有为那里,苦乐的主题重新界定了善和恶,使其从衡量人性的尺度变成衡量社会治理水平的指标。[3] 一切"治教"都是为了人民的"乐利",故苦乐才是判定"化之进与退,治之文与野"的标准:"立法创教,令人有乐而无苦,善之善者也;能令人乐多苦少,善而

---

[1] 康有为:《康子内外篇》,第100—101页。
[2] 康有为:《大同书》,第5页。
[3] 张翔已经注意到,从《实理公法全书》到《大同书》,康有为用以立法的"公理"标准从"善恶"向"苦乐"转化(《大同立教:康有为政教思想研究》,第170页)。不过,他没有分析这一转变在中国思想史上的意义。

未尽善者也；令人苦多乐少，不善者也。"[1]从此，善恶不再是一个人性论的概念，而成为苦乐的表征。中国"人心"之所以"慕于欧美"，乃是因为欧美的"政俗"以让人快乐为旨归。他主张，历史是一个向"乐"进化的过程，故尽管各国历史不同，经验有异，但最终都将"定"于"安乐"。康有为辩称，这一认识来自孔子的启发："孔子礼乐并制，而归本于乐。盖人道以乐为主，无论如何立法，皆归于使人乐而已。故小康之制尚礼，大同之世尚乐，令普天下人人皆敦和无怨，合爱尚同，百物皆化，《礼运》以为大道之行也。"[2]礼乐在儒家经典中一向连在一起，此处却被拆分为二，成为不同历史时期的主题，完全是康有为的创说。[3]

苦乐主题也受到佛教影响，这一点已经引发了学者的广泛关注。不过，细读之下我们会发现，它和佛教的经典论述有着显著差异。事实上，佛教在大同方案中并不占重要地位，它只是作为一种导论性的框架而存在。汉学家罗吉伟（Paul Rouzer）提出，尽管"宗教真诚可能也是一个基本要素"，但我们仍不应把杜甫（712—770）诗作中的佛教元素"视为对某种内心生活或虔诚信仰的明确可靠的指示，而是视为诗人工具箱的一部分，诗人用这些元素来创作一首好诗"。[4]康有为当然是佛教的信仰者，但佛教并非他唯一的信仰。因此，罗吉伟的提示也同样适合于《大同书》：在康有为写这本书时，佛教元素就放在他

---

[1] 康有为：《大同书》，第154、6—7页（标点略有更改）。他的弟子们则直接将"善"与"不善"替换为"仁"与"不仁"："其苦多而乐少者不仁也，其乐多而苦少者仁也，其无苦而全乐者至仁也。"陆乃翔、陆敦骙等：《南海先生传（上编）》，第460页。

[2] 康有为：《英国游记》，第13页；《日耳曼沿革考（奥大利匈牙利沿革附）》，第250页；《论语注》，第517页。《孔子改制考》谓："乐以为乐，乃欢乐之乐，孔子因人之情而文之，乃制度至精处。"（第119页）其中第一个"乐"即礼乐之乐。

[3] 虽然如此，但康有为仍强调，二者在任何时候（包括大同世）都是不能偏废的。说见《论语注》，第385页。

[4] 罗吉伟：《避难与庇护：杜甫如何书写佛教》，收在田晓菲主编：《九家读杜诗》，刘倩等译，北京：生活·读书·新知三联书店，2022年，第140页。

手边的"工具箱"中,他利用包括佛教学说在内的各种工具,来建构自己的论述。

《大同书》将"苦"分作六类三十八种:一是"人生之苦"(包括投胎、夭折、废疾、蛮野、边地、奴婢、妇女七种),二是"天灾之苦"(包括水旱饥荒、蝗虫、火焚、水灾、火山地震山崩、屋坏、船沉和汽车碰撞、疫疠共八种),三是"人道之苦"(含鳏寡、孤独、疾病无医、贫穷、卑贱共五种),四是"人治之苦"(含刑狱、苛税、兵役、有国、有家五种),五是"人情之苦"(含愚蠢、仇怨、爱恋、牵累、劳苦、愿欲、压制、阶级八种),六是"人所尊尚之苦"(富人、贵者、老寿、帝王、神圣仙佛五种)。[1]

和佛教的有关论述略做比较,其间的差异几乎一目了然。佛教有"三苦"之说,也就是"苦苦""行苦"和"坏苦",其中"苦苦"即人生八苦:生苦、老苦、病苦、死苦、爱别离苦、怨憎会苦、求不得苦、五蕴炽盛苦。如果说生、老二苦皆属康有为说的"人生之苦",病苦属"人道之苦","天灾之苦"或可归于死苦,爱别离、怨憎会、求不得俱属"人情之苦"的话,五蕴炽盛苦在康有为的分类中就完全没有位置了——事实上,这一类目的取向与南海对"欲"的肯定和对"智"的礼赞可谓南辕北辙,然而在佛教对苦的分析中却至关紧要。

从内容看,康有为的"苦"和佛教教义的不同就更加明显。比如第一种"投胎之苦":在《佛说入胎经》中,这是"生苦"的一种,包括"受胎之苦""种子之苦""增长之苦"和"出胎之苦",婴儿是痛苦的主体。康有为则认为,婴孩无知,"岂识患苦"?胎儿当然更无痛苦可言。他所说的"投胎之苦",是指投生于不同家庭,命运因之各异。更重要的是,佛教所谓"行苦"指人间的快乐是一种虚幻,本质上仍

---

[1] 本段和以下两段(除明确标注来源者),俱见康有为:《大同书》,第8—10、12、52、13、7页。

是痛苦，而且只有看破了这一点，才能获得真正解脱；而康有为所追求的则恰是"乐生"，两种导向背道而驰。佛教把成佛看作彻底解脱痛苦的关键，但在康有为看来，仙佛舍身救苦，本质也是苦的一种（"神圣仙佛之苦"），因此并不究竟。

龙树《大智度论》卷二七云："小慈但心念与众生乐，实无乐事；小悲名观众生种种身苦心苦，怜愍而已不能令脱。大慈者念令众生得乐亦与乐事；大悲怜愍众生苦亦能令脱苦。"佛教以大慈大悲之心，导人脱离苦海，得救的方式是个人的，虽然其最终目标是拯救整个人类，却不能以社会和集体为解脱的单位。但在康有为看来，人间苦难的根源在于"九界"的存在，其中至少前七"界"（国界、级界、种界、形界、家界、业界、乱界）属于社会制度。[1] 因此，终极的解决方法只能是社会性的。他坚信，"投胎之误"带来各种烦恼，却并非"无可振救"，关键就在于"改良"政治，这已由各国实践证明。而佛教的出世学说，实际上根源于印度的特殊"礼法"：在那里，一个人若"生而为"首陀罗或是女性，就将终生痛苦，不存在任何改变的可能，"苟非借出世之法，从何脱其烦恼耶？"。然而这却并不能真正解决问题。康有为的"乐"是人间之乐，不是佛国之乐（他当然仍以仙、佛为更高境界，但那完全是另一境界的事，而且只能在人间大同之后才有意义）。在某种程度上，他把大同看作牵一发而动全局的最终枢纽。

以苦乐代善恶，是戊戌前后新派士人的一个重要思想倾向。1901年，孙宝瑄在日记里引用严复的论断："严先生（即严复。——引者注）曰：人道以苦乐为究竟，而善恶则以苦乐之广狭为分。乐者为善，苦

---

[1] 按照梁启超的转述，苦的根源"不外三端：一曰天生，二曰人为，三曰自作"，其后"最大之根源，曰妄生分别"。其中"天生之苦恼"可以通过技术的发展解决，"人为之苦恼"可以通过改进"道德"和"政事"的方法解决，"自作之苦恼"可以通过"智慧"解决，"而其总根源既在分别，则其对治之总方法，厥惟大同"（见《南海康先生传》，第432页）。大体而言，《大同书》提供的方案主要在"政事"方面。

者为恶。苦乐者,所视以定善恶者也。余则曰:纵乐之为恶,知苦之为善。纵乐而不知苦,其终卒归于苦也。知苦而不纵乐,其终归于乐也。足以发明严先生之义。"1902年,他读到梁启超介绍边沁(Jeremy Bentham,1748—1832)学说的文章后,写道:"余五年前发一论,谓性无善恶,善恶生于苦乐。知天下之有乐境,欲纵其乐,而恶生焉;知天下之有苦境,欲救其苦,而善生焉。"自认与边沁的学说非常相近。[1]

1903年,孙宝瑄再次指出,自己"五六年前"所发之论,与边沁的主张貌似"相反"而实"相成"。尤值注意的是,他在其中依据进化论,批驳传统的性善论和性恶论,代之以对苦和乐的关注:

> 是故自古鸿儒大哲,争性善性恶不已,不知人类自无始下等动物演变而来,惟有好乐畏苦二性而已,无所谓善恶也。善恶由苦乐之大小广狭比较而生。所谓大小者,何也?盖两乐相形则取其重,两苦相形则取其轻。人能取大乐去小乐,取小苦去大苦,斯之谓善;其或取小乐去大乐,取大苦去小苦,斯之谓恶。所谓广狭者,何也?好乐畏苦,不独我有,此心人人所同也。人能推己好乐之心,而无损害人之乐;推己畏苦之心,而能悯怜人之苦。其所推之界愈广者(如由家及亲族、朋友、乡党、同种、异种、动物),斯谓之善。反是而其界愈狭者,斯谓之恶。虽然,知苦乐中大小广狭之界域者,必由学问。人当邃古臻狂颛蒙无知学界未开之时,任天而动,虽所行近善近恶,而不能判断其为善为恶也。何也?彼不知其为善,虽善不能加以善名;不知其为恶,虽恶不

---

[1] 本段和下段,孙宝瑄:《孙宝瑄日记》上册,光绪二十七年三月二十一日(1901年5月9日),第364页;《孙宝瑄日记》中册,光绪二十八年八月二十三日(1902年9月24日)、光绪二十九年十月初四日(1903年11月22日),第615、820—821页。

> 能加以恶名也。故曰：民性之初，无善无恶，唯有苦乐。

这段话几乎就是康有为主张的翻版。孙宝瑄说自己是在1897年或1898年产生这一想法的，可能是受到《天演论》的启发，[1]也有可能是从梁启超那里获得的启示。而他后来两次抒发己见，皆与边沁的功利主义有关，提示出其个人的新见和近代中国整体思想变动的消息。

1898年，夏曾佑（1863—1924）也在一篇文章中指出，苦乐为人生天然的真境，善恶则为后天加赋的结果：

> 夫人之生也，食味别声被色，尽智毕能，不出乎官骸之外。政教之始起于合群，善恶之始起于政教，荣辱之始起于善恶。习气既深，说名天性，总之皆外铄也，非固有也。人之所最真而万不能谓之伪者，苦乐而已。身之所受适于（原文如此，疑为"与"——引者注）不适，不待政教而后知，不以学问而末减。贤愚同贯，少长一辙，五种不殊，四洲若一，即偶不同，此风俗之所囿。如至苦之人久处亦觉自安，然忽引之于乐地，彼必不以此为不惯也。同之至也。然而眼耳鼻舌身意，不能不有待于色声香味触法，根尘相接之间，有宜有不宜，而苦乐之境生焉。[2]

夏曾佑的论述主要集中在个人层面，而与康有为、孙宝瑄、严复的观点颇多相合。他说的"外铄"即康有为所说的"习"，"固有"也就是

---

[1] 孙宝瑄日记中所引那段"严先生曰"，出自《天演论·导言十八·新反》篇后严复按语。此外，严复也提到"'性'之义通'生'"等，皆可与康有为、孙宝瑄语相发明。参见《天演论》（慎始基斋本），收在《严复全集》第1卷，汪征鲁、方宝川、马勇主编，福州：福建教育出版社，2015年，第117、145页。

[2] 夏曾佑：《论中国人神明之困（上）》，收在《夏曾佑集》上册，杨琥编，上海：上海古籍出版社，2011年，第37页。标点有改动。

康有为所谓"人生惟有爱恶"。

五、转向"苦乐"

将关注点从善恶移向苦乐，提示了近代中国思想的两个重大转折。首先是从"天然"到"人工"的转变。性善论背后是对"天道"的乐观信仰。《中庸》说"天命之谓性"，朱熹主张"性即理也"，宇宙为人生价值和人伦秩序提供了终极源泉。因此，人世中存在一个天然准则，人生行事只需循此标准指引，自然流露，即是恰到好处，才加人工"算计"，便已失却正轨。由此，理学家一向强烈反对刻意行善。[1] 张载（1020—1077）云："有意为善，利之也，假之也；无意为善，性之也，由之也。"[2] 程颐说："不是天理，便是私欲。人虽有意于为善，亦是非礼。"[3] 李颙（1627—1705）说："无念之念，乃为正念。"[4] 陈献章（1428—1500）提出："诗之工，诗之衰也"，因为那不是"率吾情盎然出之"，而是"有意乎人之赞毁"。总之，"道以天为至，言诣乎天曰至言，人诣乎天曰至人。必有至人，能立至言"。[5]

不过，晚清时期出现了一股人天争胜的思潮，完全改变了之前的预设。天不再被视为合理秩序的来源，反而常将人间事业带往错误方向，必须不断通过人力加以纠正。因此，人的使命也绝非遵从天然的

---

[1] 相对来说，在汉代思维中，有意而行的色彩更为浓厚。不过，它同样强调，天道本身已为人世提供了完美模型，人并非要在此之外提供一套"理性"做法，而是去应和自然本身的节律。比如，在康有为的大同历法中，时间被重新排布，其基本原则是从人的立场出发，以人事为基准（参看第五章）；而在《礼记·月令》中，那一整套井并有条的行为准则虽然也是严明齐整的，但其目的是为了响应天道的运转。

[2] 张载：《正蒙》，收在《张载集》，章锡琛点校，北京：中华书局，1978年，第28页。

[3] 程颢、程颐：《河南程氏遗书》，第144页。

[4] 李颙：《学髓》，收在《二曲集》，陈俊民点校，北京：中华书局，1996年，第19页。

[5] 陈献章：《认真子诗集序》，收在《陈献章集》上册，孙海通点校，北京：中华书局，1987年，第5页。

规定，而是要改造它，扭转其不合理的结果。[1]这一观念同样来自现代西方：在那里，"通过技术主宰自然"成为人们的"主要"关怀。[2]《大同学》称，法国格致学会的使命就是"专讲人事，力辟天伦"。为了避免中国人误会此处的"天伦"二字，李提摩太还专门加了一个小注："以人事天，是曰'天伦'。"[3]

在这种观念中，天被分派了一个中立甚至反动的角色。梁启超说："不能不变者，天理也；变而日进于善者，天理而加以人事也。"[4]善是人力造就，并非天理自带的属性。严复解说赫胥黎的观点，谓其"以理属人治，以气属天行"。[5]这里所用的"理""气""天""人"全是理学术语，但搭配关系却与理学家言全然相反，倒与康有为所说的"天欲而人理"（参见前文）相映成趣。严复指出，"乌托邦"只是一种想象，"然使后之世果其有之，其致之也，将必非任天行之自然，无亦尽力于人治以补天，使物竞泯焉，而存者皆由人择而后可。及其至也，天行人治，合同而化，异用而同功"。[6]这一以"人治"补"天行"乃至以"人治"胜"天行"的取向在近代中国产生了深远影响。1914年，

---

[1] 丸山真男指出，近世日本思想存在一个从"自然"秩序向"制作"秩序转变的过程，他把它视作日本政治思想向"现代性"转化的标志（详见《日本政治思想史研究》[修订译本]，尤其是第二章）。这和本书关注的对象不无相似，但具体表现及其历史语境都相去甚远，其中一个基本差异是，丸山把这一变化理解为历史进化的内在步骤，而我从近代中国的特定历史语境中去寻找其动力来源。事实上，如果不考虑丸山写作时的特殊语境和意图的话，或可指出，此书深受黑格尔主义的影响，并因此而对各个思想家的观念做了相当迂回的解说，以圆成自己的论点，其看似复杂的非线性面貌恰恰受制于高度的线性化思维。
[2] 杰夫·洛夫：《黑圈：科耶夫思想传记》，第122页。
[3] 颉德：《大同学》，第11页。
[4] 梁启超：《读〈春秋〉界说》，第27页。
[5] 严复：《天演论》（慎始基斋本），第146页。
[6] 严复：《治功天演论》（手稿本），收在《严复全集》第1卷，第19页。是稿的翻译和写作时间为1896年。值得注意的是，这几句表述各个版本略有不同（详论参看附录十七），不过大体上均倾向于主张以"人治"补"天行"。

胡适（1891—1962）在日记中感慨："人之智慧材力不能均也，天也，而人力可以均之。"天行"优胜劣败"，至为"不仁"，但好在有"人事之仁"加以补救，"不亦休乎！不亦仁乎！"。[1]

康有为的思想就产生于这一转型过程中，使得他笔下的"天"同时呈现两种对立性格。一方面，"道大一统，无不统于天，故孔子本天"。这直接塑造了他对人的看法："人非人能为，天所生也。性者，生之质也，禀于天气以为神明，非传于父母以为体魄者"，因此大家皆为"天民"，禀有"天权，各有独立"，理应享有平等地位和权利。把天看作最高权威和价值尺度，尤其可以从他使用的一系列由"天"字构成的概念看出：除了"天民""天人"之外，又如"天权""天职""天界""天赋人权"等，都被用于论证人人平等的合理性。[2]

但康有为又同时意识到，"知天演之自然，则天不尊"，人胜于天，才是进步："不平者天造之，平均者圣人调之。"由此，他在字面上将"天演"划归另外一边："天演"乃"无知之物"，比如，"生人之数日繁而无尽，养物之数有限而无多，以有限之数供无尽之生，其必不给矣"，这就是孟子说"天下之生久矣，一治一乱"的原因。但其实那并非"天运之固然"，而是没有好的"救贫之术"所致。与"天演"相较，"人义"能够"裁成天道，辅相天宜，而止于至善，极于大同"。由此，"人义"乃成为与"天演"对立的一端。相信人力，即不必如"谈运命者仅付天行，信因果者只嗟劫数"，而可以找到一条真正通往"至善"的道路。他批评"主竞争之说者，知天而不知人"，[3]就是这个

---

[1] 胡适日记，1914年7月28日，收在《胡适日记全编》，曹伯言整理，合肥：安徽教育出版社，2001年，第397页。
[2] 康有为：《春秋董氏学》，第399页；《中庸注》，第369页；《大同书》，第272、125—127页。
[3] 康有为：《大同书》，第291、277、31—32、18、230页；《春秋笔削大义微言考》，第183页（同样的表述又见于《孟子微》，第420页）。

意思。

人力又可分作几个方面。就物质来说,中国"百物皆为天产",而无"人工"制品,正是落后的表现,因为天产和人工的差异即是文野的差别:"愚者全乎天,智者全乎人。"野蛮国"只有天产",进入农牧业时代"已在天人之半数",如今欧洲更是"人工过于天产"。就价值来说,南海主张"物类之不平"乃是"天理","圣者以平等救之,聊以拯弱者,乃以人矫天济物"。同样,"文明、国富"也"非由天降地出",而"在人术善为之"。[1] 康有为早年亦曾正面使用"天理"一词,[2] 但后来更多地改用"公理"等表述——联想到"理由人定"一说(参看第二章),则字眼变化的背后显然具有更严肃的学理依据。

中国文化传统倾向于把家庭关系(人伦)称作"天伦",认为其中蕴含了一种不证自明的合理秩序,因而有"天伦之乐"一说,和《大同学》所用的"天伦"一词意义恰好相反。天伦是人世最终的依据。余英时(1930—2021)注意到,即使在桃花源中,"虽无政治秩序,却仍有伦理秩序"。[3] 而在康有为看来,人伦本身就是一种痛苦:"夫人之生也,人伦之苦,其忧切骨。"但这是"天合之事",令人"无可如何"。虽"诸圣日出其法,思以弥之,然终无以为人除忧而救苦"。在晚年时,他写信给遭受丈夫欺凌的甥女,更是坦言:"普天地人类,皆富贵安乐者少,而贫贱忧悲苦恼者多。圣人立为人伦,以安之而乐之。然其苦恼即从人伦而生,而夫妇之道尤难,女子之苦最甚。无论何家

---

[1] 康有为:《笔记》,第202页;《日本书目志》,第386、385页;《德国游记》,第459页;《英国游记》,第21页;《论都会城邑自治》,第138页。
[2] 这大都集中在戊戌之前,如《康子内外篇》,第103页;《与朱一新论学书牍》,第314页;《春秋董氏学》,第312页;《南海康先生口说》,第44、54、59页。在戊戌之后,偶尔也会在正面的意义上使用,如《孟子微》,第497页;《论强国富民之法》,第203页。
[3] 余英时:《红楼梦的两个世界》,收在同名论文集,上海:上海社会科学院出版社,2002年,第48—49页。参看王东杰:《从"桃花源"到"乌托邦":〈大同书〉关于理想社会的构想》,第55页。

何人，外似福寿富乐，然其内容之怨苦熏天皆不能言者也。"[1]这正是康有为一生所见中国家庭的真相，几与"天伦之乐"的理想天差地远，正是他提出"去家"主张的最终依据。

康有为的"天"具有这两副完全相异的面孔，[2]因此，当我们读到下面这句话时，自不必惊讶于他的"自相矛盾"："人为天之生，人人直隶于天，人人自立自由。不能自立，为人所加，是六极之弱而无刚德，天演听之，人理则不可也。人各有界，若侵犯人之界，是压人之自立自由，悖天定之公理，尤不可也。"[3]天既是"人人自立自由"的依据（"天定之公理"），又听凭世界陷入不公（"天演"），需要人力干预。这种紧张也以另一种形式体现在"天民"这个概念中（详见第五章）：作为一种身份概念，它的价值理据由"天"赋予；但要成为一桩事实，又只能是以人"矫天"的结果。

这种矛盾性的表述当然不只是康有为所独有，一边呼喊以人力挽救天行，一边高唱"天赋人权"的口号，在清末民初并不罕见。在正面意义上，天被设定为一个超越性的价值源泉，（部分地）继承了天的传统意义。"天赋人权"和"天命之谓性"的表述颇为相似，不同之处只是，后者关注的是人性（因而首先是个体的），前者的视野则是社会的。在负面意义上，它则意味着，被给予的世界是不完美甚至是不合理的，"天伦"（天然秩序）是有待改造的对象，只有施以人力，才能使其更为完善。它颠覆了中国传统中天的形象，对20世纪的中国影响深远：此下的历史选择，无论是现代化、科学救国抑或社会主义，都是人为路线的产物。不难发现，这里对天的评价是站在理想立场上做出的，背后蕴含着进步论的思考方式：美好在于将来，不在过去；（宇

---

[1] 康有为：《中庸注》，第377页；《与甥女谭达印书》，第311页。
[2] 其实若细致分疏康有为对"天"的用法，还可以分别更多的层面，此处仅就大体言之。
[3] 康有为：《论语注》，第411页。

宙和社会的）完美秩序不是万物本来的位置，而是人按照某种理想推演、设计的结果。显然，社会进化论是造成近代中国思想天人逆转的主要推手。[1]

事实上，辛亥革命爆发之后，康有为多次强调：在君主立宪之下，宪法尊奉君主有如神灵。神虽"在若有若无之间"，却是"不可无者"。同样的道理，"孔子之作《春秋》，推王于天"，也是因为"天在有无之间，以无为为治者也"。这番话是为了君主立宪或他所谓"虚君共和"张目，但也明确指出其"神道设教"的性质。[2]然而，正是这番直白的政治宣言提示我们，在康有为那里，"天"未必是一种（实存意义上的）超越性价值源泉，而是一个"不得不有"的理论假设，但它虽是"虚"位，却有不可替代的功能：它从外部为世界奠定了一个整体秩序。这部分地调和了"天"的两种形象之间的矛盾，但也使南海的论述大大偏离了中国传统轨道。

与苦乐主题相伴的另一个现象是，思想家的关注重心从个体性的修身转向了社会规划。陶孟和（1888—1960）曾在一本面向外国人介绍中国文化的著作中说："过去中国人的理想很简单，它仅仅是维持好人伦关系"，也就是"处理好所有与自己有关的人伦关系。人们相信在追求这种理想的过程中，就会形成一个健全的社会体系"。陶氏将之称作"个人道德主义"。[3]在这种观念下，一个良好的社会秩序可以无须外力，而依靠关键人物的自我约束及众人的追随效仿、彼此协调自发生成。从社会意义看，除了明代中后期一度兴盛的王学思想外，在大多数情况下，这一主张主要针对的是少数精英，大多数群众被分派为

---

[1] 王东杰：《"反求诸己"与晚清思想界对进化论的认知》，第41页。需要声明的是，此处的"社会进化论"特指近代中国人所理解的进化论，与其本意并不相同。
[2] 康有为：《救亡论》，第237页；《拟中华民国宪法草案》，第47页。
[3] 陶孟和：《社会变迁》，收在陈衡哲主编：《中国文化论集》，王宪明、高继美译，福州：福建教育出版社，2009年，第250页。

追随角色,并不在其重点关注的范围。[1]在20世纪,这一"个人道德主义"观念已成绝响,但也没有完全消失。在下面这段论述中,我们就不难听到它的回声。

刘述先(1934—2016)的父亲刘静窗(1913—1962)也是大同观念的支持者,强调儒家的最终旨趣是"进全人类于世界大同"。不过,他所谓"大同"是通过诗礼修身,协调各种社会关系达成的:"自一身,以至家、国、天下之际,群己相投,——恰如其分,——各得其所,熙熙和乐,而忘人我之'相'与'见'。"它无须改造旧的社会组织,而是一种廓然大公的心境在社会层面的投射:"去家之私,而孝弟之道存;去国之私,而忠贞之事不废;去身之私,而溥天之下,民无不胞,物无不与。机虑尽忘,和衷互济,庶或可以觇大同之世也欤?"只要"于人心深处,指出德性之真,反躬自证,体验扩充,以入于鸢飞鱼跃的自在境界,从而调融人与人间相互之关系,至于如诗之优美,如乐之和谐",即可"进世大同"。[2]对他来说,大同主要依赖于个人修养,和《大同书》提倡的社会改造道路相去绝远。

在传统社会,个体承担着道德的全部重担,所有的道德支出与报偿都以个体(及直系家族)为结算单位。[3]丁宝桢(1820—1886)告诫子女:"古来天之报施善人,恒视其吃苦以为分量,苦吃得愈大,报亦愈大愈厚;苦吃得小,报亦小而薄,此千古至论!"[4]其实就是俗语

---

[1] 在这一问题上,儒学的主流也是随时代而不断改变的。一般认为,王学是其中最为注重普通人的一个流派。不过,张循强调,晚明以降,尤其是清代儒者,将"自治"与"治人"分为了两个领域。见其《从此殊途:儒学社会性格的明清嬗蜕》,成都:巴蜀书社,2022年。

[2] 刘静窗:《默识随笔》、《致长子述先家书》(1954年6月5日),收在《刘静窗文存》,刘念劬主编,上海:上海古籍出版社,2017年,第40、41、46、47—48、49、360页。

[3] 比如,从志怪中看,唐宋以后,个体(通过轮回的方式)似乎成为报应的主要承担者。这一论点经过了和黄晓峰先生的讨论。

[4] 丁宝桢:《家信之八》,光绪九年五月初四日(1883年6月8日),收在《丁文诚公家信》,济南:山东画报出版社,2012年,第208—209页。

所谓:"吃得苦中苦,方为人上人。"从语义结构来看,这和20世纪的"忆苦思甜"如出一辙,都是强调人生必须先苦而后甜,但前者完全将其放在个体层次思考,带有强烈的道德意味;后者所说的"苦",却是阶级、民族、国家之苦,即使以个体经验的面貌出现,也只是群体痛苦的样本而已。它与修养无关,而是由社会结构决定的资源配置的结果。

这和20世纪中国思想从个体导向向群体导向的转变是分不开的。[1] 这场思想巨变无法在此处详细论述,只能简单指出,社会性质的苦乐代替人性的善恶主题是其中的关键一环。事实上,我们也可由此理解近人所说的"乐"和宋明理学家的"乐"有何不同——理学家所说的"乐"具有更深刻的关怀和境界,因而也是个人性的:"孔颜乐处"高度依赖于个体心灵的深度,和"以天地万物为一体"一样,只能通过个人方式领会;与之相比,康有为说的"乐"则完全是一种社会感受和对群体状态的界定。

梁启超曾对传统儒家人性论和大同说的差异做过比较,谓:"性善、性恶属内言,大同、小康属外言。"[2]"属内""属外"都是关注点的差异。人性属"内",大同、小康论述社会状态,属"外",苦和乐当然是"属外"的。换言之,善恶论的焦点是人和自身的关系或人天关系,苦乐论的焦点是人和外部环境(既包括自然环境,也包括社会

---

[1] 一般认为,20世纪的中国(至少在新文化运动前后)是"个人"兴起的时代(这方面较近的一个研究是,杨贞德:《转向自我:近代中国政治思想上的个人》,北京:生活·读书·新知三联书店,2012年)。因此,我的看法似与多数人的认知相反。但其实我关注的是思想的"视角",非其"内容"。一个思想者的思考内容可以是个人主义的,立论视角则可以同时是群体导向的,二者并不矛盾。关于近代"修身"论述从更具个人性的"圣贤君子"向"社会"与"国家"的偏离,参考王汎森:《从新民到新人——近代思想中的"自我"与"政治"》,第90—96页。此外,我所说的传统社会中的个人导向,落在个体修身的意义上,和近代个人主义将个人看作一个权利主体的思路不同。关于中国思想传统中的"个人观",参看余英时:《中国近代个人观的改变》,收在《现代儒学的回顾与展望》,北京:生活·读书·新知三联书店,2004年,第63—70页。

[2] 梁启超:《读〈孟子〉界说》,第14页。

环境，而后者更为重要）的关系。人性论思维中当然存有"外部"维度，但"外"被视为"内"的表现——古人用以表达这一概念的词汇是"风俗"或"世道"。这两个词都是刻画社会环境的，但也都被直接关联到人伦道德：风俗之厚薄、世道之险易，皆是人心的直接反映。康有为所谓"乐"则带有更多的物质意味，或与心理的物质层面相关；它即使带有一定的道德含义，那也是放在第二位的（详见第五章）。

在《大学》中，修身为本，治平为末，政治被视为道德的延伸。那些在伦理系统中居枢纽地位的人物，比如家长、士绅、官吏、君主的个人品行，会直接影响整个群体的命运。[1] 这条思路上承先秦儒者，有宋以后更是深入人心。[2] 陈师道（1053—1102）云："古之取天下者以身，其守之者亦以身，故君子修身而天下平，修身非以致天下而天下归之。林非慕鸟也，渊非召鱼也，而鱼鸟从之者，从其所也。"[3] 直至晚清宋翔凤讲说太平之治，还是这一思路："王居明堂户牖之内，守其至正，以德自明，中外遐迩，达志通欲，无邪之致，极之于思，如是为絜矩之道，天下太平矣。"[4] 太平的关键系于王者一身，别无他妙，不过是孔子早就说过的："其身正，不令而行；其身不正，虽令不从。"（《论语·子路》）君子以品行为表率，百姓则依其道德本能加以趋避，天下于是或治或乱。

以个人修身为本，天下治乱为末，很容易产生一种广义的"无为"

---

[1] 林毓生：《中国古代的祖先崇拜、宇宙论与政治秩序的观念：一项初步的省察》，《中国文哲研究通讯》第33卷第3期，第71—73页。林毓生在文中特别讨论了中国传统思想中重视制度的主张，但强调这些观念并没有改变"以德治思想为主流的传统中国政治思想"。

[2] 刘子健认为，中国思想趋于内省，是从12世纪早期开始的（见其《中国转向内在：两宋之际的文化内向》，赵冬梅译，南京：江苏人民出版社，2002年）。不过，孔子已经开创了强调君主修身在国家政治中发挥核心作用的思想传统。

[3] 陈师道：《取守论》，收在曾枣庄、刘琳主编：《全宋文》第123册，上海、合肥：上海辞书出版社、安徽教育出版社，2006年，第337页。

[4] 宋翔凤：《论语说义》，北京：华夏出版社，2018年，第16页。

理想，这在儒道两家都可看到。《老子》第五十七章："我无为，而民自化；我好静，而民自正；我无事，而民自富；我无欲，而民自朴。"儒家强调道德修养的重要，在老子看来乃是"有为""多事"，但二者的思维结构是一样的。这方面北宋有两个有趣的例子。宋初参知政事吕端（935—1000）曾告太宗："国家若行黄老之道，以致升平，其效甚速。"至真宗时，知泰州田锡（940—1004）又云："若师皇王之道，日新厥德，十年之内，必致太平。"[1] 两人之"道"不同，吕端器重于黄老，田锡则对儒家之道情有独钟，但二人皆认为执"本"驭"末"，即可平治天下，原则相通。道家所谓"无为"，与儒家所谓"垂拱而治"同被认为治理天下的最高境界，二者内涵当然不同，在精神上则不无异曲同工。

董仲舒曾说："正一身以正朝廷，正朝廷以正百官，正百官以正万民。"（康有为引自《天人三策》，但与原文略有字句之异）过去儒者认为，此是主张"仁义由君始"，颇有"责难"君主之义。但康有为认为这只是"据乱世之说"。因为在"专制"政治下，"君有全权，一能发明君心，引之志仁当道，则余事皆破竹而解。若不能从君心直截下手，而弹劾一二小人以鸣风节，谏除一二弊政，兴举一二善举，以为兴利除害，皆枝枝节节之为，于治国全体并无当也"。但平世民权兴起，人性美善，人人"骧括自治，蠢迪检柙，进而上之，无险诐之心，无愁苦之意"，自可"端拱而致太平"。如是，君主"无为"之治实以"天下为公"为前提，[2] 在真正实现大同之前，只能是空谈。

1912年，康有为不得已接受了民国成立的事实，但仍认为有必要

---

[1] 李焘：《续资治通鉴长编》卷三四、卷四一，均转引自刘复生：《北宋中期儒学复兴运动》（增订本），北京：生活·读书·新知三联书店，2023年，第156、159页。
[2] 康有为：《孟子微》，第440、479页；《中国颠危误在全法欧美而尽弃国粹说》，第130页；《论语注》，第387页。

提醒人们，共和"以道德为先，以政治为后"。此时"无君主长上之可畏"，全靠人民"自治"，要求国民"道德心盛"，不能"纯任自由"，否则必成"暴民之政"。[1]这里警告的意味胜于陈述的意味，因为在康有为看来，共和制度远非其时的中国人所能承受。不过，他强调"无为"不是天下大治的原因，而是其结果；道德当然重要，却不只是少数精英才应在意，而是历史最高阶段的普遍要求，这都和儒家的正统观念迥然有别。

事实上，南海根本认为，道德修养纯属个人行为，不能产生社会效应。在万木草堂时，他对学生说："仅能束身寡过，而无益于人"，犹如"深山之木石"。如前所述，在孔门高弟中，他最不满意曾子，认为其学惟"以省躬寡过为主"，至临终时"亦以动容貌、正颜色、出辞气、启手足为自省"，实"未闻孔子大道"，只适合据乱世。不过因为曾子活得久，弟子多，"其道最行"，然而也由此导致"孔子之学隘矣"。后人所重"仅在守身，而孔子重仁之大道，一切皆割弃，甚至朱子见《礼运》之大同且疑之矣"，都令南海痛心，慨叹道："此儒教之不幸也"，"此天下之大不幸也"。1913年，他公开表示，"使孔子无平世大同之道，只言修身，将之'置之'一旁'可也'"。[2]因此，"修身"不但绝非孔学核心，并无颠扑不破的价值，而且对它的强调妨碍了人

---

[1] 康有为：《中国颠危误在全法欧美而尽弃国粹说》，第130页；《中华救国论》，第325页；《论语注》，第387页。

[2] 康有为：《南海师承记》，第251页；《孟子微》，第496页；《论语注》，第382、437页；《中华救国论》，第327页。不过，至少有一处地方，康有为也强调了个人意志的重要："性无善恶，而生有气质，既有毗阴毗阳之偏，即有过中失和之害，甚者纵欲任气，其害仁甚矣。惟胜其气质之偏，节其嗜欲之过，斯保合太和，还其元德。苟得一日为仁，天下犹将感动。盖斯须不和乐，斯须之恶电气应感于千万里；然则斯须之能克复，斯须之佳电气亦感应于千万里，如今电话然，至捷也。然事有偏邪，固为仁之碍，而己之勇断，实为仁之本。故君子惟重以责己，而与人无预也。"（《论语注》，第472页）但这是对《论语》"克己复礼为仁"一章的解说，不免受到原文牵制，且明言是对"君子"个人的要求，与南海本人立论更偏重社会结构的情形微有不同。

们对孔子学说中真正精华部分（大同）的接受。

1904年，康有为在剑桥看到学生赛艇，欢腾笑闹，想及"吾国重礼守教，斯须之间，不庄不敬则以为轻佻，故坐如尸，立如齐，正容止而不妄语，足容重而不妄行"，与英人风格迥异，"于德行吾为尚，于和乐彼为畅"。看似各有千秋，但英人的做法其实更胜一筹：盖"人之所以为道，皆以为群也，不损于其群者，无可议焉。行己之齐庄，一己之私德，非有益于人群也；与众乐乐，则能欢洽于大群"。二者自有大小之分，"舍小己而从大群"，"和乐"较修养更为紧要。他喜欢"宽绰充裕，雍容恺乐"的气象，主张"上下、亲疏、内外，各得理宜，从容悦乐，无有几微乖戾之气"，才是"物之至者"。除了理论上的原因，这大概也和他的个性有关：南海性格张扬外露，自不耐"约束谨严"（但这绝不意味着他排斥严整肃穆的气象，相反，他认为社会尤应如此。具体论述参看第四章、第五章）。[1]

个人道德重要性的下降（参看附录十八），或和清代学术中对于"制度"的日益重视有关。制度本是考据学家重点考察的对象之一，在近代今文经学中的地位更形重要，几成核心。廖平强调，今古文经学的区分全在"制度"，而"义理"并无差异。[2] 清人所谓"制度"当然是广义的，但作为一种对人言行的外在约束，和今人所说的制度不无相通。1898年，孙宝瑄在日记里大赞廖说，谓制度是"经史之枢纽，圣贤精理奥义之所由见，而世界盛衰治乱所从出"。孙氏所云"制度"，远超经学关怀，指向了当时的变法运动，表示："治天下之术无他，法而已。法善，则小人不敢为非；法不善，则君子不得行其是。

---

[1] 康有为：《英国监布烈住大学华文总教习斋路士会见记》，第53页；《礼运注》，第568页。康有为性格张扬，不受绳束。论者谓其作书"有剑拔弩张之气"，"又作书每多墨污，全不计较"（郑逸梅：《海上艺林谈往录》，收在薛玉坤、李晨整理：《〈永安月刊〉笔记萃编》，南京：凤凰出版社，2020年，第44页），虽是艺事，亦呈现出个性之一端。

[2] 廖平：《今古学考》，第37页。

泰西多为善之人，非人心善也，法使之然也；中国多为不善之人，非人心不善也，法使之然也。"[1] 这是把为善为恶看作制度的结果，而非人心的问题，重视的是外在环境，思路和南海一般无二。值得注意的是，在《百年一觉》中，我们同样可以读到"人心坏"其实是"法不善"的议论。[2]

康有为也接受了廖平的观点，宣称："孔学之聚讼者，不在心性，而在礼制。"不过，和孙宝瑄一样，他对制度的认知，远非经学所能涵纳。1895年，他在一篇鼓吹变法的文章里说："能变则秦用商鞅而亦强，不能变则建文用方孝孺而亦败。"决定性的因素不是所用之人品性的好坏，而是制度是否合理。后来他漫游印度时发现，随着佛教衰退，印度人"食肉不动其心"，"焚人"也一样，使他再次意识到"立法"的重要："人情无常，全在圣者立法有以养之，所谓决之东西皆流也。"[3] "圣人立法"可以改变人情，和他常说制度必须顺应人情是矛盾的，但对热衷于"术"的康有为来说，这种矛盾似乎并无太大问题（立法本身是一种"术"，其施行也有赖于"术"），反而有助于我们理解为什么他在写了一部"义理"著作（《实理公法全书》）之后，还要写一部讲说"制度"的《大同书》。

传统儒学一向关怀制度建设，这是其经世的重要内容。[4] 不过，如同史华兹（Benjamin I. Schwartz, 1916—1999）提示过的，在正统儒家学说中，"管理和强制这两方面的智能都被认为是国家基本的道德作

---

[1] 孙宝瑄：《孙宝瑄日记》上册，光绪二十四年七月初九日（1898年8月15日）、光绪二十四年三月二十六日（1898年4月16日），第269、208—209页。与后者类似的表述又见同年闰三月二十三日（1898年5月13日），同书，第220页。
[2] 析津：《回头看纪略》，《万国公报》第38期，第19页B。
[3] 康有为：《桂学答问》，第19页。类似的表述，又见《南海师承记》，第213页；《变则通通则久论》，第30页；《印度游记》，第545页。
[4] 之前一直被批评为高谈心性的理学家，在乡约、社仓、义田、宗祠等社会事业建设方面投入了大量的精力，做出了重大贡献，这已为最近几十年的历史研究所证实。

用的外围"。对好的治理来说,"强制性和管理性的活动在国家的全部活动中都被抑制在适可而止的程度上"。[1]事实上,前人对制度建设的思考和实践,是紧密围绕天理、人心、善性等核心因素展开的。用康有为的话说即是:"吾土之学始于尽伦,而终于尽制。所谓制者,亦以饰其伦而已。"[2]

但近代中国人对制度的思考完全脱离了"性和天道"的制约,甚至颠倒了旧的因果链条,将人性善恶看作制度配置的结果而非起因:对康有为来说,人伦之苦就不再是道德沦丧的表征。这产生了与传统完全相异的效果:此前制度具有一种教化力量,维系于枢纽性人物的道德责任之上(这并不是说可以将其化约为修养、道德与教化);现在的关键则变成,何种社会配置可以消除痛苦,生产快乐。这当然不是说大同世界完全可以排除道德因素的作用,但修养是从属于新制度的。或者说,为了经营缔造一个新的制度,而需要重新塑造人的内在世界。修身降为次要的力量。

事实上,康有为对制度的论述,已经明显越出儒家传统思维的范畴。在后者的主导叙事中,制度的最终依据都是"对天道的模仿",[3]但在南海这里,制度的终极目标指向的是社会福利本身。尽管万木草堂的弟子竭力分辩自己老师的主张与功利主义不同,然而二者相异之处究竟何在,其实言人人殊。[4]这令我们想到孙宝瑄的自辩(尽管其强调的方向与此正好相反):康氏弟子意在证明此是其老师的独得之见,孙氏之意则在证明自己的主张看似和边沁不同,实际却是一致的。

---

[1] 本杰明·史华兹:《寻求富强:严复与西方》,叶凤美译,南京:江苏人民出版社,1990年,第7页。
[2] 康有为:《日本书目志》,第294页。
[3] 侯旭东:《什么是日常统治史》,北京:生活·读书·新知三联书店,2020年,第183页。
[4] 梁启超:《南海康先生传》,第430页;陆乃翔、陆敦骙等:《南海先生传(上编)》,第461页。

无论如何，这都说明一个问题：尽管在近代中国，苦乐论的支持者思路各异，有些人直接受到边沁学说的启发，有些人则更多独立思考，但整体来看，苦乐论与功利主义的取向相当接近。[1]

从历史本身来看，造成这种相似性（如果不是不谋而合的话）的主要原因，还是近代中国的应战处境。1915年，陈独秀（1879—1942）发表在《新青年》上的一篇文章说："乐利主义"或"最大多数幸福主义"，是"近世欧洲之时代精神"。[2]当中国人把长于组织、规划和管理的近代西方当作一面镜子，努力寻找自身的不足时，与之相关的"群"的观念就自然散发出一种迷人魅力。[3]因此，问题的关键不在于康有为的观念是否受到功利主义的影响，而在于理性主义的社会组织与规划方式在近代中国的兴起：随着人们把目光投向（包括了社会和国家在内的）群体意义上的富强和幸福，意识到这一切都是社会计划和配置的结果，而不是个体修身所能引领的，思想的转辙器就自动开启，将其带入了"现代"的轨道。

事实上，将人性看作一种"习得"的结果，在西方思想史上也是一个重要转折。罗伊·波特（Roy Porter，1946—2002）对英国启蒙运动的研究特别指出，在那时，善恶问题"从关于义务的教条被重塑为关于人性的事实问题"，这为"一种新的实用享乐主义"提供了依据。[4]詹姆斯·塔利（James Tully）也说，洛克（John Locke，

---

[1] 一般认为，康有为的思想接近于边沁，张翔在《大同立教：康有为政教思想研究》中则认为，其思路更接近霍布斯（该书，第175—185页）。不过，本书无意分辩这一问题。事实上，康有为并没有系统地学习过"西方近代政治思想史"之类的课程，而是通过各种随机性阅读、观察、思考和感悟，将许多零碎的观念纳入并凝构成为自己的思想体系，因此，我们很难将他的某些想法确切地限定于某一具体来源。
[2] 陈独秀：《今日之教育方针》，收在《独秀文存》，第17页。
[3] 本杰明·史华兹：《寻求富强：严复与西方》，第49—54页。
[4] 罗伊·波特：《创造现代世界：英国启蒙运动钩沉》，李源、张恒杰、李上译，北京：商务印书馆，2022年，第279、280页。

1632—1704）的"白板说"为启蒙运动的"进步"话语提供了支持：因为相信趋乐避苦是人性中"唯一永恒而可靠的倾向"，有些人主张，"通过明智地运用各种快乐和痛苦或奖赏和惩罚，可以引导一个人反复练习现代的思考和行为模式"。这一观念主导了近代早期欧洲的社会政策（比如对穷人勤劳工作习惯的培养），"道德和政治科学围绕个人对快乐和痛苦的考虑而得到重建"。[1]强调人性只是"习"，其实是"白板说"的对应形式；至于将苦乐作为培训行为习惯的一种手段，我们则可以在《大同书》设计的各种奖勤罚懒政策中看到（参看第六章）。

总之，作为一部里程碑式的著作，《大同书》提示出近代中国思想的一个根本转向：此前，中国人倾向于认为宇宙本身就具有合理的布局，一个社会只需接受天然秩序的指导，就能达到理想状态（这使它可以而且必然是散漫平铺的），人伦遵循了天伦，而后者本身即是"道"的体现。这在政治方面，意味着"无为"才是终极理想，儒、道二家皆从不同思路出发，给予这一原则以至高礼赞。然而，进入20世纪，这一想法发生了逆转：从此之后，理想社会是"人工"的，不是"天然"的。它无法通过以修养为先的方式从"理想"或"社会"中推导出来，而是对人口和社会信息加以全面掌控、合理规划、严密推导的结果，因而人也从天道的赞助者成为一切合理价值的设计师。在此过程中，中国传统观念中的许多成分得以继续保留（比如那个共感网络体现的乐观主义宇宙观），然而它们被混杂组构到一个新的思想"秩序"中，因而也具有了与此前完全不同的意义——它们已经是"新"的一部分，而不是"旧"的延伸。

---

[1] 詹姆斯·塔利：《语境中的洛克》，梅雪芹等译，上海：华东师范大学出版社，2005年，第249页。

第四章　在大同之路上徘徊前行

一个平等、和平、自由、幸福的世界就内在于世界的本质中（参看第三章），但它必须通过人的努力才能变为现实。《大同书》用了大量篇幅铺陈出一幅大同行动线路图：先是废除国家，组建公政府，实行全球治理；再是消除社会阶级，确保人人平等；接着化除人种差异，将棕、黑人种变为白、黄人种；继而取消传统婚姻制度和对女性的压制；推行全社会的公养、公教、公恤制度，家庭也随之消亡；接着"去产界公生业"，废除私产，推行公有制，对生产和消费加以统一谋划；"去乱界治太平"勾勒了大同世界的行政、社会和奖惩制度；"去类界爱众生"宣扬减少乃至不再杀生，仁及鸟兽；最后一步是"去苦界至极乐"，铺叙大同世界的日常生活场景，而以修仙修佛、走向诸天作结。

但当我们追随康有为的引导进入书中，[1] 会发现其叙述并不像想象中的那般笔直，而是布满了迂回曲折、反复摇摆的沟壑。其实，一部志在抒发"理想"的著作，只要清楚摹写大同社会的面貌和构成，唤起读者神往，就已毕其能事；康有为的论述却期期艾艾，拖泥带水，大部分内容都包含了自我否定的成分。他向读者保证，走向大同就可以彻底摆脱此前困扰人们的一切痛苦，但与过去告别的过程又被他拖得分外漫

---

[1]《大同书》的表述方式具有鲜明的"立法"特征和独断色彩，在这一点上，它和莫尔的《乌托邦》形成了鲜明对照：后者以"对话"方式展开，可以追溯到西方思想史上一个漫长的传统（参看杨晓雅：《乌托邦备忘集：一本学术研究》，第62—65页）。

长:他将"九界"宣判为人类痛苦的根源,却又对其中一些"界"依依不舍,仿佛不到最后关头,他并不愿真正离开。无怪乎梁启超说他"对于政治问题,对于社会道德问题,皆以维持旧状为职志"。[1]有时,当他终于沿着蜿蜒的道路,踏进大同的某个站点,脚上却还穿着一双旧鞋,而且被擦拭得如同新造。对此,沙培德充满困惑地评论道:"很难说他的乌托邦主义与他的政治改良主义有何关系。"[2]

对比一下《大同书》和谭嗣同的《仁学》,这一特点就更形突出。这两本书常被认为是思想上的双生子,钱穆甚至认为《仁学》就是《大同书》的留声机:"大同即仁之境界,冲决网罗,即《大同书》之破除九界。"二者唯有表述方式上的差异而已:"长素(康有为。——引者注,下同)之书玄言之,而复生(谭嗣同)之书笃言之。"[3]的确,"大同即仁之境界",但"冲决网罗"与"破除九界"虽然都倾向于"破坏"而非"建设",但并不完全等值。"冲决网罗"出自《仁学·自叙》:"初当冲决利禄之网罗,次冲决俗学若考据、若词章之网罗,次冲决全球群学之网罗,次冲决君主之网罗,次冲决伦常之网罗,次冲决天之网罗,次冲决全球群教之网罗,终将冲决佛法之网罗。"[4]细味"网罗"的名目和"冲决"的次序或可发现,谭嗣同的关怀与《大同书》有一个显著的不同:前者的思路主要沿个体层面展开,后者则主要着眼于社会制度。[5]

---

[1] 梁启超:《清代学术概论》,第276页。
[2] 沙培德:《帝国之后:近代中国国家观念的转型(1885—1924)》,第60页。
[3] 钱穆:《中国近三百年学术史》下册,第749页。
[4] 谭嗣同:《仁学》,第290页。
[5] 需要强调的是,谭嗣同当然也没有忽略社会问题,他强调必须废国家、废君主、废家庭,才能实现真正的大同:"无国则畛域化,战争息,猜忌绝,权谋弃,彼我亡,平等出;且虽有天下,若无天下矣。君主废,则贵贱平;公理明,则贫富均。千里万里,一家以人。视其家,逆旅也;视其人,同胞也。父无所用其慈,子无所用其孝,兄弟忘其友恭,夫妇忘其倡随。"见《仁学》,第367页。

其次，虽然"冲决网罗"和"去九界"的语式相近，语义相当，但语感和给读者带来的感受都不相同，我们不能在二者之间简单地画上一个等号。如果将康有为说的"去"理解为一个动作，则其可能是"离开"（比如《巴黎登汽球歌》"或者去我恶浊世"里的"去"），也可能是"去除"。"离开"，从此地到彼地之谓也——走向平世即是离开乱世。从这一角度看，整个历史进程由一连串过渡构成。"去除"则带有"打破"之意，情绪更为激烈。从字面看，这两种含义似乎都适合于康有为的"去九界"：走向大同意味着我们必须"离开"过往所依赖的制度，或者"打破"旧制度的束缚。后一层意思已经非常近似于"冲决网罗"。但问题在于，康有为一边控诉"界"的危害，一边反复念叨其历史价值，其意念显然更倾向于和平地"离开"而非暴烈地"去除"——事实上，即使取"打破"之意，"去"也远不如"冲决"来得猛烈；更何况紧跟着"去某界"的都是一个建设性的目标，语言的坡度要和缓许多，而不像《仁学》那样，一连串的"冲决"到底。

因此，尽管在终极目标上，康有为的激进程度未必输于谭嗣同，但他对待历史的整体态度较后者要更为温和；尤其值得注意的是，他语气中的犹豫和迟疑也为《大同书》蒙上了一层暧昧。这显然不能仅仅归因为一些偶然因素，比如康有为的年纪比谭嗣同大，因而态度也应更加稳健，等等，它具有更深刻的思想史含义。下面我将选择其中的几个关键性步骤——"去国界""去种界""去形界"和"去家界""去类界"，集中分析南海对它们的描述，[1] 以期展示其思想的复杂（不过，我会将"去形界"和"去家界"提到"去种界"之前，因为在康有为的计划中，它们显然更为重要）。在最后一节，我试图从历史观的角度，对萦绕着《大同书》的纠结与徘徊提供一个可能的理解。在我看来，这一情形和康有为试图把各种价值取向融为一体的努力有关，

---

[1] 鉴于康有为对"去级界"的讨论相对简单，本书不再赘言。

而这既使他的论述跳出了线性叙事的陷阱，又强化了他对规划理性的执着。

一、以兵弭兵的"去国界"之旅

梁启超曾在《南海康先生传》中给出过一份"去国界"的实施方案：

> 凡各大国向来统治于一总政府之下者，宜听其人民自治，分为若干对等之小国，略如美国联邦、瑞士联邦之例，合全地球无数之小政府，为独一之大联邦，而为总宪法以枢纽之。但此宪法与各小政府之宪法异，小政府之宪法务极繁，大联邦之宪法务极简。联邦既成，则兵尽废，但有警察而无海陆军，《礼运》所谓"讲信修睦"也。[1]

如果其转述无误，这个段落反映的就只能是康有为早期的构想，与《大同书》的方案不尽相同（不过大致上对应于其中的全球联邦阶段，详见下文）。后者首先指出，大同需要两个"先驱"条件：一是国际的，"国界自分而合"；一是国内的，"民权自下而上"。接着，南海在"合国有三体"一节中勾勒了"去国界"的具体阶段：

> 今欲至大同，先自弭兵会倡之，次以联盟国纬之，继以公议会导之，次第以赴，盖有必至大同之一日焉。夫联合邦国之体有三：有各国平等联盟之体；有各联邦自行内治而大政统一于大政府之体；有削除邦国之号域，各建立州郡而统一于公政府之体。

---

[1] 梁启超：《南海康先生传》，第432页。

凡此三体，皆因时势之自然以为推迁，而不能一时强合也。[1]

这段表述不够明晰，需要加以特别疏解：其中包含了两条线索，一条是在进入大同过程中起到引导或中坚作用的机构（弭兵会、联盟国和公议会），另一条是在邦国联合过程中出现的组织形态（"合国三体"），每一条线索内部都可以再分三个阶段（这再次显示了康有为对"三"的偏爱）。尽管对两条线索的描述方式不同，前者使用了"先""次""继"这样明确表示进阶的词汇，后者似乎只是简单的并列，但"三体"之间实际上同样具有递进关系：康有为使用三世说的术语，分别将之称作"大同始基之据乱世""大同渐行之升平世"和"大同成就之太平世"。[2]

虽然同样分为三段，但这两条线索并不是对等的平行线，而是互有参差的。根据康有为的表述，弭兵会开启了"各国平等联盟"阶段，但它并不包含在"合国三体"中，而是作为其先导出现的；联盟国则指"三体"的第一种（"各国平等联盟之体"）；至于公议会，即是"各联邦自行内治而大政统一于大政府"阶段（大同之升平世）中的"大政府"或曰"公议政府"："不设总统，但设议员"（而有"行政官"）。到了大同之太平世，就仅有公政府，不存在公议会了。[3]

---

[1] 康有为：《大同书》，第70页。覆按影印手稿，"各国平等联盟"原作"各国平等联邦"，"各联邦自行内治而大政统一于大政府之体"原作"各联邦统而归一大政府之体"；又，此两句后、"有削除邦国之号域"句前，原有"此二体者，随时转移如上"一句（大象本，下册，第268页）。将"各国平等联邦"改为"联盟"，应是为了与"全球联邦"相区别；至于"此二体者"一句，似是欲将"合国三体"与前句中所说的三个机构联系起来（故有"如上"云云），但具体语义不明，未知其详。
[2] 康有为：《大同书》，第70—71、91页。
[3] 康有为：《大同书》，第71、76、91、93页。需要辨析的是，"联邦受统治于公政府之体"和"去国而世界合一之体"两节中都出现了"公政府"，从南海的叙述来看，这两个"公政府"并不是一回事（故在"去国而世界合一之体"一节中，又称之为"全地公政府"）。康有为似乎意识到这一疏忽，在后文明确指出，前一种形态"不可谓之公政府，但谓之公议政府"（第76页），后一种形态才是真正的"公政府"。

按照"合国三体"的说法,"去国界"实际是现有的"国家"降为"地方"的过程。在第一阶段,"各国并立"且依然保有"主权",仅受联盟约章节制,而"无一大力者以治之",故而是极不稳定的联合。到了第二阶段,原本独立的主权国家成为全球"联邦治体"(《大同合国三世表》称为"公国")中的一"邦",仅仅保有内治之权,其他权力均交付"公议政府"。后者"虽不干预各国内治,而有公兵公律以弹压各国",可以更切实地保障和平。公议政府拥有自己的领土("公地")和人民("公民"),通过接收自愿接受保护的小国和"各国瓯脱之地",逐渐扩展"公地"范围,增加"公民"数量,加之其时民权炽盛,"各国政府主权必渐削",公议政府的权利也将愈来愈大,最后"必渐成中央集权",将前此存在的"诸国改为州郡",于是"全地公政府之大势成矣,全地大同政府之基础固矣,大公政府之大权行矣",大地也就真正融合为一个整体,"无国而为世界"。[1]

这个与"国"相对的"世界",当然不是空间意义上的地球,也不是政治意义上的"国际",而是"大同"的隐喻。从"万国"到"世界",人类由分而合,也从频繁战争状态解放出来,进入永久和平。这两个主题息息相关:"分"与"战"在一端,"合"与"和"在一端。但这两端并不只是对峙,也存在渗透与转换:在有些情况下,分裂是统一的前奏;而在最终和平降临之前,我们不可能轻易否定战争的价值。不过,这两个主题并非同样复杂,相对来说,从争战到和平的道路更加曲折,从分裂到合一的过程就平直很多(这当然和他对"大一统"的热衷有关)。

康有为认定,"人民由分散而合聚之序,大地由隔塞而开辟之理"乃是"天道人事之自然",其必然性可以从以往的历史经验中获得确证:到目前为止,社会团体的发展经历了从"家族"到"部落",再

---

[1] 康有为:《大同书》,第71、78、79、91页。

到"邦国",进而成为"一统大国"的过程,统一范围愈益广阔,提示出未来全球"合聚"的终极图景。其次,统一也是必要的。以人情而论,"列国并峙,是以有争。若合于一,何争之有"?孔、孟早就意识到,要消除战争就必须统一,他们力倡"大一统"和"定于一",使中国维持了两千年之久的一统格局,人民赖以安生。虽然西方列国因为分立竞争之故而使"政艺日新",但其因"千年之黑暗乱争",也不过领先我"数十年"而已,两相比较,得失立见。就"物理"而言,"分则小,小则弱,合则大,大则强"。故即使国际竞争时代,也仍以统一为上。在这方面,国际政治中有两个现成的例子:反面例子是印度的分裂,正面例子是德国的统一(这正是南海称颂"俾士麦之功伟矣哉"的主因)。[1]

出于同样的理由,康有为认为"封建"有悖于"大一统",绝非"圣人"之意。如果它有价值的话,那也是属于过去的:"凡封建之后必行郡县;郡县者,乃治法必至之势也。大约封建世及,行于草昧初开之时,据乱之制也;郡县派官,行于大国一统之时,升平之世也;郡县自治,皆由民举,太平之世也。"历史是朝向"中央集权"("大一统"与"郡县制")方向发展的。[2] 梁启超也强调,"柳子厚言封建,非圣人意也,势也。其说最通"。事实上,三代行封建,而"亦未尝大治",之后更是混乱。"秦之变封建为郡县"并无错误,其错在具体的

---

[1] 康有为:《大同书》,第54、56页;《我史(附日记)》(1887年日记),第71页;《意大利游记》,第367页;《共和政体论》,第250页;《德国游记》,第408页。除了这种从功能角度的立论外,康有为也诉诸宇宙论的理由("以元统天"),以证明统一的必要,如《论语注》,第387页。

[2] 康有为:《孔子改制考》,第124页;《日耳曼沿革考(奥大利匈牙利沿革附)》,第252页。事实上,"中央集权"是19世纪末20世纪初才输入中国的一个概念(参看任锋、马猛猛:《"中央集权"在中国:一个现代概念的历史生成及其理论检视(1899—1911)》,《社会科学》2022年第7期,第6页),"大一统"与"郡县"才是中国本土的术语,康有为的表述展示出他是如何理解这一概念的。

治法。总之,无论中西,"一统之胜于封建者,一定之理"。[1]

康有为倾向于认为"联邦"是"封建"的发展,二者有类同之处,因此他对联邦的印象并不佳。在民初喧嚣一时的国体之争中,他坚决反对采用联邦制,认定中国"只可师法国,不能师美国",反对将中国"分为数国"的主张。他当然承认,由于中国"国土太大","以一政府合大小而兼统之",必致"田野不治,实业不兴",必须同时兼行地方自治。但他强调,自治的"最大"范围应到府为止,而万"不可行省自治"。[2]

不过,康有为有时也颇能欣赏封建的益处。他曾列出欧洲封建的五大贡献:一是削弱了"君权",刺激了"民权"兴起,催生了"立宪之政";二是小国林立,因"比较"而"竞争",以致"政法"日善,无"守旧"之风;三是"各国牵制,不易攻灭",遂将注意力转向海外,不断拓展"新地",产出"新物""新识""新器";四是贵族生活"骄奢淫逸",促进了艺术水平的提升,其"宫室、什器之精丽,甲绝大地";五是因各国竞争自立,酿出"平等、民主、共和之制"。反之,中国长期一统,虽无战争之患,却也停顿不前,渐落人后。这些现象提醒他:历史上的阴差阳错,得失互见比比皆是,[3]难以一概论之(详见后文)。

同样地,康有为对于联邦体制也并不只一味反对,相反,他特意在"合国三体"中列入一个全球"联邦"阶段,大有深意存焉。要理解这一点,不妨对读《德国游记》里一段精彩的议论,其中特别谈到联邦有促进统一的作用:

---

[1]《湖南时务学堂第一集·答问》中梁启超答语,收在湖南时务学堂编:《湖南时务学堂遗编》,第67—68页。
[2] 康有为:《补德国游记》,第352页;《中华救国论》,第319页;《覆曹锟等书》,第201页(同样的表述,又见《复湖南赵省长恒惕论联省自治电》,第211页)。
[3] 康有为:《日耳曼沿革考(奥大利匈牙利沿革附)》,第239—241页。

>联邦政体，其初虽甚难，而将来吸收大国一统，则莫妙于联邦之制也。其制各国独立，保其尊崇而不干其政，各国小君主或王或公侯皆与各大国平等，即与德帝亦平等，此其便人之归合甚矣。夫使若中国之待属国，必屈以臣礼，则人情或难之。今以公侯与帝霸平等，国政自治，但外交与兵权属之霸，王何损焉？以强大国而办外交，益纵横得力，固国民所乐附也，胜小国独立多矣。它日北欧诸小国以渐与德为联邦，则德不费一矢而俯拾得北欧之地矣。此其势至顺，必非俄、英、法诸国之比，必须灭人乃能隶属之。而灭国大事，万国属目，行之极难，岂若以联邦合之，名义至顺，行之较稳而易成耶？

他对德国用"联邦"名义"阴纳各小国"的做法相当欣赏，断言此是"天将兴之，以为欧洲一统之国"的先兆。[1]《大同书》在论述全球联邦体制时，处处以德国为"原型"（但这一"原型"也未必可以照搬到将来，详见下文），其故在此。

如果一统是"合"，联邦在某种程度上就是"分"（但较之小国林立又是一种"合"）。因此，康有为的议论意味着，至少在某些时期，"分"可能成为"合"的催化剂。按照梁启超的说法，大同之前的关键步骤正是"分"：将一统之大国拆分为若干"小国"，再由此诸小国联合成为"独一之大联邦"。类似的指示在《大同合国三世表》第六条亦可看到：在"大同渐行之升平世"，"各国可随时附入公国，不得以两国合成一国，惟许以一国分作数国"。正文与此大致对应的是："每旧大国，因其地方形便自治之体析为数十小郡，因其地方自治之体而成一小政府焉；皆去其国名，号曰某界。"[2]这都是指全球联邦阶段的情

---

[1] 康有为：《德国游记》，第448页。标点有改动。
[2] 康有为：《大同书》，第91、81页。

形,与任公的转述大体相同,只是具有更明确的阶段和条件限制,似乎可以看作在后者基础上的发展。

但问题是,除了这些段落,《大同书》还有一个题为"联邦自小联合始小吞灭始"的小节,除了明确反对"联合之始,万国遽行联合"外,还提出自"小联合"到"大联合"的演进方案。所谓"小联合",是指"两三国力量同等、利害同关之邦"的联盟,此后则"有同洲、同教、同种之联盟继之",而同洲联盟似较其他几种联盟的形式更为重要:按照其设想,其时由美国主导的美洲、由德国主导的欧洲和由中国主导的亚洲形成了三个同洲联盟,进一步合并成为东西两半球的联合,最终全球归一。[1]南海把这个阶段放在地球"联邦"时代,而从其表述看,似乎并不存在先分再合的过程,而是从小到大一路联合到底。

然而,康有为并没有说清楚,同洲联盟、半球联盟这样的"大联合"和全球联邦时代的公议政府究竟是何关系:按其设定,公议政府由"力量同等"的国家组成,且对各国具有"限禁"之"权",能够制止"兵争",对不听命者甚至可"调兵攻之"。在这种情况下,各国又如何通过战争加以"吞并"?[2]事实上,按照"合国有三体"一节的思路,全球统一是通过公议政府权力和地盘的扩展达成的:"以公地既立,公民日多,投归公政府(实即公议政府。——引者注)之自治地必无数。各大国势力必日分日弱,各国民权团体必更炽,各国政府主权必渐削",而"公议政府必坚持中央集权",终至"全地大同"。[3]

---

[1] 康有为:《大同书》,第73—74页。由小到大的合并方式似乎与康有为向来的想法更合拍。早在光绪十三年(1887),他就想到由法、美总统主导"合地球为一国,设一公议院"的主意(详见第一章),只不过后来德国取代了法国的位置,而中国被提升为三强之一。

[2] 康有为:《大同书》,第76、92页。

[3] 康有为:《大同书》,第79页。这和1904年写作的《荷兰游记》中的思路相吻合:"始则立公会以主之,继则开公地以治之,行之以渐,成之以久,渐成公国,而人民争归之。诸大国始则同权合治,久之则类于美之联邦,渐成中央之集权。至于是时,兵庶少弭,则去大同之世不远矣。"该书,第502页。

这是一个和平过程,而非战争吞并所致。这样看来,对于怎样走向大同,康有为实际上提供了两种不无歧异的方案,反映出其思想的徘徊,也再次印证了《大同书》作为一部未定稿的性质(参看附录十九)。

事实上,在从小联合到大联合的思路中,最令人困惑之处就是康有为对战争的引入。他明确指出:战争是国家的必然属性,国家是引发战争的根源——即使是"仁人志士",也"不得不各私其国",此是人情所向,无可遏止。[1]因此,"去国界"与消除战争是一体之两面。这在很大程度上代表了时人的共识——无怪乎其时各种畅想理想世界的文献都将弭兵放在行动清单的首位。[2]而促使康有为书写大同的一个现实动因,就是1899年"万国弭兵之会"(Hague Peace Conferences,南海亦称为"荷兰喀京之万国同盟",今译海牙和平会议)的召开。[3]南海对此非常兴奋,视之为新时代来临的号角。尽管他发现会议并没有真正阻止战争和侵略继续发生,而且人类百年之内亦"必无弭兵之理",但仍认为"天下之大事必有其渐,其始基也发之甚难,行而赴之必多曲折",但是,弭兵之"名"既立,"久之必有以见其实"。到了那时,再回望历史,必将以万国同盟的成立为"大

---

[1] 康有为:《大同书》,第68页。国家出现之前,家族、部落之间亦有争斗,但在国家(邦国、一统大国)出现以后,它就取代了其他社会组织,成为战争的最大根源。具体讨论见《大同书》,第54—56页。

[2] 比如,蔡元培:《新年梦》,收在《蔡元培全集》第1卷,中国蔡元培研究会编,杭州:浙江教育出版社,1997年,第434页。

[3] 在戊戌变法之前,康有为就对欧洲的和平组织"弭兵会"(Universal Peace Congress,需要注意的是,它和海牙和平会议都被康有为称作"弭兵会",但实际上是两个不同的组织)非常热心,积极推动中国加入。有关情况参看茅海建:《康有为与"弭兵会"——兼论翁同龢荐康有为说》,《清史研究》2022年第6期,第22—43页。除了该文对万木草堂弟子们的相关言论与活动所做的梳理外,时务学堂学生札记中也有不少可以与之印证的内容。见《湖南时务学堂初集·札记》中李洞时札记及叶觉迈批语、戴修礼札记、唐才质札记,收在湖南时务学堂编:《湖南时务学堂遗编》,第147—148、225、260页。

同世之滥觞"。[1]因此，康有为竭力主张，应以庚子年（1900）作为大同纪元的开端。[2]

但他同样认为，国家的存在并非一无是处：作为"人道团体之始"，它为人民提供了起码的保护，使人免其痛苦——当然，这也势必意味着对敌人的战争。[3]战和一体，难解难分，这也是所有局部性的理想社会都必须正视的问题。比如，在莫尔笔下，乌托邦人虽然痛恨战争，但出于自我保护的需要，又不得不积极备战。他们的办法是尽量不用武力，而是采取智谋以取胜。[4]这是一种防御性的战争，战斗只是手段，绝非目的。只有当所有人都不再发动战争的时候，永久弭兵才成为可能；而这需要集体的共识，并非单方善意所能达成：在群虎环伺之下，任何一方放弃武力，都只能成为被宰割的对象，康有为对此抱有深深的恐惧。[5]基于此，他积极主张中国发展物质文明，谋求富强，以稳固自身安全。

更重要的是，除了这种消极功能，康有为还赋予了战争一种更积极的意义——通往大同世界的交通工具。时务学堂学生戴修礼（生卒

---

[1] 康有为：《荷兰游记》，第502页。须知在康有为的心中，弭兵会牵涉的意义相当广泛。他在1901年说：按照中国传统观念，倡导弭兵，"当考德行、一刑法、讲礼义、正文章、尊京师、重法度"。他相信"万国弭兵之会"兴起后，必将有这些举动，"以竞争于文明也"。见《春秋笔削大义微言考》，第293页。

[2] 康有为的理由是，此事虽然"起于己亥"即1899年，但"终于庚子"。其中，"庚子"二字含义深远："庚者，更也；子者，始也"；而从西历看，"庚子之冬至"已经进入1901年，正是"二十世开幕之一年"。这都有新时代的意味。故他主张，"以庚子春分为大同元年托始之正月朔日"（《大同书》，第90页），细算即1900年3月21日。按，他在1910年2月2日写过一份《辞世书》，结尾署名为"大同十年即宣统元年十二月廿二日，更生"（第123页），与《大同书》所说相合。

[3] 康有为：《大同书》，第6、68页。

[4] 郝春鹏：《乌托邦十讲》，桂林：广西师范大学出版社，2022年，第115—125页。

[5] 康有为提倡"弭兵"，是他戊戌时期的对手猛烈攻击的靶子之一。参看张之洞：《张尚书非弭兵》、王仁俊：《王吏部仁俊实学平议》，均收在苏舆编：《翼教丛编》，第107—108、112页。

年不详）在札记中说:"大抵国之有兵争变乱事,非国之不幸,治平之始基也";故"全球有兵争之象,即异日太平之起点也"。教习韩文举立刻称赞"此理极精"。[1]战争的正面价值在全球联邦阶段体现得尤为明显,除了公议政府设有"公兵"以"弹压各国"之外[2],"全地大国"组成的几个"均力均势,相持相等"的大联盟,也无一具有"混一"能力,且都成为"民权"体制,"并吞之势"势必减缓:

> 同体、同力之联盟国既成,则亦有同洲、同教、同种之联盟继之,若美国之治美洲,当美人自治之,不许他洲人干预之是也。假欧、亚人众国强,或干预之,则美洲各国本皆共和,必合为一大联邦,设一公政府,是成一半球合国之势矣。美洲既合,其势莫强,则欧洲、亚洲或亦为联洲法以抵御之,则大合纵成矣……夫以半球众国之联合,其规模体制,与大地大同几无异矣,但尚有两半球对待之体耳。夫既能半球相合,亦何难于全球相合乎![3]

暂且不论(前文已经谈到的)这一方案和公议政府设想之间的龃龉,这里要指出的是,康有为轻描淡写,似乎从"半球相合"到"全球相合"只是顺势而为之事。但实际上,联盟数目越少,越是势均力敌,就越难以整合为一。比如,在20世纪下半叶的冷战时期,"全球秩序"成为"若干地区性秩序"的组合,其中"每一秩序都由一个——而且只有一个——领土国进行有效维护和严密监理"。[4]冷战中

---

[1] 《湖南时务学堂初集·札记》中戴修礼札记及韩文举批语,收在湖南时务学堂编:《湖南时务学堂遗编》,第216—217页。
[2] "一战"后,梁启超谈到国际大同盟要有"强制执行其决议"的能力,就"当有公共之兵力"(《在协约国民协会之演说词》,收在《梁启超全集》第15集,汤志钧、汤仁泽编,北京:中国人民大学出版社,2018年,第197页),可以看作《大同书》此论的一个回音。
[3] 康有为:《大同书》,第74页。
[4] 齐格蒙特·鲍曼:《全球化:人类的后果》,第60页。

的两大阵营与全球"联邦"时期两大半球的"对待"颇为神似,然而并没有加速和平的到来,反而使整个世界都陷入旷日持久的敌对状态。当然,康有为并没有看到冷战,不能要求他未卜先知,预料到类似情形,但问题是,他似乎也没有想过,"半球相合"何以就能顺利转向"全球相合"?

事实上,即使在"大联合"时期,各个联盟之间也仍然存在着"干预"和"抵御"。这意味着"半球相合"只是在战争威胁下均势制衡的结果,并非来自人类相爱的冲动。甲部中设定的那个遍布宇宙的共感网络,在此没有起效,相反,战争的威胁似乎更有利于人类的"混一"。南海信心十足地预言:"今百年之中,诸弱小国必尽夷灭,诸君主专制体必尽扫除,共和立宪必将尽行,民党平权必将大炽。文明之国民愈智,劣下之民种渐微。自尔之后,大势所趋,人心所向,其必赴于全地大同、天下太平者,如水之赴壑,莫可遏抑者矣。"他认为,"自今以后,第二等国以下,亦必不能存",这之后的几百年将是一个"霸国之义"或"帝国主义"时代——当然,这只是表面现象,其实质是"天运人心"欲借此以将众多"弱小"整合于"众大之地",以为"大同之先驱"。[1]用梁启超的话说:"列国并争既久,每假一枭雄者之手以整齐之。"[2]人类的终极和平就埋藏在帝国主义的炮火之中。

战争与和平在这种意义上相互纠缠,以至于我们很难把它们彻底分离。在康有为的论述中,战争经过三种方式推动了"去国界"的事业:一是通过以大欺小、以强凌弱的兼并行为减少了国家的数量;二是出于反侵略或自保的目的联合起来,成为统一的先声;三是在势均力敌的情况下,大家相互牵制,不得不去寻找更加和平的方式来解决

---

[1] 康有为:《大同书》,第74、75页;《答南北美洲诸华商论中国只可行立宪不能行革命书》,第324页。
[2] 《湖南时务学堂第一集·答问》中梁启超答语,收在湖南时务学堂编:《湖南时务学堂遗编》,第77页。

冲突。这几种情况下实现的和平当然都是被迫的和平，但无论如何，它们也都将战争转化为全球统一的前奏，以违背战争本意的方式促进了和平的到来。这使我们意识到，当康有为宣称百年之内"必无弭兵之理"时，笼罩着他的未必是无可奈何的悲伤，反而是几分欣喜和期待。

康有为多次强调民权是推动大同到来的主力：君权"各私而难合"，而人民以追求个人利益为目标，一旦认识到"大同之乐利"，必定"人望趋之如流水之就下"。这当然是合乎他的人道观念的。但与此同时，他也对以"铁血政策"闻名的德国赞不绝口，以为美、法两国"自由太甚"，英国则"自尊不进"，其余非"小国寡民无力"即"守旧"不前，唯有德国"百度修明"，事事第一："武备第一，政治第一，文学第一，医术第一，电学第一，工艺第一，商务第一，宫室第一，道路第一，邑野第一，乃至音乐第一。"南海认为，未统一时的德国在欧洲曾相当落后，一旦统一就如此"进化"神速，主要应归功于其创造了"国竞时一最新式之政体"，也就是"以宪法之民权为体，而以英绝之君权为用"。[1]

君权与民权的关系，实质是（个人）自由与（国家）权威的关系。德国的成就表明，二者未必势不两立，相反，在尊重"民权"之"体"的情况下，"君权为用"是一种极具效率的体制。这提示我们，康有为对民生福祉的关注，具有浓厚的家长制色彩。[2]事实上，德国的成就

---

[1] 康有为：《大同书》，第70页；《补德国游记》，第336页。康有为对德国评价很高，《康有为全集》收录了三种文本：1904年的《德国游记》、1906年的《日耳曼沿革考（奥大利匈牙利沿革附）》和1907年的《补德国游记》。

[2] 迈克尔·弗里登（Michael Freeden）指出，近代西方存在两种福利国家概念。一种源自俾士麦时期的德国："国家表现出一种家长式的'改善所有人福利的积极责任'，它的着眼点是整个国家而非单独个人。国家采取有力的社会控制形式，同时拒绝自由派通过自愿方式解决福利问题的方案。"另一种福利国家观来自英国。见其《福利国家的来临》，收在特伦斯·鲍尔（Terence Ball）、理查德·贝拉米（Richard Bellamy）主编：《剑桥二十世纪政治思想史》，任军锋、徐卫翔译，北京：商务印书馆，2016年，第22页。

使康有为艳羡非常，也令他更加忧心于中国的发展：至迟从20世纪初开始，他就一直担心中国社会陷入自由放纵的狂热，丧失了权威的管束，不利于生存与发展。因此，他明确主张中国"今日只能"师法德国的"铁血政策"。[1]虽然世界已经迈开了走向大同的步伐，但也正因如此，国际吞灭竞争才变得尤为激烈，对中国来说反而是一个更加危机四伏的时代：如果不能有效应对外来危机，它将成为无数被吞灭的国家之一。[2]显然，万国竞争这一时代定位使我们必须将康有为对自由与威权的思考放入战争与和平关系的脉络中理解。

在此问题上，康有为并没有采取时人流行的线性进化叙事，而是将民族（国家）主义和世界大同这两个貌似对立的极端扭缠到一起。他的思路受到儒家差序主义思考方式的影响（参看第二章），但更重要的动因来自他对现实的考量。康有为思想的出发点既是世界，也是中国，而首先是在世界里的中国。他清楚地意识到："当列国竞争之世，岂有文明哉？只有武术耳。"虽然"一战"结束后，他也曾陷入短暂的乐观情绪（参看第一章），但很快就发现："世界之潮流，仍不离立国之一字。"这样，中国就必须生存下去，将来能和德、美一样成为"大地之候补霸者"。而从"国竞"角度看，民权就成为一个次级问题，一国是否行使共和无关大局，重要的是有无实力："国治"是否"完整"，"生计"是否"富足"，"兵力"是否"精强"。在这些方面，"其比较相若，则可平等；比较相远，则为所弱；无所比较，

---

[1] 康有为：《与某华侨笔谈》，第197页。
[2] 尽管康有为心中把俾士麦（Otto von Bismarck, 1815—1898）当作解决中国问题的榜样，但两人的历史观差异极大。克里斯托弗·克拉克（Christopher Clark）指出："俾斯麦的历史是发展的，但不是进步的"，缺乏一种"未来感"；同时，在俾士麦的政治实践和观念中，"计划和理性认知所起的作用"也较小（《时间与权力》，吴雪映、刘松显、彭韵筑译，北京：中信出版集团，2022年，第144、145页）。这和康有为把中国的富强放在人类历史整体进步叙事中的思路完全不同。

加以分乱，则只有灭亡"。[1]

这些论述为我们理解康有为的纠结提供了语境：在中国这种备受欺凌的国家中讲述世界大同，必须要为暴力留下若干间隙。去国之前须先建国，是当时一种流行的主张。蔡元培就曾借助小说人物之口说："人类的力量现在还不能胜自然，如瘟疫水旱的事终不能免，是因为地球上一国一国的分了，各要贪自己国里的便宜，国与国的交涉把人的力量都靡费掉了。"只有废除国界，这些问题才能得到彻底解决。但"如今，最文明国的人还是把他的力量一半费在国上，一半费在家上，实在还没有完全的国，那里能讲到世界主义"？所以结论只能是，"先要把没有成国的人都叫他好好儿造起一个国来才好"。[2]1902年，信仰无政府主义的江亢虎宣称，"世界依然一战场"，"我不犯人而不能禁人不犯我"，故"海军又乌可以已"？[3]许指严则幻想在中国强大后，先统一亚洲，再以海陆军"制胜全球，直至胜无可胜，败无可败，乃成世界大和同大平等之局"。[4]这都是"国竞时代"心态的流露。

有学者在康有为对德国的赞美中看出，去国界"根本不是一个温情脉脉的过程"，相反，"大国通过操纵'列国平等'的表象来吞并其他国家，可谓是'去国界'过程的常态，而'升平世'的'公政府''公会议'，至多要求邦国之间的形式平等，并不要求实质平等"。这样，去国的论述就"隐含着一个'以杀去杀'的逻辑：它不要求超越国际强权政治的逻辑，只是为之提供更恰当的文饰；它也不要求对弱小民族的民族主义情感进行特别保护，后者在他的'公理世界观'

---

[1] 康有为：《请改行民兵亟办械厂折》(代某某作)，第111页；《覆吴巡阅使佩孚电》，第163页；《德国游记》，第453页；《中华救国论》，第310页。
[2] 蔡元培：《新年梦》，第423页。
[3] 江亢虎：《周云如〈海军图说〉序》，收在《中国近代思想家文库·江亢虎卷》，第17页。
[4] 高阳氏不才子：《电世界》，第2页。

中,并没有多少位置可言"。[1] 如此,大同只是一个幌子,康有为和"强权政治"的差异仅仅在于,他的说辞中加上了一道温暖的"文饰",显得更加高尚而已。

这一论述自有洞见,但也难免过犹不及。康有为确实有纵横家的气质,酷好权术(参看第二章);他确实没有简单地否定战争,也承认"合国"离不开"强力"。他说过,德国的联盟是"以力服人",诸小邦屈服于普鲁士,实是"势"也。[2] 他也的确不顾"弱小民族的民族主义情感"——不过这里需要一辩:对他来说,如果大同社会有其基本组成单位的话,那也是个人,而非由各种"界"标识出来的群体;在现实世界中,他考虑更多的也是"国",而非"民族"。[3]

一个人的具体主张固然可能和他本想抵达的目标背道而驰,但如果因此就认为南海一生精力所萃的大同只是一番装点门面的话术,实在辜负了他一片深情。细读康有为讨论"联邦"合国之益的那段文字(前已引)可知,他称颂德国"联邦"之法使小国乐于归附,是在和中国"必屈"小国"以臣礼",俄、英、法等"必须灭人乃能隶属之"的做法相比较的语境中展开的,并无赞美"操纵'列国平等'的表象来吞并其他国家"之意,更不要说把它当作"去国"之"常态"了。一句话,南海是把德国联邦制当作设计"全球联邦"的原型,而不是把"公议政府"当作走向全球大同过程中的"普鲁士"。

在康有为那里,"杀"是全球统一不可缺少的步骤,然而绝不能贯穿始终,否则等于将《大同书》对战争的控诉擦拭一空,"大同"

---

[1] 章永乐:《万国竞争:康有为与维也纳体系的衰变》,北京:商务印书馆,2017年,第99页。
[2] 康有为:《补奥游记》,第394页。
[3] 1903年4月,康有为与一位华侨笔谈。当华侨说"今日乃民族主义,大同之世尚远"时,康有为立刻答道:"今日乃国争义之世,尚未至民族义之世。"见《与某华侨笔谈》,第198页。

二字乃成笑柄。力量"相持"下的均势是"大联合"的关键:"弱小既尽矣,数大鼎峙,则兵力愈坚厚以相持;力愈相持,莫敢先发,盖恐一旦败失,则国势大危。故近数十年欧洲诸大国未尝相见以兵,为此也;其出于平和之公议以图各自相保,势之必然也。"均势的维护依赖于战争的可能,但二者毕竟不是一回事;战争是全球化的推手,但并不意味着,要实现全球和平就必须把战争进行到底。在南海的论述中,大同是一个渐进过程,强权只是其中的一个步骤;他把战争的威胁看作限制和消除战争的手段,而不是把对战争的制约看作粉饰战争的一张面具。同时他也反复强调,民权的出现和交通的进展扭转了以战争实现统一的方式,[1]而他对君权的肯定也不能脱离以"民权为体"的前提(尽管我们不知道他如何保证"体""用"不混),并非主张无限制的君权高张。

刊刻本在讲到德法战争时说:"夫法民亦人也,孟子以'率土地而食人肉',谓之民贼而已。"这句话在手稿本中写作:"夫法民亦人也,孟子以'率土地而食人肉',谓之民贼。然则威廉第一、俾士麦之奇功,在大地公理之中乃真民贼而已。"[2]这是非常严厉的批判。钱定安在整理时删掉此句(不过在另一处,他还是保留了这一评估,参看第六章),大概是因为它看来和康有为对德国模式的推崇不甚协调。不过,南海本喜因事(时、地)立说,他既有对威廉一世(Wilhelm I, 1797—1888)和俾士麦的表彰,又有对他们的批评,[3]这不奇怪,也未必是自相抵牾。无论如何,"仁"是《大同书》的主调,即使在康有为对德国最为推崇之时,也没有放弃对此"公理"的信仰。更何况,他

---

[1] 康有为:《大同书》,第74、75、73页。
[2] 康有为:《大同书》,第55页;《全集》本,第119页。查影印手稿可知,此句(自"夫法民亦人也"至"乃真民贼而已")系在修改过程中添入者。大象本,下册,第249页。
[3] 批判威廉一世的话,又见《致议和委员陆、顾、王、施、魏书》,第99页;《第一次欧战后与某执政书》,第102页。

一向重视"时"这一因素,不同时况有不同做法,时过境迁,就需要换一种手段。将局部层次放大为整体,或以之为依据去否定另一局部的真实,必然扭曲其思想全貌。

二、一波三折的"去形界"和"去家界"

《去国界合大地》第一章题为"有国之害",作者的用意显然是要为"去国界"提供一个坚实的逻辑基础。然而引人注目的是,康有为的破题却是从"家"开始的:他先是叙说了父母如何辛劳地将子女养大成人,紧跟着笔锋一转,描绘了战争的残酷暴烈,杀人盈野。这两幅画面形成了强烈反差,南海的结论也水到渠成:"夫以父母生育抚养之艰难如彼,国争之惨酷祸毒如此,呜呼,以自私相争之故而殃民至此,岂非曰有国之故哉!"[1]生养之苦与国争之苦的对比,实质上是以"人"为本和以"国"为本这两种价值观的对比:生命何其脆薄而珍贵,但有国者只将其看作实现野心的工具和炮灰。

"国界"是对"人"的粗暴否定,大同必须否定这一否定,恢复人的尊严。梁启超指出:"太平世不行万国公法,而行万人公法。"[2]这清楚地表明,大同在这两种价值视角之间,选择了"人"的视角而不是"国"的视角。不过,当康有为试图用父母的劬劳来批判国家的残忍时,家被他放在了"人"的一边,但从更终极的角度看,"万人公法"不仅是要否定"国界",也要否定"家界"。然而,如果父母的养育是人之成人的必要前提,这一设想岂非自我否决?显然,比起"去

---

[1] 康有为:《大同书》,第56页。
[2] 《湖南时务学堂初集·札记》中梁启超批语,收在湖南时务学堂编:《湖南时务学堂遗编》,第257页。任公此处说的"万人公法"似乎就是康有为计划创作的六本书中的第一部《万身公法全书》(《实理公法全书》,第161页),不过这本书并没有真正写成,而且是在大同世界实现之前适用的。

国界",论证"去家界"的合理性是一件更加艰难的事。

与"去家界"相关而被放在更早一步的工作是"去形界",也就是消除男女的不平等和对女性的压迫。用"形界"二字形容性别对立,不无讽刺意味:男女"同为人体,同为天民",从"视听语默"到"聪明睿智"无不从同,却仅因身形微异,而产生了尊卑不平,何其荒谬!男子"以同形党而力抑女子",女子竟也因遭"遏抑既久","自安于异形党",视不公为"固然",安然于屈从地位。这为女性带来了多方面的痛苦,既有政治和社会层面的("不得仕宦""不得科举""不得充议员""不得为公民""不得预公事""不得为学者""不得自立""不得自由"),也有身体和家庭层面的("为囚""为刑""为奴""为私""为玩具")。其实,从佛教的立场看,"男女之相"本来"无定",绝非"一成不变"者。因此,决定"人之贵贱"的因素绝不应是"形体少异",而应是"才智"的不同。[1]

性别不公违背了康有为对"人"的定义:在理想状态下,"凡人类只能谓之为人",因性别差异而产生的歧视是对整体意义的"人"的伤害,也对南海本人造成了情感上的创伤。而这向我们揭示出南海性格的一个重要方面:的确,像大家通常所认为的,康有为非常自恋,向往权力,喜好自吹自擂,但另一方面,他的共情力很强,亦不缺乏对普通人的体贴。他选择"仁"为立论的出发点,和此一性情偏向不无关系。他耳闻目睹许多女性的悲惨遭遇,耿耿于衷,难以释怀,尝云:"吾自少至长,游行里巷,每见妇女之事,念妇女之苦,恻然痛心,怒焉不安。"《大同书》有一段描写寡妇的文字,为此提供了一个生动的证据:"贫而无依,老而无告,有子而不能养,无子而为人所欺,藁砧独守,灯织自怜,冬寒而衣被皆无,年丰而半菽不饱。吾乡居夜归,

---

[1] 康有为:《大同书》,第121—141、145页;《长安讲演录》,第288—289页;《英国游记》,第21页。

闻机杼铿然，五更未已，举巷相应，皆寡妇也。"[1] 这段回忆令人动容，绝非矫饰：机声彻夜，未必触动所有心弦，只有富于共情力的人才能从中听到生活的凄楚悲凉。

尤令康有为不解的是：举凡天下有"不公不平之事"，"偏抑一二人，偏重一二人"，必有为之"讼者、助者"，高鸣不平；"若偏抑千万人，则古今讼者、助者不可言矣"。但对于女性所遭受的明显不公，"大地古今数千年号称仁人、义士"之人，却多"熟视坐睹，以为当然"。"大地之内"，"千万年"间，虽"贤豪接踵，圣哲比肩，立法如云，创说如雨"，对此皆"不加恤察"，致使"一半"的人类"向隅而泣，受难无穷"。这令他愤慨莫名，再三慨叹："斯尤无道之至甚者矣！"此实"天下最奇骇、不公、不平之事，不可解之理矣"！[2]

康有为在性别平等方面的意识相当前卫。且不论他是中国不缠足运动的最早发起人之一，《大同书》呼吁妇女积极参政、竞选议员，在当时的欧洲也被视为"狂愚""谬妄"。其次，他也敏锐地意识到，女性之所以尚未取得杰出的文化成就，是由于她们没有像男子一样获得相应的鼓励和机会，"选用之不及，激拔之不振"。这是社会制度的失误，而不证明女性的智力天然不及男性。如果给予女性"平等就学"的机会，必有"聪慧明敏"者出于其间。事实上，按照康有为的看法，男子之功劳在于保存人类，"而人道文明之事，借女子之功最多"，她们才是文明的真正创造者。[3] 男女表现的差异看似"自然"，其实是"文化"安排的结果：在康有为那个时代，这无疑是非常先锋的主张。[4]

---

[1] 康有为：《春秋笔削大义微言考》，第78页；《大同书》，第141、153页。
[2] 康有为：《大同书》，第121、141、125页。
[3] 康有为：《大同书》，第125、146页。
[4] 18世纪末西班牙的女性主义先锋思想家何塞法·阿玛尔-博尔冯（Josefa Amary Borbón，1749—1833）已经提出过类似的主张，不过，她的主张长期默默无闻。参看露西·德拉普（Lucy Delap）：《女性主义全球史》，朱云译，南京：南京大学出版社，2023年，第59—60页。

康有为认为,"形界"不公主要出自社会原因:"以天行之无定,而以人理之有定限之,其为无量之苦必矣。"天行无定,则人间有苦有乐;人理有定,则有苦无乐矣。盖天理不平,本应由人理矫正,归之于平(参看第三章)。但在"形界"问题上,人不但没有调节天行,反而变本加厉,使之愈趋不公。南海这里所谓"人理",指的是礼法习俗,而它们实际与"理"无关,甚且纯为悖谬。但"旧俗"沿袭已久,就会形成一种"压力",令人不得不追随其后。而其所以引人入彀,根本原因有二:"一由习而不知,一由时之未可。"[1]如今大同脚步已近,时会将至,只要揭出"公理",使人觉察习俗之荒谬,就会有人起而变革:从"无知"到"有知"的过程至关重要,再次遵循了"以智导仁"的原则(参看第三章)。

康有为用了四章篇幅控诉"形界"的不公,"去形界"的必要性已是水到渠成。然而就在此时,他话锋一转,形势立变。第五章题为"原女子被屈之由,本于繁衍人类之不得已",论证男女不平等是文明发展必须付出的代价。这一制度造端于人类社会早期"尚力劫制之时",其后又值宗法体制建成,"男女不别则父子不亲",不得不"以笃父子为一切义理之本",而"以族制聚众,以宗法治人,以世袭为官,以立家为教",整个社会秩序都建立在"家人"关系之上。此时先圣虽欲倡导"夫妇平等"而无由,如此一来必是夫妇"各纵其欲",男女关系飘忽不定,"从何而能成家人,从何而定父子,从何而有族制,从何而有宗法,从何而成治道,从何而立教化?是使人皆鹿豕,世复犷獉也,必不可也"。如果不能有效维持文明发展,就贸然重组社会秩序,"去形界"就是一个必不可少而弊大于利的行为。

其次,人类早期社会"文明之物一切未备,势不能行男女平等之事"。一方面,"女子交合既杂,生人不多,生子亦弱,养子艰难,无

---

[1] 本段和以下两段,康有为:《大同书》,第153、141、147、148、150页。

人相助，求食不给，成人亦难"，会妨碍人口繁盛，并且无法抵御禽兽的攻击；另一方面，男子力强，既以之"役女"，"又自狩猎而易为耕农，聚处一室，独耕一地，妇不杂婚，子知所出，于是父子相识而男强女弱，故以男姓传宗"，人口得以不绝。故从"保全人种、繁衍人类"的大目标看，就不能不裁抑女性。此时若"屈男伸女，既于人道不宜，又于事势未可"；如果强行"平等"，将使人类"复返犺猿"。故先圣不得已，只能稍做补偿，制定种种礼仪规程，比如规定婚礼中"男先下女"（男子亲迎之礼），又倡导"妻者齐也"，此皆欲"以除旧俗奴役之弊而明平等之风"，其心甚苦。

第五章篇幅不长，仿佛一口气说出一个长句的中途，不得不停下来的一个小小喘息。在接下来的第七、八、九章，康有为完全回到对男女不平等的批判和对两性平权的阐述（不过他强调这是一个"次第救援"的过程）上。其中第八章规定"女子升平独立之制"，主要适用于"未至大同"的过渡时期，具体包括：兴办女学；[1] 尊重女性独立人格、[2] 政治权利及婚姻与社交自由；废除毁伤身体的旧俗，男女服饰相同，杜绝男性"玩弄"女性等。[3]

第九章论述大同时代的婚姻制度，[4] 是康有为大同计划中最为激

---

[1] 在康有为那里，女性独立以受教育为条件："女不知学，则性情不能陶冶，胸襟不能开拓，以故嫉妒褊狭，乖戾愚蠢"，实际是"候补奴隶"，是造成家庭不和的重要原因。《大同书》，第162、128、129页。
[2] 为此，他注解《礼运》"女有归"一句，谓："'归'，旧本作'岿'"，谓"巍然自立，不得陵抑"之意。《礼运注》，第554、555页。
[3] 孙宝瑄亦认为衣冠之制趋同乃"大同之机"，又说："我国女子种种装饰，无一非导淫之具。惟有变改服制装束，使与男子无甚殊异而后可。盖服饰既同，则男女相见，彼此相忘，阴阳二电不易感动，则淫风庶几少息。"（分见《孙宝瑄日记》上册，光绪二十三年五月初八日［1897年6月7日］，第113页；中册，光绪二十九年闰五月初七日［1903年7月1日］，第753页）但二人所持理由略有差异。相对说来，南海更侧重于从女性尊严的角度思考这一问题。
[4] 《大同书》中并无明言此点，但根据《春秋笔削大义微言考》中的相应段落，男女"相得"即可"立约"，乃至"无夫妇之可言"（该文，第83页）是太平世之事。

第四章　在大同之路上徘徊前行 | 229

进的部分：废除夫妇之名，男女彼此中意，即可订立平等的"交好之约"。鉴于太平世中人人"独立""自由""平等"，而人性各殊，千差万别，"即极欢好者断无有全同之理"，且易"见异思迁""惟新是图"，彼此"但可暂合，断难久持"，故男女"不得为终身之约"，约期"久者不过一年，短者必满一月"（可以"续约"）；订约者在相关部门"领收印凭，订约写券，于限期之内誓相欢好"。[1]和对战争的态度一样，这一规定也遵循了务实原则：他试图在认可人性弱点的前提下，最大化地同时满足独立、自由、平等和欢爱等不同欲求。

根据《大同书》的描述，"女子被屈"只是人类社会发展初期一件"不得已"而"忍心害理"之事。但是，南海在其他几处地方的叙述，让这个问题复杂起来。1901年所写《春秋笔削大义微言考》宣布："孔子之道本于仁，仁以孝为本，孝以父子为本。人身虽父母合生，然族姓统系悉从父，此古今万国之所同"，乃是"进化文明"的产物。其始"虽因男子强武，女子托以为家"所致，但今日科学已经证明，"母之胚珠仅具胎体，若精气则皆父之所传，故当以从父为是"。孔子正是"洞知"了此一秘密，才大力"推广"宗法，以至中国人口"甲于大地"。[2]照此观点，"从父"就不仅是人类原始社会的需要，而是一个更高文明阶段的标志。叶德辉曾说："西俗合众公主之法，由于无君臣之伦；其无君臣，由于无父子；其无父子，由于无夫妇；其无夫妇，由于女权过重"；而"阴阳反常，为人情之大不顺"。[3]他和康有为的价值观相去遥远，但这些"但书"提示我们，二人共享了一些最基本的理论根基。

不过，比起姓氏从父或从母的问题，最令康有为感到担忧的是，

---

[1] 康有为：《大同书》，第159—162页。按，男女和约的相关讨论，已见于《实理公法全书》（第149—150页），但具体内容多有差异。
[2] 康有为：《大同书》，第157页；《春秋笔削大义微言考》，第217页。
[3] 叶德辉：《叶吏部与俞恪士观察书》，收在苏舆编：《翼教丛编》，第371页。

女性享有"自由"之后,就不再乐于"劬劳受苦而育分身之子",以致"户口日少",最终可能导致"人类灭绝",大地重回"狉獉草昧之世"。如何既遵从"天与人权之理",又能避免"人道之灭绝",是"升平世至难大题"。他承认,自己虽经反复"深思"而未得善法,深感惧畏,因而利用各种机会提醒读者,法国人就是因为婚姻过于"自由","夫妇离异"太多,生育减少,以致有亡国的危险。是故,他在大同世界专门设置有为孕妇服务的"人本院",试图通过提供各种无微不至的物质照护和精神性、荣誉性的奖励,减除(最好是免除)女性妊娠和分娩的"痛苦";同时严禁堕胎,视之为"刑律之第一重律"。[1]

这催促我们重估此部第五章的意义:这只是一个短暂的顿挫,却使他对男性霸权的所有控诉都蒙上了一层暗纱,尤其是那一串以"从何而"开头的排比句,听起来那样铿锵有力,义正词严,反复陈说,不能不让人疑惑,南海究竟如何看待妇女的权益。他对女性的同情当然发自肺腑,但面对社会秩序和人种延续的任务,女性的牺牲如果不是被合理化,也被中立化了。关键在于生育:女性的这项生理功能,将她们紧紧卡在痛苦中,即使到了大同时代,依然无从逃脱。这使他的态度不再那么鲜明,而是浮现出一层暧昧色调。这和他在为男权做历史辩护时体现出的现实主义原则一起,使我们窥见其内心的挣扎。

己部("去家界为天民")是全书最为复杂难解的部分,充满了踌躇和摇摆。康有为在肯定与否定"家界"之间犹豫不决,几乎莫衷一是,整个论述也如同蚯蚓一般蜿蜒前行。这首先体现在它的破题方式上,之前各部开篇首先描述的都是旧制度给人造成的痛苦,此部的第一句话则是:"夫大地之内,自太古以至于今,未有能离乎父子之道者

---

[1] 康有为:《法兰西游记》,第156、163页;《参议院提议立国之精神议书后》,第204—205页;《大同书》,第192—201、277页。康有为很早就开始担忧女性解放之后不愿生育,最早的一条记载见于他在光绪十三年(1887)的日记。见《我史(附日记)》(1899年1月),第71页。

也。夫父母与子之爱,天性也,人之本也,非人所强为也。"[1]仿佛在宣布家庭的罪恶之前,他要先为其吟唱一曲赞歌。然而,这也使"去家界"的合理性和可能性变得分外可疑。细读下去,我们会发现,在详论"去家界"必要性的第一章("总论")中,康有为的叙述至少有过两次转折。

他先是论述家庭制度如何成立:最初是母亲对子女的"爱",它完全出于"天性之自然,至诚之迫切",为一切动物所共有。只是单身母亲难以为子女提供必要与充分的抚养和保护,于是"不得不借男子之力"。不过,初民时代男女离合无定,男子不能"确知"子女是否为自己所生,"无所用其爱";加之男子"因争女而相杀"的事件层出不穷,于是"后圣有作",因情制礼,以防其"争"与"乱",遂立"夫妇之义"。一旦夫妇关系固定下来,父子关系也就获得了生理上的确证,于是父子之情"弥笃";再因同"为一父之子",而产生出兄弟关系。于是,"父子、夫妇、兄弟立而家道成矣"。由此看来,家庭制度的产生既受情感驱迫,又出于生存和生计的必需,并且在客观上维护了社会的稳定,其本意在"为人增益其乐而已"。

夫妇、父子、兄弟皆系"天合",而"非出于人为之好事"。但没有知识的引导,天性之爱就无法久持:禽兽就是因为无知,而"不能推广其爱力以为固结",甚至久之"并母子而不识";人则因有所知识,能将"爱力"推至"宗族",及于"国种"。这里再次呼应了以"智"为人禽之辨的主题(参见本书第三章)。南海强调,"合群"之大小、"孳种"之繁稀,与"知识"之多少成正比:"合群愈大,孳种愈繁者,其知识最大者也。"中国"族制"在万国中最为发达,人口最多,牢结最固,宗族与家乡意识最厚,以"天合"论,可谓"伦类合群之至"。然而问题也就出在这里:"有所偏亲者即有所不亲,有所偏爱者即有所

---

[1] 本段和以下六段,康有为:《大同书》,第163—173、5页。

不爱。"过于侧重家族伦理，妨碍了国人的国家观念，以致一国有如"万国"，"由大合而为微分"，彼此"不能相助，至以大地第一大国而至于寡弱"。故论及"收族之道"，西不如中；论及"合群"或"行仁"范围之广，则中不若西矣。后者日益"文明"和"强大"，其故在此。

就此，第一个转折出现了，家庭（家族）意识会阻碍更大范围的"合群"，自不相宜于大地日趋合一的时代；但康有为并未顺水推舟，由此进入"去家界"的论述，反而回过头去，再次肯定了家的意义：家不只是"天合"，也为人提供了保护，这不但是家庭制度的根本，也是每一个生命安乐的根基。人的一生，"自养生送死"，以至"魂魄"之"安妥"，都要依赖家的庇护。南海由此话题展开，依次论述了"无父母之苦""父母育子之劬劳""有父子之道人类乃强盛"，终于将读者引至"孝"的主题——一个在中国人看来与"家"密不可分的概念。虽然观察到中国家庭（家族）制度的流弊，但南海柔肠百结，不忍对其遽加指责。

论及孝道，有前人的大量成说可以沿用，康有为的论述并无新意。他从"报"的角度界定"孝"的意义："礼与律皆尚往来"，人事互动遵循着报施原则，"报者公理之至矣，无以易之者也"。而"父母之劳，恩莫大焉"，故身为"人子"必然承担"酬报"之责。"父母之劳"从"爱"转化为"恩"，"孝"也从情感的自发流露变成了一种不得不为的义务。南海直言，"不孝"等于"欠债不还"，应"科而罪之"。并且，欧美社会因为推崇"自由自立"和"自主之权"，以致"徇夫妇之欲而忘父母之恩"，父母"劬劳辛苦"而"受益"甚"薄"，也就不愿多加生育，社会反受其害，为我们提供了一个不孝的反例。

然而，由于施报关系的产生，"父子之道"便不再是一种天然情感的流露，而被功利化了：那么，为了求得回报而发出的爱还会是"爱"吗？康有为显然意识到了这一点，而在心中感到几分不安。从这里开始，其叙述进入了第二个拐点。在"论有父子之道人类乃强盛"一节中，他先是指出"夫人之情也计报而后施，算之理也必偿而后予"，却又立刻反驳:"然果如是,则地球十余万万之人类立绝矣。"为此,他不得不再次强调,父母对子女的爱发自"天然",虽勤劳勋苦而心甘情愿,"未尝计及其报也"——但不无讽刺的是,紧跟其后的就是一个让步:"虽望其报而皆不必其偿而后予也。"此言意味深长,暗示康有为对于父母不计报酬地关爱子女并无十足信心,他清楚地知道,"望报"是人情难免的动机。

有意思的是,为了证明父母之爱的"天然"性,康有为强调,它实际上是一种"爱类之私性":父母因子女"传我类我"而"爱之私之",无须考虑报酬,这是"人道"产生的根本原因。"不爱不私则人类绝,极爱极私则人类昌。"但问题在于,如果从"私性"角度立论,爱人求报岂不也就顺理成章?果然,几页过后,康有为似乎终于下定决心面对人生真相,以更加笃定的口吻确立了"望报"的合理:"夫人之为道,凡有所施,必计其报之厚薄而后行其恩,凡有所营谋,必计其利之多寡而后出其本,虽父子之爱出于天性,然计人之殷勤育子,盖亦未始不出于望报者焉。"

这番思考深深地扎根于中国文化的土壤。杨联陞(1914—1990)曾说,"报"的观念是"中国社会关系中重要的基础"。它意味着"行动的交互性(爱与憎,赏与罚),在人与人之间,以至人与超自然之间,应当有一种确定的因果关系存在"。所以,"给别人的好处"不只表达了善意,也"通常被认为是一种'社会投资'(social investments),以期将来有相当的还报",而孝道就是"还报原则最恰当的说明"。[1]虽未明说,但南海的讨论显然没有掩盖其中"情感经济"(emotional economy)的属性。[2]他坦白指出,"养子者三年顾复,十年抚育,十

---

[1] 杨联陞:《报——中国社会关系的一个基础》,段昌国译,收在《中国文化中"报"、"保"、"包"之意义》(作为附录),贵阳:贵州人民出版社,2009年,第67、82页。
[2] C. Clark, "Sympathy Biography and Sympathy Margin," in *American Journal of Sociology* 93 (1987): pp. 290–321.

年就学，所费不赀，无其报而为非常之施，无其利而出非常之本，非人情也"，故求报"亦人性之自然也"。[1] 如果说在论证的早期阶段，康有为只是强调子女作为受恩之人，理应报答父母；此刻，"报"已从自律变成他律，养子有报成了养子求报。

尽管有将孝道功利化的危险，但康有为并不愿放弃报施原则。[2] 一个原因与传统的形塑有关：以报恩为核心的孝道观念是儒家宗法制度的主要思想支柱，对"报"的支持满足了康有为的文化认同。另一个原因则颇具新意，他对"家界"的讨论虽然从"天性"出发，但"去家界"实际是对家庭之"天性"的否定：去除了情感价值，家就只剩下提供养护的功能价值，亲子关系转换为一种施报关系。作为情感意义的父母不可替代，而功能性的父母却是可以置换的，这就为"公养"提供了可能：子女受社会养育，"不须父母之抚养"，后者与之无恩，自然也就无须回报，[3] 我们只应尽力于社会事业即可。这就是南海一定要保留报施原则的原因，只是报答的对象由"私"转成了"公"。[4] 为了证明其可行性，他甚至举出各国私生子众多的现象，以

---

[1] 康有为：《大同书》，第173、174页。
[2] 康有为对此原则的重视，也可以通过其弟子的主张看出。韩文举、叶觉迈都曾在时务学堂对学生强调过这一点。分别见《湖南时务学堂第一集·答问》中韩文举答语、《湖南时务学堂初集·札记》中叶觉迈批语，均收在湖南时务学堂编：《湖南时务学堂遗编》，第69、275页。
[3] 康有为：《大同书》，第174页。
[4] 这里的一个前提是，对生命来说，养育比生产更难，"故罔极之恩，不在一日之生而在三年之怀"（《大同书》，第204、164页）。但孙宝瑄就表示反对，认为社会不能代替父母的作用："养育虽受诸国家"，然"我身自何而来"仍是不可回避的问题，"生我之恩，无能逃也。惟有国家能创立机器造人，使生不由父母而后可"（见《孙宝瑄日记》中册，光绪二十八年三月二十一日［1902年4月28日］，第547页。一年多以后，他再次反驳了这一主张，见《孙宝瑄日记》中册，光绪二十九年十月十六日［1903年12月4日］，第831—832页）。事实上，养比生更重要，也是近代早期欧洲家庭观念的一个重要变化，不过这并未使西人围绕孝道观念展开讨论，而是将之带向了"情感个人主义"的路途。参看辛旭：《近代早期英国儿童的生产与保育变革：图像与文献的互证》，成都：四川大学博士论文，2014年，第153—154页。

反驳"父母于子天性也,舍去非天理"的质疑,[1]似乎忘记了后者其实正是他自己论说的起点。

在此过程中,康有为的叙述出现过两次明显反复,第一次关涉家族伦理对"合群"的促进与阻碍,第二次关涉家的情感属性和功利属性的紧张。但每一次即将导出对家庭(家族)伦理不利的结论时,他都会迅速返回对它们的肯定和赞赏中。这种摇摆不定的态度很容易令读者困惑,难以把握其真实想法。事实上,南海论述中自立自破的地方也不少,除了亲子之爱是否属于"天性"之外,又比如,他先是断言,在初民社会,"父之于子,不必问其为亲生与否,凡其所爱之妇之所生,则亦推所爱以爱之,推所养以养之,此实父子之道所以立也",但几乎紧接着就是一个翻转:上古"夫妇未定,不能确知为吾子,则无所用其爱也"。[2]此外,其叙述中还存在一种微妙的转折:他对家的界定最初建立在较为平等的夫妇关系之上,却不动声色地滑向了更具等级性的父子关系,但很显然,与他所追求的整体目标更切近的是前者而非后者。从这些充满张力的细节中,我们不难发现康有为心中的挣扎。

南海面对着两种对他具有深刻影响的家庭经验。一方面,他本人的家庭(家族)体验较为正面。他多次回忆自己出生时,其祖父赋诗有"书香再世汝应延"之句,亦多次骄傲地强调其家族传承到自己,已"为士人十三世":长辈的期许使他产生了强烈的家族认同。[3]而他在《大同书》中对姐妹不幸遭遇的生动描述,也显示出他和兄弟姐妹之间相处愉快。事实上,康有为在《大同书》中为自己分配了一个仁慈的大家长角色,对其子民的关怀无微不至,这也提示他家庭生活的

---

[1] 康有为:《大同书》,第188页。按手稿本无此段,当系后来添入者。
[2] 康有为:《大同书》,第164页。
[3] 按手稿本此句原无"十三世"三字,当系后来添入者。可知康有为对自己的出身颇为骄傲,而这也在很大程度上决定了他对知识的热衷(参看第三章)。

日常氛围亦应是令人感到温暖的。但另一方面，他也目睹了许多家庭惨剧，早在光绪十三年（1887）就大批累世同堂的理想是"强人情以所难，务美名而贻实祸"；晚年在给甥女的信中更是直言："无论何家何人，外似福寿富乐，然其内容之怨苦熏天，皆不能言者也。"[1]这两种经验相互冲突，使其难以立下抉择。

当然，更普遍的经验和理智告诉他，"家界"造成的痛苦远远超过欢乐。更重要的是，南海一向把家庭看作人群组织的原型，断言："凡以族制合群者，其国必强盛，其种族必大，其治必文明。"[2]宗族、国家、种族、文明相互关联，改动其中任何一个要素，就必然要对其他要素产生影响。用梁启超的解释来说："凡行一制度，必与他制度相待而成"；行一而遗一，"是不可谓之制度也"。[3]因此，大同也只能是整体性的，"国界""形界"既"去"，"去家界"也就势不可免。[4]

进入第一章的后半段，康有为彻底转向了对"家界"的控诉，分析了其种种危害。其中不乏一些令人震撼的表述，如："凡中国之人，上自簪缨诗礼之世家，下至里巷蚩氓之众庶，视其门外，太和蒸蒸，叩其门内，怨气盈溢，盖凡有家焉无能免者。"愈是以"孝友之名"著称者，"其闺闼之怨愈甚"，以至"国有太平之时而家无太平之日"，无有教化可能。[5]但值得注意的是，作为这一重要转折点的一节却题为

---

[1] 康有为：《我史（附日记）》（1899年1月），第58、67页；《与甥女谭达印书》，第311页。
[2] 康有为：《春秋笔削大义微言考》，第63页。
[3] 梁启超：《南海康先生传》，第433页。
[4] 在西方思想史上，对家庭和理想社会的关系存在两种设定，柏拉图认为家庭具有"必然排外"的性质，因此将之设为"理想国"的打击对象；不过，也有人——比如19世纪的俄国哲学家尼古莱·费德罗夫（Nikolai Fedorov, 1829—1903）——试图把"世界国家"的建构描述为一种"'家庭式的'任务"，一种"兄弟般"的"团结"（杰夫·洛夫：《黑圈：科耶夫思想传记》，第125、126页）。康有为的主张乍看属于第一种，但整个大同世界又被描述为一个大家庭（参看第六章），则又接近于第二种。
[5] 康有为：《大同书》，第184、180、178—179页。

"论中国人孝为空义,罕有力行者",否定了对孝的倡导和强制,却再次肯定了其义理,仿佛之所以必"去家界",纯是因为孝道没有真正落实,而不是其本身有何缺陷:再一次,他一边与旧制度告别,一边频频回顾,流连不已。

其实,在万木草堂讲学时代,康有为对此问题的看法还相当传统,态度也要鲜明得多。他将"家庭不睦"的原因归结为"意见"和"钱财"之争,强调"家庭之间全要委曲,弃小嫌而全大伦,方可"。[1]绝不像《大同书》这样期期艾艾,模棱两可。鉴于此书的未定稿性质,我们很难知道康有为是否准备把它修改得更加简练和条理分明:在写作技巧上,他本可以把自己的观点分成两部分,先讲家庭的必要性,再写其危害,这样,信息没有任何损失,读者理解起来却要容易很多。不过,南海似乎有意采用摇曳之姿,将其徘徊与摇摆不定的心情呈现在读者面前。他似乎被两种相反的力量拉拽,虽然在理智上知道行进的方向,却很难在感情上割舍对另一方向的眷恋。[2]

如前所述,康有为是一个多情之人,既难以毁弃传统的价值或否认家庭带给自己的温暖,也清楚地看到其造成的伤害并感觉到切己之痛。因此他无法毅然选择一边,而对另一边绝情不顾。他设想的读者之困扰其实就是他本人的困惑:"夫既欲去家而至太平,而又不忍弃绝父母夫妻以存人道,然则何道以至之? 康有为曰:赴之有道,致之有渐,曲折以将之,次第以成之,可令人无出家之忍而有去家之乐也。"[3]从他的论述中,我们不难直观地体会到,那确乎是一条"曲折"的道路。

---

[1] 康有为:《南海师承记》,第228页。
[2] 范广欣注意到《大同书》中维护家庭的一面(《康有为〈大同书〉论家与孝:对"毁灭家族"说的重估》,《中国哲学史》2019年第1期,第110—118页),但他将之看作康有为在游历多国之后的反省,而且没有同等重视这两个层面的纠缠关系。
[3] 康有为:《大同书》,第187页。

三、"去种界"中的种族主义

康有为对"家界"的批判中有一个反复出现的概念,就是"种"。比如"论有家之害大碍于太平"一节所列家庭十四条大害,至少有三条是直接针对"种"的,其他各条亦多少与之相关。在南海的用法中,"种"和"宗"具有明确分工:种与全体人类有关,宗是一家一姓之事。男子压迫女性是传"宗"所需,传"种"则男女皆有责任(所以康有为在全书一开始就说自己"传"父母之"种体"),关系全人类的兴衰。[1] 二者都是就"体气"而言,与"天"生"魂灵"不同。然而"魂灵"即在"体气"中,故家庭充斥的"怨毒苦恼"之气,不但持续催生新的烦恼,而且因"展转结婚"而使"谬种流传",对人性造成恒久伤害,以至"生人皆不得美质,风化皆不得美俗",结果是造成了更多的恶。如是"业种相缠","世界遂无由至于太平,人类无由至于性善"。[2] 这样看来,道德不只是"学""习"的问题,也是一个"传种"问题(参看第三章),而其最终解决必须依赖于对"家"的再造。

"种""性"关系如此密切,故必须禁止早婚。更重要的是,必须慎择婚姻对象。一般说来,"富贵"者的生活和教育条件更好,身体与学识较优,但数量较少,世人仍以"贫贱"者居多;而且即使贤良之人,亦不能保证"其传种于父母者"不掺任何"异质"。更何况中国富贵之家本有娶妾习俗,而后者多来自"乞丐寒贱、疾病无医、不识文字、不辨菽麦"的阶层,以致虽"有强智、仁勇之世种,亦将与愚弱、暴怯之种剂分两而化生,而不美之种复大播焉"。[3] 事实上,他认定孔

---

[1] 不过,在人类社会的早期,"种"和"宗"紧密相连:"乱世男女无别,故父子不正;父子不正,则种乱而弱",也就"不能传种族",而这也就是必须"定"夫妇之"分"以"正"父子关系的原因。见《春秋笔削大义微言考》,第59页;《孟子微》,第496页。
[2] 康有为:《孟子微》,第444页;《大同书》,第153、155—157、1、180、183页。
[3] 康有为:《春秋笔削大义微言考》,第156页;《大同书》,第181页。

子之所以反对"娶贱",就是出于"保种"的考虑。[1]

富贵贫贱本属"级界",与品德、性情优劣并无必然的对应关系,但南海不但将之串联起来,而且将它们共同引向"种"的差异。如是,他就在社会内部引入了一种类似于"种族主义"的视角。当然,他本人对此并无意识:相反,"种界"正是他要努力突破的主要障壁之一。然而,今日的读者无须细读就能发现,在他的"去种界"计划中,明显存在"种族主义"因素,它和"去家界"的类似思维出自同一源头——优生学。但这当然不应由南海本人负责。事实上,从19世纪晚期到20世纪中期,优生学是一种世界性的"科学"见解,对欧洲的人口和医学政策产生过重大影响。[2]

"去种界"的描述主要在丁部,[3] 但和其他几部分不同的是,它很少强调种族迫害造成的苦难,但也没有像己部一样先歌颂一番所要推翻的对象,而是首先返回对大同基本原则的认定:"夫大同太平之世,人类平等,人类大同,此固公理也。然物之不齐,物之情也。凡言平等者,必其物之才性、知识、形状、体格有可以平等者,乃可以平等

---

[1] 康有为:《春秋笔削大义微言考》,第145页。对"家"与"种"的密切关注,也可以在梁启超对大同学说的复述中看到。在任公笔下,"去家界"的相当一部分内容,是放在"理想之社会"里"进种改良"的小标题下讲述的。见《南海康先生传》,第433页。

[2] 西佩·斯图尔曼:《发明人类:平等与文化差异的全球观念史》,第302页。关于20世纪欧洲的优生学计划,参看特蕾西·马蒂西克(Tracie Matysik):《去除"性"的中心地位:论弗洛伊德、福柯及思想史的主体性》,收在达林·M. 麦克马洪、塞缪尔·莫恩编:《重思欧洲现代思想史》,第200页(注释3)。有关近代中国对优生学的接受,参看 Sarah Mellors Rodriguez, *Reproductive Realities in Modern China: Birth Control and Abortion, 1911–2021*, Cambridge, Cambridge University Press, 2023, pp. 20-30。梁展探讨了近代欧洲殖民实践与人种学知识对康有为及《大同书》的影响,见其《政治地理学与大同世界》,收在《帝国想象:文明、族群与未完成的共同体》,北京:生活·读书·新知三联书店,2023年,第84—156页。

[3] 不过,丙部的最后一部分已经进入这个话题,从内容上相当于丁部的大纲。很可能是康有为在写完之后,决定将之展开,重写了一篇;而钱定安在整理手稿时,将这两部分合在一起,厘为丁部。上海古籍出版社的再整理本又据其所见手稿,将前一部分割裂出来,并入丙部。

行之。非然者，虽强以国律，迫以君势，率以公理，亦有不能行者焉。"只有依靠某些先决条件的配合，"公理"才能发挥作用。康有为的叙述中使人惊诧的地方在于，他将其中一项重要条件归于感官："夫欲合人类于平等大同，必自人类之形状、体格相同始。形状、体格既不同，则礼节、事业、亲爱自不能同。"[1]按照南海一向主张的"人为天生"的准则，人的平等奠定在内在、天然的根基上，而形状、体格则是一些外在素质，明显与此处矛盾。对此，我们该如何理解？

康有为做此论断的一个依据是：即使黑人得到了林肯（Abraham Lincoln, 1809—1865）这样的"贤总统"的大力扶助，但美国社会依然充斥着各种针对黑人的歧视，后者的平等权利仍不能被大众接受。[2]在南海看来，这说明平等必须获得情感的支持，而情感又依赖于感官尤其是视觉的作用——正如观看普法战争的"影戏"唤醒了南海的"哀感"一样（参看第三章），黑人的形貌也引发了观者的嫌恶。南海认为："凡人之情，见有同貌、同形、同声者，必有相爱之心。"此皆是因其"类我"之故。《大同书》对棕黑人种的形貌做了许多刻画：棕人"目光黯然，面色昧然，神疲气薾（疑为苶。——引者注），性懒心愚"，较胜于黑人之处是"头尚端正，下颏不出"，表明其"脑质非极下也"。黑人的形象更加不堪："铁面银牙，目光睒睒，上额向后，下颏向前，至蠢至愚，望之可憎可畏。"隔了几段，他对黑人的形象做了更为详细（也更加充满歧视）的描绘：其"身腥不可闻"，其形"铁面银牙，斜领若猪，直视若牛，满胸长毛，手足深黑，蠢若羊豕，望之生畏。"[3]

康有为对种族的认知基本集中于形貌和肤色，而这种身体的差异

---

[1] 康有为：《大同书》，第114—115页。
[2] 康有为：《大同书》，第111页。
[3] 康有为：《孟子微》，第415页；《为杭州天竺灵隐残疾乞丐建院收养启》，第374页；《大同书》，第114页。

和"形界"不同：在后者身体的差异仅仅是身体上的；但在前者，外形乃是实在的表征；各种内在质素如气质、性情、智力等，皆被认为是可以通过外在表征加以探测的（他没有关心解剖学的证据）。[1] 这一认知取向和他的个人兴趣有关：他对事物的评价特重相貌。对他来说，好看不仅让人愉悦，而且是一种说服或论证的工具。在1888年左右的一份笔记中，他就注意到，人的"好尚"受制于眼目，"有以夺其目并其心将夺之"者。因此，他呼吁中国人注重商品外貌与包装，强调"文采"也是商战制胜的"精兵"。这一思路引导了他对文明的认知：在欧洲诸国游记中，城市景观和居民体貌一直是他观察的重点。事实上，欧洲文化最使其羡慕的有两点："地中有海生人白，二者天骄我不如。"[2] 前者指其地理环境（参看附录二十），后者是其直观可见的人种特征。南海自觉这两句诗精准定义了欧洲的特长，曾反复提及。[3]

康有为以肤色为标准排列人种的优劣，依序分别是白人、黄人、棕人、黑人（又分为"印度之黑人"和"非洲奇黑之人"）。[4] 当然，肤色只是一个最易察觉的标志，实际还包含了多种形貌因素（如身形、体格乃至服饰）及精神气质，而且内在的"灵性"是随外在"音容"而变的，这意味着，人种的变革必须从"变形"开始。在各人种中，白人虽然最为"优胜"，但黄种人"多而且智"，不可能被白人灭绝，"只有合同而化"。事实上，黄、白人种的差异并不大，只要改善饮食、

---

[1] 不过在非常偶然的情况下，他也会承认，一个种族的智慧与相貌无涉，而和政治有关。如《英国监布烈住大学华文总教习斋路士会见记》，第29—30页。
[2] 康有为：《笔记》，第202页；《遍游欧洲十一国题词》，第258页。
[3] 比如，《德国游记》，第425页；《荷兰游记》，第499页；《欧东阿连五国游记》，第435页。他还有几句意思相同的诗："风化何曾异中土，物华差可胜方舆。海在地中人色白，天骄二事果何如？"《意大利游记》中抄录了这几句后感慨道："我于欧人无一事逊之，惟人色之白，真无如何。"该文，第400页。
[4] 注意康有为这里的描述与其时流行的"人分五种说"不同。有关此说的形成及其在近代中、日两国的流传，参看孙江：《人种：西方人种概念的建构、传布与解构》，南京：江苏人民出版社，2023年，第59—71、22—52、85—96页。

卫生、居住条件，黄人"不过百年"即可"渐变白色"，再加以通婚合种，"不待大同之成"就"尽变为白人矣"。比较麻烦的是，"与白人远绝"的棕、黑二种，特别是后者，此"真难为合者也"。[1]

康有为留意到许多人因为移居他处、变易饮食习惯而导致肤色的改变（或进化或退行），据此推知肤色由外在条件和后天因素决定，因此也是可变的。[2]具体来说，则有"人种""地宜""天时""饮食、起居、宫室、运动"等因素，其中尤以"地宜"和"气候"影响最重，大抵视温度带和陆海而定："人类所居之地海陆相均者，冷带之人白，温带之人黄，热带之人黑，其愈近赤道者愈黑；若在冷带而为大陆者形黄，为沙漠者形亦黑；温带之多海者黄而近白，温带之多陆者黄而近黑；热带之近海者棕黄，热带纯陆而沙漠者纯黑。"他甚至推测，"印度、巫来由、亚非利加人种之黑"是因长居热带蒸熏而成，而非"其初"之本然。饮食和运动亦可影响肤色，比如食肉（特别是生牛肉）、饮用啤酒等，皆可使"体魄强壮，色红肉腴"。此外就是异种"杂婚"（参看附录二十二）。[3]

据此，康有为提出了"去种界"的三种办法：一是"迁地"，二

---

[1] 康有为：《大同书》，第115、110—111页。进一步的论述参看本书附录二十一。

[2] 近代早期的许多欧洲人也主张，包括肤色在内的人的身体是可变的，主要受气候和饮食习惯的影响。在很长一段时间里，这成为西班牙殖民者的一个心结：他们担心自己有可能变成印第安人。同样，如果改变饮食，印第安人也可以变成欧洲人——尽管彼时尚不存在"种族"（race）这一观念（有关论述，参看 Rebecca Earle, *The Body of the Conquistador: Food, Race and the Colonial Experience in Spanish America, 1492—1700*, Cambridge and New York: Cambridge University Press, 2012），但康有为对"种界"可变的认知显然受到西人类似主张的影响。

[3] 康有为：《大同书》，第110—112、115—117页；《欧东阿连五国游记》，第435页。关于近水者白，又见《意大利游记》，第400页；《荷兰游记》，第499页。康有为早期特重洋流的作用，见《论时务》，第164页；《笔记》，第203页。啤酒和生牛肉使人"颜如渥丹"，见《德国游记》，第408页；《英国监布烈住大学华文总教习斋路士会见记》，第31页。除了人种之外，中西政治传统不同，"我国数千年以合为正，以分为变；彼土数千年以分为正，以合为变"，也都是由于"地形"的影响，参看《意大利游记》，第388—389页。

第四章　在大同之路上徘徊前行

是"杂婚",三是"饮食运动"。迁地之法是指,"以大同公政府之力",将印度、中非、南洋等"近赤道之地"原有的黑人迁至温带,以免因"世守"其地而"世传其恶种";不在这些地区设立人本院、慈幼院、诸学院等教养未成年人的公共设施(详见第五章),只有成年人才可居住。杂婚之法是指,奖励跨种族通婚:"凡有男子能与棕、黑人女子交,女子能与棕、黑人男子交者",将授以"改良人种"的"仁人徽章",在社会上普受尊重。这里所说"男女"当然都是白、黄种人(此处虽兼言男女,但实际叙述似更重妇女的责任,凡"黄、白之女与棕人之男合婚"及"棕人之妇女"与黑人"合婚",皆有奖励)。此外即是改良食品,久之黑人"腥臭必尽而体气皆香也"。[1]

康有为估计,"由非洲奇黑之人数百年可进为黑人,由印度之黑人数百年可进为棕人,不二三百年可进为黄人,不百数十年可变为白人"。如是,"速则七百年,迟则千年",黑人就可全部变白。不过,他预计必有"性情太恶、状貌太恶或有疾"的棕、黑色人,无法通过正常途径改进。时"当千数百年后,大地患在人满",为了防止"区区黑人之恶种""乱我美种而致退化",须行"沙汰之法",由"医者饮以断嗣之药以绝其传种"。据此,"沙汰之法"似乎只行于"去种界"的收官阶段。但他紧接着又说:"以此沙汰,则遗传无多,而迁地杂婚以外,有起居服食以致其养,有学校教育以致其才,何患黑人之不变,进而为大同耶!"则黑人无多本身似乎即是"沙汰"的结果,这就不再只是扫尾工作,而是自始即和迁地、改食之法同时推进的。

康有为的这些想法受到诸多近代西方思潮的影响。17世纪初康帕内拉写的《太阳城》就关注了"人种的改良"问题,[2] 通过药物灭绝"劣种"则是典型的优生学思维;以"虎入海而股化为翅,鱼入洞而目

---

[1] 本段和下段,康有为:《大同书》,第117—118、111、112页。
[2] 托马斯·康帕内拉:《太阳城》,陈大维等译,北京:商务印书馆,1960年,第22页。

渐即盲"的事例（尽管前一个证据纯属臆想）论证人种可变是从生物进化论中提取的证据；[1]从空间角度看，地理决定论和"适者生存"的进化论相一致：波罗的海、地中海的"水气"使西人肤色洁白，正是他羡慕欧洲"地中有海"的原因。他承认，无论是白种人还是黑种人，"虽于今有强弱"，但都是"最宜于其地者"。不过，由于把全球当作一个整体来考量，他也就不得不感慨："白人聪敏而黑人愚劣，则颜色与智慧竟相关，而颜色视所生之地"，可见"择地不可不慎"。[2]

1901年，康有为在注解《中庸》时说：

> 天之生人，一视无私，而有富贵贫贱、愚智寿夭、安乐患难、诸夏夷狄之万殊迥别，惟有因之而已。譬如草木，美种而状良者，天则繁植之。恶种而微弱者，天则剪覆之也。物竞天择，优胜劣败。孔子发天因之理以劝之，竞于大德，而后克受天休也。

天生平等何以产出"万殊迥别"，康有为未加解释，但此处的取向与他一向强调的以"人工"纠正"天然"的思路（参看第三章）背道而驰。一个原因是，那些被"沙汰"者在他看来近乎动物——这从猪、牛、羊、豕一类比喻可以看出。他明确表示，澳洲土人与猩猩"最近"，高加索人与猩猩"最远"。动物当然也应受到仁慈对待，但它们没有"天权"，全赖乎人的慈悲。康有为曾解释"类"字的意思，将之分为"形异"和"性异"两类。[3]照此线索，那些无法通过改造、管理和控制而改善，因而是理性社会无法同化的被沙汰者不只"形异"，而且"性

---

[1] 优生学从诞生起就和进化论、遗传学知识有关。详见彼得·伯克（Peter Burke）：《博学者与他们的时代》，赖盈满译，台北：麦田出版社，2022年，第194页。
[2] 康有为：《大同书》，第112、113页；《荷兰游记》，第499页。
[3] 康有为：《中庸注》，第376—377页；《英国游记》，第22页；《南海康先生口说》，第53页。

异"。[1]用阿甘本（Giorgio Agamben）的话说，他们是"赤裸生命"（bare life）。

"赤裸生命"在民族国家体系里指的是那些失去国籍的人、丧失公民身份的人、难民、在国际战争中牺牲的平民、纳粹集中营里的犹太人。[2]国家消灭"赤裸生命"，屠杀"非公民"，号称是要保护另一些人（"公民"）。而康有为的"沙汰之法"，则施行于一个普世的大同体系中。此时，替代国家利益的是全人类的福祉，而且"异己"分子不再是通过屠戮的方式，而是通过"和平"手段，甚至是"医疗"（进一步的论述参看第五章）被消灭，变得更加隐蔽和泰然自若。[3]

出于民族国家的利益去消灭另一群人，即是"国界"的作用，正是康有为竭力批判的；但在这里，造成一部分人被屠杀的原因不是"界"，恰好是要追求"通"——卑劣的种性有可能通过合种的方式造成人群的败坏。也就是说，"通"之中也存在危险，有可能污染整个世界，因此，在真正实现"通"之前，我们必须首先纯化这个世界。这使其正义性更加显著，也更加可怖：用查尔斯·泰勒的话说，"为理性技术所推动"的暴力"产生的恐惧能让先前时代的恐惧都变得渺小"。[4]

作为一种"杂质"的"恶种"，在前大同时代是被允许的，为何在

---

[1] 这种视野中包含了康有为自己都没有意识到的危险性。齐格蒙特·鲍曼注意到，纳粹大屠杀娴熟地使用了"道德催眠药"，其中一种方法就是"使受害者的人性从视野中消失"（《现代性与大屠杀》，第36页）。也就是说，受害者不被视为人。

[2] 汪民安：《身体的技术：政治、性和自我的毁灭》，收在《身体、空间与后现代性》，南京：南京大学出版社，2022年，第28—34页。

[3] 在中华书局20世纪30年代出版的《大同书》中，"沙汰之法"改为"改良人种说"，将前引文中"状貌太恶"四字删去；另据手稿本，前引文"性情太恶"四字原为"德性太恶"（参看《全集》本，第48页校记；大象本，上册，第92页）。这些改动不知是钱定安整理时所为，还是南海本人对我们目前所见手稿本加以修改时所做，但总之，他们似乎感到了这些表述中的不妥之处，竭力减弱其中的种族歧视色彩。

[4] 查尔斯·泰勒：《世俗时代》，第787页。

大同社会就不能继续生存？这首先是因为，在前大同时代，世界与人性皆是善恶杂陈，加之技术的不足，被一部分人驱除的"恶"可以在另一部分人那里找到生存空间。其次，美恶总是相对而言，即使"低等级"的人口，在自己所处环境中也是竞争中的优胜者，只是在全球视野下才显出"劣质"而已。第三，根据南海的"阴阳史观"（详论见下文），恶因有可能产生善果，因此很难确定一件事是善是恶，但在大同时代，随着"善"取得了决定性的胜利，事情的性质一目了然，"恶"已无法埋身其间。如果在传统乌托邦文本如《理想国》中，不受欢迎者可能遭到放逐或被拒之门外，在整个大地已经合一的时代，它们的归处只有一个：虚无。

康有为反种族主义的思路中暗设了一种"种族主义"的逻辑（同时带有某些性别歧视因素），不过这显然落在了他的认知盲区里。[1]因此，在己部第八章"医疾院"一节，他再次重施故技，明确禁止"疯疾者"、"五官有废疾"（如塌鼻、缺唇）者及"肺痨不完者"与异性交合（但允许他们订结"男子互交之约"，或由"机器人以代之"），[2]目的和"沙汰之法"相同，都是为了灭绝其"恶种"。不过，也许还是需要强调一下：这是他认知盲区的一部分，而不是有意为之。事实上，康有为不明白"肤色不能被当作缺陷"，[3]并不意味着他的反种族主义就纯属假象或者伪饰（参看附录二十三）。

---

[1] 理查德·舒斯特曼（Richard Shusterman）同样观察到，种族观念有其情感与感官的基础："绝大多数的种族敌意并非理性思考的产物，而是出自身体方面一些根深蒂固的偏见，由陌生身体引起的某些模糊的不适感受，是隐约体验到的，所以就藏在明晰的意识之下。"因此，他认为，"只靠话语论证来呼吁宽容"是"无法根除盘踞在内心深处的偏见"的，必须从"身体意识"着手，来"认识我们自身的偏见"（见《身体美学与博克的崇高论》，收在《通过身体来思考：身体美学文集》，北京：北京大学出版社，2020年，第32页）。康有为所传达的"种族歧视"情绪，显然就来自这种模糊的"身体意识"。

[2] 康有为：《大同书》，第218页。

[3] 弗朗茨·法农（Frantz Omar Fanon）：《黑皮肤，白面具》，张香筠译，北京：生活·读书·新知三联书店，2022年，第79页。

四、"类"的解构与"仁"的限界

"去类界"是《大同书》篇幅最短的一部,但并不因此而不再重要。南海宣布:"自鬼神、山川、昆虫、草木,皆在孔教之中。"[1]事实上,随着仁爱之光遍及昆虫、草木,全地大同进入收官阶段,[2]他的反思也得到了前所未有的深化。早期的康有为把"类"看作儒家观念的重要把手,谓:"孔门专讲类字。"此时他似乎没有意识到,"界"是从"类"中衍生而来。若说此前诸部所"去"之"界"都只是某一种具体的类别,在这里,"类"的观念本身成为被质疑的对象。他尖锐地指出,人类之爱的实质是"爱其类也",一切人伦关系都建立其上:"子女者爱类之本也,兄弟宗族者爱类之推也,夫妇者爱类之交也",其余"邑人、国人、世界人",皆"以类之同居远近而为爱之厚薄也"。故"类"实际是"九界"的根源,而"所谓类者",又"不过以状貌体格为别耳"。[3]

这促使康有为将怀疑的目光投射在"仁义"这样的概念上:如果"仁"仅是爱其同类而残杀"异类",则"圣人之与虎"又"相去"几何?"不过人类以智自私,则相与立文树义,在其类中自誉而交称,久而人忘之矣;久之又久,于是虎负不仁之名而人负仁义之名。"其实,在世间万物之中,人是"私而不仁之至者",虎之"不仁",不足以比拟人之"万一",而负此恶名者,纯是"由于人之狡智哉"。如此,"仁""智"都只是人的自我美化,而"圣人"和"盗贼"在本质上都

---

[1] 康有为:《〈中国学会报〉题词》,第16页。类似的议论,又见《礼运注》,第554页。
[2] 进一步细分,"去类界"的步骤当随众生级别高下而异:"进治鸟兽,则为颂平之据乱;进治昆虫,则为颂平之升平;进治草木,则为颂平之太平。"《春秋笔削大义微言考》,第310页。
[3] 康有为:《万木草堂讲义》,第281页;《春秋董氏学》,第383页(类似的观念又见《孟子微》,第437页);《大同书》,第278页。

是"私"其类者,"在天视之,其可斥一也"。[1]因此,如果不"去类界",则"仁"和"智"这些作为大同基本动力的术语,就无法获得真实的意义。随着引入高高在上的"天"的视角,此前一直贯穿着《大同书》的"人"的视角被彻底解构。

然而,如同此前各部一样,康有为的激烈立场在突然迸发之后迅速软化,紧接着就是对人之行为的理解与回护:"虽然,杀鸟兽者,亦人之有不得已也。"[2]尤其是在人类文明早期,为了自己的生存,就不得不扫除那些害人的恶兽。此虽不仁,却也无奈,只能靠少数圣哲小心翼翼地加以调节,以期两全之效。事实上,春秋田猎之制,即是"圣人因人情以为道"的制作:其时"不能骤进于戒杀,但可施节戒,惟夏时不猎,以免伤害幼稚",其"于杀中微存其仁心,亦圣人之不得已也"。[3]

但仍有一些动物被保留下来:一是对人有用者,二是有知识、知痛苦者,三是被"驯扰"者,四是"与人不争"者。由此,动物也被分为若干等级:猴子和鹦鹉或在形貌上,或在语言能力上与人接近,属于第一等;牛、马、犬、猫属于第二等。以上都可作为奴仆使用。象、鹿等可供人"玩乐",鸟、鱼等"与人不争",亦许其各得其所。于是,"全地之大,自生物院而外,无复有猛兽者矣,只有驯兽耳",彻底成为"人治之地"。从这番描述看,屠杀鸟兽显然不只是"太古"所行,从实现"人治之地"的角度看,大同世界不过是此前不断杀戮和驯化"异类"的终局。[4]

康有为没有忘记自己才刚振振有词地批判过"人类"中心之见,

---

[1] 康有为:《大同书》,第278—279页。
[2] 康有为:《大同书》,第279页。在早年的《民功篇》中也有类似的内容,而全以赞叹口吻说出(该篇,第79页),全无此处"不得已"之意。
[3] 康有为:《春秋笔削大义微言考》,第37页。
[4] 本段和以下三段,康有为:《大同书》,第281—283页。

同时也担心对杀生的辩护会在人性中植下"杀根",因此试图找到一个更加合理的解释:"夫兽与人同宗,而才智稍下,遂至全绝,此则天演优胜劣败之极至矣夫。"但这当然又和以"人理"挽"天行"的原则相冲突。事实上,真正重要的理由是可行性。他从"人道"立场出发,指出禁杀的前提是先发明"代肉妙品",而在此之前只能改变屠宰方式,减少牲畜被杀的痛苦。"一切戒杀"似乎难以做到。他争辩说,通过显微镜可以看到,在一滴水中,生物遍及虚空,我们"一举足挥手而杀蚁虫无数",无可回避,不可逃脱。故"佛者号戒杀,而日杀生无数矣"。这使他那一路高歌凯奏、势如破竹的步伐,不得不停顿下来。

这里暴露出康有为试图包罗万象的思想视野所造成的困惑:他同时从天和人两个层次思考问题,既深刻体察到"天"心,也不得不受限于"人"的皮囊。因此,这一主题最终是在无可奈何的咏叹中收尾的:

> 仁乎,仁乎,终不能尽,故孔子止远庖厨;生乎,生乎,终必有杀,故佛限于不见。已乎,已乎,生生无尽,道亦无尽,惟其无尽,故以尽尽之。故道本于可行而已,其不可行者,虽欲行之,不能不止矣。吾仁有所限矣,吾爱有所止矣,已夫,已夫,虽大同之仁,戒杀之爱,置之诸天之中,其为仁不过大海之涓滴也夫!

"类界"不能尽"去",全地大同也只能画下一个并不圆满的句号。但对康有为来说,这种努力仍具有不可替代的意义:"虽然,诸天之内,诸天之外,为仁者亦无以加兹。"当他引入"诸天",也就将"仁"延伸向了更广大的世界。在此意义上,这个表示停顿的句点,其实也是一个省略号的开端。

五、阴阳史观

在上述几个主题（它们和"去级界"一起构成了"去九界"过程中最重要的几个步骤）中，康有为的叙述始终受到向前和向后两种力量的拉扯，显示出不同程度的游移不定。他并非一往无前地直奔目标，而是不时地张望来路，逡巡徘徊，仿佛随时可能停下步伐，甚或回身掉转。不过，不同的"界"扮演的角色也不相同：战争既是"去国界"所要消灭的目标，又被视作"去国界"过程离不开的手段；种族主义视角静静地躺在南海未经省察的观念世界里，也形塑了他对"去种界"措施的构想；在性别和家庭关系中，康有为不断追念"形界"和"家界"的历史贡献，不忍将之弃置不顾；对于"去类界"，困扰他的则是实践和理念不能完全相契的落差。不过这种"矛盾感"很可能只是因为我们的立足点不够高远所致：从地球尺度所见的"鹬蚌相持，胜喜败忧"，从更高的立场观察，又"安知"不是"诸星相遇，适逢时期，大变忽来，即在凯旋极乐之际耶"？[1]

显然，这种迂回曲折的论说路线和康有为规划大同时的俯瞰性视角有关：后者促使他从一个更具整体性的视角来思考问题，兼顾不同层面的需要；但另一方面，这也同时反映出他自己的情感诉求，他希望抛弃却又尽力回护的某些因素，比如与"家界"连在一起的"亲亲"和孝道，也是中国文化传统的核心。事实上，严复1895年发表的一篇名文，就将之视为中西文化的显著差异之一："中国亲亲，而西人尚贤；中国以孝治天下，而西人以公治天下。"[2] 此中与"西人"连在一起的"尚贤"和"公天下"，也正是康有为理想中的"大同"制度，但他又显然不愿轻易否定中国的传统价值，其解决方案就是将（严复所

---

[1] 康有为：《比利时游记》，第491页。
[2] 严复：《论世变之亟》，收在《严复全集》第7卷，第12页。

说的)"中西"差异放置于时间序列,构建起一个从"亲亲"到"尚贤"、从"孝治"到"公治"的发展过程。

另外,大同之路的崎岖不平也和康有为的历史观有关。南海的历史观主要由两个部分组成,一个就是三世说,其核心之一是"时"(及相关的"地"):一件好事如果错置时机,就会成为坏事;反之亦然。时空背景稍易,同一物事的性质和意义就完全不同,不可"迂腐"以对,须随"经权常变"而改,重在得宜。比如,国界"在乱世为不得已而自保之术,在平世为最争杀大害之道"。他之所以反复为之辩护,正是怕读者以"平世"之义否定"乱世"之举。毕竟,各"界"都是人类发展过程中的"必经"之站,"无论何国"都只能逐层进化,"而不能少者"。[1] 由此,"大同之法"未必一定"是"而"小康之法"未必一定"非",[2] 反之亦然。是非皆须放在具体情境中考量,不能以超时空的方式来理解。不过,义理"既落言诠,自有方隅",也就免不了"彼得此失",正所谓"但苦一身难两面,虽云圆觉亦偏知"。故圣人立法犹如良医,须"多备数方",以应对各种动态的"病变"。[3]

除此之外,康有为的历史观还有一个方面。他经常举的一个例子是,西方历史上的封建制使其长期处于战争状态,人民饱受兵燹之苦,

---

[1] 康有为:《春秋笔削大义微言考》,第123、134、65页;《大同书》,第69页;《孟子微》,第464页。

[2] 梁启超:《南海康先生传》,第436页。

[3] 康有为:《中庸注》,第373页;《己酉除夕前二日,酬梁任公弟寄诗并电问疾》之五,第315页;《春秋笔削大义微言考》,第17页(类似的意思,又见《礼运注》,第554页;《致张勋、黎元洪等电》,第384页;《共和平议》,第2页)。孙宝瑄曾有一段议论,有助于说明康有为的心态:"今人皆悟民主之善,平等之美,遂疑古圣贤帝王所说道义,所立法度,多有未当,于是敢于非圣人。自据乱、升平、太平三世之说兴,而后知古人有多少苦衷,各因其时,不得已也,《春秋》公羊家之所以可贵。"(《孙宝瑄日记》上册,光绪二十三年十二月十二日[1898年1月4日],第174页)孙宝瑄提到三世说的复兴,为我们理解康有为的思路来源提供了一条线索:他自觉调停各种相反价值,试图将之融为整体,似乎就离不开今文经学文质循环的思路。

但各国内外的激烈竞争也推动了政治上的进步，立宪和议院都与之有关（参看前文）。反过来，中国秦汉以来的"大一统"导致近代的落后，却也收获了历史上的长久和平。如此看来，"众小竞争之于一统长治，其互有得失多矣"。同样，欧人物质成就"横掩大地"，实因"十字军以累败启之"。他参观意大利庞贝古城，不由感慨，维苏威火山的爆发为时人造成难以承当的痛苦，也给后人提供了亲见历史的难得机会："微火山，吾安得见罗马古民？微秦政，吾安得有万里长城？天下之得失，固有反正两例而各相成者。故言道者，不可离阴阳也。"最后一句清楚交代了南海的思想依据，那就是中国传统的阴阳观念：万物皆有阴阳两面，每一面"咸具得失，皆有利弊"。若"仅知偏至之论"，就不能全面评估对象，立言做事难免失当。[1]他将此主张运用于对历史的认识，为表述简洁起见，我们姑且称之为"阴阳史观"。

康有为非常重视阴阳原则，认为它和太平、大同、灵魂诸说，都是孔子大道所在，而随刘歆伪学大兴和今文学说的湮灭，一起消没于历史的阴霾中，直到南海重新"发明"出来，才又见天日。这一观念是其宇宙观的重要前提，《诸天讲》讨论时人争议纷纭的"连星合转之理"，就试图从这一角度理解："一阴一阳之谓道，故电有正负、阴阳之相感，物有雌雄、牝牡之相合"，连星为双，即"星之雌雄、阴阳、正负，自相引相合相入，交遘互抱，缠结一体，不能分离"，又何足怪哉？[2]世人困惑不已的联星现象，在康有为看来不过就是事物的正常秩序而已。因此，《我史》回顾大同观念的起源，就特别提出："其道以元为体，以阴阳为用。理皆有阴阳"，可"统物理"（参看第二章）——这是大同学说的重要组成部分。

---

[1] 康有为：《德国游记》，第434页；《法兰西游记》，第173页；《意大利游记》，第354页；《英国游记》，第8页。
[2] 康有为：《论语注》，第378页；《诸天讲》，第76页。

南海很早就注意到，看似相反的两极，实际互相依赖，缺一不可。他在光绪十三年（1887）的日记中说："物以相较而高下始形，政以相比而是非乃定。独弦不能成声，独音不能成乐。算法所以有反比例，正以相反而是非反见。今欧洲之俗与我相反，正可求短长而损益，以得中也。"此外，"得失同源，祸福同祖"，利弊相生，二者难以一刀两断，此所谓"得失相寻，阴阳互根"。[1] 20世纪初，他遍游欧洲各国，对西方政治和社会的历史有了更多了解，认知立场愈发复杂，主张渐趋稳健乃至"保守"，也越来越多地寻找阴阳史观的支持：万事皆有两极，缺少任何一方，另一方也就随之垮掉。因此，正确的做法是在二者之间寻找动态的平衡，而非贸然站队。他在民国初年批评中国人心过热，就曾援引阴阳观念作为立论依据（参看第二章）。同样，"去国界"之所以必须依靠战争，也是由"武力为文明之本"的辩证关系决定的。[2]

实际上，我们不能简单地判别一事一物之是非，这与历史情形的不断波动有关："虽有圣人，立法不能不因其时势风俗之旧而定之。"但"大势既成，压制既久，遂为道义焉。于是始为相扶植保护之善法者，终为至抑压至不平之苦趣，于是乎则与求乐免苦之本意相反矣"。[3] 国界、种界、形界、家界，皆是如此。一项行动的后果与其初衷完全不同，意味着历史是不透明的，我们无法以直线方式遵从唯一的价值导向。没有任何东西可以跨越时间的波荡，一劳永固："道无一致，体无一面。故立法者难矣哉！扶东则西倒，法立则弊生，故物

---

[1] 康有为:《我史（附日记）》，第68页；《大同书》，第38页；《法兰西游记》，第180页。细究起来，"得失相寻"和"阴阳互根"是两个层次：前者意味着一种行为有可能引发与行动者的本来动机相异或相反的后果，后者意味着任何一种行动都必然包含两个不同乃至对立的方面。二者并非一事。不过，在实际讨论中，康有为往往并不区分这两个层次。

[2] 康有为:《大同书》，第199页；《杭垣之演说》，第303页。

[3] 康有为:《大同书》，第7页。据影印手稿，"大势既成""遂为道义焉""相扶植保护之"等字系修改时添入者。大象本，上册，第6页。

方生方死，方盛方衰，竟无全理。"一种后果牵引出新的后果，生生不已，形成一个环环相扣的链条，其是非得失，"不能以一端测，不能以一时验也"，迫使我们必须在两端之间来回调整位置。此外，人的价值观也会改变："昔之所谓美者，后此见以为恶，然则今之所谓美者，亦岂得为真美乎？美恶既无定，则是非亦何从而定？"对此，康有为的看法是，理想尺度不能代替具体时空的标准："当时以为美则美矣。"[1]

历史和它的组成部分都在不断地变换姿态，制度和政策也应"尚时而贵变"，才"宜民而可久"。同一种行为既是对的，又是错的，如何判断完全依赖于它处在历史的哪个位置，与它的语境如何匹配。如果根据康有为的各种论说勾画出一个理想的立法者（不用说，这一角色非他本人莫属）形象，他应该充满了救世的热情，又始终保持头脑的清醒；高瞻远瞩，又辨析毫芒；全局在胸，又不忽视任何一种微细的变化，审慎避开风险，洞察"阴阳消息之盈虚"。[2]他意识到，习俗并非真理，必须和时代同步——这使他遭受保守派的嫉恨；同时又主张，不可用历史的终局否定历史的进程，因而必须和时代保持同步——这往往又使他被激进者抛弃。他仿佛同时生活在历史之中，又超越于历史之外。一句话，他（自认）具备了全景视角，有"智"又有"术"。

阴阳史观使人们看待历史过程的目光变得复杂了，但并未使历史进化的终极目标失效。如同南海提示的："大同与小康相反，太平与乱世相反，能思其反，乃为合道；若从常道，反不合道矣。"[3]另一方面，三世本是一个连续的整体，复经不断微分，也使对立因素的尖锐性大

---

[1] 康有为：《大同书》，第7、199页；《中华救国论》，第314页；《匈牙利游记》，第422页。
[2] 康有为：《法兰西游记》，第180页。必须指出的是，康有为对事物复杂性和动态性的体认，往往在实际上强化了其主观性，成为他突破逻辑和证据的限制而为自我辩护的法门。比如，他强调《春秋》笔法于"不义之中有义，义之中有不义，辞不能及，皆在于指"（《孟子微》，第450页），就为其对《春秋》意旨的随意解说留下了极大空间。
[3] 康有为：《论语注》，第454页。不仅《春秋》如此，《论语》也是"万德并陈，义多相反"。同书，第469页。

为和缓。也许无须再次强调，康有为肯定某些"界"的意义，正是为了在最终层面上否定它们：这些在特定历史阶段推动了文明与进步的"界"，也促使人性日益向善，为大同奠定了基础。在某种意义上，晚清公羊三世说的兴起，培养出一种思考历史的新方式。比如孙宝瑄就说，田猎之制貌似主杀，实际是"渐引之法"："圣人先为可杀者以厌其好杀之心，而后示以必不可杀者以全其仁"，使"杀机有所泄，亦有所止"，最终导向"杀机尽化"之境。[1]可谓与康有为的认知如出一辙（参看前文）。

康有为提醒读者，"政法"之中充满"变幻"，其轨道"乃行极回环之螺线，万无行直线者"。既要维持终极目标的一致，又须尊重具体现象的多元，使历史必须遵循螺旋方式，在不断回归的面貌下渐次上升。[2]这在"形界"与"家界"中表现得最为明显：在原始时代，"男女同为天生之人类，本无高下"，唯因"男强女弱，积久相凌"，渐渐产生家庭，先是夫为妻纲，再到夫妇平等，终至"不别男女，人人独立，人人平等；其为夫妇，如交友然，固无相从，只有合好而已"。自"独人"始，以"独人"终，可谓"治道循环"。但太平之制与"太古狉獉"只是"外形"相似而已，其"精意教化实最相远"。[3]通过仔细辨别不同语境，康有为试图采用历史主义逻辑将那些必将被大同摧毁的价值（部分地）挽救出来。

---

[1] 孙宝瑄：《孙宝瑄日记》上册，光绪二十三年三月初九日（1897年4月10日），第97页。
[2] 罗志田已经指出，康有为的历史观是"非线性的"。见《往昔非我：训诂、翻译与历史文本解读》，收在《近代中国史学述论》，北京：北京师范大学出版社，2015年，第320—321页。
[3] 康有为：《中国今后筹安定策》，第341页；《春秋笔削大义微言考》，第78、114、170页；《论语注》，第393页。需要说明的是，康有为著作中还有另一种"循环"，即是"孔子立道，治人如循环然，无所不及。既以治臣，又以治君父；既以治人，亦以治鬼；无所偏倚，无所畸轻畸重也。特据乱、升平、太平之时，少有所异"。参看《春秋笔削大义微言考》，第56页。

康有为的进化叙事期期艾艾,结结巴巴,欲说还休,既要让人知晓,又做出不想让人知道的模样,也和他的思想同时运行于现实和理想两个层面有关:大同意味着世界的一统,现实则充斥着多元与特殊。这两个层面的气质背道而驰,此亦不得已也。从高高在上的终极立场看,所有的国家都要消亡,这是走向大同的必修课,但从带有偶然性的"素位"立场看(参看第二章),人又不可能不动情。他曾感慨:"人通惟现在相迫者为最难。高丽忽亡于日也,无可逃于天地之间,难极超蹈,岂可若印度之婆罗门僧,至今尚坐雪深山,曰凡亡非我亡耶?鄙人亦犹深山僧耳,不忍国难,谬起当之,遂至于兹,于是百感遥集矣。"[1]在此意义上,我们也可以把《大同书》看作康有为参政的一种方式(参看第一章)。

但现实和理想又不是简单的相互否定关系,而是隶属于同一历史进程。本来,通过一系列的"去",大地已被还原为一个空白舞台,似乎一切都可从头开始,只要肆意喂养自己的想象即可。因此,《大同书》完全可以像其他乌托邦文本一样,仅把现实作为对立面痛加斥责,而把主要精力放在理想的构建上。然而不。书中时时徘徊着过往的(和当代的)幽魂,在遣散它们之前,南海需要考虑如何抚慰它们,为它们找到恰当的历史地位。这是因为南海不能放弃他的"救世"冲动,不可能无视现实中国的苦难。因此中国必须以决胜者的形象进入大同,而不能以灭亡者的身份被拖曳其中。现实的中国既是他设计大同蓝图时不能忘怀的语境,也是其大同方案的内在组成部分。[2]在理想

---

[1] 康有为:《比利时游记》,第491页。
[2] 严复在《辟韩》一文中,秉持主权在民的观念,批判秦以来的君主窃权于民,又以法令"坏民之才、散民之力、漓民之德",最后却得出"其时未至,其俗未成,其民不足以治"的结论,反对废除君主制度,与康有为的态度若合符节。显然,这种被朱维铮称为"历史的讽刺"(《百年来的韩愈》,收在《走出中世纪二集》,上海:复旦大学出版社,2008年,第181页)的现象,普遍存在于清末的思想者中。

和现实两个方面他都是真诚的，不可化约，因而不得不"待在中间的矛盾地带，并且接受其所包含的张力"。[1]

另一个因素来自"人道"原则：人非"神"非"兽"，同时受到向上和向下两种力量的作用，使得公理和现实成为不能相互替代的两个层次（任何一个也都不能被随意抹杀），而公理的实现是有条件的，只有通过精心调动资源、排布流程、确定机制，才能创造出所需要的环境。南海相信历史进程不可逾越，因此任何一个社会，如果不经过"恶"的阶段，就无法抵达"善"的境界。与公理相悖的制度和习俗也是进化的一环，至少在某一阶段是合理的：战争促进了统一，男权保护了文明。因此，通过"道"的包容性和融通性，他实际上（在某种意义上）认可了价值自身的多元性。[2]

事实上，对于事物全面性的关注，在弗朗索瓦·于连（François Jullien）看来，正是中国思想（相对于西方思想）的特质：对中国人来说，重要的不是一种观念的"真假"，因为从某一特定角度看，每一种思想都有其真实性与合理性，关键在于它是全面的，还是只"纠缠于一点不计其余"。重要的是"让各种对立的观点同时存在"，并意识到"时势"的特殊性，那样才能真正地保持"中道"。[3]不过，我们不

---

[1] 引号中的话出自玛茜·肖尔（Marci Shore）：《我们能看见观念吗？——唤起、经历和共情》，收在达林·M.麦克马洪、塞缪尔·莫恩编：《重思现代欧洲思想史》，第233页。
[2] 陆乃翔、陆敦骙已经指出，康有为身上充满了矛盾："日美戒杀，而日食肉；亦称一夫一妻之公，而以无子立妾；日言男女平等，而家人未行独立；日言人类平等，而好役婢仆；极好西学西器，而礼俗、器物、语言、仪文皆坚守中国；极美民主政体，而专行君主；注意世界大同，而专事中国。"实际上，这些都是康有为平日遭人诟病之处。不过，二陆强调，这些"若甚相反"的特质，其实正是南海学术博大，极高明而道中庸的表现："深得二元三世之学，故备舟车裘葛之宜。"（《南海先生传（上编）》，第470页）这辩解当然不无矫饰。事实上，我们不能完全排除南海言行不一的可能，不过，他对不同价值观都具有一种共情力，也是不能否认的。
[3] 弗朗索瓦·于连：《圣人无意：或哲学的他者》，闫素伟译，北京：商务印书馆，2019年。有关论述参看全书，引文在第106、109页。

能把南海的主张完全看作中国思想传统的延伸,因为他在其中引入了历史化的思路:和随时变异而并无固定次序可言的"中道"不同,被南海肯定的这些多元价值井然有序,排列在一个次第分明的时间链条上,一旦舞台换景,主导性的价值就必须让位给其他价值;而在此之前,其作为主角的位置亦不可替代。这种思维更接近于黑格尔(G. W. F. Hegel,1770—1831)所说的"时代精神",而不是中国传统的"时"和"中"。实际上,正是这种思考(至少部分地)决定了《大同书》为何会自觉担当起解释历史的任务。就此而言,康有为既是一个"立法者",也是一个"阐释者"。[1]

然而,在通向大同的漫长路途中,多元价值的营养成分被充分消化之后,也必将消失殆尽,大同理想最终从多元趋向于一元(详论参看第六章)。由于科学和民权的进展,历史即将到达一个新的转折点,我们可以通过更加合理的制度,消灭一切不平等,将曾经在历史上起过积极作用的"恶"悉数阻拦在未来的大门之外。前往大同的道路虽然曲折,但最终会把我们带入一个平滑、单一的幸福世界。

---

[1] 这里只是借用这两个概念,并不完全符合它们的本意。具体阐释参看齐格蒙特·鲍曼:《立法者与阐释者:论现代性、后现代性与知识分子》,洪涛译,上海:上海人民出版社,2000年。

第五章 | 大同世界的生命、生产与生活

对康有为来说，大同是人类永恒幸福的通关密码，因此，一个大同世界的公民（或曰"天民"）一生必定沉浸在无尽的欢乐之中。大同的意义包括：价值层面的平等、公共、一体化，对生命延续与再生产的关注，物质的富足与生活的舒适优雅等。不过，这些都不是自发产生或逐渐形成的，而必须依赖于一种精心的安排。所有的安逸、平稳、松弛都运行在一张严丝合缝的理性网络上：设计、调查、规划、执行、协调、管理和监督，一起构成了这张网络上的关键节点，一个都不能少。事实上，连"天民"本身的生命和人格，都是由这种安排塑造而成——而康有为是所有这些安排背后的终极安排者。

在1903年写成的《官制议》中，康有为为清王朝制订了一份纲领性的改革方案：基本原则是"保民生"和"强国体"，而以"民事"为先，"民身"尤重，后者又细分为"户籍""卫生""救恤"三部分。接着，他用三个并列自然段展示了"民事"的内涵："民身既保，则当育民德而教民智，既使人能成才自立，亦使国得人才以自立"；"民身既保，则民生当厚"，须重"农、工、商、矿及一切生财、分财诸业"；"民身既成，当保护之"，其职由"司法""警察"负担。要之，"此生民、教民、阜民、保民"，即是"民政之必须者"。[1]这段议论站在国家立场，与其时刚刚完成的《大同书》初稿目标有异，具体内容亦不

---

[1] 康有为：《官制议》，第233—234页。

尽相同,但它提出的四大民政主题(生民、教民、阜民、保民),同样也是大同世界运作的主要线索。

本章拟从四个维度观察大同的运行:一是生命周期。每一社会和文化对人生的不同阶段都规定有不同任务,由此确立了美好人生的样板。在大同世界,这些安排主要通过社会机构体现,也就是己部第二到十章分别陈述的人本院、育婴院、小学院、中学院、大学院、恤贫院、医疾院、养老院与考终院。其中,人本院负责孕妇怀胎与分娩的保养,从育婴院到大学院负责未成年人(二十岁之前)的教育,恤贫院和医疾院为成年人提供救助与医疗,养老院是六十岁以上老人的安居之所,死后的丧葬事宜则由考终院负责。[1]这里包含了《官制议》中"生民""教民"的主题。一个人的生命周期被托付给不同机构,个人和社会遂因此而紧密交融。[2]

第二个维度是经济,也就是中国传统所谓"生计"、康有为称为"资生"的事业,[3]对应于《官制议》的"阜民"主题。这部分的思考集中在庚部。南海主张化"独"为"公",实行生产和生活资料的公有

---

[1] 己部第一章结束时对"公养""公教""公恤"制度做了简介:"公养"机构为人本院、育婴院、怀幼院(后又改称慈幼院,为三岁以后的幼童设立);"公教"机构有蒙学院(教育六至九岁的儿童)、小学院(教育十到十四岁的儿童)、中学院(适龄为十五至十七岁)、大学院(适龄为十八到二十岁);"公恤"机构为医疾院、养老院、恤贫院、养病院(为废疾者设置)和化人院(考终院),具体名目、顺序、内容与此后各章略有出入(《大同书》,第187、204页)。需要说明的是,本书对公共机构的论述从生命周期角度着眼,部分打破了康有为原有的分类,只是出于叙事方便的考虑。

[2] 中国近代其他一些想象理想社会的文本也有类似安排,唯具体内容各不相同。比如蔡元培将人的一生分为四个阶段:"七岁以前是受抚养的时候,七岁到廿四岁是受教育的时候,二十四岁到四十八岁是做职业的时候,四十八岁以后是休养的时候(但休养时亦可兼任教育等事)。"每天的作息分为三部分:做工、饮食谈话游散、睡眠各占八小时(《新年梦》,第426页)。刘师培在1907年撰文介绍"均力主义",思路也颇为相近,甚至还规定了不同年龄阶段必须从事的工作,如二十一岁参与筑路、业农,二十二岁开矿伐木、业农等(申叔[刘师培]:《人类均力说》,收在葛懋春、蒋俊、李兴芝编:《无政府主义思想资料选》上册,北京:北京大学出版社,1984年,第67—68页)。

[3] 康有为:《大同书》,第227页。

制。第三个维度是政治，即权力的运作：辛部讲述了全地公政府和地方自治政府的组成与运作，及全球性的时空规划、公共交通、金融、奖惩问题。最后是日常生活：壬部论述戒杀生（参见第四章，本章不再赘述），癸部描述衣食住行用及宗教活动。[1]最后两个维度涉及《官制议》中的"生民"和"保民"主题。

如果说我们在第四章中关注的"去界"是《大同书》的"破坏"面向，本章则以生命、生计和生活为考察线索（我把政治看作生活的一部分，不仅是为了修辞便利，也是因为康有为强调在大同之世中，政治已经不再重要。不过，另一方面，它却从不同的维度塑造了人们的生活方式），探讨其"建设"面向，尤其关注此前未曾涉及的主题，希望借此展示大同世界的社会秩序。不过在此之前，我先要关注使大同成为可能的一种新型人类，也就是"天民"。

一、身体、权利与"天民"

康有为从中国早期思想中汲取了两个元素，形成了他（从生育角度出发的）对人的看法，一是"人为天生"说，[2]一是人为天、父、母"三合而生"说（参看第三章）。不过，他在《实理公法全书》中已经指出，人分取"天地原质"而成，"原质是天地所有，非父母之所生，父母但能取天地之原质以造成子女而已"，且"地球上之人，其质体日

---

[1] 所谓宗教活动包括了修仙、成佛。仙学追求"长生不死"，佛学讲究"不生不灭"，前者粗而后者精。不过都须"谢绝世事"，被要求在"四十岁后为之"：那时人已经"作公工二十年"（报答"公政府所教养二十年"），可"听其自由"（《大同书》，第230、291页）。不过，他在1923年11月的演讲中，又将学仙佛的年龄改在五十岁（《长安讲演录》，第296页）。

[2] 宫志翀：《"人为天生"——康有为大同思想的根基》，《中国哲学史》2018年第2期，第91—97页；《战国两汉"人为天生"学说的政治哲学意蕴》，《哲学研究》2021年第1期，第62—70页。

日轮回,父母与子女其质体亦互相轮回",故父母之生的实质仍是"天生"。康有为由此宣称人是"天民",并据此推导出《大同书》的基本价值:人人享有"自立自主自由之人权",〔1〕也就是平等、独立、自由和追求幸福的权利。不过在前大同时代,人性还不够完善,"天民"也就只能是一个应然概念,只有在大同世界才变成实然。〔2〕

身体在康有为的天民论述中扮演了重要角色。南海强调,人的灵魂来自天,体魄得自父母;魂重于魄、名重于身,故人人平等的证据在于"神明",而非"体魄"。但他也始终坚持身体的重要。事实上,如果体魄之"原质"本属天生,则身体已足以为权利的平等提供坚实的基础。在讨论"去形界"时,他反复强调:

  人者天所生也,有是身体即有其权利。
  天下为公之世,凡属人身,皆为公民。
  人人有天授之体,即人人有天授自由之权。
  天之生人也,使形体魂知各完成也,各各自立也,是天之生使独也。〔3〕

"天授自由之权"首先是自由支配自己身体的权利,否则难逃"为囚""为刑""为奴""为私""为玩具"的命运,一切平等、独立、自由、人权皆无从说起。在此意义上,是身体为权利提供了证据和保障,公理首先透过身体呈现。这或者也可以帮助我们理解他讨论"去种界"

---

〔1〕 康有为:《实理公法全书》,第148、150页;《大同书》,第125、126、127、129、141页。
〔2〕 "天民"是古典文献中已经出现的概念,或言天生烝民,如《礼记·王制》:"少而无父者谓之孤,老而无子者谓之独,老而无妻者谓之矜,老而无夫者谓之寡,此四者天民之穷而无告者也。"或指人民中的精英分子,如《孟子·尽心上》:"有天民者,达可行于天下而后行之者也。"不过康有为所用"天民"二字,意在强调人人生而平等,和其本意不同。
〔3〕 康有为:《大同书》,第125、127、131、245页。

时宣称的：平等必须以形貌相同为前提。

从身体角度探讨权利的由来，根源于康有为的"人道"观念：大同对于"人"（非神非兽）才有意义，而人首先是一个身体的存在（参看第三章）。因此，尽管体魄低于灵魂一等，但大同世界的一切设施、制度、规范首先还是围绕着身体铺开。阿甘本在欧洲近代早期的两份重要政治文件（英国的《人身保护法》和法国的《人权宣言》）中发现："新的政治主体"并非"自由人"，而是"身体"，民主的意义就在于"维护和呈现"这个身体。但"身体只有获得了公民身份，才能获得权利"，而"公民"身份只有通过"出生"才能取得。[1]康有为的"天民"概念则松动了权利和特定国家、民族的关联，赋予主体以更广阔的行动空间。事实上，他对"人"的界定是同时从两个维度展开的："人为天所生，民为国所有"，故"同为人体，同为天民，亦同为国民"。这两个层次的"公民"身份（在前大同时代）可以并行不悖，而"天民"是更具超越性也更为本质的那个：他因此才说，"公民"乃每个人的"天职"，"无所逃于天地之间"。[2]

西佩·斯图尔曼说："人是（are）不平等的，但可以被表征（represented）为平等的。"[3]在康有为那里，为阶级、种族、性别的平等提供"表征"基础的是身体。比如，"种界"之所以可"去"，就是因为人体只有"小异"，无碍"大同"，因此"去种界"的所有工作，从改变形貌到消灭劣种，都是针对身体的作业，通过更换体质的方式达成诸种齐一的目标。个体层面的"种"更是与身体紧密相连：即使是天上的仙佛化身为人（如康有为本人），也需要传承父母之"种体"。大同时代的人种仍需传续，否则公共事业无以为继，必将导致"政事

---

[1] 汪民安：《身体的技术：政治、性和自我的毁灭》，第28页。阿甘本的文章亦转引自此，第27页。
[2] 康有为：《大同书》，第108、126、127页。
[3] 西佩·斯图尔曼：《发明人类：平等与文化差异的全球观念史》，第6页。

隳，学术断，机器坏"，整个"人类复归于愚"，"愚则必苦"。[1]人口的延续是持续进步的秘诀，有了身体，才有文明。堕胎在大同世界是一桩大罪，其故在此。[2]

身体是平等的来源，也是独立和自由的依据。康有为为婚姻自主辩护道："人各有好，万不可强同。"父母与子女"形质既殊，则爱恶亦异"，故由父母意志促成的婚姻往往造成悲剧，乃至抱恨终身。[3]他主张有情男女之间的同居合约亦应有时间限制，也是因人性不同且易变之故（参看第四章）。不过，这两种价值取向其实不无紧张：平等特重身体之"同"，独立和自由的前提则是身体之"异"，而南海态度明显倾向前者。他多次强调"大同之时最忌别异"；又说："大同之世，专发同义。"这是因为人性"少有歧异，即生畛域"，差异是造成界分的主要原因。为此，他建议大同世界"宜定服装之制，女子男子服同一律"："太平之世，独立自由，衣服瑰异，无损公益"，自当"一切听人之所为"，但"公会礼服，男女皆从同制，不得异色，以归大同"。[4]"小异"应以"大同"为前提。

康有为担心服饰的差异可能引发心灵的隔阂，涉及身体对环境的影响——事实上，身体本来就是环境的一部分。在论证阶级平等的必

---

[1] 康有为:《大同书》，第199、200页。
[2] 康有为似乎并不担忧人口过剩的问题。同样，孙宝瑄也笃定马尔萨斯（Thomas Robert Malthus，1766—1834，孙译为"玛儿梭"）说的"人满之患"不会发生，理由是："今日化学与机器日兴月盛，凡耕与织，皆用新法，使所收获所制造者，皆什倍于既往，何惧不能赡给耶？"（《孙宝瑄日记》中册，光绪二十八年八月二十四日[1902年9月25日]，第616页）需要指出的是，除了受到"多子多福"的中国传统观念影响，他们的看法也和近代早期欧洲一度流行的人口观不谋而合："要让人们繁衍，而且尽可能多地繁衍。"参考米歇尔·福柯:《安全、领土与人口》，钱翰、陈晓径译，上海：上海人民出版社，2018年，第459—460页。
[3] 康有为:《大同书》，第131—132页。《实理公法全书》已云："子女之魂与父母之魂，其性大约不相同者为多，久处则其魂亦各不相合，其相爱之性亦易变。"该文，第150页。
[4] 本段和下段，康有为:《大同书》，第205、220、159、104、106、122、124、128、195、193页。

要性时,其依据除了"天之公理",也包括"级界"对"人之发达"的危害,其中涉及"人民、国势之愚智、苦乐、强弱、盛衰"等。他论证"去形界"的必要,也是从"公理"和"实效"两方面入手,强调"用男弃女"、将女性摒诸公共生活甚至知识学问之外,乃是"暴殄天地之精英"。在他对女性的认知中,生育功能具有极为重要的地位,所谓"孕妇为大地众母,为天下传种;种之佳否皆视其母",绝不是一件私事。若说在价值层面,身体是意义的启动器的话;康有为对其效用的探讨,就主要集中于其物质属性:身体被看作"人力资源",而它将直接参与大同的形塑。

子女是父母"采取天地原质"而成,则亲子关系就具有了"物质性"——这当然不是对其情感属性的否定。事实上,那张普世性的共感网络本有物质的一面(参看第三章)。《实理公法全书》中曾设想过一种粗略的儿童公养方式:"凡生子女者,官为设婴堂以养育之,照其父母所费之原质及其母怀妊辛苦之功,随时议成定章,先代其子女报给该父母。(若不知其父,则母尽得之。)及其子在堂抚养成立,则收其税补经费。"这样,双方就不得以礼法相责:父母不必"慈",子女亦不必"孝"。[1] 父母生育子女所耗费的"原质"和辛劳都可以计算,其非物质而何?而双方得以顺利地从礼法义务解脱,也正得益于同一属性。《大同书》中的育婴院,则无计费一事,可能是因为大同世界处处安乐,已使其不再必要,而从物质性延伸的"报"的思维,仍然保留下来(参看第四章)。

在物质性视角的作用下,身体(人)与社会的关系呈现出两重面相:它既是社会环境的塑造者,又受其形塑。康有为说,孔子之所以"不语怪力乱神",是因为人很容易受外界视听的熏染,"一入脑根,触处发现,终身不洗,累生不解"。耳闻怪力乱神之事,即"脑中终身有怪、力、乱、神之影,至于生生世世触根复发,世无已时",对于"人

---

[1] 康有为:《实理公法全书》,第151页。

性"是个严重损伤,而怪力乱神皆是"乱世之事",太平时代则"不独怪、力、乱无,即神亦不神也"。故"孔子不语,盖为人道预入太平,绝其乱世之性根,因预植太平世之善性也"。[1] 自然,这里的孔子之思,实际上即是南海所念。他一向关注外在条件对心性的影响,因此如何密切监控环境的构成,就成为大同计划的核心。

灵魂、性与仁都依赖于"种"的传播;但现存的"种"又有明显缺陷,和性善的理想相去甚远。其间的巨大鸿沟,使儒家传统设想的通过教化唤醒人心、改良社会的思路不再可能:"种桃李而得桃李,种荆棘而得荆棘",播下"不美之种","及长大后,乃欲稍施教以易之,岂可得哉"?同样,私心导致了财富、教育不均,由此催生出一套满足私欲的制度,反过来又强化了私念盛行,复经传种方式复制播衍,于是"资性之日坏,天机之日丧,积久成俗,以此而欲至性善之世,岂可得哉"!这两个"岂可得哉",清楚揭示出改革思维方式的必要:欲从根本上解决问题,只能打造一个合理的社会环境(同时也需要在遗传的层次上改造人的身体),自外而内地将善"习"转化为善"性"。这就是为何"必行大同之道,而后人人为有用之美才,人人为有德之成人":[2] 不是先有了完人再来建设完美社会,而是相反,只有先建设一个好的社会,人才会完善起来。

大同世界需要的是与之匹配的新"人",也就是充分实现了天赋的"天民"。[3] 他/她至善至美,智力超群,富有公心,遵守法纪,又能自由自在地享受权利、幸福与快乐。重要的是,他/她可以通过特定社会条件的支持培育而成——事实上,由于科学日进,物质发展,民权崛

---

[1] 康有为:《论语注》,第430页。
[2] 康有为:《大同书》,第188、181、229、212页。
[3] 虽然和梁启超《新民说》设定的历史情境与具体方法都不相同,但他们都将实现新社会的理想寄托于"新民"之上。这在20世纪的中国是一个非常流行的主张。参看王汎森:《从新民到新人——近代思想中的"自我"与"政治"》,第90—137页。

兴，这些条件日渐成熟，也为康有为的想象力提供了飞翔的平台。这一设定是整个大同计划的导航仪："天民"在一个被精心设计和保护的环境中诞生和成长，之后又在与其身心健康相协调的工作与生活环境中悠游度日。他/她浑身上下浸透着理性的设计感，而大同就是为其量身打造的一个世界。

二、生命周期管理

大同世界公民的一生可以分作三个阶段：未成年、成年和暮年。二十岁之前，一个人的主要任务是接受社会公养和规训，将自己培养成一个合格的"天民"；二十岁之后，他/她将走上职业生涯，用劳动养活自己，报答社会的养育之恩，也享受生活的各项福利；到了垂暮之年，如果愿意，他/她将再次成为公共赡养的对象，直至告别人生。

（一）孕妇与胚胎

"生人之本，皆在胚胎，人道之始，万化之原也。"当人还处在母腹之中，甚至在其父母的性交阶段，对他/她的塑造就已经开始。按照康有为的设想，大同世界的床榻皆附有播音设备，男女交合时将响起"房中之乐"，乐调欢愉，"皆仁智吉祥之善事，神仙天人之欢喜者"，用以协调和控制动作，"应节合拍，蹈中履和"，既能"极人欲之乐"，又可以"正生人之本"，如此，则所生之人种"庶皆中和明妙焉"。孕妇怀胎之后，须送入人本院，享受无微不至的照理和监护。康有为深信政刑不如教化，于人"气质已成，见闻已入，知识已开"之后再行施教，不如"教之于未成形质之前"。他对这一问题的思考甚早，在万木草堂时就提醒学生："《大戴礼·保傅篇》发挥胎教。"又言："妇人生子感胎，此胎教所以重也。"《大同书》更是把胎教看作打开大同之门的锁匙："受气之先，魂灵之始"就能保持源头洁净，其"流"自然

"不浊",而也"必如是乃可至性善,乃可至太平"。[1]

如同"感胎"二字所示,其中的奥秘仍要追溯到共感网络。康有为坚信,宇宙"电气"具有极强的"感染"力,"胎孕"者尤易受到影响。他最喜欢举的一个例子是,其乡人中有孕妇观剧,因为欣赏一个涂面的角色,"一念所动,遂如影相之照,深入胎中",生下了"面分两色"的孩子。康有为的解释是:"物感于外,即情动于中,情志既动,血气从之,故周于肢体,达于营卫,铭于魂魄,发于梦寐",不可遏止;甚至有童年所感,"纵使一时不发,触物即生,虽至垂老,随事发现"者。而"胎妊之时,感人最易";若不能感受"和平中正"之气,生人"德必不和,性不尽善"。因此必须使孕妇远离"异形、怪事、恶色、恶声、刑人、恶言",以及"爱私仇感、缠绵歌泣、死生忧患、得失变乱"之"感动",严防其"有丝毫入于孕妇之耳目以感动其魂知"者:"此为胎教第一要义"。[2]

这样,严控环境就成为人本院一切设施和纪律关注的焦点。首先是自然条件。人本院设在"温冷带间","平原广野、丘阜特出、水泉环绕之所,或岛屿广平、临海受风之所,或近海广平之地,次则远背山陵,前临溪水,又次则高山之巅及岭麓广平者"。根据康有为的"人种地理学"理论(参看第四章),在这些地方休养的孕妇能够吸收良好的"天气"与"海风",生子"必多丰颐广颡、隆准直面、河目海口者,尽为高加索人相矣;其性必能广大高明、和平中正、开张活泼,而少险诐反侧、悲愁妒嗌者"。其次是社会环境。人本院管理严格,对孕妇的入院时间、入院后的社交活动、性生活、褒奖、衣食住和健康养护、教化,乃至所接触的饰品、音乐、书籍、字画等,一切琐屑事务,皆有严格规定。这是一个安全的养胎环境,也是大同世界的微缩版本。

---

[1] 康有为:《大同书》,第188、288—289、189页;《万木草堂讲义》,第285页。
[2] 本段和下段,康有为:《大同书》,第195、196、193、189、190—192、197页。

对环境的全面管理,不但意味着孕妇的身体不再具有主动性,而成为一个极易受控的客体,同时也将之公有化了。此时"家界"已"去",妇女"代天"生子,"为公孕之"。"有胎"之后,"其身已属于公",既受"公养",就不能"再纵私乐"。生育是一项公职,"孕妇如当官奉职,皆有职守,入院之后,以养胎为宗旨职业",否则将"与奉官而旷职受赃同科"。[1]由此,孕妇失去了行动自由,其身体也被"转化"成了生产工具,而生育则是处在监控中的生产流程。在这个意义上,她在实质上成为"天"或"公"的一个"代孕母亲",她和自己的孩子只有一道"不得不"的生理程序的关联,如此而已。[2]事实上,虽然人本院的主要工作对象是孕妇,但《大同书》将这一机构放在生命周期的开端,意味着尚未出世的胎儿才是真正的焦点(然而他们也不是真正的主体,真正的主体是大同世界本身,或者说是那个抽象的"天"与"公"),而社会再生产的需要把母亲(妇女)变成了用身体奉职于社会的人。

作为一个"人道"主义者,康有为并没有把性生活限定于单纯的生育目的。他承认,良好的性爱本身就是"乐"的一部分:"人道者因天道而行之者也,有以发挥舒畅其质则乐,窒塞闭抑其欲则郁。"他批判此前社会的各种"防淫"措施实际是将女性"私有化"了,而男性"纵淫"却以传宗接代为名得到了正当化。他固然要求男女穿着一致,试图借此淡化性的吸引力,但这只是为了令人对异性"司空见惯",以免刺激"淫念",而非为了禁欲。[3]事实上,从他规定男女合约的时间来看,康有为清楚地意识到爱欲的不稳定,并准备给这种流动性以一

---

[1] 康有为:《大同书》,第192页。
[2] 人本院中对孕妇生活的控制,与今日"代孕合同"中对代孕母亲的要求几乎完全重合:"要个体控制她在怀孕期间的日常起居,包括医疗、性行为、食物摄入等。"参看西尔维娅·费代里奇(Silvia Federici):《代孕母亲:生命的礼物抑或被否认的母亲身份?》,收在《超越身体边界》,汪君逸译,上海:上海人民出版社,2023年,第76页。
[3] 本段和以下两段,康有为:《大同书》,第27、152、158、154、193、198、201、203、192页。

个合理的位置。

南海不但把色欲视为人的基本需求，也肯定了它的公共价值。他指出，"守节"有四种危害："害人""逆天""损公"与"伤和"。其中，至少最后两项是从人口繁衍角度立论的，和他对"人种"主题的关注有关。这样，性既是私人的，体现在流动性的婚姻模式中，也是公共的，主要目的是维持人口的增长。换言之，康有为把人看作（个体）欲望与（社会）工具的混合，其具体属性随语境而变化。南海强调，在大同世界中有三种人最为尊贵：为师者、为长者、为母者。女性一旦成为母亲，就从私领域进入了公领域，从欲望领域进入了工具领域，而这也使得她们尊贵起来。

但从生理需求看，"纵欲自由"这类"私乐"与人种繁衍的"公任"很难彻底剥离；况且女性在怀孕期间受损甚多，根据报偿原则，"凡人之茹苦冒难者，必计其利息而后为之"，因此也必须得到相应补偿：除了荣誉（"号为众母，赠以宝星，所在礼貌，皆尊异于众"）、物质（贫者赠以金钱，"以旗帜送之出院"，或用汽车载之）、技术手段（使其养胎、生产皆"绝无痛苦"）之外，也包括性的满足，只是需要略做限制，孕妇"与一男之交合若众男之交合碍否，或定以月数，或限以人数"，皆由医生据实际情形决定。事实上，南海考虑到，"十月绝欲，人道所难"，甚至可能导致孕妇"纷纷堕胎"，同意应"稍徇其乐欲，许以他物代之；必不得已，则于怀胎可交合月内，不许易夫，以专笃其心志而不乱杂其情思"；若所欢病死，为防其悲伤过度，亦"许易其夫"。至于哺育期间，短期内可"代以机器之男行欢乐"，之后可"与男子同游同宿"，此"皆由医生考定适宜日数"。这些规定都是出于公益所需，但仍为个人利益留下了部分空间。

这里也让我们看到私与公是怎样紧密搅缠在一起的：康有为认可"纵欲"和"计息"都是"人道"所有，在将其公共化的同时，仍维持了其作为人权一部分的原貌；不过，也正是通过一个普世性的人欲概念,性这种"私乐"进入了公共议题——至少,孕妇的性生活是公共管理的合宜对象。这里并无羞耻感的问题,因为羞耻以公私领域的区分为前提,而大同"无私"(详见后文),即使是性,也并不全为个人所有,个人的身体通向的是整个社会的机体,[1]这就杜绝了使性变为羞耻的可能(但这不意味着那里不再有任何羞耻可言)。尽管身体是人独立与自由的见证,但康有为也不止一次暗示我们:大同世界的身体在本质上是一样的,不仅外貌相似(都是"高加索人相"),内在品格也都至淳至善;更不用说在"天地原质"的意义上,身体本是相互流动的,并无固定的边界可言。

这有助于理解他为何把人本院放在"去家界"的主题下,而"去家界"又和"为天民"联系起来:去家的实质就是将人的生命来源从天、父、母"三合"的格局变为"天生"的一元格局,其中的关键是对"父母"社会角色的确定。"父母"这一身份同时具有生理意义和社会意义,前者无法改变,而后者是可变的。剥夺"父母"的社会意义,而仅仅保留其生理意义,他们就成为社会再生产的载体,看似在满足私欲,实则是人口生产线上的一个环节。[2]吊诡的是,这在康有为的论述中又和个体"自由"连在一起:大同"男女各有独立之权,有交好而非婚姻,有期约而非夫妇",交合"但以各畅天性",绝不以自私

---

[1] 《吾妻镜》作者杨凌霄(名纛,生卒年不详)曾告诉孙宝瑄:"凡欧洲自古大人物,强半野合而生。盖野合者,必两情相遂,故其种性精良,造成之人往往不凡。我国男女禁自择配偶,其交合皆属勉强,故种性不精良,而人才罕觏。"这是造成国家"不振"的重要原因(见《孙宝瑄日记》中册,光绪二十八年十月三十日[1902年11月29日],第643页)。这番议论同样把私人情感和公共事务连在一起。按,杨凌霄在性的发明上有许多在当时骇人听闻的见解,具体论述参看张仲民:《清末的新性道德论述——杨纛的〈吾妻镜〉及其读者》,收在《叶落知秋:清末民初的史事和人物》,上海:上海人民出版社,2020年,第274—305页。
[2] 康有为显然忽视了"怀胎十月"的情感向度,这会对生产之后即将分离的母婴双方造成严重的损伤。参看西尔维娅·费代里奇:《代孕母亲:生命的礼物抑或被否认的母亲身份?》,第77—79页。

相"妨"。"荡荡然无名无分,无界无限","无亲无属",无有家累,只有两情相悦,岂非"自由"之极?[1]通过剥夺"父母"的社会名分,将其养育功能转移到公共领域,一个人生下来就成为"公"的一部分,也就真正实现了其原本所是的身份:"天民"。

(二) 接受规训的童年

从脱离哺乳期到二十岁是一个人接受教育的时期,需要依次进入育婴院(三至五岁)、小学院(六至十岁)、中学院(十一至十五岁)和大学院(十六至二十岁),接受身体、道德和知识方面的培训。此时他们"身体未成,方当学问,受公政府之教养,未有独立之权,亦无自由之义",[2]乃是一块可塑的材料,需要专人负责其保育、教养和监护。为了方便读者理解,我将不同机构负责的规训内容整理为一份表格(见表一)。

大同世界的教育遵循着从身到心的发展程序:婴幼儿训练的重点在身体,直至中学院,其所占比重才开始下降;与此同时,对知识的教育变得重要起来,到大学院已成最根本的任务;德育的重要性也从中学开始被强调,并逐渐超过了体育,不过始终没有压倒智育。这当然是和康有为的仁智观分不开的:仁是最终的目标,但智更具优先性(参看第三章)。早期教育之所以集中在健康方面,一个重要原因是,其时人年少体弱,必须打造坚实的体魄,以便守护其内在的性灵,比如育婴院要远离"喧嚣"不祥之所,即是为了"慎外感之染而保清明纯固之神"。随着人体日益强壮,人对自然和社会环境中不良成分的抵抗力也越来越强,人的活动范围日加扩展,到大学院时已无须特加防护。

---

[1] 康有为:《大同书》,第272—273页。
[2] 本段和下段,康有为:《大同书》,第273、206页。

表一　大同世界儿童养教机构表

养教机构	育婴院	小学院	中学院	大学院
监护人员	由女子看护，其名为"保"；以医生充任管事。	司理及教者皆为女子，号"女傅"，兼慈母之任。	不用保、傅，男女皆可为师。	教师无论男女，重在专学精深奥妙、实验有得者。
环境要求	设于冷带50度、热带20度以外，院内楼居少而草地多，有池塘、花木、鱼鸟等。	设于冷带60度、热带10余度以外，选择山水佳处、爽垲广原之地，避开喧哗场所与墓葬等，多植花木。	择地于广原爽垲、近海近沙之地，不近剧场、墓葬、市场、工厂、车场等。	校地因专业需要分设各地，校内皆有游园，设置花木、亭池、舟楫。
健康训练	多予玩具以养体，医生早晚诊视二次。	专以养体为主，开智次之，功课少而嬉戏多。	除冬夏各有所宜外，余月均在温带。	亦重体操。
知识教育	教言语，使认识事物；教歌曲，使识仁慈之旨；教制作，使熟悉工艺。	图画雏形之器以开其智；习为歌诗以养其性；教以人世普通之学。	智育逐渐重要，习高等普通学，杂列各学，专门学中百业实验之事莫不具备。	专以开智为主，所设皆专门之学、实验之学。专业听人自择。各科皆重实习。
道德培养	以仁爱慈祥之事养其仁心，屏除争杀、偷盗、奸诈种种恶物。	以仁爱之事感动其心，不许为非礼不正之事，见非礼不祥之人。	开智之外，以育德为重，学礼习乐，绳以礼法，实行军事化管理，行动、衣服皆一律。	较体育更重德性，每日有歌诗说教，衣服、饮食一律，实行军事化管理。

资料出处：《大同书》，第204—213页。

贯穿这一过程的另一线索是从慈爱到纪律的变化：育婴院与小学院的监护人都为女性，这是因为"男子心粗性动而少有耐性，不若女子之静细慈和而有耐性"之故。但到中学院以后，师资就不再有性别限制。此时学生"渐有自由自立之志"，对他们的管理也开始加入峻烈的成分，"于慈惠中多用严正之气"，呈现出集体化和军事化倾向：中学"食堂及起居出入，皆有部位，分班序列，俨如军队，大师如将帅，分教如偏裨，小教习如队长。坐作进退、讲习息游皆有时限，衣服如一，望之有荼火之观"。大学里"衣服皆同式，饮食皆同时，人数万千，部署整肃，当若军法。自食室至讲堂、操场，进退出入皆有部伍；有大师为司理人，统之如将帅，分教如偏裨，小教习如队长"。[1]

康有为倾心军事化管理，认为这会在无形中带来心理的压力："道德易一，风化易同。其有过失者，终身不容于众，以为愧耻，故亦寡矣。"以羞耻心为防邪手段，也是大同刑罚体系的基本原则（详见第六章），在这里依赖于一种同一感的营造。事实上，康有为原本就很欣赏这种步调整齐的社会氛围，他对德国赞不绝口的一个重要原因，就是其国"严肃整齐冠绝欧土"。"整齐""新洁""严肃""清肃广明"等字眼在《德国游记》中反复出现，而中国"民气散漫，民质拖沓"，尤令南海深恶痛绝。"整齐严肃莫如军容"，故欲救中国之弱莫若"举国为兵"。这样做的主要目的并不是"以兵强万国"，而是欲改造"数千年一统之散漫拖沓之民质"。大同世界没有战争，但集体活动皆以"军容"为准，比如农场"耕耘收获、牧养渔猎，皆有布勒程度"，工人"作工之时，坐作进退几如军令"。[2]这当然不是为了军事目的，而是通过对其组织形式的模仿，养成其精神特征。军队成为所有组织的模板。[3]

总之，在大同社会，所有儿童都接受同样的教育，享有同样的经历，也被期待成为同一个样子。康有为有一段话，传达了他对大学院之前整个公养、公教系统功能的设定：

---

[1] 康有为：《大同书》，第204、210、213页。据影印手稿，中学院部分"分班序列""大师如将帅，分教如偏裨，小教习如队长""衣服如一，望之有荼火之观"等字系修改时添入者；大学院部分"衣服皆同式"前原有"饮食"二字，修改时删去。大象本，上册，第222、227页。
[2] 康有为：《大同书》，第210、237页；《德国游记》，第407、409、436页。
[3] 严复也在军队和工厂的组织形式中看到了同样的特征。史华兹指出，这和斯宾塞（Herbert Spencer, 1820—1903）的本意不同，但未必就背离了后者的思想逻辑。参看史华兹：《寻求富强：严复与西方》，第52页。

> 盖自有生以来，十五年中，同为世界之人，无一人之或富或贫，或贵或贱，同育公家，同学公学，无家可恃，无私可恋，无累可牵，无德可感，无游非学，无群非学，齐驱并进，无却无前，万千并头，喁喁向上。虽欲不学乎，有引于前，有鞭于后，无由有失学者矣，人固无不德性齐一，学识通明矣。

此后因为择业不同，"各听自由，各从所好"，[1]每个人也将走向不同职业（虽然从结构看，他们的人生并无实质性差异），但十五年来的共同教育已经在全世界的年轻人中建立起一种紧密的共同感和同一性，此前一切束缚人性的传统纽带（家、私等）都被剥落净尽，他们现在只是"天民"。

（三）养老与送终

人本院、育婴院、小学院等"公养""公教"机构意在培养"公人"，具有施惠性质；养老院虽属于和恤贫院、医疾院一样的"公恤"机构，却具有酬劳性质。它服务于六十岁以上的老者，自愿加入。鉴于他们已经"为公家劳苦数十年"，养老院以尽力满足其欲求为原则，凡享乐设施无所不有，"听人自由欢快，一切无禁"。老年人体质衰弱，设立养老院也应考虑特定的自然和社会环境（其要求与人本院、育婴院大体相仿）。不过，在为老年人提供福利之外，它也兼有劝惩之意，故一切享受"于大同之中仍有差等"，意在使年轻人看到之后，"知所向往，知所愧戒"。[2]

人死后"不论老少贵贱、有疾无疾、在私家在公家"，皆须立刻送

---

[1] 康有为：《大同书》，第211—212页。据影印手稿，"十五年中""无家可恃，无私可恋，无累可牵，无德可感，无游非学，无群非学""有引于前"等字系修改时添入者。大象本，上册，第225、226页。

[2] 本段和下段，康有为：《大同书》，第218—219、220、222—226页。

入考终院,由院方据其生前的"功德名誉"办理丧事。葬仪、哀悼形式、殓化日期、墓葬与纪念、遗产处理等,皆有规格定制。其基本原则是,属于"私人之事"者,比如服制,可以自由决定;如事涉"公义",比如"哭泣哀思""伏地抢头,久丧三年"等,就须加以干预。此外,根据一个人对公家所做贡献大小,有关规定亦有等差。

(四)师保与医生

在公养机构中,有几种人的角色最为重要。首先是医生。人本院有女医生负责"考验"、规定孕妇的性生活,监察其与胎儿的健康水平,规划和检查饮食、居住、衣服冠履等,负责每日探视,"考求安胎、保胎、养胎及生子最易无苦之新法"。将产时,由"大医生视察,预备产具",时时留意孕妇动静;产妇移入"密静不虞风寒"的产室之后,有电话与"大医生室"通,以便"随时问话",女医、看护人("其名为保")更须留意,"常时看护"。接生工作由"精于生理学"的医生担任,随其绩效各有奖罚。育婴院有医生负责管事,早晚两次"诊视"婴儿,负责"节度"其衣服、饮食、嬉戏、安息等。[1]

其次是保育员和教师。人本院"每日有女师"为孕妇"讲人道之公理,仁爱慈惠之故事,高妙精微之新理,以涵养其仁心",同时有"一女傅教之监之",一女傅"随之出入,同起居,以傅其德义,化其气质",同时负责"讥察"与之"交游之人",以免其接触到不良的环境或人员。孕妇生产后,有"女看护人专为抚视",并有人"鼓琴诵诗于将产已产之时,产母未能自由之日","其琴诗旨义,皆仁爱慈祥、恺悌中正、和平安乐之音"。此外,育婴院有女保,负责婴儿看护;小学院有女傅,负责司理院事和儿童教育。

在大同世界,"凡女子,必须由人本院、婴幼院、医老院之保傅、

---

[1] 本段和以下两段,康有为:《大同书》,第192—197、201—203、204、205、207页。

看护人出身",否则即"终身不得为君、为师、为长"。医生、师保等是孕妇、孩童的密切接触者,其本身就属于社会环境的一部分,因此对她们的要求也相当严格:医生须具备道德("仁质")、知识("养生学"),保、傅的选择标准则包括德性("慈祥")、身体("强健")、资禀("聪敏")、性格("有恒心而无倦性""有弄性而非方品")等,小学院的女傅还应"威仪端严、学问通达、诲诱不倦"。

医生是大同世界最重要的职业。康有为很早就对医学、养生具有浓厚兴致(参看附录二十四),也敏锐地意识到医学(尤其是公共卫生)在建构现代国家方面的作用。他在戊戌时期呈送光绪皇帝的《日本变政考》中指出:

> 泰西于保民之道,盖周矣。欲得民而用之,必强其身体,除其疾病;而除疾病之法,必医学修明,道路整洁,乃都致之。泰西大小街衢皆填以碎石,疏以阴沟,夹植树木,行人左右,车从中央,整洁严肃,巡捕无日不督工经营之。医生皆由学出,又有施医院以济贫民。无乞丐于途,无垃圾及于路。而吾中国上都,隆视万国,乃道路芜秽,乞丐病者盈途卧路。日本新政,尚能保民而经营之。

他相信,中国人不讲卫生,是造成"人种日坏"的主要原因。[1]

康有为早在《实理公法全书》中就提议,人事之所宜应由医生考察检验后决定:"大凡仪节不论繁简,总以发交医士考察其所立之法,行之而于身体有益否,其最有益之法,则推之为公法。"诸如"跪足、叩首、哭泣"之类的礼节就不合养生之道,不应持续。此外,"凡身体、宫室、器用、饮食之节,必集地球上之医学家考明之";各种葬法

---

[1] 康有为:《日本变政考》,第164—165页;《德国游记》,第422页。

（火葬、水葬、土葬等）之优劣，亦须由"格致家考求"。他的论著对于民宅的环境、道路与宾馆的卫生、洗浴等主题都有广泛讨论。[1]这些通常被视为礼俗或风俗的事项，如今件件都须经过科学审验，才能确定其是否正确，传统本身已不能成为其合理的证明。

1898年，康有为在《日本书目志》中提出："兵者杀道，乱世之极"，而"医者生道，太平之极也"。[2]这是他第一次把医学和太平世联系在一起。到了《大同书》，他更进一步宣称："大同之世，医士最多，医才最出，医任最重，医选最精，医权最大"，和"乱世以杀人为主，故兵权最大"的情形正好相反。按照南海的设想，医生遍布大同世界，几乎无处不在："自人本院、育婴院、慈幼院、养老院，监护皆以医者；其余世界中道路宫室、饮食衣服之事，皆归医者监察，人身之事统归于医。"事实上，他根本认为：大同之世以"医为君"，可称为"医世界"，甚至专门提出要防止"医者之结党以复专制"的危险。[3]

中国传统本有"不为良相，即为良医"之说，不过那只是一种修辞，大同世界的"医君""医权"则是实质性的，深入各个层面。不只是孕妇、病人或老人这样的特殊人群，普通人的日常生活也受到他们的全面管控："大同之世，每人日有医生来视一次"，洗澡的次数和时刻也需由"医生随时定之"。医生的身影无所不在，"所有农牧、渔场、矿工、作厂、商店、旅馆处处皆有医生主焉"，饮食、宫室、衣服以及"道路、林野、溷厕、庖浴之宜，工作之事，一切人事皆经医生考核许可，然后得为之"。[4]

---

[1] 康有为：《实理公法全书》，第154—155、157页；《官制议》，第241、242页；《长安讲演录》，第281页。
[2] 康有为：《日本书目志》，第278页。江亢虎读后，"深韪"此言。见其《学目叙识》，收在《中国近代思想家文库·江亢虎卷》，第5页。
[3] 康有为：《大同书》，第216—217页。类似的阐述，又见第291页。
[4] 康有为：《大同书》，第290页。

福柯在讨论近代西方社会权力机制变化时指出："从19世纪开始，医生是正常的人和病理学的主管，所以不仅针对病人，而且对于全体、整个社会都具有一定权力。"[1]这正是康有为赋予医生的角色：他们如同一位明君/慈父，完美呈现了大同背后的家长制视角（参看第四章）。福柯的"生命政治"概念为我们理解这一思路提供了指南。"生命政治"是落实在生命上的治理手段，它具有两重含义——"人体的解剖政治"（对身体的规训与优化、身体能力的索取与用处的增加）和"人口的生命政治"（通过生死、健康、住房和迁徙等手段对人类物种的调控）。[2]而它们均出现在《大同书》中：前者呈现为对生命周期的规训，后者在"去种界"的论述和"人本院"等机构中都有体现。

人类学家迪杰·法桑指出，19世纪以来，生命中许多"自然现象"，比如健康等，不再被当作"某一个人的私事"，而是被"上升到人群层面来理解"。[3]换言之，它是民族国家的一个重要维度。这一认知极大扩展了医学专家的权力，使他们"成功地'殖民'了人的整个生命历程"。它带来的一个后果是，幸福被视为一个资源设置、配给和管理的问题，一个社会组织方式的问题，最终是一个医疗问题："如果我们未体会到完全的幸福感和个人成就感，则应当寻求专家的干预。"[4]另一方面，医学对人体乃至整个生活的全面介入，也将人转变成科学作业的对象：在某种意义上，他/她被"机械化"了。

这又一次把我们带向了"种"的问题。迪杰·法桑区分了两种生命观，一是物理的/生物性的，一是社会的/政治的。他认为，20世

---

[1] 米歇尔·福柯：《惩罚的社会》，陈雪杰译，上海：上海人民出版社，2018年，第300页。
[2] 迪杰·法桑（Didier Fassin）：《生命使用手册》，边和译，上海：华东师范大学出版社，2022年，第94页。
[3] 迪杰·法桑：《生命使用手册》，第116页。
[4] 戴维·卡普（David A. Karp）：《诉说忧伤：抑郁症的社会学分析》，幸君珺、萧易忻译，上海：上海教育出版社，2022年，第19—20页。

纪后半期，西方社会出现了一种"生命合法性"（biolegitimacy）观念，"认为生命本身即构成某种至高的善"。[1]这当然指的是物理/生物生命。这与康有为不谋而合。事实上，他如此强调身体的重要，因此他所说的生命首先也是物理的/生物性的，不过，在其论述中，物理身体也从一开始就被嵌入一个政治和社会体系中，从而同时兼具了法桑提到的两种意义，而政治和社会属性早已被刻写在"种"的内涵中。

回顾一下"去种界"（参看第四章），沙汰"恶种"是通过医疗技术实施的，犹如对社会施行的外科手术。这意味着，医生同时是生命的维护者和灭绝者，[2]其位置实际处于社会之外。他是"仁心"的代表，运用专业知识和技术"客观"处理对象；也正是通过这种冷静的工作，普世性的"仁"（与"不仁"）才得以落实。不要忘记，南海所认同的角色之一正是医生："圣人譬之医也。医之为方，因病而发药。若病变，则方亦变矣。圣人之为治法也，随时而立义，时移而法亦移矣。"理想的医生和他本人一样，热心又冷静（参看第二章）。重要的是，这种态度广泛流行在整个大同世界的公职系统中，而不只是公共卫生领域，比如农业："其农学校有考验所，水产、牧畜、矿产皆然，择其最良之种而支配之，其恶种去之。"[3]

这样，在康有为描写大同制度的运行时，出现大量与视觉有关的词汇也就不足为奇了：保、傅、医生要"监察""讥察""监视""视察""看护""抚视""省视"他们照管的对象。进一步，这启发我们联

---

[1] 迪杰·法桑：《生命使用手册》，第65页。这被他视为基督教的残余。不过，在中国，生物性身体一向优先于社会性身体：既有"人命关天""人死为大"，又有"好死不如赖活着"，这正是一体之两面。

[2] "事实上，"西尔维娅·费代里奇说，"从其规训功能的角度可以写出一部完整的医学史。"见《改造我们的身体，改造世界？》，收在《超越身体边界》，第65页。

[3] 康有为：《日本书目志》，第263页；《大同书》，第236页。

想到福柯对边沁圆形监狱（panopticon）设计的评论。虽然没有任何证据表明南海曾了解边沁的设计，但为圆形监狱提供灵感来源的是巴黎军事学校，而南海构想大同世界，也从军队组织形式和纪律中获得了许多重要启发，这或许就是二者不谋而合的根基？此外，南海曾在欧洲实地考察过一些监狱（参看第六章），它们虽与圆形监狱不同，但也从后者中有所借鉴。[1]当然，造成大同世界与圆形监狱相似性的主因，并非军营或监狱这些具体机构的样式，而是浮现在它们背后、赋予其以同一色彩的"现代性"思维。

孕妇在人本院中接受两方面的管束：一是师保，负责其心灵；一是医生，负责其身体。这两个层面互为隐喻。南海说："凡人有魂有身，则有其病。所以安魂之病者赖在教，所以治身之病者赖在医。"[2]疾病不只是身体的，也可能是心灵的。事实上，在康有为的叙述中，负责身体保育的医生似乎比负责心灵保育的教师更有权威，正体现出医疗作为社会原型的意义。这一思路在当时获得了不少共鸣（不过，论者通常将这两个方面视作对等的平行领域）。比如，梁启超在1897年的一篇文章中，就把"学以保其心灵"和"医以保其躯壳"看作"保种之道"的两大要务。[3]在蔡元培梦想的"新中国"，"卫生部与教育部是最重要的"，负责对国民"身体上精神上"的"细细的检查"。[4]治疗即是治理，是知识更是权力：医生消灭和预防疾病，同时也是在消除社会弊端。进一步，通过体育和军事化管理，身体成为被积极改造的对象，而不只是被治疗的消极对象。就这样，整个社会都被"医疗化"了。

---

[1] 参照戴维·梅西（David Macey）：《福柯传》，战宇婷译，杭州：浙江大学出版社，2023年，第302页。
[2] 康有为：《为同德医院募基金启》，第220页。
[3] 梁启超：《医学善会序》，第253页。
[4] 蔡元培：《新年梦》，第427页。

三、大地统计学与公有经济

　　大同的核心观念是"平"。康有为多次强调"孔子不言天下治,而言天下平","《大学》言平天下,不言治天下;《春秋》、孟子言平世,不言治世",皆表明孔教"以平为第一义"。"平"对"平世"而言,"治"对"乱世"而言,实际是两个"进化"阶段的差异。"平"的基本含义是平等,但也包括"去其塞,除其私,放其别",也就是"通、同、公"三者;[1] 其展开含义更为广泛,举凡南海认为的正面价值,皆在其范围之内。比如,万木草堂弟子韩文举就将"平"与"仁""智"联系起来,谓:"太平之世有交易,无役使,所谓通,所谓平。以仁交易,相爱相亲;智慧平等,以智相输,即以仁相结也。"梁启超对此说极为欣赏,提醒学生,其中"包含无数条理,不可不细思"。[2]

　　在"平"的三种含义中,"通"我们已在那张共感网络中看到,"同"也可以在一致的服装、行为乃至面相中发现,"公"则不但体现为"公养""公教""公恤"制度,也构成大同世界经济体系的基本原则:废除"私产",改归公有公办。[3] 具体而言,南海把产业分为农、工、商三类,[4] 农业与工业负责生产,商业负责计划与调配。"公

---

[1] 康有为:《孟子微》,第442、472、502(类似的表述又见《春秋笔削大义微言考》,第290页;《大同书》,第106页)、422页。孙宝瑄也有类似评论:"《戴记》所谓天下平,即是平等之义。"不过他所说的平等,强调的是"世间千种人、万般物、百样事,各有分量,各有差等,只各安其位,而无一毫拂戾不安之意"(《孙宝瑄日记》上册,光绪二十七年十月初七日[1901年11月17日],第456页),与康有为所谓的"平等"不同。
[2]《湖南时务学堂初集·札记》中梁启超批语,收在湖南时务学堂编:《湖南时务学堂遗编》,第222—223页。
[3] 康有为:《大同书》,第233页。
[4] 这和中国传统的四民社会观念有关。康有为认为,在据乱世,"凡国欲足财用者,必劝于四民之业;盖舍劝士、农、工、商,无以为财用也";到了升平世,"则农、工、商皆为士矣,人人皆有士才士行"(《春秋笔削大义微言考》,第188页)。如此,士已不再作为一种特殊身份存在,只剩下了农、工、商三业。

农""公工""公商"的基本结构一致,可分为行政系统、运营方式、教研机构、生活设施等,内容大略相似。下文仍以表格方式展现(见表二,表中出现的"度"是大同世界的地方分治单位,详论见下节)。

表二 大同世界产业体系表

项目	公农	公工	公商
行政系统	公政府设农部,各度政府立农曹,下设农局、农场。农牧等务各置分司。农曹以下机关皆设主、伯、亚、旅、府、史、胥、徒。	公政府设工部,各度政府立工曹,下设工厂。各厂皆设主、伯、亚、旅、府、史、胥、徒。公政府、分政府之工部长由专门为之。	公政府设商部,各度政府立商曹;下立商局、商店。其曹、局、店皆有主、伯、亚、旅、府、史、胥、徒。
运营方式	农曹将度内出产报农部。商部订立生产计划,由农曹、农局分配至各农场。产品据本度所需酌留若干外,余皆上交商部,在全球范围调剂。	由商部制定生产计划,工部核定,下之工曹,由各工厂如额完成。	农、工产品由商部据各度人数分配。商曹据该地人口多少设商店,一市一店,日常需求由各人按年月开单通知商店,商店依据顾客需求送货上门。
教研机构	务农者皆学于农局。各度农曹皆设地质调查局、农学会,农学校有考验所,物品皆有调查讲习所。	工厂管理者以学校之及年者为之,学成者授学士、工师、技师等号。工曹有各工讲习会,各厂亦然。	从事者出身皆自商学,商学即在商店中。曹、局有商务考究会,各商学士人而考求。
生活设施	各农场皆有公室,人各二室(卧室、客室),并有浴房,十人有公厅;皆有公园、图书馆、戏院、音乐院、公饭厅、公商店、公共讲堂。	工人皆有公室,人各二室(卧室、客室),并有澡浴小室,十余人有公厅;皆有公园、音乐院、戏园,有公饭厅、讲道院。	有公饭馆、客舍、戏园乐馆、讲道院。公室以客舍为之,欲取优室者半其费。

资料出处:《大同书》,第233—244页。

此外,还有两个负责运输和开辟("开辟荒地、深山、穷谷而为坦途、都邑")的部门,其组成方式与农、工、商业相似,也都属于公有，南海称之为"公通""公辟"。这几个产业构成了大同世界经济体系的主要内容。康有为说，是时"人口虽多，皆归之农、工、运、辟四部"。此外还有一个金部（度支部），"总掌全地金行出纳度支之金政，定其用之多寡"；各度政府设金曹，"掌金币、会计、金行之事"；与它们对应的业务部门是"公金行"。金部与金行都是大同世界最有权力的机构。与农、工、商等传统产业不同，运输、开辟、金融之所以引起康有为的重视，与他在欧洲的考察有关。他认为，西方的"盛强"和"重都府、通道路、速邮传、立银行四大政"分不开，而这也都是中国的弱项。[1]

所有的安排都是为了实践一个"公"字。《礼运注》对此有一番详细解说：

> 惟天为生人之本，人人皆天所生而直隶焉。凡隶天之下者皆公之，故不独不得立国界，以至强弱相争；并不得有家界，以至亲爱不广；且不得有身界，以至货力自为。故只有天下为公，一切皆本公理而已。公者，人人如一之谓，无贵贱之分，无贫富之等，无人种之殊，无男女之异。分等殊异，此狭隘之小道也；平等公同，此广大之道也。无所谓君，无所谓国，人人皆教养于公产，而不恃私产。人人即多私产，亦当分之于公产焉。则人无所用其私，何必为权术诈谋以害信义？更何肯为盗窃乱贼以损身名？非徒无此人，亦复无此思。内外为一，无所陈防虞。故外户不闭，不知兵革。此大同之道，太平之世行之。惟人人皆公，人人皆平，故能与人大同也。[2]

---

[1] 康有为：《大同书》，第251、256、258、259、261、254、262页；《意大利游记》，第388页。
[2] 康有为：《礼运注》，第555页。标点略有变动。准此，实行经济公有制的目标也可以说是"去身界"。

这里说得很清楚，大同不只是"去国界""去家界"，也要"去身界"（虽然康有为很少提及此点，但它并非不重要，相反，它反映出南海心中的真正目标），借以消除"私"的需要和可能。因此，除了"人人如一"这一多少带有强制性的原则之外，还必须提供相应的生产和生活条件，让人可以"不恃私产"而能过上幸福的日子。也就是说，"公"不只与个人品行有关，更是一个制度性的目标。事实上，好的制度设计不只消除私欲，还可以肃清其他道德隐患，比如"权术诈谋""盗窃乱贼"等（参看附录二十五）。

康有为对公有制的热衷，来自他对"私"的认识。他意识到，即使是农学发展，"人民更加才智，政法更有精密"，也不能彻底消灭贫穷：因为田地既归私有，支离破碎，即使"机器"也难有用武之地。更何况在工业社会里，"机器既创，尽夺小工"，已经引发了激烈的劳资矛盾，使得冲突越来越从国家之间的争端转变为阶级之间的矛盾，"其争不在强弱之国而在贫富之群矣"。值得注意的是，在农、工领域，康有为都将"私"看作一个社会结构问题，只是在讨论商业时，才将目光转向道德，指控商业竞争"坏人心术""倾人身家"。但这并不意味着他回归了传统的重农抑末路线，因为在此，"心术"只是一个表征，其背后的动力仍是"有家之私及私产之业"。由此，道德本质上被看作一个生计问题：社会贫富不均，"人格必不平"。只有脱离了私产的羁绊，"人无忧苦"，才能"魂魄交养，德性和乐"，增益"人道之美"（参看附录二十六）。[1]

综合康有为的论述，他对私有制的批判集中在三个方面：一是导致贫富不均，二是败坏道德心术，三是造成物质、时间和劳力的浪费。值得注意的是，第三点理由出场较晚，却相当紧要。实际上，他用了三章篇幅，对比"独农""独商""独工"与"公农""公商""公工"

---

[1] 本段和以下两段，康有为：《大同书》，第227—233、242、236、256、258、262页。

的不同，每一章几乎都聚焦于此：经营者"各自为谋"，对市场情形"无从周知"，也就"无从预算"，生产和消费无法匹配，要么"见乏而失时"，要么"暴殄天物而劳于无用"，将"无量数之人""无量数之日力""无量数之精神及其他一切无量数之衣食宫室器用"掷诸虚牝。如能对生产和消费合理规划，使其"一一移而为有用，以供生人之需"，其益几何！然而浪费却是私有制的必然现象："夫既亲其亲子其子而有私产，则虽欲不藏于己不可得也；既藏于己，则虽欲不弃于地不可得也。"在此意义上，要解决社会危机，就必须一切公有。

大同世界的经济体系有以下几个特点：一是针对全球生产和消费的总体规划，二是生产、行政、教育、科研、生活的一体化。由此，整个社会被简化为一些条块分明的单位，所有生产都由相应的行政部门管理，专业教育与科研单位附设在专门的产业机构或管理机关内，某种意义上实现了"以吏为师"乃至"君师合一"，学生须获得相应的"考验证书"方能获得劳动和晋升资格，修习某项专业，毕业后即终身供职于此部门；所有官员都来自专业技术人员，比如农业官员进阶"必由学士、工、技师出身"；交通五部（铁路、电线、汽船、邮政、飞船）的"专门学即在五者局中。其有工学士出者，得补主、伯"，"其有司皆有技师、工长，其才者累迁至部长。终身不贰事，不移官"。辟部官员"出身于学校，其专门学校皆在局中"，金行干部"皆自学校计学出身"；同时，生产单位也向职工提供生活和娱乐设施。

这又带来了第三个特点：大同世界生产单位的规模都极为庞大，"厂内俨如古国土，厂主俨如古邦君"，"其议工之院如朝廷"；大商店"如一国然，总办如邦君，司事如大夫"。事实上，除了老幼病残等公养人员，几乎所有人都隶属于某一特定部门，同时，一切"屋室、园囿、店、厂、场、局皆出于公，几无私宅矣"。其人数之众，"一院而万千人，多或亿兆人"，以至"无散人之村乡而但有公家之廨署"。农场等于今日的村落，工厂相当于市镇，但较村、镇要庞大许多，商店、

第五章　大同世界的生命、生产与生活

邮局、电局、飞船站、铁路站等,也都是以农场和工厂为中心设立的,近乎一种附属部门。[1]

  这些想象同样是以当时西方的社会为蓝本的。他参观德国克虏伯炮厂,注意到其"有土地、人民、政事,司理三千人如士大夫,工人五万如府史胥徒,十五万子女如民,有若小国",颇喜自己"据乱之封建以部落农牧,平世之封建以工厂"的议论在此得到印证,并预测当"托辣斯行后,此理将弥纶大地矣"。南海把大工厂看作"平世之封建",这深值注意,《春秋笔削大义微言考》和《孟子微》也有同样主张(两文的表述完全一致):"若以工商大公司为一封建,则督办、司事即君公、士夫,而各工夥即其民也。人执一艺,量以授俸于公司之中,饮食、什器、衣服备具,休休游游,立学教之,选举升之,力役共之。非一农田之小封建哉?"实际上,他笔下的"孔子封建、井田之法"和大同世界的公有制单位一样,也是容纳生产、生活、政事、军事、教化于一体的:"田中自井灶、葱韭、庐舍、桑荻、菜畜、鸡豕、瓜果、蚕织、丧葬,凡养生送死,皆取具焉。邑中自里巷、学校、樵采、缉织、歌和、求诗、畜储、兵车、力役、选举,凡官民相交、人情所有者,咸备焉。"[2]

  这些表述似乎和康有为对封建的批评不无矛盾(参看第四章):和"去国界"部分对"统一"的强调不同,他在经济上设想的是从"封建"走向大同的道路。事实上,当南海把"封建"与"井田"连在一起的时候,他已经提醒我们,封建固然和"统一"相对立,却也蕴含了"平"的原则。因此,封建之"迹"虽已不再适合"平世",其"意"仍可取:"乱世之封建曰国,平世之封建曰公司。乱世之封建以

---

[1] 康有为:《大同书》,第240、243、259页。类似的描述,又见于《论语注》,第382页。
[2] 康有为:《德国游记》,第432—433页(标点有改动);《春秋笔削大义微言考》,第183—184页;《孟子微》,第420页。

兵力，平世之封建以财力。乱世之封建在据地，平世之封建在聚人。"南海相信，他所见的大公司不过是"平世封建"的"萌芽"，"积久则举大地尽归大公司，而成一新封建之世。于时纷纷为均贫富之说以散之，然必至太平大同世，天下为公，始能变之。然至天下为公时，则一切皆成为大公司，但尽属于公耳"。[1] 如是，"新封建之世"似乎由几个超级垄断企业构成，与"合国"过程中的同洲联盟、半球联盟等并无二致，而这些生产和生活合一的大公司也将是大同地方自治的单位（详见下文）。

在"生人之数无量而大地之产有涯"的情况下，康有为之所以仍对公有制充满信心，是因为他自信掌握了一个法宝，就是"大地统计学"。具体来说，即是通过对全球范围内各种生产资料和消费需求加以统计，再由中央商部进行统一规划，制定出工农业生产计划，分派各农场和工厂执行，其产品亦由中央根据各地的实际情况（考虑到天灾等意外因素的影响），在全球范围内统一调剂、分配，"统算而消息之"，以使人的需求与物的供给能够完美匹配，避免"殄物、失时、枉劳"之费。[2]

大地统计学从知识维度支撑了大同世界的经济系统，和己部的主题形成了强烈对照：在那里，康有为关注的是人的生产和人的治理，其所需信息都来自人和人的面对面交往，比如探视、训话、检验等，需要人的深度参与；大地统计学关注的则是物的生产，采用更抽象的数字化管理方式，其具体途径是调查、上报、计算、规划、下达和调配，其奥秘是将各种资源（物资和劳力）、产品、需求数据化，通过符号驱动实际物质的生产和运输，高度依赖于信息、知识与文书的处理和流通——对理性能力的无限信任。

---

[1] 康有为：《孟子微》，第469—470页。标点有改动。
[2] 本段和下段，康有为：《大同书》，第231—235、238—240、242、259页。

大地统计学的灵感深受西方19世纪"治理革命"和"资讯治国"（information state）的影响。[1] 在这场运动中，知识和信息被视为重要的治理资源，也是需要尽力搜求的对象。《大同书》要求科研机关，比如地质调查局详查"本度内之山陵、原隰、坟衍、川海、人居"情况，制为"小模形，别其肥瘠及泥沙水石之差，风雨霜露之度，以色别而详识之"；对"其地产之所宜及化料之所合，皆记而备之"，于"累年之报告调查"皆"存考以求其进化"；凡有发明，皆应"布告"天下。[2] 这和蔡元培《新年梦》宣布建立"新中国"的第一项计划即是"调查"（山向、河流、晴雨、气候、物产、矿产与水流和空气中的化学成分，及人口年龄、受教育情况、职业情况、身体健康情况等），[3] 可谓不约而同，都可看到"资讯治国"的影子。

基督教的博学传统似亦对康有为有所启迪。19世纪晚期，中国最著名的传教士之一韦廉臣（Alexander Williamson，1829—1890）呼吁："人为万物之灵，主理万物"，就应当详细了解世间万物的"体质、性情"和"利用"情况，"夫而后吾可以取万物而用之，而万物皆以供吾之利益"。[4] 基本思路与大地统计学别无二致。知识在大同运转中扮演了关键角色：各行业皆有专业学校和学会，所有干部都毕业于相应的学校，获得专业的学历证书；[5] 此外，《百年一觉》提供了一个与《大同书》几乎完全一致的论述：在未来社会，一切商品均由"总局分货"，既避免了"各列廛肆以俟"造成的人力浪费，又避免了"各家生意彼此不相通，某家存货多少均不相知"而导致的物资"积存"。[6] 康

---

[1] 关于"治理革命"和"资讯治国"，参看彼得·伯克：《博学者与他们的时代》，第202页。
[2] 康有为：《大同书》，第236页。
[3] 蔡元培：《新年梦》，第425—426页。
[4] 韦廉臣：《格物探原》，张洪斌校注，广州：南方日报出版社，2018年，第2页。
[5] 康有为：《大同书》，第238、236页。
[6] 析津：《回头看纪略》，《万国公报》第38期，第17页A。

有为可能再次从中获得了启发。

康有为极重统计，曾谓"《王制》九官，皆于岁杪献成，而司会专其政"即是"统计之义"，可知中国古已有之，但后世"百政之统、比较之表不立，非专官则不知其事，专官亦不能熟其进退之曲折"，不利于学者"讲求"，亦无从"激励"政事。他也注意到日本书目中的《日本政治年鉴》《全国耕地人口比较图表》《全国农产表》《农务统计表》《府县物产表》《府县资力统计》等，皆"揽全国之事若数掌上之螺纹，而后作之、鼓之、损之、益之，提絜而操纵之，惟为政者所欲为"，以为此是日本"骤强"的原因之一。此后，他游览各处，特别留意其物产、经济等数据，托人代购新出的政计、年鉴，"借以润色所著书"。[1] 康有为通过广泛旅行、交谈、通信、阅读，将全世界纳入眼底，打开了思想视野。这些信息似乎大都是碎片化的，但并不妨碍他使用自己的想象力，将它们构筑成一个整体。

在行政方面，大地统计学需要科层体制的配合。大同世界存在一个将信息层层上报、又将指令层层下达的官僚体系，具有鲜明的集权特征（他早已宣布公政府是"中央集权"的，参看第四章），一切生产计划都经过商部制定，由主管部门审核，产品亦由上级官僚机构统一分配调剂，几乎所有官僚皆是这一体制的一分子，基层官僚的主要任务就是服从上级指派。以农场为例，除了主、伯、亚、旅是管事者外，府负责产品"收纳及支出以待农曹长之命，或截留之所耕之地，或交之近耕地之商店，或纳之农局、农曹之仓，皆听农曹府、史之统计而指拨之"，史负责记录并统计农场工作"而上之农局，以听指拨之命令；胥则奔走之人；徒则耕作渔牧之人也"。[2] 工厂、商场等也存在一套对应的职务系统。

---

[1] 康有为：《日本书目志》，第341页；《与伯瑜书》，第116页。
[2] 本段和下段，康有为：《大同书》，第237页。

其次，这套科层体制按照行政层级不断复制，除了略有合并之外，地方度政府与全球公政府的组织结构高度雷同（详见下文），而由主、伯、亚、旅、府、史、胥、徒构成的官僚系统，也沿着纵横两种方向复制：在不同行政、管理与生产部门中，拥有同一名称的官职，责任大体相同；在不同级别的机构中，他们掌管同样的事务，仅有层级高低、主管范围大小之别。这与"三世重叠"的历史组建方式（参看"导言"）异曲同工，都体现出对标准化、同一化的追求。

在一个理想社会中如何选择自己的职业？对此有两种不同意见。以涂尔干（Émile Durkheim，1858—1917）为首的阵营力主知识和职业专门化，以马克思（1818—1883）为代表的一方则主张，人们可以同时从事许多不同的工作。[1]大体上看，康有为属于涂尔干一方。他认为人的精力有限，不可"兼业"，否则"业必不精"，只有"分业"才能精益求精；故"文明愈甚，则分业愈多"，"兼业"是"野蛮"的表现。因此，在大同世界，专门学校均隶属于相应的行业机构，一个人年轻时学习的专业即是其终身从事的工作，官员的擢升路线也应保持在同一部门内，且"终身不移官，不贰事"。[2]分业的目的是满足效率原则（详见下文），避免浪费精力和知识，看似与大同求"合"的精神相反，实际是为了更好地实现整体目标。

大同世界的运作高度依赖于科技，而机械化尤令康有为钟情：农人授田之规模"与时新之机器相推迁"；工人的工作"假之机器，用及驯兽，而人惟司其机关焉"；商场通过电话接受订货，各人屋中皆有专门的"收货机器"；辟部从事开荒基建，亦"皆用机器为之"。其时人所尊尚者唯有"工"与"工之创新器而已"，"政府之所奖励，人民之

---

[1] 彼得·伯克：《博学者与他们的时代》，第205页。
[2] 康有为：《孟子微》，第495页（类似的表述，又见《春秋笔削大义微言考》，第188页）；《大同书》，第240、256页。

所趋向，皆在于新器"，故将大大刺激器物的发明，成为人民"求高名、至大富"的主要方式。"新器日出"和"传种日壮"一起，成为大同美景的表征。因此，机器的广泛使用虽然曾"尽夺小工"，拉大了社会的贫富分化，但在新的制度之下，它却一变而为人类幸福的推手，将大大降低劳作的艰辛程度，甚至使其"无苦"而"至乐"；它也缩短了劳动时间：一个人只需要每天工作"三四时或一二时"，就可充分享受"游乐读书"的乐趣。[1]

尽管在表述中遵循了农、工、商这样中国传统的分业次序，但康有为真正看重的还是"工"。他一如既往地将此问题放在三世框架中解释："野蛮之世尚质，太平之世尚文。尚质故重农，足食斯已矣；尚文故重工，精奇瑰丽。"故"太平之世"以"工最贵，人之为工者亦最多"。不过这里的"工"不只是狭义的工人，而指所有劳动者："自出学校后，举国凡士、农、商、邮政、电线、铁路，无非工而已，惟医可与工对待耳。"南海没有详述他的理由，但这段话的上下文都在讨论机器，表明他之所以将各行的从业者统称为"工"，是因他们都是机器的操作者，也都是有知识的人："其工皆学人。"[2]南海的设定呼应了其时思想界对"四民皆士"的呼吁，提前实现了使知识人成为一个"工人"的梦想。[3]

与工业化和机械化并行的是城市化。康有为把"重都府"看作西方富强的奥秘之一，承认城市生活富有趣味，是以西人"不愿为农而乐为工，不愿居野而好居市"。[4]他对此也颇有同感，设计大同世界，当然不会错过这一主题。事实上，辟部的主要任务就是使大地布满

---

[1] 康有为：《大同书》，第233、241、243、258、242、228、238页。孙宝瑄也认为，机器的采用可以促进阶级的平等，见《孙宝瑄日记》上册，光绪二十三年五月十六日（1897年6月15日），第117页。
[2] 康有为：《大同书》，第240—241页。
[3] 王汎森：《近代知识分子自我形象的转变》，收在《中国近代思想与学术的系谱》（增订版），上海：上海三联书店，2018年，第305—309、315—321页。
[4] 康有为：《补奥游记》，第403页。

"都邑",而这必然意味着彻底改造自然:"开山、通路、变沙漠、浮海"成为公政府关注的"第一大事"。通过"夷山凿岭""开岩架壑",筑造长桥,疏浚淤阻,"交通运送"系统(铁路、电线、汽船、邮政)亦将"如网如梭,缠于大地",[1]把各大都邑串连在一起,尽力减少点和点之间的摩擦,也让整个世界更加平顺,联系更为紧密。

在上述这些设计中,无论是大地统计学、组织结构的科层化和标准化,还是工作的专业化和交通运输业的发达,都贯穿着一些共同的价值取向,除了康有为大力张扬的"平""通""同""公",还有一个是他没有明言但始终贯穿在其叙述中的,就是追求效率和物尽其用,坚决反对浪费:在空间上,他主张物产调剂采用就近原则,"近地有余,乃运配于远方",以便节省"转运"费用;在时间上,要尽量减少"生养、造作、运送之不时"造成的劳力损耗;在人力上,倡导专精一业,各尽其才,裁撤"分利""坐食"之人;在价格上,则倡导全球统一,"物不二价"。学校的课程除了作为"普通之学"的德育、智育和体育之外,"以实用教为最重",故大学皆为专科,那些无关"急"务的学科将不会出现在"公学"课表上。[2]

大同世界的公有制由一系列相互支撑的制度构成,其意义不只是生计的,也具有生命价值。亨利·列斐伏尔(Henri Lefebvre,1901—1991)曾将资本主义社会再生产分为三个层面:"生命的再生产"即家庭、"劳动力的再生产",以及"生产的社会关系的再生产,即那些构成了资本主义的社会关系的再生产,也是那些持续不断地(和持续不断发挥影响的)被寻求与利用的关系的再生产"。[3]在大同世界,"家界"已去,生命的再生产被公有化,使得这三个不同的层面在实际上

---

[1] 康有为:《大同书》,第258、256、257页。
[2] 康有为:《大同书》,第239、243、270页。
[3] 亨利·列斐伏尔:《空间的生产》,刘怀玉等译,北京:商务印书馆,2021年,第49页。

合而为一：生命的再生产就是劳动力的再生产，也就是社会关系的再生产。这有助于我们理解，为何医与工成为大同世界中最重要的两种人：他们是这个世界再生产的核心。

反过来，大同世界对人口再生产的密切监控，也可以从为全社会生产劳动力这一目标来理解。这就是福柯说的："只要社会给自己提出了改善总体人力资本的问题，那么对个体人力资本的控制、检查和改善（当然要以联姻以及随之而来的生育为依据）就不可避免地得到实施，或者无论如何也会被要求实施。因此，正是从人力资本的构建、增长、积累以及改善这几个方面，关于遗传学利用的政治问题才被提出来。"[1]为了给每个人都提供幸福，康有为将全球整合为一，也将所有人都变成了"总体人力资本"的一部分，由此，其生命价值被重新评估、塑造乃至毁灭。

四、大同政治体系与时空重构

大同世界的政府分为全地公政府和地方度政府。公政府由24个部院组成，即管理公养、公恤、游徼、消防、整顿等事宜的民部，管理经济和金融事务的农部、牧部、渔部、矿部、工部、商部、金部，管理基建、开发和交通事业的辟部、水部、铁路部、邮部、电线部、船部、飞空部，管理医疗卫生和自然灾害事务的卫生部，管理教育、科学、宗教、文化的文学部、奖智部、讲道部、极乐部，作为议决机关的会议院、上议院、下议院，管理全球信息报告的公报院。度政府的结构大体相同，只是将"部"改称为"曹"（公报院改称公报馆），且归并了部分机构（牧、渔等归入农曹，铁路、邮、电线、船、飞空等合为通曹），合成18个单位而已。[2]

---

[1] 米歇尔·福柯：《生命政治的诞生》，第302页。
[2] 本段和下段，康有为：《大同书》，第251—255、259—260、249页。

基层政治实行地方自治。围绕一个农场或工厂形成的生产生活聚落构成一个自治单位，当地企业负责人即是地方政治的领导人：在农场，由"农场主主之，而商店长、邮、电、飞船局长、铁路站长佐之"；在工厂，由"工厂主主之"，商店、邮、电、铁路、飞船单位的负责人"佐之"，"官即民也"。每月召开一次"场（厂）政"会议，平日遇有急事亦开会商讨，会上"人人有发言之权"，商讨结果取决于"多数"。若有"应上告而整顿"的事项，则由"大众列名"，以农场主或工厂主为"代表"，将意见上报农局或工曹。各院所在地设地方自治局，由相关机构负责人组织议院，讨论"本局之立法诸事"，数月一开。

康有为自诩为中国地方自治的"首创"人。他认为，地方自治是"一切政本"之源，其事不行则"百事不举"。然而，中国长期一统，治理"粗疏"，虽"有广土众民而不善用之，以致贫弱"。欲行"精密之治"，只有施行地方自治：人民自议其事，自治其政，这样，"寸地一民"皆成"有用"之材，"而后百政可得而渐举"。他说，地方自治其实就是古时的"乡政"，与"封建"一脉相承，只是封建的对象从诸侯之"一人"变为了人民之全体（"众人"）。地方自治"为民"，中央集权"为国"，二者看似"相反"，实可"相成"。上级指令逐级下达，信息层层上递，此是中央集权；一切大政皆经"公议""公举"，官吏徒有虚名，即使是总统，亦"不过坐受各度之成而司会计、品节、奖励之事而已"，[1]地方自治更是对每个人参政权利的实在保障。在康有为看来，二者的结合既有效率，又有自由，堪称完美。[2]

除了这三级决策和行政体系，大同权力的运作也沿专业化部门垂直展开：各部部长负责总理全地相关事业，其人"由各度本曹之主数

---

[1] 康有为：《与某华侨笔谈》，第197页；《请计全局筹巨款以行新政筑铁路起海陆军折》，第439页；《复刘观察士骥书》，第371页；《官制议》，第274、262页；《大同书》，第253页。
[2] 关于康有为对地方自治和中央集权的看法，参看梁心：《城眼观乡：农业中国的农村怎样成了国家问题（1908—1937）》，厦门：厦门大学出版社，2024年，第85页。

千人公举之","其余铁路、邮政、汽船、电船、汽球分局之员,由曹主分派,然亦由众公举而曹主乃择之。至曹主、亚由全地各局主公举"。[1] 如是,越到基层,选举人的范围越加广泛,在业内形成了一个封闭的权力系统;从整个大同世界看,则是一个个条块的组合。

不过,维持大同政治的顺利运转,不能单靠这套组织结构,同时也有赖于信息和物质的顺畅流通,而后者又只能在一个严密而平滑的时空系统内进行。但自然时空本是混沌一团、广袤无边,其间密布皱褶与弯曲,不经人为干预(压缩、拉平),实难满足这一要求。这就意味着,除了劳力、产品和(通过消费等形式表达的)欲望之外,时间和空间也应成为被管理的对象。这大概就是康有为总是把"大小齐同""久速齐同"的神秘体验和大同境界连在一起的原因:在大同世界,时空架构需要重新组织(在这里,时空"齐同"意味着其同质化)。

大同世界最显著的空间特征是对全球行政区域的重新划分。南海打破了"以地势为界"的分域原则,改以经纬线为准,将赤道南北各分50度,东西亦分百度,共计万度。除了靠近两极的度不得不略小之外,其余各度的面积大体相当。度之下又有分、里之别:一度十分,一分十里,里下为量,量下为引,以下依次为丈、尺、寸,亦各以十为计,如是形成了一个层层嵌套的同构体系。其中,度是最重要的层级,不但是基本的政治区划单位("每度界为一自治政府"),而且是"一切称谓界限"的坐标。比如,"凡生人皆称为某度人",即著籍其处。在南海心中,度是一个完美的政治单位:"每度立一政府,合数千小政府,而公立全地大政府,不可少,不可多,不可加,不可减矣。"[2]

还在光绪十三年(1887),南海就已经产生了类似念头:"凡治地球,尽废郡县,以三百六十度经纬线为界。每度之边,莫不树界。十

---

[1] 康有为:《大同书》,第252页。
[2] 康有为:《大同书》,第249、81、235、247—248、251页。

里一大界，五里一小界。高山深川，阴阳均之。""凡为其度之人，其衣上皆绣经纬线，使可望而知也。"如是"则政易成矣"。[1]作为一种球面坐标系统，经纬度的概念建立在地球表面"均匀同质"的假设之上；[2]而也正是这一假设，使它成为康有为改造世界的法宝。从社会治理角度看，康有为认为平原较山地为佳（但从居住环境看则是另一回事）。他最羡慕印度"平原无山"，在整个地球上都是得天独厚之地，而哀叹中国"多山少原，逊于印度万万也"。在瑞士游览时，他特别留意的也是当地如何"大移植平原之文明以润色山国"。[3]事实上，这为他的改造空间计划提供了一个绝佳样本。

分度是在象征层面对空间的重组，开发自然则是在实在的层面对空间的改造。康有为期待，通过"铲除天险"，使"山水齐等，险易同科，无乡邑之殊，无僻闹之异"，可以将高山平原化；发展交通，使"铁轨贯穿于绝壑，车马交横于戈壁，文明之器，无有僻壤绝域，莫不广被"；农、工、商业遍布全球，"无所不届"；"鸟穴兽窟，搜焚净尽，恶兽毒蛇，其无遗种"，使"全地皆为人治之地"；并且"地地相同，地地平等"，在任一区域都可以享受同等的物质、文化、娱乐资源：此"所谓大同，所谓太平也"。至于那些无法被完全驯化的环境，比如极寒极热之地，则在适当隔离（不设公养、公教、公恤机构）之外，仍可善加利用（如种植热带植物），以使地尽其利。[4]不难看出，这些措施的目标是达到自然的齐一、均质和人工化。由此，自然意义上的"地方"（place）被改造成文化意义上的"空间"（space）。[5]

---

[1] 康有为：《我史（附日记）》，第71页。
[2] 艾尔弗雷德·W. 克罗斯比（Alfred W. Crosby）：《万物皆可测量：1250—1600年的西方》，谭宇墨凡译，桂林：广西师范大学出版社，2023年，第113页。
[3] 康有为：《与同学诸子梁启超等论印度亡国由于各省自立书》，第341页；《瑞士游记》，第325页。
[4] 康有为：《大同书》，第248、281、280、270、234页。
[5] Yi-Fu Tuan, *Space and Place: The Perspective of Experience*, pp. 5–6, 116.

另一个目标是时空的"短缩",这主要通过交通和通信设施达成。其中,电话扮演了至为关键的角色:全球和各度下议院不设议员,只有书记,一切议题皆由人民电话"公议";部长选举亦经电话进行,"立问立复"。工厂召开会议时,"人人皆有发言权",但只需"其长亲入议堂","其余皆自各处电话发来而史以书记之";在地方自治局,"院局之长咸入一堂,听人人提议,而以电话询于各场厂局"。地方事业需要增收费用时,"遍传电话于各农场、工厂、商店及十院执事之人",广泛听取"境内有独立权者"的意见;属于全地的事业需要加费时,则由"公议院于全地人民传电话而公议之"。若欲改良学制,由学部长以电话征求各校意见。[1]采取这种参政方式,主要目的应是取其快捷。

大同世界的铁道、电话、汽船有如"蛛网",四通八达。一度之大,如同今日"中国一大城",一个电话,人员数刻可集。即使"环球一周"也只要"数日",相当于"中国之一大县"。因此,一个全球政府直接统领数千地方政府,听起来似乎不可能,实际不过是"一大县领二三千村落而已,其于为治尚易通于今之一县"。何况那时全世界的度量衡和语言文字都已统一,大地之上没有任何"异制异名"或"异言异文",[2]不但大大节约了脑力,使交流更加畅通透明,没有"间隔",[3]亦有助于人们了解远方"情形",[4]激活宇宙的共感网络。[5]

---

[1] 康有为:《大同书》,第252、253、255、259、260、263—284页。
[2] 康有为:《大同书》,第250、81、82页。康有为说:升平世"政化虽平而名物杂乱;车不同轨,书不同文,行不同伦,权度、量衡不一,宫室、衣服、什器不一,律法、礼乐、刑政不一"(《春秋笔削大义微言考》,第284页)。因此,全球统一度量衡是太平世与升平世的一个重要区别。
[3] 这是康有为1903年4月与某华侨笔谈时,"某华侨"所说。见《与某华侨笔谈》,第197页。
[4] 康有为:《论语注》,第483页。
[5] 康有为在1923年11月的一次演讲中,批评中国虽行"美之共和国体"及"欧美各种总统制、内阁制、总裁制",却"铁路未筑,电话不通,银行不立",只是"片面之共和",而非"公共之共和"(《长安讲演录》,第291页)。可知,铁路、电话在其心中属于更大的社会性"共和"的一部分,比单纯的政治制度更为重要。

大卫·阿米蒂奇说：技术带来的"空间压缩"，"使得人们可以跨越辽阔的帝国和整个世界来构想新形式的政治共同体"。[1]康有为的设想就为此提供了佐证。从历史展开的过程看，这些技术的发展又伴随着私有经济、殖民主义和资本主义的成长。因此，强纳森·柯拉瑞（Jonathan Crary）指出，"现代化"是资本主义"松动或移动原本根深柢固之一切，消除或磨灭所有阻碍流通之可能性，使单独特殊者可以互换"的工具。[2]康有为当然未必清醒地意识到这背后的历史政治意涵，但他对空间的改造与柯拉瑞的总结若合符节。其中的奥妙在于，尽管其理想目标（公有制、大同主义）与新技术所由诞生的实际历史过程（私有制、殖民主义）背道而驰，但吊诡的是，它们具有同一个目标：为一个巨型社会的顺利运转和整合提供润滑剂。

齐格蒙特·鲍曼的发现也为我们定位康有为的主张提供了指南：对现代人来说，"有序社会的关键在于空间的组织"。[3]以此为据，则不但康有为是个"现代人"，而且在19世纪末20世纪初的中国，"现代性"确已崭露头角。比如，在蔡元培的《新年梦》中，组建"新中国"的会议代表是根据主要河流（黄河、扬子江、白河、西江）的流域划分座次的，"不过是河东、河西、江南、江北这些名目，约略把那语言风俗相近的合作一块，没有现在分省的话"。[4]这篇小说和《大同书》构想的主题、情形与空间范围都不尽相同，但它们的共同构想是打破传统的行政区划，通过空间的重新布局，使其承载一个崭新的政治理想。

时间也必须做出相应改变。阿甘本说："每种文化首先都是对时间的特殊经验"，要"产生新的文化"，就必须改变对时间的经验。"因

---

[1] 大卫·阿米蒂奇：《思想史的国际转向》，第280页。
[2] 强纳森·柯拉瑞：《观察者的技术：论十九世纪的视觉与现代性》，蔡佩君译，台北：行人出版社，2007年，第19页。
[3] 齐格蒙特·鲍曼：《全球化：人类的后果》，第16页。
[4] 蔡元培：《新年梦》，第424页。

此,一场真正革命的原始任务,从来不是简单地'改变世界',而且——最重要的——是改变'时间'。"[1]这一点已为历史所证明:在20世纪的欧洲,每一个"强权主义政权"都试图"重新安排人类与时间的关系",对"时间秩序"加以"深度的干预"。[2]毫无疑问,大同世界假如成为事实,必将是人类一场"真正的革命",当然需要创造不同的时间经验——在这方面,大同历法为之提供了可能。

大同历法的基本要点包括:第一,改变计时称谓,如将"岁"或"年"改称"周"(或"期"),以符合地球公转的事实;将四季改称春、夏、秋、冬四"游",以二至、二分为节点;仍以七日为一周,称为"复"。第二,改变历法单位,废除月份,依据"人有十时"(康有为云其出自《左传》,但查《左传》原文,应是"人有十等")说,定一日为二十时(昼夜各十时),一时分十刻,一刻分十秒,一秒分十微。第三,定春分为岁首。第四,一年三百六十五天,由岁首一天加五十二复组成;每四年将"归余日"作为"转闰"("闰日"),与岁首两日独立计算,不入"复"中。这样,对某一天的具体表述就应是"大同第几周某游第几转"(或"大同第几周第几转""大同第几周第几复第几转")。[3]

我们可以把大同历法放在19世纪末"世界历法"(world calendar)运动的背景下理解:交通发展带来人与物的广泛流动,一个全球性的生产与交换网络使得世界"相互关联",也使时间的"全球化"成为必

---

[1] 吉奥乔·阿甘本:《时间与历史:瞬间与连续性的批判》,收在《幼年与历史:经验的毁灭》,尹星译,开封:河南大学出版社,2011年,第82页。
[2] 克里斯托弗·克拉克:《时间与权力》,第13—14页。
[3] 康有为:《大同书》,第83—87页。《诸天讲·历篇第十三》再次重复了这套说法(第103—106页),而表述更为清晰:《大同书》未解释"转"的意义,《诸天讲》则明确指出,"转"即是"日"。又,南海自称大同历法是他光绪十二年(1886)夜观天象的心得,其自述中的内容与《大同书》所言大略相同,唯"四游"名为"南游、北游、东游、西游",不以春、夏、秋、冬为名(《我史(附日记)》,第65页)。不过,《实理公法全书》虽有"纪元纪年用历"一目,但讨论的是纪年法(第154页),这在《大同书》中也有对应(第88—90页),而并不涉及新的历法体系,故《我史》中的论述似不可信。

要。各种国际商业组织为此运动提供了动力,指示出"'抽象'时间与资本主义之间的关系"。但瓦妮莎·奥格尔（Vanessa Ogle）指出,其时各种冠以"世界"名目的表述都"相当狭隘","指的都是欧洲和北美那些注定在全球改革计划传播与采纳过程中积极的参与者,除少数例外都是西方世界主权民族国家的代表"。[1]在大同历法中,康有为也同样希望借助于"世界"概念为中国争得主导地位,比如"四游"的设置、以春分为岁首等,都体现出这一意图（当然,这并不意味着,这个融中西为一体的超越性的时间框架就只是一个掩饰其民族主义冲动的幌子）。

康有为的时空改造计划对十进制表现出异常的热情：地球经纬度本是东西各180度、南北各90度,全球共计64800个单位；经过南海改造后,东西、南北各为50度,全地合计"一万方度,一兆方分,一垓方里,一壤方量,一涧方引,一载方丈,一恒方尺,一沙方寸"。而他之所以建议删除月份,一个主要原因是,如此便"可无十之畸零"；定昼夜各为十时,全因"纪数以十为便,十二、廿四皆为纡曲"；同样,计时法以六十进制亦属"畸零",应改为十进制。总之,"凡一切万物之数,皆以十数行之,以取简便易通"。[2]

在康有为眼中,"十"有一种形而上学的神秘意义。《春秋董氏学》说孔子与《华严经》皆重"十",盖"一为数始,十为数终",有十"而后万物生"。[3]因此,这个数字实际象征了整个世界。不过,《大

---

[1] 瓦妮莎·奥格尔:《时间的全球史》,郭科、章柳怡译,杭州：浙江大学出版社,2021年,第4、21、16页。

[2] 康有为:《大同书》,第81、86、82页。唯一的例外是"七"。康有为说,一复七天,全球皆然,"乃大地上诸圣之公理"。此说初看似不易理解,实则颇合"人道"："盖五日一息则太繁,十日一息则太远,七日适得其中,不疾不徐,于人为宜。"（《大同书》,第87页）从这番解释看,南海实际上把"七"看作"五"与"十"的中间数,隐隐仍以"十"为基数。

[3] 康有为:《春秋董氏学》,第373页；《大同书》,第86页。类似的表述,又见《论语注》,第410页。

同书》并没有强调这一点，而是将重点放在一些非常实用的目标上：以十计数，至为简约，便于记忆，无损脑力，既合乎效率原则，也符合"人道"主张。他明确宣称，之所以改变行政区划方式，是因"大地各国所言天度地度者，率以三百六十为数，极零畸而不整"，若"从其整数"就更方便计量。[1] 同样，历法属"人为之事"，亦应"以整齐为主"，六十或十二等"畸零"就是不合适的。对他来说，"整齐"（或"方整"）本身就是值得追求的价值。

名称是事物特殊性的外化，也是"'他者'欲望力量的象征体现"。命名的行为"赋予一个生命最初的，也是最基本的文明性",[2] 将其纳入一个历史性的谱系之中，而不同名字的背后规定了不同的社会期待和行为模式。因此，要保证时空平滑、消除全球化的符号障碍，就必须抛弃旧名，为事物创造一个新的名称，乃至新的命名方式。康有为强调，"名"是"身之代数，有是身乃有是名"，所以治"名"即是治国。1910年春，他指出广州一城并置两县，以致地方政治纷乱不已。要实行地方自治，先要裁去"地界户籍税册"中的县名；谈到如何泯除满汉界限问题，他也将"人民猜嫌之心"归咎于"满、汉之名籍"的划分。同理，他批评欧人"不甚解统一之法"，证据之一就是"已得人国而仍存其国号"，因此致使"争乱无已，弥于千年"。[3] 其弟子韩文举说，"孔子之善于改变"，从其"名学"观就可看出："先变其名，而人不觉；其名定，然后其实副之。"[4] 可谓把握了南海教义的精髓："名者实之宾也"（《庄子·逍遥游》），但也正因如此，它也可以反过来成为操纵"实"的杠杆。

---

[1] 康有为：《大同书》，第247—248页。
[2] 马西莫·雷卡尔卡蒂（Massimo Recalcati）：《凡高之眼：天才创作者眼中的另类世界》，陈坚、王苏娜译，北京：北京联合出版公司，2021年，第12页。
[3] 康有为：《论语注》，第505页；《补奥游记》，第394页；《论都会城邑自治》，第137页；《海外亚美欧非澳五洲二百埠中华宪政会侨民公上请愿书》，第412页。
[4] 《湖南时务学堂初集·札记》中韩文举批语，收在湖南时务学堂编：《湖南时务学堂遗编》，第205页。

如果名相的变革可以引发历史的变革，则大同到来的消息也首先必然从"名"上体现出来。具体来说，这包括两个方面，一是名称的全球化，以使"万国名物齐一不二"；[1]二是在具体定名方式上，要力争消除一切纷争的根由。[2]康有为以异常严肃的态度指出，"国"字是人性中"争根、杀根、私根"的源头，进入大同之后，就必须将之"删除净尽"（改称为"州"或"界"），使后人不再"识此恶毒'国'字'国'义于性中"，才能永远斩除"人道争杀畛域之根"。同样，大同社会也"不许有夫妇旧名"。[3]无论男女之间在事实上存在什么样的关系，名称的更改所触及的都不只是社会的表象，也是其实质：没有"夫妇"，也就不会有家庭，从而避免了男权对女性的压迫。

　　同样，为了防止"有所私亲"，大同世界不但废除了姓氏，连名字也是由一个人出生时所在的度、人本院、产室编号和生日组成的一串编码。[4]而这种"数字化"的命名方式似乎被不少人视为完美世界的标配：在1938年新华影业公司拍摄的科幻片《六十年后上海滩》中，21世纪的人名就只是一串数字。在现实生活中，受到无政府主义影响的天津觉悟社也曾采用序号（通过抓阄确定）彼此称呼：周恩来（1898—1976）就是因此而被叫作伍豪（五号）的。这种命名方式代表了一种"科学"的期待：数字是一种抽象的、同质的、中立化的符号，就其本身而言，并不存在任何深层的差异，因此也正适合用来作为人人平等的象征。[5]然而，另一方面，采用抽象的数字形式（而不是传

---

[1]　康有为：《春秋笔削大义微言考》，第284页。
[2]　康有为批评民初政府不务实际，一味追慕形式，只知修改官名，"徒增紊乱而惑耳目"（《中华救国论》，第315页），可知并非所有称谓都是重要的。南海重视的是那些可以标明人群的区别、足以成为认同依据的名号。
[3]　康有为：《大同书》，第80—81、159页。
[4]　康有为：《大同书》，第205、202页。
[5]　彼得·沃森（Peter Watson）：《20世纪思想史：从弗洛伊德到互联网》，张凤、杨阳译，南京：译林出版社，2019年，第876—877页。

统的中国或日本的那种表征排行的数字序列）为个人命名，也就等于象征性地消除了他/她的特殊性：这个名字与被命名者本人"毫无关联"。[1]他/她并没有因此被赋予一个具有特殊性的主体身份，只是指向了一连串数字构成的序列：每当我们提到一个数字，也在同时指涉其他的数字。结论就是，所有人在本质上都是一样的，可以相互代替，而他们共同构成了一个整体。

五、大同世界的日常生活

"乐"是治理的最终目标，意味着大同计划最终必须化为一种生活的体验。事实上，公有制和机械化的价值就在于把人从劳动中解放出来，得以尽情享受福乐。为此，康有为在公政府中设立了一个"极乐部"："掌人道极乐进化之事，凡音乐、美术、游戏、博物、动植物皆属之。"在《大同书》的最后一部分，康有为对"九界既去""诸苦尽除"后的极乐生活做了详细描画，依次分别涉及"居处之乐""舟车之乐""饮食之乐""衣服之乐""器用之乐""净香之乐""沐浴之乐""医视疾病之乐"，最后是"炼形神仙之乐"和"灵魂之乐"。可以看出，除了最后两个主题（修炼）之外，康有为所说的"乐"是一种"与人之神魂体魄尤适尤宜，发扬开解、欢欣快畅"的体验，[2]基本上集中在身体和感官层面。

南海对大同世界官能享受的描写细致而全面，涉及视觉、听觉、触觉、嗅觉各个层次。比如"净香之乐"，指人剃净毛发，"男女皆熏香含泽，日浴数次"，个个"皆色相端好，洁白如玉，香妙如兰，红润如桃，华美如花，光泽如镜"。"沐浴之乐"则规定了浴池的材料、形

---

[1] 马西莫·雷卡尔卡蒂：《凡高之眼：天才创作者眼中的另类世界》，第15页。
[2] 本段和下段，康有为：《大同书》，第252、284、289、290页。

状、绘饰图案等。鉴于人在如厕时候最为"静逸"而无"嚣哗",正适合引动"出世之思,弃形之想",因此,厕所里不但应"以机激水,淘荡秽气,花露喷射,熏香扑鼻",而且要有"图画神仙之迹""音乐微妙之音",以便人能够"超观思玄",心境"和平清净"。如是等等,可谓思虑周密,细致入微。

  日常享受需要大量器具。儒家传统往往将器用归结为"圣人制作"。康有为早年写作的《民功篇》就从这一思路出发,回顾了古圣发明"宫室舟车、衣服文字、历数伎乐、什器礼治"的事迹,宣称"人道"的目的在于"求美""求乐"。《大同书》则跳脱出这一叙事,强调了女性在这方面的贡献(详见下文)。不过,它仍然推崇"新器"的发明,视之为大同时代最受尊重的行为。事实上,《大同书》充斥着各种为日常生活提供方便的"机器":"舟车之乐"自不必说,居处则有空调,夏日生凉,冬日供暖;饮食则有制成鸟兽形状的"传递"工具,将食物"递入私室";衣服的材料可以"藏热反光",睡眠的床榻则装有播音设备。[1]

  依托于交通的发展,大同世界的生活充满了流动性(这和终身世守的职业形成了对比)。这既有政府主导的(比如全球移民),也有私人性质的:那时人多"好行游"而"不乐常住",即使是"大富贵逸老",也"皆居旅舍";巨富则"自创行屋,放浪于山岭水涯,而无有为坐屋者",以至于"行室""飞屋"遍布全球,处处皆是"泛宅浮家"之景。康有为强调,动静之别实际上是智力的差异:"草木至愚",完全静止;猪、羊稍智,"故能动而不能致远";至于大鹏、黄鹄,则可"一举千里"。人类进化亦遵循着同样的路线,而且随着文明的推进,其活动范围也愈来愈广:"大同之始居山顶,其中居水中,其后居空中。"此后还将跃出人间,"入乎仙、佛之境",从"地游"者变为"天游"者。[2]

---

[1] 康有为:《民功篇》,第70页;《大同书》,第241、284、285、287页。
[2] 康有为:《大同书》,第286、287、292页。

康有为自称"频年远游,道长为生,几以逆旅为家",虽然大抵是被迫,但这种流动的生活方式对其观念的影响不容小觑。另外,居游的不同也被他看作中西社会和文化的差异:"吾国旧论治民必用土著,今欧人居民乃如泊舟,此真最相反者。欧人之宅于乡市也,有利则就,故成聚甚速,利尽则散,美国如此尤多。吾华则不然,既宅之也,则营久远而传子孙;子孙复守祖父之祠墓,虽远营利而必归于其乡。故聚族而居,他人不能之。"南海认为,此中利弊无法一言以尽之。从社会效果看,他的情感更倾向于中国本土的聚居方式,但大同世界里无家无室,"人不独亲其亲、子其子",[1]自应以"游"为主。

大同的流动性也不能仅仅理解为南海将自己的爱好推己及人所致,而是由其制度规划决定的。流动性和"家界"的消除、空间的公有相配合:即使不在旅途,而是居于"公室",人也是流动的——那只是个临时居所,不归私人占有。这种情形和婚姻的流动性也彼此相契。南海曾言:"升平世民多游居,不以乡里籍贯限矣。"[2]到了大同世,人更无"故乡"的观念("度"只是籍贯归属),又无亲子关系制约,所有旧时代的原生性认同都化归乌有。人成为无根的漂浮者,丧失了殊异性和独特性,也为组建一个透明社会带来了可能。即使是地点这样的自然物,性质也大变:用马克·奥热(Marc Augé)的术语说,所有的"地点"都成了"非地点"(non-lieu),是一个只供匆忙经过的交换枢纽,而不再具有任何的"归属感、关系性和历史性"。[3]

汪民安在一篇文章中提出了两种常见的城市类型:"条纹城市"和"平滑城市"。前者"具有严格的空间划分"和"内外界线",表现出"一种格栅式的拼贴","到处是独立而封闭的单元(小区),到处都是

---

[1] 康有为:《英国游记》,第4页;《瑞典游记》,第484页。
[2] 康有为:《春秋笔削大义微言考》,第76页。
[3] 马克·奥热:《从地点到非地点》,收在《非地点:超现代性人类学导论》,牟思浩译,杭州:浙江大学出版社,2023年,第111页。

空间禁令",其设计原型是军营,设计目标是便于管理与规训;后者"强调的是功能、效率和速度",目的是"让一切快速地通过",而它们都和另一种城市——不停"折叠"和各种界线彼此"相互包含"的"褶子城市"——形成了对比。[1]按照这个描述,大同世界同时具有"条纹城市"和"平滑城市"的特征:它既充斥着格栅、管理和规训,又是流动的、平滑的,但唯独不允许任何"褶子"的存在。

  大同生活映照着康有为对"文明"的执着。这是南海思想的核心概念,[2]被视为"人道进化"的标尺和"孔子之道"的重心,其价值远超"国家"甚至"和平":"孔子所以重中国"者,皆因那里有"先王礼乐、文章、政治之所存",而非因"中国"本身有何珍稀之处。和平亦是如此:"以文明国灭文明国,虽无道而文明无损",从人类历史的大视野看,实际无关紧要;但"若文明国从野蛮以灭文明国",以致"胥天下而为野蛮,而文明扫地、人道退化",则将是"非常之大忧"。因此,文明国之间的战争可以忽略不计,文明国对野蛮国的征伐甚至可能得到鼓励:在升平世,"无复有野蛮乱文明者,只有以文明兼野蛮"。[3]这也部分地解释了他为何允许通过战争兼并的方式进入大同(参看第四章)。

  康有为欣赏富足和优雅:"文明者繁多美妙之谓,野蛮者简少粗恶之谓。""文明者,富美之别名耳。"在他看来,"货、力、饮食、养生、送死、事上、治下、交友"皆是"人道所不可阙"者,但人欲的满足与动物不同,后者但知"牝牡雌雄之合",人欲则需加以节制和文饰。文明就是以更美好雅致的方式满足人情、人性的需求,因此它离不开物质:"人体皆是物质,故养之亦用物质。"文明发达造成"物质精能","文明之器

---

[1] 汪民安:《褶子城市的消失》,《画刊》2024年第2期,第23、24页。
[2] 关于康有为"文明"论述的分析,参看王铭铭:《升平之境——从〈意大利游记〉看康有为欧亚文明论》,收在《人文生境:文明、生活与宇宙观》,北京:生活·读书·新知三联书店,2021年,第335—407页。
[3] 康有为:《论语注》,第445页;《春秋笔削大义微言考》,第221、236页。

物互相灌输"推动了地球走向"大通"。因此,他在环游诸国时,最喜欢观察当地的"宫室什器",以为从中"最易"判别其人之"文野"高下。[1]

康有为所说的"富"不仅指物质,也包括精神产品:"物相杂谓之文,物愈杂则文愈甚。故文明者,知识至繁、万物至盛之谓。"就像"娶妇必择异姓而生乃繁"一样,"合群"也须"通异域而文乃备"。就个人癖好来看,南海热衷于搜集知识,往往在文中连篇累牍罗列中外史实,显示自己的见闻广博,消化融会了东西文明的"精英"。事实上,这种博学的意象也出现在他对大同世界商店的描绘中:"全地之货皆集,日日皆如赛珍会,知识日开",提示出物质和精神这两种富有之间的关联。他想了解宇宙的一切,宣称"不穷飞潜动植、鬼神物怪,则不知人道";甚至从《春秋》的笔法("愈文明愈详")中体会到名词与表述的繁复如何体现出历史的进化(参看"导言"):"夫世文明则名义愈繁,分析愈多。"[2]

文明的另一内涵是美。康有为喜欢白皙的面孔、强壮的体魄,"自己也讲究仪表",绝不"不修边幅"。[3]他陶醉于欧洲的艺术,尤其欣赏石制建筑的雄壮、精雅、华丽、整洁与坚固,毫不掩饰对"雕墙峻宇,文石铁构"的羡慕,为之"震惊咋舌"。他认为,宫馆器物的精美是文明发达的标志:"人道之始,穴居于地下;中世进化,以木为堂构,居于地面;渐进,则去木构而制砖石之崇楼矣。"他认定中国文明"百事不后于人",唯有"卑宫陋室",被人"轻视",招人"陵侮",令

---

[1] 康有为:《瑞典游记》,第485页;《废省论》,第370页;《礼运注》,第568页;《议院政府无干预民俗说》,第26页;《法兰西游记》,第157页;《治械》,第236页;《答某国大员问新党执政之外交政策》,第238页;《德国游记》,第424页。

[2] 康有为:《印度游记》,第509页;《大同书》,第1、244页;《孟子微》,第480页;《春秋笔削大义微言考》,第206、145页。

[3] 刘海粟:《忆康有为先生》,收在夏晓虹编:《追忆康有为》(增订本),第309页。任启圣的回忆也说晚年的他"面皮白嫩而细",更重要的是,性格亦温和宽大。见《康有为晚年讲学及其逝世之经过》,收在夏晓虹编:《追忆康有为》(增订本),第388页。

第五章 大同世界的生命、生产与生活 | 309

人"惭汗"。为此,他建议政府应严令国人使用石材构屋,而且相邻各家"不得骈列同式,有者罚之,务令竞丽美,斗新奇",以为"国体民族"增光。此外,中国的绘画、雕刻成就亦不如西人,又不能保存古物,被当作"无文"的野蛮人,皆令南海感到愧疚和耻辱。[1]

康有为认为,美是人情之所"爱乐",比一般的"文"更为"充实华妙",易于动人。[2]这一部分原因和他特重视觉之美有关。[3]在他那里,"道路、宅舍"都是"觇国"要务,成为"列国比较"的一部分,攸关国家体面。因此,当他看到欧洲城市街道两旁皆是簇新的建筑,就认定那是其政府"不许有一旧宅以损观瞻争国体"之故。事实上,他虽颇能欣赏古物,但看到新建筑有如"新地之开辟,文美未备,而新气迎人",亦深觉"可喜";甚至还指责爱丁堡"建都甚旧,故楼阁数层,皆黝黑不美观",大起轻视之感。而以下论断亦来自他对视觉效果的看重:"欲求富美文明,奖民美屋为上,美器次之,衣服为下,若饮食则为奢侈,宜厉禁之。"[4]

"文"与"质"相对,在某种程度上也和"用"相对。康有为强调,人生不能只顾实用,亦须知"有以无用为有用者矣"。"无用"之物虽"饥之不可食、寒之不可衣",却"令人发思古之幽情,兴不朽之

---

[1] 康有为:《意大利游记》,第356、358、359、363、394页;《英国游记》,第8页;《德国游记》,第422—423、418—419页(标点有改动);《葡萄牙游记》,第308页;《意大利游记》,第376、377、370页。他也曾试图从道德角度为中国辩护,认为国人虽不如"罗马人极能作巨工,天上飞渠,地中通隧",但这皆是因为"吾国为政以德,导俗以俭,自无从产此;吾国之短,乃吾国之美也"。但他最终仍不得不承认中国在这方面技不如人:"虽然,君士但丁之雄伟,令人庶几于秦皇、汉武矣!"《欧东阿连五国游记》,第444页。
[2] 康有为:《希腊游记》,第460页。
[3] 康有为在《英国监布烈住大学华文总教习斋路士会见记》一文中对中西文化做了多方比较,皆以西人为优,但又立刻补充道:"然此仅较其文野,专就外观比之,非以道德相竞也。欧洲愈称文明,而起国人之嗜利则尤甚,与吾华乡曲人之心直而言信相去万里。"(该文,第42页)然而,细看他的议论可知,他对"外观"的关注远超于对"道德"的关注。
[4] 康有为:《葡萄牙游记》,第308页;《西班牙游记》,第285页;《英国游记》,第15页;《理财救国论》,第409页。

大志，观感鼓动，有莫知其然而然者"，划定了文明与野蛮的边界。此是长远之虑，非"徒见其浅"的"小人"所能解喻者。欧美富人家中"陈设有如骨董之肆"，也令康有为深有感触，想到"能用无用者，岂不尤文而可贵乎？专讲实用者，又岂非野鄙而可贱乎"？[1]

南海懂得享受生活，喜爱并安于文明带来的舒适。由此出发，他也努力为奢侈辩护，号称"人道进化，必以文明为尚，文明则必以奢乐为表"，且"世愈文明，则尚奢愈甚"。许多行为看似奢靡，其实却是"分利互输"的途径，"更易致富"；因此只要能够"与民同乐"，"同能审美以致文"，生活的奢华就是"公理之至"。在他看来，孔子之道以"华美而合于礼，为文而非奢"，崇尚的是"文"而非"俭"。后人误解孔子本意，乃"以尚俭为俗"，以致"宫室、道路皆不修饰，器用苦窳"，"徒令外人诮为野蛮"，大关"国体"，实质是仅"知个人之私德，而不知公众富美之义"，应该感到惭愧。[2]事实上，对人欲的肯定正是他把"文明"概念物质化和表象化的根由。

在康有为心中，文明是与城市连在一起的。他注意到，中西文化的一个重要差异是，西人重"都市"而华人重"农村"，但"进文明、登国富"必由前者，因此造成了双方的"文野之殊"。至于为何文明与城市而非农村相关？南海的思考遵循了以"人工"胜"天然"的逻辑："文明、国富，非由天降地出也，在人术善为之。"[3]在他看来，农业的成果主要来自"天产"，而城市工商业则必须通过"人术"取得，当然

---

[1] 康有为：《议院政府无干预民俗说》，第26页；《意大利游记》，第372页；《英国监布烈住大学华文总教习斋路士会见记》，第38页。

[2] 康有为：《论语注》，395、434页；《意大利游记》，第351页；《希腊游记》，第462、459页；《理财救国论》，第409页；《复刘观察士骥书》，第374页；《欧东阿连五国游记》，第444页。他对"尚俭"的批评，也和卫生有关，认为那是后儒受到佛教、墨子学说的影响，"其道薄欲乐、苦身体为多"，以致不关注"养生"的缘故。见《日本书目志》，第269页。

[3] 康有为：《论都会城邑自治》，第138页。

更胜一筹。很显然，在这两种传统之间，康有为站在了西方一边。

康有为的文明观和西人的另一个接近之处，是《大同书》强调了女性在文明起源中的作用。南海认为，如何对待女性是检验文明程度的标准："人道稍文明则男女稍平等，人道愈野蛮则妇女愈遏抑。"从发生学的角度看，"人类得存之功"以"男子之力为大，而人道文明之事，借女子之功最多"：熟食、器皿、衣服、染色、蚕桑、建筑和"一切什器"，及文字、计数、音乐、图画等"美术"莫不皆然。这是因为在早期社会中男子负责渔猎，女子"家居暇豫，心思静逸"，于是才有文明的创生。南海指出，男性对文明做出贡献已经是在"渐丁文明之时"，其手段是将"女子创造种种之事为器物，大推广之"，但文明的创生则必须依赖"居室闲暇有静者"。他对以往的历史记述磨灭女子之功颇为愤愤。[1] 和《民功篇》强调"圣人制作"的立场比较起来，这里的论述可谓巨变。

约翰·杜海姆·彼得斯（John Durham Peters）说："技术在揭示自然的过程中，也必然揭示性别差异"，而技术通常被认为是"一个非常男性化的类别"。[2] 但康有为的看法显然不同，他着眼的技术都是服务于"生活"而不是"生存"的；是驯化，而不是掠夺的；是柔化，而不是硬化的；是使资源更令人舒适，而不是利用它们去获得更多资源的。一句话，是温和的，而不是牺牲的。女性发明了文明，文明也带上了女性的色彩。随着人类进化，生存问题得到解决，女性的贡献也愈益彰显。在某种意义上，世界在朝女性化气质的方向发展。因此，"女子之功德孰有量哉，岂有涯哉"！[3] 这些表述都已远远超离了中国传统的性别观念。

---

[1] 康有为：《大同书》，第139、142、143页。
[2] 约翰·杜海姆·彼得斯：《奇云：媒介即存有》，邓建国译，上海：复旦大学出版社，2020年，第110页。
[3] 康有为：《大同书》，第145页。

不过，康有为的文明观也存在一些异质成分：它的丰富性、流动性和大同的另一个主要目标也就是同一性之间存在着明显的张力。比如，他既说大同世"衣服无别，不异贵贱，不殊男女，但为人也无不从同"，又立刻补充说这只是正式场合的要求，"在此之外，燕居游乐"，不妨百花齐放，且"以异为尚"，愈新愈佳。同样，他规划的行政空间力求方整，却对西班牙人"布置园林，处处皆用方局，如井田然，绝无曲折高下之妙"大表不满；还抱怨美国各地"文字、语言、俗化、物形莫不相同"，令人感到无趣，而对欧洲诸国"语言、文字、政俗、服制多有不同"赞不绝口，认为其"足以发皇耳目而开辟心思"。[1]可知他清楚地意识到，至少就美学而言，一切"从同"未必就是最佳选择。但他仍主张，整齐划一是和平等、效率相配的，多元性必须以这一整体框架为前提。然而，如前所述，当每个人的生命周期、生活方式乃至相貌都在趋同之时，并未留下多少真正可供人们选择的空间，多样性只能被简化为个人的癖好，而无法在公共政治中取得合法位置。

同时，康有为的文明观中也包含了"肃穆"的一面。他坦承自己被西学吸引，首先就是因为在香港、上海、天津看到西人的"宫室、桥梁、道路之整，巡役、狱囚之肃，舟车、器艺之精"，而作为中国"首善之区"的北京，则"一切"均与之"相反"。两相对比，孰优孰劣，不言而喻。前边说过（参看第四章），他最欣赏德国的"整齐、新洁、严肃"，以为远胜伦敦、巴黎的"拖沓"和美国的"散漫"。一方面，这源自他对外表与观瞻的在意：荷兰"屋极整齐，万家一律"，瑞典"居楼皆六层，无一家少有高下者，皆髹新色，无一家少有全旧者，虽贫民下户，皆租危楼，垂纱窗，一律妙丽"，都令他赞赏不已。南海

---

[1] 康有为：《大同书》，第288页；《西班牙游记》，第285页；《德国游记》，第434页；《丹墨游记》，第471页。

并且认为，这都是因为"其国律不许贫民自筑小屋"所致——但若果真如此，则显然已大悖于人道原则，然而他却似乎不觉得这种规定有何不妥，反而不住赞叹其"华严整肃""冠绝美欧"。[1]眼目的需求压倒了价值的考量。

另一方面，这也和他对中央集权的肯定分不开。康有为主张统治者必须"有权"，才能"操纵如意"，否则遇事必定散漫不举。面对"列国竞争"之局，尤需"提束整严"。[2]梁启超解释道："凡能合群者必有法"，而"布勒条教愈分明者，则其种愈强，其族之传愈远，此据乱、升平、太平之法所以递进也。"[3]但我们不能仅仅把它理解为万国相竞的要求。"整齐严肃者治，散漫拖沓者乱。"[4]这一道理即使在大同时代仍然有效：那时虽无军队，但学校、工厂均以"军容"约束，正映照出其永恒的魅力。严肃、整齐当然未必不能和"文明"概念中柔和、宽松、闲暇的面相兼容并在，但二者当然也不无紧张。由此可见，南海虽然批评传统儒家的"约束谨严"（参看第三章），但那似乎更多的是对以个体修身为中心的伦理导向的反拨，至于他自己，则始终对井井有条、整齐划一的风格抱有好感，热衷于对生活的整体规划，也是这种倾向的反映。

---

[1] 康有为：《与朱一新论学书牍》，第323页；《德国游记》，第409页；《荷兰游记》，第494页；《瑞典游记》，第475—476页。
[2] 康有为：《废省论》，第365页。
[3] 《湖南时务学堂初集·札记》中梁启超批语，收在湖南时务学堂编：《湖南时务学堂遗编》，第262页。
[4] 康有为：《德国游记》，第436页。

第六章 | 理性主义与"纤悉之治"

《大同书》对新世界的规划一气而就,成竹在胸,有些部分干脆就几条规章,仿佛这是大同世界的导游手册,读者一卷在手,即可通行无障。这种态度与它对待旧制度的犹疑不决、期期艾艾形成了鲜明对照。同一本书中为何会存在两种截然相异的叙事风格?一部分原因是:摹写理想要比说明如何抵达更加容易。没有人曾亲眼见过完美社会的样子,作者自可以大胆假设,任意挥洒;但怎样才能到达理想境界,就必须面对现实,小心求证。[1] 不过,康有为勾画大同,也绝非漫无边际、肆意放言,而是围绕一些基本价值展开的。上一章已经对它们做了初步梳理,本章则要继续探究这些设计背后的思维模型,即本书所说的"理性主义"。它主要包括目标和操作方法两部分。

大同规划想要达到什么目标?除了"平""通""同""公"这些明眼可见的价值,康有为的思想中一直存在一个统摄性的原则,即"纤悉之治"。这和我在第二章追踪的那道俯视性的目光相互呼应:一

---

[1] 抗战时期,蒋廷黻(1895—1965)计划写一本小说,描绘三民主义实现之后的中国面貌。陈克文(1898—1986)听后说:"要描摹三民主义的中国是怎样的并不难,但是如何实行三民主义,如何的逐步达到理想的国家,这却不容易写。"对此,蒋廷黻也深表赞同(参见《陈克文日记(1937—1952)》,1938年10月15日,北京:社科文献出版社,2014年,第285页)。蒋的野心比《大同书》要小得多,但"怎样做"仍是其最感为难的问题,康有为面临的难度可想而知。

个好的社会规划不仅是全景的，无所不包，而且是精细的，无微不至。这就需要设计师逻辑缜密，思虑周全，照顾到每一个角落，以免粗率行事，留下缺口，那不仅是美学的遗憾，而且可能引发始料未及的风险。越是至福极乐的世界，就越需要小心保养。这也就是大地统计学的意义：只有全面掌握信息，审慎规划，才能恰到好处，无过不及。这不只是为了理想，事实上，南海为现实中国出谋划策，也是把纤悉之治作为启动的手柄：由是，理想和现实携起手来，奔往同一方向。

本章第二节将对使大同规划成为可能的那些操作形式做一个简单梳理，包括确立全景视角的规划中心、将时空抽象化和数字化、强调公理的优先性、重视演绎和推论、复制、对信息和技术的倚赖等。不过，由于现代社会过于复杂（更何况这是一个全球规模的社会），即使对康有为这样自诩掌控全局的"圣人"来说，也无法避免地会从指缝中漏下水滴。因此，本章第三节讨论了《大同书》留下的若干罅隙——无论其是否出于自觉，它们都和他在评论旧世界时的期期艾艾一起，提示出终极"完美"的困境（如果不是不可能的话）。

最后，我要再次回到"历史"的主题，探索它在大同规划中的地位。段义孚说：理性主义"鼓励人们相信，好的生活不过就是心灵不受传统和习俗影响的设计"，而"传统与习俗会遮蔽理性思想的棱镜"。[1]这是人们的一般印象。法国历史学家弗朗索瓦·阿赫托戈（François Hartog）指出，"乌托邦故事"常常使用"颠倒"的手法，通过将"传统"倒置来想象一个完美的未来。[2]这手法当然也可以在《大同书》中见到，但是，正如我们已经看到的，康有为对于"传统和习

---

[1] Yi-Fu Tuan, *Space and Place: The Perspective of Experience*, p. 188.
[2] 弗朗索瓦·阿赫托戈：《希罗多德的镜子》，闫素伟译，北京：中信出版社，2020年，第223页。

俗"显然带着几分眷恋。那么，这一态度会怎样影响他对历史在大同世界中位置的安排？这一安排和《大同书》的未来主义倾向之间又有何关系？

一、追求"纤悉之治"

1912年冬，康有为发表了一篇长文《废省论》，指责行省制度是造成中央无法集权、民事难于张举的主要障碍。他指出，西欧各国的行政区划都比中国多，层级则比中国少；以中国疆域之辽阔，由中央直辖的仅有22个省级单位，如此之"疏阔"，"普地球万国"所未有。南海相信："政以纤悉为尚。"因此，必须重新设计中国的行政体系，裁撤行省，保存府道，使其直隶中央，以收"指臂相使"之效。这一建言与大同世界的行政设计框架及十年前《官制议》的主张意旨相同。后文亦强调："周人之法至纤至悉，西人之政亦至纤至悉，苟无其本而强学之，是以纤柱而承广厦，张巨网而取细鱼也。"这两篇文章中都出现了对"纤悉之治"的赞美，指示出南海政治理想的一个核心主题。[1]

纤悉之治本是和"乡落小国"或封建体制相配的：因为体积有限，统治者于"农田夫家牛马之数，至纤悉而莫不举"。到了"一统专制之时"，国家"地大物博"而"纪纲法律皆操于上"，每多"网漏吞舟之鱼"，只能行以"疏阔简易"之法。"欲行周礼"如王莽（前45—23）、王安石（1021—1086）等人，必造成"扰民"之患。故历来统治者，若无外患侵逼，即可"高枕卧治"，听任人民"熙熙自理"。在此"治体"之下，"法律存之而不必密也，地治听之而不必修也，养兵无多，

---

[1] 康有为：《废省论》，第369、366、372页；《官制议》，第233页。纤悉之治也被他称为"精密之治"。见《复刘观察士骥书》，第371页。

薄收其税,国用已足。于是财政不必讲,文学不必督,卫生不必及,城池、道路、农田、沟洫不必修,但求民之不乱,疏网阔目,而国已晏然"。古来"称道之盛治,不过尔尔"。然而即便是史上艳称的盛世,"俗化或少美",而"道路宫室之卑污不修美,人民衣食如牛马,学校无多,书藏绝少",以欧美眼光来看,"仍是不文明之土番耳"。可惜的是,"中国人古今耳目皆蔽于此,不能更有进化矣"。[1]

显然,康有为所说的"纤悉之治"不只是一个用来描述政治成效的术语,更是"文明"的别称。在《废省论》中,他建议民国政府不必急于练兵求强,而应关注民生、社会事业。将养兵造舰之费用于民间,"则千人之聚,公学、警署、医院、银行、信馆、电馆、书楼必备,且必层楼严庄艳丽,价值百数十万,道路必修,填以塞门刚土方丈之博,夹以绿荫之嘉树,田野极绿,无茀草秽物,人民无哗"。此远非历来"盛世"所及,"是文景、明章、贞观之治所未得见也"。[2]可知他心中的"纤悉之治",不仅包括社会的安靖,还必须是富裕的、华美的、整洁的,而大同世界的景象在此已是具体而微。

然而,对社会事业的投入不等于弱化政府职责。相反,改变"疏阔简易"的治法,就应当扩展"政府责任"。按照梁启超的介绍,康有为认为政府的目的是"为人民谋公益",因此必须采用"干涉主义"态度,凡"民间一切教养之事务,政府不可不经理之、指导之"。就此而言,"理想之国家"与"理想之社会"已合二为一。实际上,任公已经解释南海之主张,谓:"理想的国家,实无国家也;理想之家族,实无家族也",二者都已"融纳于社会"之中。[3]不过,既然民间一切事物

---

[1] 康有为:《废省论》,第364页。孙宝瑄也认为,"地广大,荒而不治",是"今日支那之病所以不治"的原因。见《孙宝瑄日记》上册,光绪二十七年四月二十六日(1901年6月12日),第381页。
[2] 康有为:《废省论》,第364页。
[3] 梁启超:《南海康先生传》,第432、433页。

都需要经过政府的"经理""指导",则我们也可以说,"理想之社会"实际已经"融纳"于"理想之国家""理想之家族"中。[1] 所谓"理想之社会"者,实已无"社会"可言。

在康有为看来,"一统君主专制"追求的是"不乱",而"共和之制"之"所求者在纤悉之治,一民一物,皆发扬而妙用之"。"不乱"不等于即是"治",二者不能仅仅看作消极和积极的差别,实际是性质不同的两回事。他用了两个比喻来说明它们的差异:

> 求不乱者,如营长城于沙漠之善,求可以远瞭以制敌而已。求治者,如治数亩之圃,百花众果五色,日求其殊英,硕果日求其伟美,培壅研求,移种改良,气冷则玻房热管以暖之,成迟则电气热气以速之。花架高下,花畦繁别,地窖曲折,玻室纷列,其与沙漠万里,黄沙白草,旷渺无垠者,相反亦甚矣。今百国皆行治圃之法,故以小国致富强;吾国乃行沙漠长城瞭敌黄沙白草极望之法,故以大国致空虚。[2]

康有为在游览荷兰时,对其治理观感甚佳,赞不绝口,其中就使用到"治圃"的意象:"真若有洁癖者之治其斋榻精整无尘,有花癖者之治其花木盘屈中法,其纤悉不遗,精洁自喜,此真全欧所无。不惟

---

[1] 康有为常用和家庭有关的比喻描述大同世界的组织形态,比如:在一个人成长过程中起重要作用的是由公家指派的"师保",他们代替了父母的功能;在学校,"其学官如父兄,其学生皆如子弟,盖以大地为一家,而鞠育后进以负荷家业也";在养老院,护侍人应以"孝子之于父母"的态度对待老人,"先意承志,怡声悦色,问所欲而敬进之"——孝ننع此成为一种职业伦理;农人、牧夫等毕业于专门的农业学校,"学校又寄之农局之中",则"其农局之长,与诸生有父兄师弟之亲,即有安置提携之爱";最终,"举世界之人公营全世界之事,如以一家之父子兄弟,无有官也"(《大同书》,第224、270、219、238、254页),等等。这些表述无不表明,"去家界"之后,整个世界实际已经成为一个大家庭。
[2] 康有为:《废省论》,第368页。

中国,即美国,亦无田甫田,惟莠骄骄,荒而不治也。此非治国,真与上农之治其农圃无异。大地万国乎!惟荷兰耳。"他甚至表示:"他日大地大同,不能不取法于荷乎!"[1] 的确,优秀的农人培植作物,必须时刻留心,劳作不辍,深度介入其生长过程,情形确与大同世界无所不在的生命照料如出一辙。

在大多数时候,康有为都把中国传统政治视为治理粗疏的代表,但在1906年的一篇文章中,他忽然大发异议,与平日的主张截然相反,可是使用的比喻却一模一样:

> 我国一统之法,如园丁之艺场圃,花木整整,绿草毲毲,一一皆以人力布置定之,其秽草丛莽必加夷刈,故体裁清洁,不杂不芜,此为有治法之国矣。欧洲之制,如野山灌莽,棘荆丛生,不可向迩,无能整锄之。然纵其天生,则芳兰嘉花、非常卉药或展转而能野出焉。乃天幸也,非治理也。在彼当时,亦出于时势之无如何,非以为治法也。[2]

无论他怎样评价中西政治水平的高低优劣,可以肯定的是,在他心中,农民治圃之法都代表了治理的最高境界。

用农艺比喻人事,在晚清的社会进化论者中是非常流行的一种修辞方式,其源头可以追溯到严复翻译的《天演论》。它将农业和园艺放在人天争胜的格局中,认为荒地辟作田园即是人力战胜天演的标志,但也强调这种胜利只是暂时的,必须时时注意"护茸",否则不出一二百年,"青青者又战胜独存,而遗其宜种矣"。[3] 因此,这

---

[1] 康有为:《荷兰游记》,第495页。
[2] 康有为:《日耳曼沿革考(奥大利匈牙利沿革附)》,第249页。
[3] 详论参见王东杰:《"反求诸己"与晚清思想界对进化观的认知》,第29、46页。所引严复译文见《天演论》(慎始基斋本),第91页。

个比喻不仅意味着人力对天然的抗衡，也是对放任政治的否定。引人深思的是，从全球视野看，这一视角和现代政治思想中的"园艺国家观"不谋而合。所谓"园艺国家观"，用齐格蒙特·鲍曼的话说，指的是"将它所统治的社会看作是设计、培植和喷杀杂草等活动的对象"。[1]因此，一个也许并非偶然的巧合是，在莫尔《乌托邦》的开头，也出现了一个"草苔丛生"的花园形象，用来影射"不和谐"的社会。[2]

但纤悉之治也不能仅仅通过中央集权实现，康有为也常把它与民意的表达和地方自治相连（参看第五章）。还在戊戌变法时期，他就指出，"治国虽大，自纤悉始"，地方自治是一切政治的起点。1913年，他在私拟的一份中华民国宪法草案中，表达了对代议制的反对。他的理由是："虽有贤智之人代为立法，不如国民自议而自治之为尤亲切也。且以一国土地之大，人民之众，利害得失情事深微，非少数人所能周知而洞悉也；惟合全国人讲求之，各出其知识阅历，庶几易得其宜。如摄影然，庶几曲折纤微，悉皆得见也。"以本地之人议治本地之事，可以充分照顾地方的特殊性和复杂性，"令其至纤至悉，毫发毕见"，"精密"至极，"百政"可举。[3]每个地方都繁荣昌盛，国家自然富强。

康有为使用的纤悉之治一词和两种语境相关。一是中国早期的封建时代，所谓"昔先王之治天下，至纤至悉"；而《周礼》常被看作这一论点的有力证据（参看附录二十七）："周官制度之密，侯邦采邑之繁，皆赖乡党州里之纤悉，无一不举。"第二种语境是当代西方的政治实践——这是他亲眼所见，给他带来了真正的刺激，也促使他重

---

[1] 齐格蒙·鲍曼：《现代性与大屠杀》，第17页。
[2] 杨晓雅：《乌托邦备忘集：一本学术研究》，第54页。
[3] 康有为：《请计全局筹巨款以行新政筑铁路起海陆军折》，第439页；《拟中华民国宪法草案》，第62页；《复刘观察士骥书》，第371页。

新理解"三代之治"的意涵。1888年12月,他写信给曾纪泽(1839—1890),请教西方各国政治制度,就猜测道:其"比我三代之制必疏,然能实事理民,纤悉毕备"。此时他对西人了解不多,只能以"三代"相较,但已认定纤悉之治是其强盛的根源。之后,他对此越发笃定,断言"以今日欧人立国之政"考求《周礼》之制,"亦多相合"。[1]由此,《周礼》与西政的位置颠倒了过来,后者成了理解前者的基础。[2]不过,此中也有一个问题:南海一直强调纤悉之治是"周人封建小侯"所行,经过"后世大一统"的"疏阔之治",即使大儒如欧阳修(1007—1072)亦不能真正理解"古人之法"的精意,何以"而今欧土"就可以"力行之而大治"?[3]

康有为认为,这和欧洲各国的竞争有关。直到五十年前,欧洲之"民愚无知,人心风俗"依然"不如中国",其能骤然兴起,"政教皆盛,非徒富强日臻,而人心风俗亦渐以改良",主要有三个原因:一是讲究"物质之学",二是"以人心风俗最狡诈,故一切密为之法",三是"以其诸国竞争,故其为政纤悉入微"。三者"皆与中国大一统而尚礼教之治相反者也"。在另一篇文章里,他又说,欧人以工商立国,"其纤悉之治,赖于善治都会,而不在野,用以富民富国"。尽管中国早就实现了一统,但全世界仍是万国林立,"治统一之制必疏,而国争之制必密"。[4]但是他又强调统一是大势所趋,中国决不可再走分裂之路。如此,就必须把地方自治和中央集权结合起来(地方自治相当于

---

[1] 康有为:《日本变政考》,第192页;《论都会城邑自治》,第132页;《与曾劼刚书》,第176页;《官制议》,第241页。
[2] 此所谓"拟西国于三代",是晚清时期一度非常流行的观念。具体论述参看李欣然:《处变观通:郭嵩焘与近代文明竞争思路的开端》,北京:北京大学出版社,2020年,第185—199页。
[3] 康有为:《废省论》,第376、375页;《德国游记》,第451页。
[4] 康有为:《复刘观察士骥书》,第371页;《论都会城邑自治》,第132页;《官制议》,第241页。

郡县时代的封建，参见第五章），才能在"大一统"格局下实现"纤悉之治"，其有效性至大同时代而不改。

这也是康有为对明治维新的一个关注焦点。他从日本警保局的设立、郡曲町村的"分画"，乃至马政著作中，处处看到同样的品质："纤悉毕见""纤悉易行""纤悉皆举"。[1]纤悉之治是走向现代的关捩，不仅是国家竞争的需要，也是社会"文明化"的要求。他说："野蛮之世，国治简略"；"文明之世，政治繁剧"。现代技术，尤其是交通的发展，正在打破各种空间隔阂，既提出了治理密集化的要求，也提供了其实现的可能：英、法、德、日、奥、意等国，汽船、铁路四通八达，已经将其全国变得如同"吾国一县之境"，并且"分职繁详"，于"尺地一民"皆知"爱惜郑重，周到纤悉，靡所不至"。中国则正好相反，地大人多，"铁路未成"，又不行地方自治，安能不落后？[2]

此处一个关键就是，随着文明发展，社会更加复杂化和密集化，每一个环节都紧密相扣，对核心治理能力的需求也在提升。1898年，孙宝瑄写道："独裁之治尚简，共和之治尚繁。"[3]抛开"独裁"与"共和"之争，当时很多人意识到，治理"简""繁"的不同，即是中西差异的所在。这一认识并不是毫无依据的臆想。罗志田指出，"中国传统政治讲究的是社会秩序的和谐"，主张"政府尽量不作为"。晚清中外相竞的严峻局势将国家的"富强"提到首位，"迫使清廷不得不向一个有作为的大政府转变，由此产生了一系列的问题"，在无意中为"革命的形成"做好了准备。[4]这种结局当然不是康有为、孙宝瑄的预期，但他们显然也都是支持并且积极推动"有作为的大政府"

---

[1] 康有为：《日本变政考》，第191、198页；《日本书目志》，第523页。
[2] 康有为：《官制议》，第231、262页。
[3] 孙宝瑄：《孙宝瑄日记》上册，光绪二十四年十一月初十日（1898年12月22日），第307页。
[4] 罗志田：《革命的形成：清季十年的转折》，北京：商务印书馆，2021年，第39—44页。

到来的。

重要的是,这不仅发生在政治层面,更代表了一种心态的转变。比如,南海在英国、日本看到菊花"花大如盘,色样种种",立刻想到"吾国自产佳花而草率栽之,不能尽物之性,移于英、日乃见天能,而英人尤能善发其性。乃叹中国数千年来于物理、政化皆草率,而未致精尽。待他国移植而发明,皆过于吾国"。致其"精尽",就是纤悉之治的另一种表达,故而他将"物理、政化"两物并提。此外,他早年就说:"学至于至纤悉,而后可行也。"后来称赞日本对"泰西制造新书"的译介"条理繁密,无不入微",[1]亦流露出同样的眼光。同理,孙宝瑄说自己喜欢"多读新译书",也是因其"言理善于剖析,剖析愈精,条理愈密",而"旧书"说理"但能包含,不能剖析,故常病其粗"。[2]这些议论都从不同角度表达了对精微细密的欣赏,提示出时人思维标准和方式的转变。

二、"规划社会"的思维模式

除了必备的历史条件(各国对战争的疲倦、民权意识的觉醒等),到达大同需要两个前提,一是情感的,二是理性的。情感前提指的是人人皆有的"不忍之心",理性前提则指规划能力。不过,在根本上,这二者都和理性主义有关。杰夫·洛夫指出:"理性主义的主流思想"追求的"最终结局是某种通用语言,某种普遍语法,它消除了错误的可能性。所有遵循这一语法的心灵——所有的心灵必须遵循它——在任何的语言行为中都会被聚集在一起。不再存在任何孤立的言说,也

---

[1] 康有为:《英国游记》,第20页;《笔记》,第200页;《日本书目志》,第386页。
[2] 孙宝瑄:《孙宝瑄日记》中册,光绪二十九年九月十八日(1903年11月6日),第810页。

不存在任何无法被转变为对所有人都透明的语言行为"。[1]南海心中那个遍布宇宙的共感网络不就是建立在同样预期之上吗？至于理性方面，我们只需指出：在康有为看来，理想的共和制度只适于小国寡民（比如瑞士），而大同是要在整个大地上铺开共和的画卷，这两个层面如何衔接？离开规划能力，是不可想象的。

这里所说的规划能力当然不是指普通的规划行为，而是一种全景视角下的整体规划思维。设计师对其所要把握的对象了然于心，洞察其整个结构（无论是共时性的，还是历时性的）；后者呈现在设计师面前，纤悉毕露（无论是某个局部，还是作为一个整体）。由此，设计者得以预见尚未出现却有可能发生的风险，通过精准地操纵、调节，以实现预期目标。还在百日维新之初，康有为就提出：

> 变法之道，必有总纲，有次第，不能掇拾补缀而成，不能凌躐等级而至。经画土地之势，调剂人数之宜、学校职官之制、兵刑财赋之政、商矿农工之业，外而邻国联络箝制之策，内而士民才识性情之度，知之须极周，谋之须极审。施法有轻重，行事有缓急，全权在握，一丝不乱，故可循致而立有效。

这就是他坚持主张设立制度局，以便"将内政、外交一切法度尽行斟酌改定，使本末、精粗、小大、内外皆令规模毕定，图样写就"，然后再"徐图举事"的原因。[2]在康有为的设想中，制度局被赋予了变法总设计师的角色。他当然有大家常说的借此争权之意，但这一设计也深深扎根在其整个思想理路中，不能仅仅视为一项权谋策略。

---

[1] 杰夫·洛夫：《黑圈：科耶夫思想传记》，第43页。
[2] 康有为：《日本变政考》，第223页（标点略有改动）；《请御门誓众开制度局以统筹大局折》，第88页。

在试图说服光绪皇帝的奏折中，康有为运用了多种比喻，将制度局比作医家治病、裁缝制衣，而将最多的篇幅留给了建筑：

> 譬若工程家之营大宫室也，先有大匠，绘定图说，基址若干，高下若干，堂室、阶庭、廊窗、门柱若何，砖石、土木、灰钉、漆铁若干，用何国之新式，参何国之异样，沽价需金若干，然后鸠工庀材，划界行基，立门构堂，乃可次第举也。
>
> 若夫绘图未定，则基界未划，堂室、门庭、廊窗、门柱未定样，砖石、土木、灰钉、漆铁未知数，用何国式，皆未商定，但贸贸然日鸠工庀材，督其营筑。或言某堂室宜构，则听其言而构之；或言某门庭宜筑，又听其言而筑之；或言某窗柱宜如何式，又听其言而制之；或言某土木铁石宜若何备也，又听其言而购之。及其全功落成，则必门窗不通，堂庭相背，瓦缝不能交合，木榫不能互入，必至天光不蔽，道路不通，墙壁遮塞。岂徒贻笑邻里，亦且糜费失时。[1]

康有为一向对建筑深感兴味，但他此处采用这一比喻，不能仅仅看作爱好的延伸。真正吸引他的（然而他本人未必自觉），恐怕是建筑的"政治"特征：建筑是一种需要高超设计、组织和管理的工作。[2] 事实上，康有为对城市的关注，也隐约带有同一意味（也同样是无意识的）。大卫·哈维（David Harvey）曾说，乌托邦与城市之间具有一种历史的和逻辑的关联："乌托邦通常被赋予一种独特的城市形态，大多数被称为城市规划的东西在很大程度上受到了乌托邦思维模式的影

---

[1] 康有为：《请开制度局议行新政折》，第427页。
[2] Yi-Fu Tuan, *Space and Place: The Perspective of Experience*, pp. 104–107.

响。"[1]的确，将康有为使用的所有意象（医疗、缝纫、建筑、城市）连在一起的活动就是规划与设计，"乌托邦思维模式"是其极端体现。我曾试图论证，《大同书》提示出这种思维模式在中国的出现，[2]而这显然和南海对规划的热衷有关。

关键当然不在规划活动本身。事实上，任何一个社会的运转都离不开某种程度的规划，但并不意味着它们就会成为一个"规划社会"。我所说的"规划社会"是指相信规划（及其周边的相应措施）是唯一有效治理手段的社会。因此，通过对资源和需求的全面掌握（统计、预算）、合理配置（计划）和对执行过程的严密监控（管理、调节），将使整个社会有条不紊地达到一个完善境界。为了表述简洁起见，在下文中，我把这套信念统称为规划主义（我们可以把它看作理性主义在政治、社会问题上的具体表征）。

与崇尚零敲碎打、因事制宜的思维模式不同，规划主义的思维模式更看重预先构想和全面掌控事物的能力。正常情况下，这两种模式并不彼此排斥，而是各有其妙，完全可以并行或互补。但规划主义的信徒倾向于认为，零敲碎打的解决方案太过随意，像康有为用来打比方的那个糊涂建筑师一样，无法有效实现既定目标，甚至可能造成意想不到的麻烦，而"意想不到"是充满风险、令人不快的。在美学效果上，这两种思维也各有偏好：零敲碎打的思维方式更为推崇随机性、复调性和（相对的）散漫性——至少也更为包容，把"天然"（当然，实际上常是经过精心锤炼，而又精心抹去锤炼痕迹的"天然感"）看作美的最高境界；规划主义的思维模型则更喜欢整齐、一致、严密的风

---

[1] 大卫·哈维:《希望的空间》，胡大平译，南京：南京大学出版社，2006年，第152页。不过，格雷戈里·克雷斯认为，"乌托邦的都市化特征只是其特征的一个方面"，只是到了近代才变得显著；它的另一个方面是"乡村的"，而且后者更"贴近"其"本质"。参看其《乌托邦的观念史》，第151—152页。
[2] 王东杰:《从"桃花源"到"乌托邦"：〈大同书〉关于理想社会的构想》，第47—59页。

格，强调"人为"控制下的秩序感。

规划社会不同于乌托邦，倒毋宁是乌托邦的现实对应物。不过，它们在思维方式上都是规划主义的产物，[1]而规划主义是"现代性"的典型特征。这提醒我们注意如下事实：在《大同书》写作的20世纪初，"现代性"还在中国舞台侧边徘徊，准备随时登场，但是这本书已经泄露了规划社会在中国降临的消息。因此，它为我们提供了一个机会，观察规划主义（或更大意义上的理性主义）是如何同时构建或想象"现实"和"理想"的。如今，穿过20世纪的漫天风尘，大同世界还遥遥无期，中国却已成了一个名副其实的规划社会。重读《大同书》，将目光聚焦于规划主义，从"理想"层面出发反观"现实"的历史，或许为我们重新领悟中国的"现代性"提供了另一种可能。

规划社会在中国的来临，与西方的冲击密不可分。不过，也要注意到的是，中国历史上也曾流行过一种风格近似的思维。冯友兰就注意到，西汉经学"好系统，喜整齐"。[2]在其代表人物董仲舒笔下，宇宙仿佛一台性能完好的巨型机器，由大大小小各种型号的齿轮构成，[3]遵照固定的周期和程式，一步不差地持续运转。因此，人的所有活动也都需要经过精心安排，以准确应和天道的变化。此外，那一套方直板正的十进制空间结构，至少也潜在地受到了"（天圆）地方"说的影

---

[1] 这正是我们不能将"桃花源"和"乌托邦"混为一谈的原因。当然，它们同样是在描述理想社会，也都带有批判现实的意味，但"桃花源"是通过"逃避统治的艺术"（做个未必牵强的文字游戏，我希望提醒读者注意："桃"者，"逃"也）实现的（参考但不完全等同于詹姆斯·C. 斯科特 [James C. Scott]：《逃避统治的艺术：东南亚高地的无政府主义历史》[修订本]，王晓毅译，北京：生活·读书·新知三联书店，2019年）——在这种意义上说，它是"反规划主义"的；而"乌托邦"则完全是规划主义思维的产品。进一步的申述参看王东杰：《从"桃花源"到"乌托邦"：〈大同书〉关于理想社会的构想》，第48—52页。
[2] 冯友兰：《原名法阴阳道德》，收在《中国哲学史补》，北京：中华书局，2014年，第74页。
[3] 参看董仲舒：《春秋繁露·三代改制质文第二十三》："王者有不易者，有再而复者，有三而复者，有四而复者，有五而复者，有九而复者。"

响，在早期文献中亦不乏类似图式。[1]在此意义上，《大同书》也可看作某些中国早期思维方式的复活——事实上，它们也许从未完全死亡，而是长期（至迟从宋以后）处在休眠中，此时则在西学中类似因素的刺激下霍然重生。

但也需要注意两个重要的差别：首先，早期思维偏重于齐整，但很少考虑流畅、效率等价值——可以说那完全不在他们关注的范围内；其次，汉人对"系统"和"整齐"的喜好意在响应天道的要求（因此这种秩序是早就存在于事物中的，只是隐而不彰，需要人将其辨识出来），而在康有为那里，它们出自人的谋划，主要是为了服务于人的需求。二者表象上不无相似，理路上却有"天""人"之别。不妨比较一下大同历与《礼记·月令》，不难发现，这两套时间秩序的背后是两种理论预设：前者着眼于如何为人提供方便，后者对人事活动的详密规定则是为了因应天时。因此，《大同书》的理论前提更接近近代欧洲产生的那种新观念："计划是诉诸理性的规范，而不是在存在中早就起作用的那种秩序"；"能动者是在建构秩序，而不是合乎那些已在'自然'（天性）中的秩序"。[2]合理性并不来自天授，而是理性的创作；它为了人的需要产生，并始终属于人的世界。

需要规划的不只是空间，也包括时间，《大同书》中收入的《大同合国三世表》和《人类进化表》为我们提供了两个范例。在其中，一个完整的历史过程被细分为三个阶段，每一个阶段的特点都清楚地罗列其中。然而，尽管已经明了历史行进的方向和目标，我们仍需根据种种迹象分辨自己所处的时段，据以规范自己的言行和需要，小心翼翼地保持各种因素的平衡，警告自己不能任由主观愿望肆意驰骋。即

---

[1] 如《周礼·地官·司徒第二》："令五家为比，使之相保；五比为闾，使之相爱；四闾为族，使之相葬；五族为党，使之相救；五党为州，使之相赒；五州为乡，使之相宾。"
[2] 查尔斯·泰勒：《世俗时代》，第148、150页。

使我们所在的历史阶段远非自己的期望,也仍然需要保持足够耐心,"视其分疏以为进退","权其轻重以为去留",绝不可不顾现实,轻举妄动。它对决策者有很高的要求:既要了解世界的复杂性,预备"曲礼三千之繁",亦要维持条理的秩序,使虽"多积而不滞";既要知晓表面冲突的事物在本质上本来"并行而不悖",又能使万物"各得分理""各合事宜"。[1]

这也意味着,一个好的社会必定存在一个强大的中控室:它是社会的规划者、设计师、掌舵人,历史进步的守望者。它密切关注局势变化,准备随时调整历史钟表的齿轮。中控室的意象完美贴合了康有为心中的"圣人"形象:他高瞻远瞩,地位超然,不必受任何普通道德尺度的制约。比如,孔子为"改制"而"托古",看似满纸谎言,完全违背了"硁硁必信"的规范,但圣人其实别有苦心,完美演绎了"以智为导,以仁为归"的理念(参看第三章)。这就是孟子所云"言不必信,行不必果,惟义所在"的意思。此是"大人之德",绝非"小人"所知。[2]我们知道,康有为一向以"圣人"自居,他当然也是以"大人之德"而非"小人之德"来要求自己的。

在政治层面,这个控制中心的意象直接展示为对中央集权的礼赞:这一制度不仅适于"国竞"时期,也适于"去国界"之后;不仅是政治的,也是经济的。在大同世界,整个经济运行都由公政府统一部署、统一指挥,度政府负责数据的采集和递送、生产指令的下达,工厂和农场等则只是具体的执行单位。工农业生产按照地区布局,比如中国江南产米,河北产麦,英国人擅长羊毛织品等。尽管这种分工主要根据的是各地的专业生产传统,而后者通常受到地理、气候、风俗及外部商业环境的共同作用,具有很强的"自发性",但在大同世

---

[1] 康有为:《大同书》,第285页;《礼运注》,第568页。
[2] 康有为:《孔子改制考》,第141页。

界，它们上升到一个统一的生产规划之中，"自觉"地成了全球产业布局的一部分。如同詹姆斯·斯科特指出的，大规模种植单一物种是出于便于管理和生产效率的考虑，而这同一柄"观察透镜"也被"现代国家"广泛地运用于"城市规划、农村定居、土地管理"等各个领域。[1]

在大同世界，集权的实施离不开一件日常交通工具，也就是电话（如同我们已经提到的，参看第五章）。在康有为那里，电话毫无疑问是民主和平等的象征。但是，如果所有人的意见都通过电话流向一个看不到的终端，而最终的决定是在那里做出的，则重要的当然不是民主（主张的差异性），而是统一。另一方面，在方便使用者（商场随处皆有电话，便于顾客订货购物）的同时，电话在事实上也成为一种监视和管理的工具（这在人本院及政府机关中都可以清楚看到）。

在康有为的本意，利用电话采集民意，大约只是因其方便、迅捷，不受空间的局限。但上述画面提示我们，这一做法的意义不只是技术性的：大同世界主要不是按照面对面的互动模式，而是依照电话线网模式构建的。在这个放射状的信息传递网络中，原本分散四处的喧哗众声，通过长长的电话线抵达其终点，被加以收纳、衡量、相互比较，变成具体的决策和计划，再层层分发下去。在此过程中，后台管理人员始终是隐身的，而隐身者可以无情。他们无须面对任何人，只需面对问题和意见，这让他们可以保持足够的"冷静"甚至"冷酷"——与此同时，具体的人被抽象化和"非人化"了。换言之，这一结构存在着极大的专制空间（南海对此亦不无察觉，故而才专门讨论如何预防医者"专制"的问题）。

电话政治的设计表明，规划社会近乎本能地倾向于从管理者的视

---

[1] 詹姆斯·斯科特：《国家的视角：那些试图改善人类状况的项目是如何失败的》，王晓毅译，北京：社会科学文献出版社，2019年，第4页。

角出发：必须将世界的复杂性加以简化以便管理，其中一个重要诀窍就是把事物化为数字，使其可以在抽象层次上比较、换算。康有为说"数学"之理"本诸天"，故能"处处相通，国国从同"，[1]即此之谓也。数字穿透了世界的繁杂混沌，使其单一而透明。詹姆斯·斯科特指出，官方与公务人员之所以喜欢整齐的街道系统、依次编号的道路命名方式，是因为"命名、景观、建筑和工作流程的特定规划，显示出了秩序、理性、抽象性和系统简洁性，这使它们为等级制度中的权力所用"。[2]在大同世界，这还包含用数字编码的人名，以及房屋格局、机构模式与人生经验的齐同，更不要说以大地统计学为中心的产业体系了。

将世界数据化，方便了管理者更精确地把握它，自如调控生活和历史的节奏。康有为曾在《实理公法全书》中考虑制定作息时间，建议订立"安息日时"，其数目"视民众之贫富"而减少或增加：

> 如定例每人每日应作工八点钟，则是每月共作二百四十点钟工也。为政者统民数计之，若实见其甚富，每月每人但作一百六十点钟之工，便足以自给一月之费用，则是每月宜均匀十日以为安息矣。而增减准此，每日作工之钟数，亦相随而增减焉，移日数以就之可也。且又当使医生考明每人每日之精神血气，足敷若干点钟之用，然后酌定之。[3]

尽管康有为并没有把"安息日时"放在进化论框架内处理，但这一主题在《大同书》里得到了发挥。南海多次强调，那时人们有

---

[1] 康有为：《南海师承记》，第226页。
[2] 詹姆斯·斯科特：《六论自发性：自主、尊严，以及有意义的工作和游戏》，袁子奇译，北京：社会科学文献出版社，2019年，第65、67页。
[3] 康有为：《实理公法全书》，第155页。

大把时间休闲、享乐，而这当然是历史进步的结果。因此，这段思考还是向我们展示出，计算怎样被编程为一套进步主义的逻辑：数据不但是人类进步的指标，还是其动力，因为被统计的不仅是经济上的贫富，也包括了人的"精神血气"——这种统计本身就推动了历史的进化，也预告了医生在大同世界的关键作用。作为身体的工程师，他们负责对肉体的度量、规划与监控，并因此而升任大同的管理员。当然，这只是又一次证明了大量先行研究的结论而已：计量是"现代性"的显著特征。犹如马克斯·韦伯所说："从原则上说，再也没有什么神秘莫测、无法计算的力量在起作用，人们可以通过计算掌握一切。"[1]

艾尔弗雷德·克罗斯比（1931—2018）在西方历史上指认出两种数学观念。一种是柏拉图和亚里士多德的主张。他们看重"抽象数学"，但"不相信我们的五感可以准确地衡量自然"。他们的数学观实际上是一种"非计量的或几乎可以说是反计量的方法"。柏拉图的思想更是充满了"神秘主义意味"——比起近代理性主义的复式记账法，它更接近于"数字命理学"。第二种是近代发展起来的测量学。它们将数字的精确性应用于现实世界，真正推动了历史改变。[2] 两种兴趣都可以在康有为那里找到：大地统计学当然是测量学的，对十进制的酷好则不无神秘主义意味。但对南海本人来说，这种区别并无意义，而且事实上，二者都强化了他对数字化管理的热衷。

几何学在西方思想史上提供了一种思维"范例"，而中国传统思想家则对其无动于衷。[3] 不过，自晚清以来，它对中国思想界产生了

---

[1] 马克斯·韦伯：《以学术为业》，收在《学术与政治：韦伯的两篇演说》，冯克利译，北京：生活·读书·新知三联书店，1998年，第29页。
[2] 艾尔弗雷德·W.克罗斯比：《万物皆可测量》，第19、18、23页。
[3] 弗朗索瓦·于连：《圣人无意：或哲学的他者》，第99页。

重大影响，[1]康有为亦在其辐射圈中。他自称在光绪十一年（1885）曾"以几何理著人类公理……乃手定大同之制，名曰人类公理，以为吾既闻道，既定大同，可以死矣"。第二年"又作《公理书》，依几何为之者"（本书第一章已经引用）。虽然根据茅海建的比对，这几句皆是后来添加，[2]但我们仍可借此理解南海对"人类公理"或"大同之制"的定位。这里提到的几种文献是什么关系，康有为语焉未详，一般认为即是《实理公法全书》，而后者的编写形式也的确模仿了《几何原本》。[3]《大同书》的体例当然与之不同，不过，它和《实理公法全书》的承继关系已为学界公认，因此，说其思想方式受到几何学的启迪，恐不为过。

虽然很难知道康有为的几何学水平究竟如何，但他确实深深为其吸引，甚至将自己最推崇的《春秋繁露》和《几何原本》作比：掌握一门学问，最重要的就是掌握其"例"，犹如"学算者，不通四元、借根、括弧、代数之例，则一式不可算"一样，"学《春秋》者，不知托王改制、五始、三世、内外、详略、已明不著、得端贯连、无通辞而从变、诡名实而避文，则《春秋》等于断烂朝报，不可读也"。既然董仲舒是"言《春秋》"之"宗"，"则学《春秋》例亦以董子为宗。董子之于《春秋》例，亦如欧几里得之于几何也"。[4]"例"是《春秋》学传统的一个重要概念，但在这里，对它的理解反而需要从欧氏几何中寻找理据。

---

[1] 关于几何学在近代中国的兴起，参阅安国风（Peter M. Engelfriet）《欧几里得在中国》（纪志刚、郑诚、郑方磊译，南京：江苏人民出版社，2008年）。不过安国风的关注点主要集中在明末清初，与本书所述时段不同。近人思想受到几何学的影响，最著名的例子应是谭嗣同《仁学》的27条"界说"——这一概念也出现在梁启超的《读〈孟子〉界说》和《读〈春秋〉界说》中，而《几何原本》的开篇就是几条"界说"。
[2] 茅海建：《论戊戌变法期间康有为、梁启超的政治思想与政策设计》，第31页（注释）。
[3] 朱维铮：《从〈实理公法全书〉到〈大同书〉》，第280页。
[4] 康有为：《春秋董氏学》，第323页。

那么，对康有为来说，"几何理"到底意味着什么？从其论述来看，这首先是指，一切思考须从原则、公理出发，把握了公理就把握了事物的全貌。他相信，整个宇宙都建立在少数公理之上，一旦掌握它们，就能提纲挈领，以简驭繁。据梁启超说，南海号称"吾学三十岁已成，此后不复有进，亦不必求进"。[1]论者多视之为一种自夸，往往一笑了之。当然，南海此言的确是为了塑造自己"天纵之圣"的形象，不过，其中也确实折射了他的思考方式：如果一个人早早就掌握了宇宙的"实理"，则其余一切的确就只是枝节问题，其变异虽多，亦可说"不复有进"。不难看出，在思想结构上，这番吹嘘和他所理解的"几何学"思维是有密切关系的。

其次是"推"。我们已经提到，"推"是康有为使用的主要思考方法之一（参看第二章）。他自称"所以信《春秋》三世之义、孔子改制之说，因而确知孔子为创教主，因而演《大同书》，因而发明孔子之新教"者，全靠"推廓"之法。据说，他曾令"精于算"的弟子何树龄（生卒年不详）"以算推德人康德之说，推至二十余而尽矣"，又"推《楞伽》"，则"其精奥窈，天下无比"，"推至七十余而未极也"。哲学是如何"推算"的？其说怪诞，其法不详，不过，从其论述看，似乎是指以某一学说的基本原理作为起始点，通过演绎方式一步步推演出其全部论点，计算中间所用步骤，即是"推至"多少步"而尽"。南海还自称"以经与诸子推明太古洪水折木之事、中国始于夏禹之理"，[2]则此法还可以论断史事。这一切都提示我们，对康有为来说，几何学方法似乎主要就是演绎的方法，而这当然合乎一个"理想家"的趣味。

大同世界的时空规划由两种操作构成：首先是"抽象化"，把时间、空间同其所在的具体的自然形态与生活方式剥离，使其成为一个

---

[1] 梁启超：《清代学术概论》，第281页。
[2] 康有为：《长安讲演录》，第293、294页；《我史（附日记）》，第67页。

平滑而同质的绝对形式,以满足设计师按照自己的意图将它们填充起来的需要;同时也便于大同世界中无处不在的运动,以及那种万物一体的共在之感"能够有规律地散播开来"。[1]这同样呼应了欧氏几何的空间观念:一个匀质、平坦而连续的空间,和我们实际遇到的"复杂的、非同质的、可能非连续的"社会空间截然不同;[2]也对应于本尼迪克特·安德森(Benedict Richard O'Gorman Anderson,1936—2015)所说的"同质的、空洞的"时间。[3]它是一张"白纸",任由设计师驰骋心意。

将时空抽象化、同质化,也就意味着将原本蕴含在自然之中的多样性消除净尽。因此,尽管每个人还是栖居、劳作在特定的时空条件下,但他/她与其所在时空的关系是疏离的、偶然的、非本质的,不仅角色可以相互置换,背景也等价如一。尽管人们可以身着不同的装束、品尝不同的食品,在实质上却毫无差别,即使切换了时空背景,也毫无违和之感:时空变成可以与其内容剥离开来的外在框架,同时,这一过程也将栖息在其中的人(及其生活)抽象化、同质化了。无怪乎研究法国大革命的历史学家莫娜·奥祖夫说,乌托邦天然"符合几何学规则",因为它相信,"一个完整的、有意识的、透明的、蕴义明晰的地理系统"可以"消除一切冲突"。[4]当然,我们最好把这里的"地理"理解成隐喻性的:时间、人和生活,也都是它的一部分。

时空的抽象化为接下来的行动——复制——提供了条件。杨晓雅

---

[1] 莫娜·奥祖夫(Mona Ozouf):《革命节日》,刘北成译,北京:商务印书馆,2012年,第190页。
[2] 戴维·哈维(或译大卫·哈维):《社会正义与城市》,叶超、张林、张顺生译,北京:商务印书馆,2022年,第30页。
[3] 本尼迪克特·安德森:《想象的共同体:民族主义的起源与散布》(增订本),吴叡人译,上海:上海人民出版社,2016年,第23页。安德森原文针对的是民族主义,但其原理同样适用于大同世界,具体的讨论参看本书"结论"。
[4] 莫娜·奥祖夫:《革命节日》,第23、183页。

指出，莫尔创造的"乌托邦"在"内部空间"结构上，表现出突出的"自我复制性与普遍类同性"。[1]同样地，康有为在构筑大同世界的过程中，也常常使用复制手法。这一方法创造了时空规划中的方格结构（十进制的计时单位和以"度"为中心的行政区划等），[2]而且是造成各种行业及不同行政层级中官制名称、组织结构，乃至房舍布局和各种生活方式相似性的主要推手：同一布局沿着不同维度不断铺展、重复、伸缩、分形，使它们在逻辑或功能上成为可以相互替代的因子。复制依赖于时空的同质性，也强化了这一特征，为高效的运动提供了可能。至于复制之于规划主义的意义，或者可以从人类学家蒂姆·英戈尔德（Tim Ingold）对线的研究中获得一些启示。

英戈尔德指出，从整个人类历史看，线的生产有一个从"行走"（walk）到"装配"（assembly）的变化。在"自然"状态下，人对周边空间的探索轨迹是自由的、随机的，弯弯曲曲，甚至一头乱麻；没有明确目标，不讲效率，甚至漫无起点。这就是他所说的"行走"之意。"装配"则是另一种运动方式："它以最快的速度按顺序从一个点到另一个点，理论上无须时间，因为每一个连接的目的地在出发前就已经确定了，每一段线都是由它所连接的点预先确定的。"由此，连续的线"被分割成了一连串的点"，将它们组装起来后，混乱的曲线变成了清晰的"直线"：它"是理性的、有目的的计划战胜自然世界之无常变化的标志"。产生线的方式的变化和整个世界的改变有关："地方曾经是

---

[1] 杨晓雅：《乌托邦备忘集：一本学术研究》，第119—120页。
[2] 孙宝瑄设想的太平之世也具有同样的特征："吾思数千年后，地球诸国及省府县乡，道里广狭必悉皆同。乡立议院，家出一人入，议治一乡事。县立议院，乡出一人入，议治一县事。府立议院，县出一人入，议治一府事。省立议院，府出一人入，议治一省事。国立议院，省出一人入，议治一国事。合大地立一议院，国出一人入，议治万国事。当是时也，国无强弱，家无贫富，人无尊卑、无仁暴、无愚智，所谓远近大小若一，盖合符也。"（《孙宝瑄日记》上册，光绪二十三年五月十三日［1897年6月8日］，第115页）虽然和南海的设计略有差异，但形式是非常类似的。

由多股交错的运动和生长线系成的结,但现在它是一个静态的连接线网络中的节点。在越来越大的程度上,现代大都市社会中的人们发现自己置身于一个由相互连接的元素装配而成的环境。"〔1〕

复制是一种最基本的"装配"方式——正是通过不断复制,"一连串的点"才成为"一条线"。比较一下这两种线的形成方式就不难发现,"行走"者对周边乃至目的地多多少少是"无知"的,更未经规划,他/她的路线是自然而然生成的,记录了人对环境的探索过程:一种带有好奇心的(即使这种好奇是出于实用的考虑)、充满了试错性的活动。"装配"则目标明确,成竹在胸,依据的是一套详明的计划,与之相适应的则是一个抽象而同质化的理性环境。援用英戈尔德的区分理解康有为的思路,则大同世界无疑是一个"装配"世界,通向大同的道路虽然曲折,在本质上也是一条"直线":不仅因为它是由理性控制的,也是因为通过三世重叠,曲线已经微分为无数连续的点的"装配"(参看"导言")。

大同世界的行政空间,尤其是"度"的概念,也令人怀疑南海是否从中国古老的井田观念中汲取了灵感(他把工厂、农场等视作一种"封建",进一步强化了这一联想)。的确,康有为对井田的评价很高,视之为儒家思想的制度起点,曾云:"《孟子》一书,言义理自仁始,言人伦自父子始,言制度自井田始。"又云:"孔子之制在人始,人之道在井田始。"井田被他看作"农世之极"。他如此倾心这一制度,主要原因大概就是,它用最简单的几何形状实现了"平等"。如前所述,这个正方形的构图方式(参看附录二十八)体现出中国本土宇宙论图式的影响。不过,南海也清楚地指明,"古者以山川疆域为界",地块的划分不可能"如是齐整";只有"今美国划界",才能做到"方则极方,圆

---

〔1〕 蒂姆·英戈尔德:《线的文化史》,张晓佳译,北京:北京联合出版公司,2023年,第98、208、100—101页。

则极圆",而这都是因为其国土新辟,"荒地甚多,易于裁制"之故。[1]

另一方面,杨晓雅指出,莫尔笔下的"乌托邦的空间特征受到了古典国家理念的影响"。[2]比如,《圣经·启示录》中描述的在末日审判之后"由神那里从天而降"的"圣城新耶路撒冷",就是一座"四方的"城市,"长宽一样",和康有为想象的"度"如出一辙。同样,四四方方的几何划分图案也出现在18世纪罗伯特·蒙哥马利爵士(Sir Robert Montgomery,1680—1731)为开发美国南方殖民地所做的一份规划中,而他采用的正是"启蒙思想提倡的理性设计思路"。[3]因此,我们也不能贸然地把整齐划一的方格模式归因于中国文化传统特有的影响(尽管南海本人可能更多地从中国传统中汲取了灵感),而应把它看作两个文化传统(其中任何一个传统都是多元的、复杂的,充满了异质性)中某些因素(有些出人意料)的不谋而合,重要的是,康有为把它转化、整合到一个新的思想秩序中,赋予了它和"井田"与"圣城"都不同的含义。

事实上,"易于裁制"的并不只是"荒地",对大地的"裁制"才是最重要的。段义孚说,在城市规划者心中,"地球上所有的不规则事物都必须为天堂的几何规则让路"。[4]这正是大同构想的原则。英戈尔

---

[1] 康有为:《万木草堂口说》,第134页;《万木草堂讲义》,第295页;《日耳曼沿革考(奥大利匈牙利沿革附)》,第258页;《南海师承记》,第231页。

[2] 杨晓雅:《乌托邦备忘集:一本学术研究》,第119、120页。下引《圣经·启示录》亦转引自该书,第124页。

[3] 安德里亚·L. 斯莫利(Andrea L. Smalley):《天生狂野:北美动物抵抗殖民化》,姜昊骞译,成都:四川人民出版社,2024年,第49页。具体方案可参看该书第48页收录的一份地图。此书从动物史角度对理解现代规划理性提供有益的启发。按照作者的总结,"英式殖民的特点是注重清除土地上的原住民,着力将土地分割成排他性占有的地块,重点对环境进行理性的规划管控"(该书,第429页),而这些(除了"排他性")在本书所描述的思维方式中都有各自的对应物。顺便说一句,这本书的主题就是讨论野生动物的行为怎样颠覆这种殖民方式的。

[4] 段义孚:《人文主义地理学:对于意义的个体追寻》,宋秀葵、陈金凤、张盼盼译,上海:上海译文出版社,2020年,第42页。

德说,在殖民"帝国"的眼中,世界"是一片空白的表面,可以在上面建立一个连接线的网络",服务于"向外扩张"和"攫取财富"。和自然活动造成的"路径"不同(参看他对"行走"的界定),"这类线是在交通往来发生之前就已经勘测和建造好的。它们通常是笔直的、规则的,只在统治的节点处相交"。[1]通过"勘测"和"建造",人类克服了山川的不规则,也把大地变作了另一种意义的"空白":一种"白纸、画板、平面图、截图、正面图、成比例的模型、几何投影等"的空间。它"忽视了身体的整体,忽视了头脑、姿势",将身体的动作缩减为几个标准化的操作模型。[2]这样,才可以在其上描画"完美的几何结构",实现"单一个人意志和全面控制的幻想"。[3]

和时空一样,繁杂多样的世界也必须被抽象化为一种知识或信息,才能成为理性操作的对象(数学只是其工作方式之一)。本书已多次提及康有为对知识的重视。在大同规划中,知识被看作社会运转的第一推动力,它的作用就像是一张刻画细密的地图:"点线尺寸,至精至悉。山川林木,阡陌庐舍,毕备其中。千里万里之地,案图可稽。坐一室而知天下利病,故一切政事易举也。"由此,读者可以用一种浓缩的方式轻易把握对象的整体(须知,察看地图的,也是一道俯视的目光)。知先于行,知即是行,知启发行:"知之极详,而后能运动之。"[4]

世界首先以抽象形态进入决策中枢,经过它的象征性消化,转变为一种行动方案,复经官僚系统层层下达,最终重新具体化,抵达活生生的身体与物品,驱使它们的运转。通过这一套严密的等级性组织和指令系统,规划者无须直接触碰,就能开启整个世界;而这也就是世界需

---

[1] 蒂姆·英戈尔德:《线的文化史》,第112页。
[2] 亨利·列斐伏尔:《空间的生产》,第295页。
[3] 大卫·格雷伯(David Graeber):《无政府主义人类学碎片》,许煜译,桂林:广西师范大学出版社,2014年,第76页。
[4] 康有为:《日本变政考》,第169页;《官制议》,第241页。

要被重新设计的缘由。早有人指出:"为了用知识让社会成为可控制的事物,社会本身必须按照知识结构来组织:社会过程必须按照功能进行区分、按照模式进行安排;社会行动者必须在某种程度上受到约束,让他们的行为服从于资料搜集,或者让他们的社会角色和活动限缩在他们所生产的资料范围内。"[1]这一分析有助于我们理解,大同世界的行政组织和生活形态为何与知识、信息和技术的流通网络是同构的。

《大同书》为福柯的"知识—权力"理论提供了一个绝佳例证,尤其是那一套带有浓厚的"师吏合一"色彩的将教育、职业与管理容纳为一体的组织架构,不仅意味着知识本身就是权力,而且正是知识使权力成为可能。与此形成对比的,是18世纪自由主义思想中"看不见""无知""不可知""不能认识"等观念:"君主可以是无知的,君主应该是无知的。"这种"无知"使"君主权力"在"利益主体"面前"失效","使君主产生一种根本的无能力,一种重要的、核心的无能力,无能力掌控经济领域的整体",从而挑战了君主的"绝对化"。[2]大同世界的设定则恰好相反:不知则不仁,无法感受他人的痛苦,就不能发动自己的不忍之心(参看第三章)。另一方面,因为控制中枢(自以为)可以"看到"并且"知晓"一切,才对中央集权的可能性信心十足。

要让世界动起来(以成为一个整体),不仅依靠决策和组织机构,还需要技术的助力。这是康有为痴迷机器的重要原因,而在所有机器中,他尤其关注交通和通信工具:如果说规划者是全社会的大脑,交通技术就提供了遍布全身的神经网络,一切信息的传输、物质的驱动、信号和物质之间的及时转化,就是通过它们完成的。它们构成了大同世界的骨干,其价值远超表面上的运输功能。比如,在康有

---

[1] Gernot Böhme, "The Techno-structures of Society", 转引自史蒂芬·康纳(Steven Connor):《知识的癫狂》,刘维人、杨理然译,台北:时报文化出版企业股份有限公司,2020年,第436页。
[2] 米歇尔·福柯:《生命政治的诞生》,第370、385、286页。

为看来，饥馑的发生固然和一时一地的恶劣气候有关，但也是因为各国消息不通，无法及时调剂物资造成的。因此，他满怀信心地说，随着"铁轨交通，商货互易"，此类情况不会再次出现。[1]这一乐观的态度当然不是康有为一个人的忽发奇想，也是晚清非常流行的一种看法。它的源头可以进一步追溯到"19世纪最后几十年"中在西方的"城市中产阶级和精英"中发展起来的"技术大同主义"（technological cosmopolitanism）的影响——相信"通信和交通的进步可以解决日益严峻的国际紧张，在不同民族之间塑造一种积极的关系"。[2]

尤其值得注意的是，器用之所以重要，不仅是因为它们更有利于世界的整合，或是减轻了人的劳动强度，节省了"日力、目力、心力"和记忆力，为生活提供了便利，使人更加"明智"，推动了文明的"进化"；而且也是因为它们生产出一种普遍而隐秘的规训机制："用器精可以调察人之行事，令人难惰、难偷、难诡，令人惊犹鬼神之在左右，使人不敢为恶，则善行自进。"[3]机器成为"毛细管权力"的一部分，在其帮助下，大同世界的监控能力大为提升；其以"鬼神之在左右"为喻，再次提示我们大同世界存在的那道时刻警觉、"审视一切"的目光（参看第二章）。

张灏曾说，康有为主张用"优生学"方法改善"不良人种"，在实际上违背了大同的价值取向。[4]这当然不错。不过，似也应注意到，对康有为来说，知识和技术原本就是"价值中立"的，因此同一手段

---

[1] 康有为：《春秋笔削大义微言考》，第235页。
[2] Patrick Luiz Sullivan de Oliveira, "Transforming A Brazilian Aeronaut into A French Hero: Celebrity, Spectacle, and Technological Cosmopolitanism in the Turn-of-the-Century Atlantic," *Past and Present*, 254:1 (2022), p. 237. 作者指出，在这种观念中，"空中旅行"被看作"技术大同主义的最高阶段"——这尤令我们回忆起康有为在乘坐热气球和飞机时生发的诸般联想（参看第二章）。
[3] 康有为：《大同书》，第289页。
[4] 张灏：《危机中的中国知识分子：寻求秩序与意义》，第73页。

可以应用于各种相互冲突的场合。这在《大同书》里并不罕见。比如，医疗不仅推动养生，也能用于断绝"劣种"；电不仅连通了整个宇宙，也是一种杀戮的手段，用"电机"屠宰牲畜，就可以减少其"呼号痛苦之苦"；采用"电化新机器"处理尸体，使其"顷刻"间化为乌有，"无使掘地者有拾骸践骨之惨，无使居人者有葬地不洁之近"，亦可以使"亲者爱者"免于"不忍"之心。[1]这些议论原本分散于全书各处，初读并不引人注目，然而一旦将之汇聚，比类而观，其突兀之处立刻变得极为醒目。

知识、技术的价值中立性，意味着它们和时空一样，都被抽象化、空洞化了。试想一下《大同书》里那台性交机器：它既出现在"人本院"中，应对产妇的需要（参见第五章），也出现在"医疾院"中，满足残疾男性的需求（参见第四章）。性原本是人最私密的事务之一，但在大同世界里也可以成为一项公共服务。犹如其他机器一样，性交机器提供了一张"空白"表格，可以填写各种社会情境的"同类"需求。事实上，在康有为心中，性被看作一种纯粹的感官享乐。它不是两个充满差异性（植根于各种异质性时空、特殊经验之中）的独立个体之间的深度互动，而是一种（被抽象化了的）欲求和功能：人的本质是一架机器，通过设定好的程序直抵终端。

抽象化构成整个大同治理的奥秘：一边是身体——一个欲望的综合体，对它的满足被分作不同门类，比如居处、舟车、饮食、衣服等等。为此，我们需要先将欲望与人的其他组成（情感、意义、价值的需求等）剥离开来（它们原本是相互关联和混杂的），将其机器化，缩减为纯净的欲望本身。由此，如同奥祖夫所说的，"社会人"被"归结为生物人"。[2]这也就是康有为虽然强调灵魂是人最重要的部分（参看

---

[1] 康有为：《大同书》，第281、225页。
[2] 莫娜·奥祖夫：《革命节日》，第165页。

第三章),却将论述主要集中在身体上(参看第五章)的原因。大同治理的另一边则是物质:它构成与身体需求相应的另一个分类系统。这两个系统都是形式化的,不但大大简化了世界的复杂性,而且便于将对象数字化,在系统间建立换算关系。这样,只需操纵信息,就可以完成对人和物的管控。

不奇怪的是,罗伯特·索拉科夫斯基(Robert Sokolowski)对科学的解说,似乎完全可以移来描写大同:"现代科学同理想化的事物打交道",比如"无摩擦的平面"(大同世界的交通系统和开辟工作想要追求的目标)等,"它们都是在我们直接经验的事物中有其根源的一些投射"。他所说的"理想化"是指将某些性质(比如光滑)从实存的不完美中抽离出来(抽象化),经过提纯,为知识生产提供一个可以"推演"的基石("原理")。此外,索拉科夫斯基提到的"数学化的、理想化的精确性"或事物的"几何学化",[1]也具有同样的意味。它们之所以与"大同"共鸣的一个重要原因是,大同本身就是"理想化"的,此外,这一"理想化的事物"也构成了通往大同的必经之路。

理想化、数学化和精确性是一组具有亲缘关系的词语,也是近代中国人努力追逐的目标。事实上,《大同书》式的思维模式和价值导向不同程度地存在于时人心中(虽然情境似乎大不相同)。比如,在陈季同心中教科书具有的魔力:"小小一册书就概括了一门完整的学科,使最困难的问题对每个人都变得可以理解,每本书所探讨的问题如同一幅明亮的画。整体和细节,让人一目了然。每样东西都准确地安排在必要的位置上。"这里隐含着一种全知视角:囊括一切而又条理井然,正是令他激赏的原因。更不用说他还相信,通过某种"精细的方法",医学家"已经可以称量人的思想,这种无法测量和不可捉摸的东西"

---

[1] 罗伯特·索拉科夫斯基:《现象学导论》,张建华、高秉江译,上海:上海文化出版社,2021年,第165、167、168页。

了(不妨回忆一下,在康有为心中,父母生育子女"所费之原质"亦是可以计量的)。[1]

三、无法消化的"畸零"

如果把社会看作不同意见交流和博弈的市场,那么,我们在日常生活中所见到的互动机制是身处不同区位的个体,利用稍纵即逝的机会,通过各种正式和非正式渠道进行的正向或负向协商。这一过程充满了模棱两可、含糊不清和重复浪费,不同程度地损害了沟通的效率。大同世界则通过井井有条的全景设计,提供了一种高效的互动模型。在这个透明的世界里,人的所有欲望都被提前检视过,所有行动路线都被提前规划过,原本凹凸不平的社会被打磨得平滑顺直,从源头截断了冲突的可能。

但仔细打量《大同书》,我们不难发现其中的张力:这不只体现在康有为对旧制度的依恋上,也保留在他对新社会的设想中。大同世界的表面看起来严密紧致,但在其暗处实际还存在着不少缝隙。它们是由不同原因造成的:有一些纯属口误,或是前大同时代(也就是康有为写作的时代)表述、思维惯性的延伸。[2]此是人情难免,不足为怪,但也有一些具有更为深刻的含义。在康有为的表述中,这些缝隙被叫

---

[1] 陈季同:《巴黎印象记》,第165—166页。
[2] 比如,在谈到人死后的治丧事务时,康有为说,死者之"父母、子女、兄弟、姊妹"等"可为丧主"。就不免令人困惑:"公养"制度下,何来"丧主"?又如他说,男女立约的"约限不得过短",如此"则人种不杂"——但大同社会既然(至少绝大部分)"种界"已消,此又从何谈起?也有一些表述非常模糊。比如,婴儿入育婴院后须"行定名礼",由人口官召集全院为之"立名"。但前文又说,人出生之后,取其所在之度、院、室与生日组成一名(康有为:《大同书》,第222、160、205、202页)。那么,定名礼所立之名究竟是一串数码,还是有特殊意义的字号?若是前者,这一郑重其事的"定名礼"似无多大意义;若是后者,则其时仍有私名存在。

做"畸零"（或"零畸"）。细查这两个字出现的语境，主要有以下几种情形：一是谈到历法问题时，南海主张删去月份，计时皆采用十进制，如此即可无六十、十二等"畸零"；一是在谈到地理分区时，他批评用三百六十计算天度、地度，"极零畸而不整"（参看第五章）。此外，他在《意大利游记》中也说："我国地形以山环合，欧西地形以海回旋；山环则必结合而定一，海回则必畸零而分峙，殆无可如何者耶！"[1]综合这些用法，可知康有为所谓"畸零"，即"整齐"之反面，也就是那些无法被纳入工整架构的散碎之物，或曰零余。

康有为喜欢引用孟子所云"物之不齐，物之情也"（《孟子·滕文公上》）。在《大同书》中，这句话出现了两次。第一次用于论证"种界"的产生并非无因："夫大同太平之世，人类平等，人类大同，此固公理也。然物之不齐，物之情也。"接下来就宣布，黑人不能获得与白人匹敌的地位，皆因其形貌、智力有异之故。不过，通过适当方法，这些"不齐"可以消除。第二次是在讨论"形界"时，康有为论证智力差别是一种自然现象，即使男性之间亦有级差，与性别本无关系："物之不齐，物之情也。"在另一篇文章中，他又说同一社会的成员必然产生"才能学识"的差别，此系"天造"，无可奈何，此时也使用了同一表述。这些"不齐"都是南海所说的"畸零"，但它们仍多不同，有些是可以消灭的，有些则无法根除。[2]

大同世界保留的"畸零"极多。比如，南海承认，人本院对孕妇言行施加的种种禁令有悖公理，但他强调，为了人种的昌盛、文明的发达，"斯亦不得已之道也"。事实上，根据他的阴阳史观，"道无一致，体无一面"，一法既立，弊乃随生。在此意义上竟可以说，有"法"即有"弊"，"弊"是"法"的必然结果。故"圣人立制"亦只

---

[1] 康有为：《意大利游记》，第389页。
[2] 康有为：《大同书》，第114、146页；《中华民国国会元老院选举法案》，第417页。

能"顺势而因之，因病而补之"，随时变更，"竟无全理"。值得一提的是，他清楚地意识到，世界是一个彼此牵连、复杂无比的整体，"一物不修，则众物牵连而不可行"，就好像机器一般，"总机坏则群机不行，群机不行，久则生锈而不可用矣"。[1]因此，极乐制度中包含了一种脆弱性，并非固若金汤——显然，这里隐藏着一种自我否定的危险：大同之制是否可能产生自己的弊端？那时又是否需要修正？如果答案是肯定的话，那它还可以被叫作"大同"吗？

康有为也觉察到大同世界中裂缝的存在。比如，他刚说人本院禁止孕妇接触"不正之业，不正之人"，以防"恶言相闻，恶事相告"；又立刻意识到，这违反了他对大同的定义，遂马上补充："大同世实无恶声恶事，姑极言之。"谈到对盲哑人和疯疾者的照顾时，又连称"大同之世，生理甚精，当无复有盲哑诸废疾者矣"；"亦无感疯之人，亦无传疯之种，亦无疯疾者矣"。然而，若果真如此，有关规定岂非画蛇添足，其意义究属何在？事实上，这些都反映出南海心中那些隐忧的存在：他可能已经意识到，"恶"和"苦"是不可能被驱除净尽的——因此才有了一声声的"不得已"。

大同世界面临的一个棘手问题是如何对待竞争。一方面，康有为认为竞争有悖"孔子大道"，是"坏人心术"的根源，与大同的价值观截然相悖，他将其明确列为"四禁"之一，甚至宣称发明"天演之说"的达尔文，其罪大于洪水。但另一方面，他也清楚地意识到，社会的发展又是建立在竞争基础上的："进化之道，全赖人心之竞，乃臻文明；御侮之道，尤赖人心之竞，乃能图自存"，否则必将使"人道退化，反于野蛮"。即使到了大同世界，这一道理仍然适用。实际上，乱世"人争心太剧"，需要多提"让"字；"若当平世，人之乱杀渐少"，反而须警惕"苟且"之风，更何况此时一切公有，众生安逸，很容易造成不

---

[1] 本段和下段，康有为：《大同书》，第193、199、197、218页。

思进取的心态,"而腐败随之","退化"继之,所以更应该"以激争进之"。也就是说,比起"乱世",在"平世"提倡竞争更为迫要。[1]

如何在争与不争之间维持平衡?康有为的解决办法是:"预防""争之害","特设""争之礼"。首先是把"让"提升为一个必备的政治程序:某人被推举为领导后,"必须让三让再"方可接受,否则即是"丑德",为"清议所不容"。其次是礼貌上的规定:议员之间不得"互攻激刺,大笑喧哗"。康有为担心一时声色所急看似微不足道,却可能激发更大的反弹:"作色者,流血大争之兆也;勃怒者,巨炮攻争之气也;嚣哗者,对垒争锋之影也。"因此,"争气、争声、争词、争事、争心",都为彼时人所不齿。他之所以青睐电话的作用,原因之一也是它可以防止无序竞争:大家不必当面对峙,"无有竞争喧哗之事,更无有互攻刺杀之事",自然也就"无伤于心术"。[2]

这些都还是消极举措,此外还有更积极的方法,即是"竞美""奖智""奖仁"。中外历史上都有人担心科学和艺术的过度发展可能会造成人们的道德败坏,但康有为对"文明"的看法一向积极正面。他认为,通过鼓励人们在这些方面投入更多心力,可以强化人的道德精神:"太平世无所竞争,其争也必于创新乎,其竞也必在奖智乎。""当是之时,最恶竞争,亦无有竞争者矣。其竞争者,惟在竞仁竞智,此则不让于师者。"[3]这几句话的句式显然脱胎自《论语·八佾》:"君子无所争,必也射乎!"暗示"竞美""奖智"的意义与"射"一样,都属于"争之礼":为竞争制定了必要规则,就可以防止其陷于无序。

---

[1] 康有为:《意大利游记》,第372页;《大同书》,第253、277、262页;《论语注》,第396页。蔡元培也说,在人人幸福平等的社会里,"最辛苦最艰难最危险的事没有人干",可能会阻碍世界的"进步"。但他认为,通过保护国民的身体和精神健康,合理分配工作,加上机器协助,这一担心是多余的。参看其《新年梦》,第427页。
[2] 康有为:《论语注》,第396页;《大同书》,第253、277页。
[3] 本段和下段,康有为:《大同书》,第266、277、253、245页。

如果说在大同世界保留竞争的位置,已是一种"不得已"的话,康有为还时不时地在文字中加入一些评论,或补充说明有关规定实现的前提,或澄清语义中可能存在的误解,但它们的效果常常与其本意相反,不但没有使其意思变得更加清晰,反而将其态度衬托得更加暧昧。比如他强调:大同世界的官位纯为"名誉",并无实权,所以"高陈三让亦自易事";在谈到议员言行时又说,"太平世人德之至美,教学尤深,议员为贤哲高流,固无此野蛮之举动"。须知,大同世界之所以能够顺利运转,除了在制度上取消了私产诱惑之外,一个更重要前提是,那时人"性美而教深",品行高尚。然而,他的这些插话却无不暗示出相反的可能:如果"让"的前提是所"让"之物本无实利可言,则又岂能轻易归因于道德的力量?

有迹象表明,康有为对大同世界的人性其实不无疑虑。1913年,他说,无政府主义的理想虽然动人,即"孔子大同,亦为是也",然而"无如必不得见也。即可有之,亦必人人熏修,家家慈善,积世至久,而后庶几望之,而必非今共争共乱之时所可觊也"。在另一篇文章中,他更是坦率指出:"博爱同胞,救举国之人,置于自由平等之地,虽千岁以后,大同之世,至圣大仁,犹难言之。"[1]事实上,这大概正是大同时代仍需管理的原因:那里的完美秩序与其说是人性至善的果实,不如说因为它背后有一道慈爱而警觉且永不倦怠的目光,随时把手放在制度的旋钮上,一旦出现问题,就立刻调整,以维持它的协调运转。

既然如此,大同世界还存在一套奖惩制度,也就不足为怪了。康有为清楚,有奖励和惩罚就会制造级差。所以他特意声明,"太平之世,尚德不尚爵"。此时"全世界人皆平等,无爵位之殊,无舆服之异,无仪从之别",然而之所以要"特许""仁智之人"以"殊荣"

---

[1] 康有为:《无政府》,第104页;《法兰西游记》,第186—187页。

者，意在激发人的进取心，"以致进化而防退化耳"，[1]其象征意义大过实际意义。为此，他设计了一套表"德"的称号，用以评估人们在"智""仁"两方面的成就，按照"定格"划分等级，以起到激振人心的作用。这就是"奖智""奖仁"之法。

凡在智力方面有所创新（分为"新书""新器""新见""新识"四科）者，每次都可获得一枚"智人"徽章，"积十次则为多智人，其创新之卓绝者为大智人，积十次卓绝之创新则为上智人，其尤卓绝者则为哲人，其卓绝而不可思议者则为圣人"。在仁惠方面有贡献者赠以"仁人"之号，"积领十次则为上仁人，积领五十次者为大仁人，积领百次者为至仁人，其或公德殊绝者则为大仁人，积领大仁十次则为至大仁人，其尤殊绝者则为大人、天人"。若在两方面都有所成就，地位就更加高卓：

> 凡仁智兼领而有一上仁或多智者，则统称为善人。上仁多智兼领者，则统称为贤人。上仁多智并领而或兼大仁或兼大智，则为上贤人，大智大仁并领则统称为大贤人。大智大仁并领而兼上智者，则可推为哲人。大智大仁并领而兼至仁者，则可推为大人。上智至仁并领而智多者，则可推为圣人。仁多者则可称为天人。天人、圣人并推，可合称为神人。

"哲人""圣人""大人""天人"等称号属于殊荣，要在其人身故之后经众人公议才可授予，人数极少。[2]由此，这套荣誉系统形成了一个金字塔状的尖顶结构。

---

[1] 康有为:《大同书》，第269、254页。
[2] 康有为:《大同书》，第265、267、268页。据手稿本，"善人"皆为"美人"。《全集》本，第178页；大象本，下册，第368页。

在大同世界，获得这些头衔就可以跨入精英行列，具备了成为领导候选人的资格。按照规定，曹主和亚"必由上智、至仁出身"，没有合格人选才起用"大智、大仁者为曹主"；伯须"由大仁、大智出身"，无合适人选方可从"多智、上仁之人"中拔擢；地方自治局的主、伯、府、史等亦须从"其地有智人、仁人之徽章多者"中选择，"无仁、智之徽章不得被举焉"。在一个充满幸福的世界里，南海试图使荣誉感起到生活调节器的作用：他详细规定了徽章的图案和用法，要求按照"仁智之等"安排"宴会公集"的座次，[1]皆是为了激化人们积极向上的意志。他明确指出：中国从汉代脱离"封建"，已经成为一个"人人平等"的社会，"虽有封爵，只同虚衔；虽有章服，只等徽章"。[2]换言之，"虚衔"和"徽章"并不妨碍社会的平等。

但这不等于名衔、官位等就不包含任何物质性的回报。主、伯、亚、旅的生活条件虽与常人无异，所得"工金"却较常人为高——尽管南海强调其差额并不太远，事实上，普通工人的薪金亦会"因其工之美恶勤惰"分为"数十级"。当然，普通人生活水平、富裕程度的差别可能确实很小，但享有荣誉称号的人就不同了，且在金字塔上所处地位越高，与常人之间的差距也就越大。这主要通过"赏金"制度实现。做出贡献的人在获得名衔之外，也可以得到金钱奖励；且不像名位级差有限，各人赏金可有"千百等"的差异：若"以千金为至下位"，最高等可有百万金。此外，"大智"又有"岁赏"，同样以千百等为差，且可以终身领取。[3]这样一来，每个人收入的级差就拉大了。

---

[1] 康有为：《大同书》，第252—253、260、265、269页。按，康有为很早就关注到西人对徽章（或宝星）的使用（参见《南海师承记》，第231页）。此外，杰出人士还享有死后画像、塑像和祠祀等待遇（参看《大同书》，第265、269页；《春秋笔削大义微言考》，第141页。早期的思考见《实理公法全书》，第157页），亦皆使其艳羡。
[2] 康有为：《拟中华民国宪法草案》，第39页。
[3] 本段和以下七段，康有为：《大同书》，第238、240、265、266、257、219—220、202、242、206、160、211、213、200、275、212、272、245、273、274、214—215页。

对康有为来说，这也是出于刺激竞争的需要："既有赏金、岁俸之富，则公室之外不患无私宅矣；其他车马、衣服、什器之玮瑰奇丽与室屋之伟丽，自并起竞争而不患其渐趋简陋矣。"其时"富人、学士、罢政之逸老"等"皆争筑室于山顶"（即"私宅"），因此，并不是每个人都需住在"公室"或养老院中。而养老院的成员亦被分作"元老""大老""群老""庶老""老人""老年"六等，前四等皆是曾为社会做出贡献之人，"老人"则从未获得"宝星"（即智仁徽章），"老年"更是曾经犯错受罚者。他们的生活条件随级差而有异，而后两等人尤受鄙夷：其"虽为人身，少受公家教养，壮年无补于众，无劳无功，虚负公养"，本应"有罚"，允许入住养老院已是"哀怜"之举，其待遇自"宜一切减下"。其实，"老人"只是"无功"，而未尝"有过"，"有罚"二字又从何讲起？可知大同世界鼓励人人争优，并不真正欢迎"平常人"（这一称呼是康有为的用法，意思详见下文）。于是，在"寓奖功""资劝戒"的旗号下，社会的等级制度再次确立。

康有为脱口而出的一些话表明，大同世界中不仅存在等级，而且有贫富，甚至有贵贱。比如，儿童"知识稍开"之时，即须教以"制作"，则在其长大之后，"贫而谋生，贵而监督，皆熟悉工艺，多能鄙事，行之自然矣"。"鄙事"虽是用典，却也是指实；"贫""贵"更非虚字："监督"比生产（"谋生"）来得高级。事实上，他至少两次指出，人们"执业迥殊，贵贱迥异"，"贵贱攸殊，高下迥异"。完成学业后，"若无人延用"，就必须"俯就贱业；若贱业亦不可得，则就恤贫院，以苦工代食，为人不齿"。然而问题在于，如果职业本身就被分为贵贱，则执业者如何可能避免相应的阶级标签？

康有为断言，大同世界"或有过失而必无罪恶"。所谓"过失"，即是"失职误事""失仪过语"一类小事，无须"刑讼"。故其时"百司皆有而无兵刑两官"，除了各行业的职业规则之外，唯有"立法四章而已"，条目也很简洁："禁懒惰""禁独尊""禁竞争""禁堕胎"。从表述看,被"禁"者皆属"过失"而非"罪恶"。可是,二者的界限在事实上并不总是那么清晰。比如,他明确表示:"堕胎之禁应为刑律第一重律",甚至较"杀生长之人尤加重焉"。既已是"刑律"所关,则显然已经不再只是一种"过失"。

关于后三"禁",前文皆有论述(参看本章前文及第五章、第四章),故此处且重点讨论一下"禁懒惰"。从个人主义的立场看,这一规定当然很难理解:懒惰作为一种个体的选择,本不应成为社会干预的对象。但康有为坚决认为,它对社会造成了实质伤害,如果引发别人的模仿,更会带来毁灭性的效应。事实上,懒惰的危险性似乎直接源自大同本身:由于生活过于安逸,人很容易变得懒散,以致"百事隳坏,机器生锈,文明尽失",而那必然造成社会的"退化"。因此,他强烈建议,对于"惰工"之人,可视其严重程度,分别施以罚款、"削名誉"、禁止"充上职"等处罚,若"其人入恤贫院,则作苦工"。

南海宣布:在大同世界,若没有一技之长,"将立为饿莩矣,否则入恤贫院而为苦工,名誉全削,终身不齿于人类矣"。这里有几点值得关注:首先,"做苦工"被看作一种惩罚——这很可能是因为那时许多艰辛的工作都已交由机器完成。其次,羞辱成为重要的社会治理工具:"稍有所犯",即"终身"为人"不齿",何其严峻!在康有为看来,羞辱不像刑罚那样加之于身,实在是"无所迫而为之",一个人又"何忍自绝于向上"!它的力量来自整个社会对名誉的看重:其时"荣途悬在前而清议迫于后",二者相互协作,形成了巨大的道德压力,使人不得不努力向善,正如年轻人在集体生活中所感受到的那样(参看第五章)。在这个意义上,整个大同世界都是未成年人集体生活的延展。

彼时羞辱是一种相当普遍的惩处办法。若有孕妇堕胎,"重则监禁终身,充当苦工,谥为不仁,剥削名誉";"轻则以有胎之月数(他似乎忘记了大同历法不置月份。——引者注)为监禁之年数,即出监禁,别异冠服,戴堕胎之章,人皆不齿,所有为师、为长尊荣之职皆不许充,所有合众、宴会、公议之事皆不得预"。其他形式的过错亦以"减削名誉,不列宴会,少加羞辱"为主。比如,未成年人如有性行为,当"见摈清议,削减名誉";"强奸童幼",则"付之公议以定期罚";人与兽交,则"公议耻绝,不齿于人"。通过这种方法,它将"监察"原则注入生活的各个方面,使其成为一座安插在人心中的圆形监狱。

表面上,恤贫院是为"无业,无所衣食者"提供福利的机构。但在康有为笔下,它总是与做苦工、羞辱等主题一起出现。南海声称,大同时代"人不患无所养",入院者纯系懒惰所致(但事实上这也有可能是无人聘用造成,未必应由当事人自己负责)。故其人不仅需要参加劳动,而且待遇不良("衣服粗恶,仅足饱暖,室宇低隘,但不污秽而已"),管理严格(做工有官员监督,院内"有教导之傅,有劝善之师,有疾疗之保",作息"定有时限",入院者等于一个有待教化的未成年人)。院中一切规定也都将羞辱二字展现得淋漓尽致:"凡入恤贫院,皆别具衣服以耻之;若其再三入院,则以衣服之色别之,令人不齿。""凡再入恤贫院者,削除名誉,后此不得充当为师为长之职。""凡三入恤贫院者,人不与齿,宴会不与。"之后更是变本加厉,基本等于服刑:"四入恤贫院者,罚作极苦之工。""五入恤贫院者,移至圜土七日以辱之;其一次入则增入圜土七日之数。"

恤贫院的设计灵感来自同时代的欧洲。康有为曾在瑞典参观过一家恤贫院,对之赞不绝口,以为"如见大同之世"。不过,根据他的描述,这家恤贫院似乎并不存在对入院者的羞辱;与其设想比较贴近的,反倒是他在丹麦所见的监狱:"竞洁斗丽,后来居上,几若公囿、博物院。"南海虽然觉得如此对待囚犯未免过于宽厚,但承认其确属仁政,认为这种"但以耻辱之,令彼无游观之乐"的做法,与"太平之世"的精神颇相契合。[1]这样看来,大同世界的恤贫院可能

---

[1] 康有为:《瑞典游记》,第481页;《丹墨游记》,第469页。

是康有为从各种渠道中所获得的不同"原型"设施（包括监狱在内）的杂糅。

康有为把贫穷视作一个道德问题，亦深受近代欧洲思想的影响。[1]在中国，懒惰一向受人鄙视，但近代欧洲对它的厌恶程度更甚。在时人眼中，"懒惰是所有罪恶之母，也就是一切犯罪之母"。[2]"西方传教士和商人"也常以"非西方人士"懒惰作为借口，对之施以歧视。[3]在近代欧洲，如何有效消除懒惰，是社会政策的一项重大议题。洛克的白板说主张，趋乐避苦是人的本能。因此，只要设立一套奖惩机制，树立纪律的权威，就能"根除懒惰的恶习，灌输勤俭的美德"。[4]事实上，在近代早期的英国和法国，许多慈善医院、济贫院和感化院等都更像是一种强迫工作的监禁机构。福柯说，巴黎收容总署"不只像是一个强迫劳动坊，而是比较像一个道德机构，负责惩罚、矫正某种道德'缺陷'"。[5]

作为一种规训手段，羞辱在其中所扮演的角色值得关注。许多西方学者主张，羞辱是"传统社会"（尤其是东亚社会）的制度，"现代社会"则已"建立了足以替代羞辱的制度"，因此也有效地"削弱"了我们的"羞耻感"。不过，已经有研究表明，并不存在一场"简单"地"远离羞耻的'现代'运动"，并且"同样重要的是，西方本身长期依

---

[1] 值得注意的是，近代中国也出现了将慈善事业和规训、惩罚体系结合起来的主张和实践。1905年，王振声（1842—1922）指出，官办粥厂收养的贫民，"所谓老弱废疾者为数无多，大半皆少壮游惰不务生业之人"。因此，他奏请将北京的两家粥厂改为教养局，一面"收养贫民"，一面"教以粗浅工艺"，以收"以养以教，化莠为良"之效，经部议"照准"（《请改官粥厂为教养局疏》，收在《王振声诗文书信集》，孟化、张廷银整理，南京：凤凰出版社，2020年，第12—13页）。
[2] 米歇尔·福柯：《惩罚的社会》，第59页。
[3] 瓦妮莎·奥格尔：《时间的全球史》，第10页。
[4] 詹姆斯·塔利：《语境中的洛克》，第75—76页。
[5] 米歇尔·福柯：《古典时代疯狂史》，林志明译，北京：生活·读书·新知三联书店，2016年，第187页。

赖于羞耻，而且在有争议的情况下继续运用羞耻"。事实上，它在"当代"美国不但颇有"复兴"之势，还出现了不少"创新"。[1] 西尔维娅·费代里奇说，"侮辱性的仪式"是资本主义将人类身体机器化的手段之一，意在摧毁人的"抵抗意志"，使其感到"无能和臣服"。[2] 莫尔在《乌托邦》中也力主将羞辱作为社会惩罚的手段，通过"公共舆论"推动良好秩序的形成。[3] 相对于肉刑，羞辱是一种直接触及灵魂的力量。[4] 而根据康有为的理论，灵魂无疑是人性中最重要的部分（参看第三章）。

从更广阔的视野看，这种制度化的羞辱方式也和大同社会的监控体系相配套。福柯说，从19世纪开始，西方成为一个"惩罚社会"，其前提是"普遍监督，以及对个人的监管、认知和了解，以便能让人们服从于持续的考验"。"这种不间断的、渐进的、累积的考察"工作"能时刻监管个人并对其施加压力，伴随着个人的每一个阶段，看他是否符合规则，是否守纪律，是否正常"。福柯将这种工作称为"检查"，强调它"是渐进的，直至司法界限"。[5] 大同世界就是这种意义上的"惩罚社会"，刑罚已随"罪恶"消除而废灭，余下的唯有对各种过错的"惩罚"，以及时时处处的"检查"：有针对身体的，有针对灵魂的。

---

[1] 参看彼得·N. 斯特恩斯（Peter N. Stearns）：《羞耻：规训的情感》，聂永光译，上海：上海人民出版社，2024年，引文在第61、60、160页。

[2] 西尔维娅·费代里奇：《身体、资本主义与劳动力的再生产》，收在《超越身体边界》，第7、8页。

[3] 斯蒂芬·格林布拉特（Stephen Greenblatt）：《文艺复兴时期的自我塑造：从莫尔到莎士比亚》，吴明波、李三达译，上海：上海文艺出版社，2022年，第60—64页。

[4] 在儒家观念中，羞辱也常作为一种人道的惩罚工具，用作"刑措"的替代。因此，康有为的这一主张并不能完全看作近代西方思想影响的结果。事实上，吴趼人在戊戌前夕写的一篇文章里也提议，多行"文面"之法。他认为这是一种"寓教于刑"的方式，可以开启犯人的"羞恶之心，使之改过"（《趼呓外编·说刑》，收在《吴趼人全集：诗·戏曲·杂文》，第62页）。他的立论依据就完全出自儒家。

[5] 米歇尔·福柯：《惩罚的社会》，第250—251页。

然而，也正如福柯指出的，使得毛细管权力成为可能的，并不是肉眼可见的严厉刑罚，而是那种"渐进的、累积的"隐形惩处和监察。

康有为最担忧的是历史退化：费尽心思构筑的完美世界，可能被一个无意间的小小蚁穴洞穿。因此他时刻提防这种危险的存在。"禁独尊"就是他对这一主题的思考之一：大同时代已经很难出现君主和教主，医生就成为最危险的人，倘或其中有"灵异绝出"者，"以其雄才大略，托医挟术，以讲道收众，由地球医长为地球大统领，由地球大教主而为地球大皇帝"，由拿破仑而秦始皇，则其"祸害不可胜言"矣。南海提醒人们，一旦发现这种苗头，就要立即斩锄，"不许长成"。不过，"独尊"毕竟只是少数人的事，在大多数情况下，自我放纵是更细微也更普遍的危险源。他提醒道："大同之事业治化，皆以众人公共任之，一日不任职，则一职有损。"[1] 每个人都应把自己投入对公共事业的维护中。大同的极乐中也蕴藏着巨大的风险，最值得警惕的反而是那些看起来更不起眼的日常缺点（比如懒惰），这就使得那种无时无处不在的监督成为必要。

康有为的担忧表明，他并未完全被社会进化论俘获。人类重回野蛮的可能，意味着进步并非内在于历史进程，而是人为努力的结果。很难判断他的观念是否受到中国传统历史循环论（董仲舒是这一思想最重要也最系统的发言人之一）的影响，但这显然和他提到三世说时对于进步必然性的信心有些差距。几乎可以肯定的是，这一想法也受到了西人的提醒。1902年，梁启超发表了他翻译的法国天文学家和科普作家佛林玛利安（Nicolas-Camille Flammarion，1842—1925）的"哲理小说"《世界末日记》，描写数十世纪后的未来社会，"人生之快乐幸福，达于绝顶"，终日沉湎声色，不能自拔，导致寿命锐减，妇女不

---

[1] 康有为：《大同书》，第276、275页。

想生育，人口下降，最终人类灭绝。[1]实际上，既向往一个人间天堂，又对未来抱着几分惴惴之情，是19世纪末20世纪初西欧发达国家中一股相当流行的思潮。[2]我们目前尚不清楚南海是否读过《世界末日记》或类似作品——逻辑上似乎有这个可能（考虑到梁启超在其中的桥梁角色），不过，也必须意识到，康有为早在此前就已经关注到类似问题（参看第四章），《大同书》对懒惰和堕胎的警觉，亦建立在同一忧虑之上。[3]

大同世界保留的裂缝不能归咎于康有为的思路不够缜密，相反，正像他的口头禅"不得已"提示的那样：所有畸零都根植于人和社会的本性，无法根除。一向不大喜欢康有为的张尔田（1874—1945）断言，"圣人"所谓"大同"，即是"最大之同"的意思，也就是西人所说的"最大多数之最大幸福"。"大同"之意如此，则同时意味着"必有小不同者焉"。有小异即不能完全平等。纵使进入大同社会，也必将有"治人者"与"治于人者"之分，二者必有差异，不可能处处从同。这是生存"竞争"的"事理"所致，无可更易。如果非要逆之而行，必将导致整个人类的"衰亡"。其思路和南海其实非常相近。不过，按照这一认知，则"大同"的"大"乃是"大致"之谓也，非"完美"

---

[1] 梁启超译：《世界末日记》，收在《梁启超全集》第18集，汤志钧、汤仁泽编，北京：中国人民大学出版社，2018年，第268—275页（引文在第269页）。实际上，在19世纪晚期，整个西方社会都曾担忧，"单身女性"过多，"不养育孩子"，会造成严重的社会危机："这些忧虑形成了一个特定的历史时刻，其影响遍及几个大洲，在这些地方，母亲身份成了焦虑的中心。"（露西·德拉普：《女性主义全球史》，第228页）这是现实，和《世界末日记》的预言性质不同，但二者显然产生自同一历史背景。

[2] 克里斯托夫·夏尔（Christophe Charle）：《19世纪，现代性的世纪？——重读时间的差异》，肖琦译，收在沈坚、艾蒂安·布尔东（Étienne Bourdon）主编：《时间再认识：中法历史学者的对话》，杭州：浙江大学出版社，2023年，第252—253页。

[3] 值得注意的是，《世界末日记》和梁启超创作的《新中国未来记》都发表在《新小说》第一期上，而两篇文章的情调恰好相反，深刻提示出晚清思想家认知的复杂性。已经有学者注意到这一点，参看张杨："不死者"之"未来"——论梁启超的〈世界末日记〉与〈新中国未来记〉》，《海南师范大学学报》（社会科学版）2023年第5期，第37—44页。

之谓也。因此,他也进一步认为,《礼运》之言"大同"仅"止于此",并无层层推扩之意,否则,"大同之外又有大同焉",如此"必招无穷之过",无有已时。[1]在这方面,他的认识和康有为拉开了极大的距离。[2]

早年曾深受个人主义影响的鲁迅则把目光投注于人的多元性和差异性,谓即使在"将来的黄金世界里,也会有将叛徒处死刑,而大家尚以为是黄金世界的事",那原因"就在人们各各不同,不能像印版书似的每本一律"。[3]"人们各各不同",无法在所有议题上都达成一致,再完美的社会也存在异质成分——事实上,即使是自然也常常模棱两可。亨利·列斐伏尔说,任何空间都是既表达又掩盖,既开放又禁止的:"一个自称是一视同仁的空间",既"向任何一种合理的、权威的、井然有序的行动开放","又承担着禁止的职责"。[4]实际上,康有为的阴阳史观中已经包含了这一层含义。然而,他虽然乐于承认对立的存在,却又认为它们只具有阶段性价值,而最终将溶解于终局的大和谐中。因此,就在他试图强行将整个世界塞入一个理性算式中的时候,"畸零"也就不可避免地产生了。

四、走进历史的单向街

在分析莫尔的著作时,大卫·哈维注意到,乌托邦的核心是"内部空间的秩序安排",它是"一种固定的空间形态",接管了时间的变

---

[1] 张尔田:《与陈柱尊书一》,收在《张尔田著作集》第5卷,第309—310页。
[2] 事实上,张尔田一直试图将"大同"学说与康有为剥离开来,指责康氏未解《礼运》"深意","张皇太过",致使斯篇"为世人所诟病"。见《政教终始篇》,收在《张尔田著作集》第5卷,第256页。
[3] 鲁迅:《致许广平》(1925年3月18日),收在《鲁迅全集》(编年版)第3卷,北京:人民文学出版社,2014年,第461页。
[4] 亨利·列斐伏尔:《空间的生产》,第283、209—212页。

化,"严格调节着一个趋定的、不变的社会过程"。[1]由此,历史终结了。这当然不是莫尔的"乌托邦"所专属。许多学者都已指出,完美社会的概念是与历史互斥的。齐格蒙特·鲍曼说,乌托邦是一个"没有历史灾难病痕、从零开始、预先定制的新现实"。[2]查尔斯·泰勒注意到,传统社会中非常普遍的"反结构"(比如狂欢节)在现代社会消失了,这是因为后者设立了一个"完美的规范",并以此要求社会"彻底重造,根本不允许有来自传统的对行动的约束来妨碍这一事业"。[3]事实上,中止历史并不只是"现代"理想社会的特征。即使是中国传统的"桃花源",也是存在于历史流程之外的:所谓"不知有汉,无论魏晋",浮动在历史的河流上而无意闯入其间的旅客(武陵渔人),无法再次有意踏足其间。

不过,和通常的乌托邦主义者对传统的鄙夷态度不同,康有为对于过去则更多一份呵护之情,这在那条通向大同的迤逦道路中已可窥见:与既往决裂,对他来说并不容易。他在欧洲游览时,最羡慕的就是西人能够保存旧物,其文明发达的过程历历可辨,令人一见即知,无须多辩;相反,他痛感于中国人性情"偏荡急激","每经迁变,必尽扫弃其旧物,无少留存,亦不少爱惜",故"号为五千年教化之国,而明前之宫殿衣服无有焉,固无以比于雅典、罗马,甚乃至不能比于英、德之小都邑焉";所有的文明成就都只能以"文史流传,而无实形指睹",以致"不能读我古书"的"西人",只知"尊称罗马而轻我无文"。这令人深加痛惜,却也是咎由自取。他根据自己的经验指出,实物具有直接触发人心的力量,每每"感动转移人于不自知"之间,较之言说更能动人。[4]

─────────

[1] 大卫·哈维:《希望的空间》,第155、156页。
[2] 齐格蒙特·鲍曼:《全球化:人类的后果》,第35页。
[3] 查尔斯·泰勒:《世俗时代》,第63页。
[4] 康有为:《意大利游记》,第370页;《中华救国论》,第316、317页;《保存中国名迹古器说》,第97页。

尤其重要的是，新旧并非势不两立，而是彼此缠绕，共存于不可分割的辩证关联中，忽视任何一方都无法带来真正的进步。在1901年所写的《中庸注》中，康有为说："夫故者，大地千万年之陈迹，不温寻之，则不知进化之由，虽欲维新而恐误。新者，万物无穷尽之至理，不考知之，无以为进化之法，虽能胜古而亦愚。"同样的论点也可以在1904年的《德国游记》中看到：欧人的案例表明，愈是能够"开新"，便愈是"好古"。"盖必明乎因革损益而后能进化生新。若无怀旧之念，思古之情，但从人言新，扫弃一切，是不知旧者，亦安能知新乎？"[1]这两段话语意相同，而重心微异：前者侧重于"新"，是从"进化"的立场肯定"陈迹"的意义；后者侧重于"古"，强调"怀旧"对于"进化"之不可或缺。

强调历史与文化的特殊性独具价值的论点，大量出现在20世纪初康有为游历西方各国的记录中，可以看作他对中国社会思想日趋激化的反应，也是对自己此前急进态度的一种调整。1904年，他得知在剑桥大学"学政治学者必兼史学"时，叹为"至理"，连连称赞："史者，治乱得失之迹，国势民风之所寄。各国之史不同。不通一国之史，则于其国之国势民风、治乱得失茫然。"辛亥鼎革之后，他反对新政府对于"旧制之典章服朔，不问其是非得失而皆除之"的做法，强调它们虽各"有专制之失"，而"所得者亦甚多"。它们皆"非前朝能为之，实中国数千年政俗所流传也，经累朝之因革损益，去弊除患，仅乃得之"，一律废弃，等于否定了整个过去。他宣称："历史风俗"是人民的"第二天性"，"因之则安且乐，去之则乱且苦"，无关"政治"，不宜遽改。[2]

---

[1] 康有为：《中庸注》，第386页；《德国游记》，第423—424页。
[2] 康有为：《英国监布烈住大学华文总教习斋路士会见记》，第40页；《中华救国论》，第313页；《议院政府无干预民俗说》，第23页。

然而要实现最终的"安乐"(大同),又必须"去"旧俗。虽然南海对大同之路的长远性(参看附录二十九)和曲折性的强调,可以部分减弱规划主义思维和以"历史风俗"为本的政策导向之间的抵触,将大同树立在一个相对缓慢的"历史"基础上,[1]但规划主义思维和对历史传统的强调,确实有可能导向两个完全不同的逻辑后果。一个明显的例证是,1911年底,当革命还在进行中,康有为试图再次向国人推荐君主立宪,强调这一制度的优越性"非圣哲心思乃能得之,乃经万验之方而后得之"。[2]他这里明确将历史经验和圣人设计加以对比,表明他非常清楚前者其实比后者更具说服力。不过,这并没有阻止他相信,通过规划走向大同才是实现终极幸福的不二法门。在此,未来和当下遵循了不同的逻辑:对于相信三世之道各异甚至相反的康有为来说,这似乎不足为怪。

大同和历史之间的另一种关系表现于理想层次,这再次跳出了单纯的经验圈子。《实理公法全书》中有"论议古人之功过"之法一条,认为应以"今日"所知之"实理"和"制度"为标尺,"算"定古人之功过。若"漫无功过者,则公法谓之平常人",意即"为善而不及有功,为恶而不至有过,则但为天地间一人而已"。若有"死节"之士,不合今日之"义理",或甚至"过浮于功",则"舍其死事而不论";若有"为道受苦之人",亦采用同样的衡量方式,或"计其所受之苦若干,即与以若干之功",或对"其所受之苦,概置不论"。[3]这里值得注意的,不只是人的言行功过可以被折算为数字,更关键的是,他明确提

---

[1] 将大同之路拉长,意味着为大同铺垫一个"历史"前提。康有为不愿用狂飙突进的革命形式把历史突然斩断,而是试图缓慢地将之引向一个新境。事实上,他也已经从历史的有效变动(如弭兵会)中看到了大同的曙光,而这更多地出于文明的发展,并非政治革命。不用说,这一态度显然不同于20世纪"新青年"流行的将"时间感缩短"的思维导向(关于这一导向,参看王汎森:《五四历史的两条线索》,第74页)。
[2] 康有为:《共和政体论》,第242、246页。
[3] 康有为:《实理公法全书》,第158、159页。

出，计量古人功过应以"今日"尺度为标准，实际就是"倒放电影"。

康有为并不在意如何从具体语境中评估古人的言行，而是关注其"理想"是否符合历史的终极目标。在大同世界，对于"前古之教主圣者，亦以大同之公理品其得失高下，而合祠以崇敬之"，显然就是这一"公法"的变体。所谓"大同公理"，是指"有功于人类、波及于人世大群者"，那些"仅有功于一国"之人不在其列，而他在现实中颇为推崇的俾士麦，更是就此沦落为"当刻名而攻之"的"民贼"。[1]的确，如同南海所说，不同时代有不同的价值标准。不过，还需要补充一句，才能完整说明他的主张：大同公理是最终的尺度。过往是否留下脚迹，全看其能否通得过大同的审读。

按照《实理公法全书》最后一节《整齐地球书籍目录公论》里的说法，《实理公法全书》只是康有为计划中的"万身公法"书籍之一，此外还有《公法会通》《祸福实理全书》《地球正史》《地球学案》《正史学案考证全书》以及万国公法、各国律例、各国字典、《地球书籍目录提要全书》等。[2]其中，至少《地球正史》《地球学案》《正史学案考证全书》和《地球书籍目录提要全书》都可归入乙部，意在存旧，和"论议古人功过"之意相同。按照康有为的设想，这些都是走向大同的预备动作，具有明显的历史目的论意味。也就是说，对过去的思考必须在未来主义视野的引导下进行："凡已过之故迹，可温寻考验，以证其得失。凡未著之新理，可深思力索，以知其变通。"[3]

---

[1] 康有为：《大同书》，第269页。
[2] 康有为：《实理公法全书》，第159—160页。按，《正史学案考证全书》和《地球书籍目录提要全书》，整理者标为《正史学案》《考证全书》和地球书籍、目录提要全书（皆未加书名号），疑有误。按，南海又云："万国公法、各国律例、各国字典，讲求万身公法之人，但整齐其目录而已。托其余七书，则讲求万身公法之士，俟全书编辑告成后，每五年必增修一次焉。"后文并专门谈到"编年分类以存古今书籍"（该文，第160页）。若按整理者的标点方式，不惟不词，且将南海所言三书去除后尚余九部，亦与原文提示不合。
[3] 康有为：《中庸注》，第386页。

前边讲过，康有为的历史观由两个部分组成，一个是三世说，一个是阴阳史观（参看第四章）。它们的运作方式不同：前者规定历史前进的总体方向，后者试图从各种异质的互动中理解历史的复杂。这两种框架共同作用于历史，使其呈现出"螺线"形的姿态（参看附录三十），而这甚至可以在洗浴这样的细节中表现出来："野蛮不浴，据乱同浴；升平之世，廉耻与乱世异，则尚异浴；太平大同之世，人各自立，人各自由，则复归于同浴耶？"实际上，太平世的许多现象似乎都在回到古初。比如，男女婚约就与初民"逑匹无定"有几分相近。又如"古世法律未立，议事以制，中世有法律以防奸恶，太平无律，复类上古"。[1]虽然根源和意义完全不同，但至少在表面上，存在着过去复归的可能。

以上迹象似乎暗示，大同世界不同于那些没有"历史"的乌托邦。然而实际上，它却"完全排除"了"传统的地缘、种族、文化和历史因素"，[2]和其他的乌托邦构想并无两样：

> 大同无邦国故无有军法之重律，无君主则无有犯上作乱之悖事，无夫妇则无有色欲之争，奸淫之防，禁制、责望、怨怼、离异、刑杀之祸，无宗亲兄弟则无有望养、责善、争分之狱，无爵位则无有恃威怙力、强霸利夺、钻营佞谄之事，无私产则无有田宅、工商、产业之讼，无尸葬则无有墓地之讼，无税役关津则无有逃匿欺吞之罪，无名分则无欺凌压制、干犯反攻之事。[3]

这一连串"无"字飞流直下，摧枯拉朽，提示我们，终极的完美只能

---

［1］ 康有为：《意大利游记》，第357页；《大同书》，第165页。
［2］ 汪晖：《现代中国思想的兴起》上卷第2部，第772—773页。
［3］ 康有为：《大同书》，第274页。

建立在一片空白之上。而它背后所依托的，显然就是那个匀称的、连续的、平滑的欧氏几何空间。

大同世界当然也保留了一些历史成分，但极其有限：一是对视为大同先驱的少数圣哲的纪念，一是那一套来自中国早期历史的官制名称——但这似乎主要是为了满足康有为的中国情怀，[1]而未必是因其古。此外，大同时代之前的物事（如"各国旧文字"）都被存入博物院，以"备好古者之考求"；在学校教育中，"古史"（按照字面意思，似指大同时代之前的历史）亦只"略备博学者之温故而已，为用甚少，如今人之视猺、蛮、生番，聊资进化之考验，或以为笑柄而已"。[2]南海连用两个"而已"，不屑之情跃然言表，似乎这些在前大同时代还颇具参考价值的记录，一旦进入大同，就丧失了启发性，不再和大多数人的日常生活发生交涉。在此意义上，我们完全可以说，大同世界"是一个没有记忆的空间"。[3]

大同世界当然亦有其自身的历史，不过康有为对它也没有做任何交代，唯一有关的线索是作为官职的"史"，其主要任务就是记录："统计及记事"，或者干脆就是"记账"。又比如要求各度地质调查局将本度内的自然和人文地理现象制成"小模形"，"别其肥瘠及泥沙水石之差，风雨霜露之度，以色别而详识之。其地产之所宜及化料之所合，皆记而备之累年之报告调查，存考而求其进化"。[4]这些工作确实属于

---

[1] 实际上这仍离不开西人的提示。1913年，康有为在《拟中华民国宪法草案》中指出，"欧人官名，皆用千年之旧，或上因罗马，或下采日耳曼，不肯少改。即美改民主，一切官名，亦用英旧"，而民国职官俱从新造，"于欧美之制，无是皆取而师法之，于祖制无得失皆绝之，至不敢引用"。他建议复用某些前清的职官名称，"令人人知旧制之美，增怀旧之情"（该文，第78页）。

[2] 康有为：《大同书》，第83、270页（标点略有改动）。另，据影印手稿，"古史……略备博学者之温故而已"至"聊资进化之考验或以为笑柄而已"数语，系修改时添入者（大象本，第370页），则南海最初似乎根本没有考虑到大同世界应有历史教育一事。

[3] 莫娜·奥祖夫：《革命节日》，第187页。

[4] 康有为：《大同书》，第235、242、236页。

中国历史早期"史"的范畴，不过它们搜集的都是专业数据，与整个社会生活似乎并无多少深入关联。因此，无论是哪个阶段的历史，在大同世界都丧失了活力。

康有为对待历史的态度何以如是前恭而后倨？1897年，梁启超发表的一段有关商务的言论，或者可以帮助我们回答这一问题。任公说："务观时变者，据乱以至升平世之事也。若太平世，必无是。"这是因为"所谓时变者，生于市价之不一；市价之不一，生于不平不齐；不平不齐，生于商之不相通"，故智者洞悉其奥，巧加利用，即可从中得利；而愚者不知，只有吃亏。大同世界则无是，一则因为"教学大明，天下一切众生，智慧平等"，无可"播弄"；二则通往"太平之世，自有平货齐物之道，而所谓随时随地，变态倏忽，波谲云诡者，皆归消灭也"。总之，大同时代一切平稳，没有意外的波动，自然也就没有"观时变"的必要。[1]这虽然是任公所论，但与南海的本意应相去不远（因此市价不二的规定也出现在《大同书》中）。在一个没有任何"变故"（这当然是通过合理的规划、管理、监控达成的）的社会，每一刻都与"当下"无别，实际上也就无所谓过去和未来，当然也就不再需要历史提供各种应变资源。

历法是用来阻断历史的手段之一。按照康有为的指示，大同世界行用大同历法，在进入大同之前的年份则"皆以大同前某年逆数之"。[2]这样，大同元年就像一道门限，把不合时宜的历史时期统统拦截在外。另一种途径是名称。我们已经注意到，康有为对于"国""夫妇"一类"旧名"抱有高度警惕，认为它们是造成分界意识的根源，或是这些界线的再生产机制，因此，只要废弃了这些称呼，就能将令人不快的传统驱逐出去，防止它们再度复活（参看第五章）。不同名词

---

[1] 梁启超：《〈史记·货殖列传〉今义》，收在《梁启超全集》第1集，第248—249页。
[2] 康有为：《大同书》，第81页。

不但区分出不同的意识疆域，而且可以阻断它们在现实层面的连通：如果我们只知"度"而不知"国"，自然就不会使"国"的意识复活，也不存在将"度"变为"国"的可能。这似乎也适合理解我们前边所讲的各种"畸零"：在理论上，它们在大同世界里的性质已经和此前完全不同，因此虽然有所残留，却无须担心与之连在一起的旧制度死灰复燃。当然，摒挡历史的最重要机制，还是大同的制度设计，它将人们从传统社会的种种关联中解放出来，前此生活中积累的各项经验就此失效。

如前所说，在某种意义上，我们可以说康有为是个多元价值的拥护者（参看第四章）。事实上，面对近代中国与世界上的种种冲突，肯定价值本身就是多元的，各有其妙用，大概是一种获得解脱的最迅速的手段。不过，康有为却绝不是以赛亚·伯林那种意义上的"价值多元论"者。对后者来说，值得人们追求的正面价值多种多样，而且无法兼容和通约。因此它们之间势必存在冲突，我们选择其中的某一些，就不得不放弃另外一些（其实同样可欲的价值）。[1] 但康有为一方面承认不同价值各有其妙，也意识到它们之间的相互冲突，甚至认定一些"错误"在特定时空条件下也有其正面作用；另一方面，却仍然试图将它们收拢在同一框架中，将各异的乃至相互对立的价值取向和不同历史阶段对应起来，借此实现其最终的统一：各种价值本身未必可以通约，但它们能够被吸纳进同一个历史进程。他强调孔子之道"无所不有"（参看"导言"），也应在此框架内理解。

更重要的是，在进入大同之后，价值的多元性消失了，那些曾经一时闪耀的价值是否需要保存，要看其能否通得过大同世界的"末日审判"：事实上，人类过去遵循的大多数价值都被弃置一旁，散落在时间的荒原——它们只拥有阶段性的历史意义，也将随历史阶段的告终

---

[1] 以赛亚·伯林：《自由论》，胡传胜译，南京：译林出版社，2003年，第47—49页。

而终结；但也有一些被发扬光大，成为时代的主旋律；有些看似复归原点，实则内里已经焕然一新。一切标准和道路都变得清晰，一度迟疑不决的步伐轻快起来（虽然偶尔仍有犹豫），仿佛从人来人往的十字路口走进了井然有序的单向街。随着（作为过去的）历史的终结，（作为整体的）历史获得了最终的秩序。在这个意义上，"大同"二字就是所有关系的开关：康有为宣称其来自孔子，从而把未来和过去连接起来，但同时又宣布了二者的断裂。未来并非过往的延续，而根本就是另一种时间。面对大同世之前和之后的历史，康有为的态度截然不同。

  从这个角度看，在最根本的意义上，支配着康有为头脑的仍是一元论，这在他对"统"这个字眼的强烈感情上得到了充分体现。1897年，康有为在代岑春煊作的《圣学会后序》中说："孔子之道，有元统，有大一统，有三统。"大一统"自天地、公侯、庶人、山川、昆虫、草木，莫不统一"，而其上更有元统，"自诸天诸星，无不统也"。世界和"统"的关系（多元和一元的关系），凝聚在"十"和"一"这两个数字中（参看第五章）："凡物皆有大统，一为之始。必有条理，十为之终。""散"之则为"天、地、阴、阳、五行与人"（总和为十），聚之则是"元"，是一统。[1] 和各种具体价值的历史化模式不同，他这里提供的是一个形而上的模型，但没有解释"多"为什么需要、如何可能以及究竟怎样被"统"而为"一"。他的兴趣只在于指出万物归宗的事实，而这似乎也解释了为什么在不同的历史阶段起过作用的相异的价值观最终可以万事归宗，消溶在大同的一元中。

  需要指出的是，如果大同意味着历史的终结，对康有为来说，也只能是阶段性的。他意识到，苦乐的标准是随着文明程度的增长而抬升的：在初民时代，有食吃、有衣穿、有居所、得享男女之欲即是快

---

[1] 康有为：《圣学会后序（代岑春煊作）》，第265页；《春秋董氏学》，第373页（标点符号略有更动）。

乐；之后"踵事增华"，生活程度日高，"其乐之益进无量，其苦之益觉亦无量，二者交觉而日益思为求乐免苦之计"，此即是进化。因此，进入大同之后，此前的快乐有可能变成另一意义下的痛苦，以至于必须更上层楼。这就是康有为指出的，从追求肉体"长生"的神仙之术到"专养神魂，以去轮回而游无极，至于不生不灭、不增不减"的佛学修为，"出乎人境而入乎仙、佛之境"，之后更有"天游之学"，层层递进，无有已时（那已经是《诸天讲》里的世界了）。[1] 因此，全球大同只是全宇宙大同的一个临时歇脚处。抵达那里之后，矗立在我们面前的仍是一重重大门：推开这些大门，我们就将踏入无尽的未来和无穷的远方。

---

[1] 康有为：《大同书》，第284、291、292页。

结　论 ｜ 规划社会与中国的"现代性"

影片开始，康同璧陷入一场梦境，重返母校哥伦比亚大学巴纳德学院（Barnard College），参演瑞典戏剧大师斯特林堡（August Strindberg, 1849—1912）的《梦剧》。[1] 她被指派出演帝释天的女儿，而在梦中和她演对手戏的，竟是她的父亲康有为。她听到大地上众生的哭喊，被帝释天派去考察人间苦难的根由，并被告知这是一次"考验"。影片临近尾声，年过八旬、形容憔悴的康同璧阖上双眼，两个死神悄然为她披上一层薄纱。梦境继续，早已辞世的康有为来到康同璧身边。父女的对话再次展开：

"同璧，考验已经结束了，我们可以回去。"
"我们回去什么地方？"
"我们的来处。"
"他们为什么要毒杀你？"
"知之为知之，不知为不知，是为知也。"
"为什么他们连你的遗骸也不放过？"

---

[1] 或译《一出梦的戏剧》。此剧写于1901年（稍早于《大同书》的写作），大意谓，帝释天派女儿下凡，察看人类为何如此痛苦。她降临大地，多方探求，发现人世痛苦的真相在于对物质的渴望。在返回天庭复命后，她再次返回人间，以象征性方式焚毁了这一痛苦的根源，使人类获得了精神的解脱。这出戏的主题与康有为的大同思想不无共鸣，但它们的不同也很明显：康有为并不把物欲看作人生痛苦的源头，相反，在他看来，物质享受是人间幸福的重要指标。

"也许因为我太傲慢顽固？就是我对了，别人也不接受。他们不喜欢我自称'康子'。他们说我言行不一，主张男女平等，但又纳妾。或者因为这个仍然是'据乱世'，过了'升平世'，中国'小康'之后，到'太平世'，我们才可以进入'大同'世界。"

"我们从人间学懂了什么？"

"地上人志在天人。地乃天上一星矣。地运行于天上，地上人皆为天上人矣。人不知天，故不知为天人。如知，然后能为天人。"[1]

最后这几句台词出自《诸天讲》，准确地把握了南海晚年的心境与思想。而从"地上人志在天人"一句开始，康同璧就不再以对话者的身份出现，转而成为父亲的同声翻译，将这些话译作英文。

这些镜头来自陈耀成执导的纪录片《大同：康有为在瑞典》。影片以康有为旅居瑞典为切入点，回顾了他一生的事业、理想与失败。担任旁白的是旅瑞华人舞蹈家江青。电影也由此将两位旅居海外华人的经历交织在一起，而它们之间的跨度已是七八十年，中国早已发生地覆天翻的变化：政治和社会的整体变革、流亡者的海外漂泊、妇女的解放、对传统的承接与破坏——20世纪中国历史的诸多重大主题汇聚其间，而最发人深省的是大同梦想与试图将之付诸实施的冲动之间的反讽性关联。它提示我们，大同的触角不只伸向理想，也伸向现实。事实上，《大同书》的意义绝不在它提出了一个完美社会的构想，而在于它以理想的形式映射了现实的需求：正是这个要求，把中国带上了"规划社会"的"现代"之路。

作为结论，本章围绕一个基本问题展开：我们在什么意义上可以把《大同书》看作是"现代"的？如果（而且尤其是）考虑到它的创作年代，我们又该如何对这种"现代性"加以评估？它与20世纪中国社会变

---

[1] 康有为：《诸天讲》，第11页。

革的关系是什么？从整个人类历史的经验来看，我们又该怎样认知苦与乐的辩证法？不过，在回答这些问题之前，我们或可略停脚步，回顾一下本书的内容，顺便对此前略微提及而未深入研讨的某些问题做一总结。

一、重审大同世界

尽管"大同"二字很早就出现在儒家经典中，但其字义多元，并未成为一个内涵固定的概念，只是在19世纪末，我们今日熟悉的以《礼记·礼运》为原型的大同叙事才一统江湖，成为这一概念的"标准"用法。康有为在其兴起过程中扮演了至关重要的角色。因此，近代中国的大同思潮并非像其字面所示，来自一个漫长传统的自我更新；相反，这个"传统"本身倒是20世纪大同主义的创作，实际是近代国人在西学刺激下对中国古典"反向格义"的结果。他们为《百年一觉》等作品摹写的未来世界所吸引，同时受到社会进化论的加持，将原本处在中国思想边缘的大同观念推向核心，试图用它勾连古今，重释历史，掌控未来。

《大同书》是近代大同主义思潮结出的最为丰硕的果实。通过将儒家、佛教和多种近代西方观念整合进一个新的思想架构，它至少在两方面突破了中国传统的限制：一是未来主义的历史导向，二是理性主义的思维方式。[1] 由于直白的理想色彩，《大同书》的未来主义特征较之理性主义的思维方式引发了更多关注。[2] 的确，面向未来、社会进化论和历史目的论的出现是现代中国思想史的标志性主题。不过，本

---

[1] 张灏认为，康有为的乌托邦观念基本可算"儒家型的社会乌托邦"，但也和传统儒家乌托邦不同。除了前边已经提到的面向未来的时间观念（参见"导言"）外，它建立在经济和技术的发展之上，而传统的儒家乌托邦是"建立在节制尘世欲念和节俭物质生活基础上的道德和谐的乌托邦"。此外，它"带上了西方文化模式的强烈印记"。见其《危机中的中国知识分子：寻求秩序与意义》，第65—75页。
[2] 比如，王德威：《翻译"现代性"：论晚清小说的翻译》，收在《想象中国的方法：历史·小说·叙事》，天津：百花文艺出版社，2016年，第121—122页。

书希望证明，以"规划社会"为目标的理性主义思维方式同样值得深究。事实上，在中国走向现代的旅程中，未来主义和理性主义携手同行，相互为对方提供依据，必须被放在一起加以思考：理性规划能力的提升被看作历史进步的结果，同时也为历史进步灌注了动力。它们共同构成了齐泽克所说的那种"事件"：它"改变的不仅是事物，还包括所有那些用于衡量改变这个事实的指标本身"。[1]

《大同书》的"事件"性首先体现为思想焦点的变化：如果说人性善恶是传统中国（特别是两宋以降）思想的首要议题或至少是最核心的议题，康有为则把苦乐看作问题的实质。他对人性的定义也一反传统，不但公然支持"生之谓性"的异端立场，并且宣布"性"即是"习"，既可像基因一样通过代际遗传，也可经由对外部环境的调控加以改写。由此，"性善"不再是一种天命于人的静态本质，而是随历史演进不断改良的过程。此外，从社会角度看，善恶的本质就是苦乐：使人安乐的即是善，让人痛苦的就是恶，它反映的是社会制度的合理与否。而大同在人性和生活这两种意义上都是"善"的，它们紧密相连，从不同视角描述了同一进程。如此一来，重要的就不是如何评估人性，而是怎样创造一个诱导人性改良、生活改善的环境。

核心议题的转变伴随着近代中国思想领域的一系列变革。一是天人关系的逆转。在中国传统观念中，"天"（无论我们如何理解这一概念）本身就是人道秩序的根源，人的职责是追随、响应与复归"天道"或"天理"的要求。[2] 但晚清以来，在社会进化论的影响下，"天"的

---

[1] 斯拉沃热·齐泽克：《事件》，第211页。
[2] 在中国古代思想史上，对天人关系的认知当然不是不变的。刘复生指出，宋儒所谓"天命"就与汉人所言"天命"（带有"人格神"的意义）不同（见其《宋代"天命观"的嬗变与新"天命"的建立》，收在《北宋中期儒学复兴运动》[增订本]，第319—340页）。不过，在天人关系问题上，这两种观念的看法是一致的，都强调二者相感相应，它们的不同是"在传统中"的变化。而清末以来天人关系断裂，乃是"在传统外变"。

位置被"人"所取代：合理的秩序不再来自天授，而被看作人为努力的结果。这带来的一个重要推论是：人间的尽善尽美是可欲而且可能的。

在古人看来，"苦"是宇宙秩序自带的一部分。水满则溢，月圆则缺，天道循环，阴阳消长，一切都在变动中，世界本身即不完美，不完美才是合理的。因此，人道不可能亦不应该追求圆满，睿智之士还会有意识地维持适度亏损。明人何良俊（1506—1573）曾引用宋人胡安国（1074—1138）之语："人家最不要事事称意，常有些不足处才好。若人家事事足意，便有些不好事出来，亦消长之理然也。"[1]人间的痛苦不可能完全消除，"羲皇上人"的快乐亦只是自给自足，没有非分之想而已。用今天的话说，它不是积极的、"发展"的，而是消极的、"克制"的。颜元谓："人生两间，苦处即是乐处，无所苦即无所乐矣。"[2]客观意义上的苦乐无所变异，而以主观上的修为为转移。康有为早期也受到这一观念的影响，尝谓："天不能使人皆为圣贤，即使人皆圣贤，不能使无疾病贫夭。"[3]人又能为之奈何？但从进化论而来的新观念授予了人根据自己的理性改造天的力量，[4]事事圆满也就不再被看成妄言空想。

未来主义为理想赋予了历史导航仪的角色，也为规划社会的成立奠定了必要的思想前提：相信现实（"实事"）是在理想（"空言"）引导下实现的——尽管不同"主义"的信徒找到的路径甚至理想本身都

---

[1] 何良俊：《四友斋丛说》，北京：中华书局，1959年，第282页。
[2] 颜元：《答陈端伯中书》，收在《颜元集》下册，王星贤、张芥尘、郭征点校，北京：中华书局，1987年，第461页。
[3] 康有为：《康子内外篇》，第99页。
[4] 与传统观念不同，在大同世界，"自然"被分派了两个角色。一是反面角色：自然需要被"开辟"、清理、征服和改造；其次，它也可以是令人愉悦的点缀品，比如园林和宠物——但前提是它们必须接受驯化，这一行为反映了人"对真实世界的渴望"，但也自相矛盾地使其"摆脱了自然和社会的约束"（段义孚：《制造宠物：支配与感情》，赵世玲译，上海：上海人民出版社，2022年，第279页）。事实上，不论是哪一个角色，"自然"都是社会规划的对象，它们成为"文化"的一部分。

各有不同，但他们所信奉的"主义"都赋予其信徒一种"得道"的强烈自信。当然，拥有美好的愿景并不必然促成历史的进步，相反，若任由盲目的热情驱使，往往会令人陷入歧途。因此，必须时刻保持头脑的冷静：要提前掌握历史进化的线路图，准确定位自己所在的历史位置，牢牢把握方向，随时调整步伐，小心翼翼，蜿蜒前行，才能抵达最终目标。[1]这也正是康有为的思考必须同时运行在现实和理想两个层面的原因：控制每一瞬间的"现在"，就牢牢锁定了未来。

理性主义将规划、管理和监控看作走向社会幸福的关键，而传统儒家最注重的修身即使不是毫无用处，其作用也相当有限。传统儒家将治平目标矗立在修身前提下，和它对人性的重视密不可分。《中庸》劈面三句话一气呵成："天命之谓性，率性之谓道，修道之谓教。"把从个体到社会的各个层次都容纳入一个相互扣合（但未必均质）的关联系统中。按照理学家的主流看法，修身之意在于复归"天命之性"，人人复其善性，社会自然太平。但随着天人关系的倒转，人性不但不再是决定社会秩序的根本，反而成为被社会形塑的对象。这就为近代中国的政治变革提供了基本思路，那就是通过改变制度重整社会格局。以至于20世纪30年代初，就有人哀叹中国"政亡其本"，其证据就是"谓治平无取修齐"。[2]康有为就是推动这一思想变革的要角，相信通过精心调控环境、严格监管、强化日常规训，就可以实现人性和社会双重意义上的善。

在《大同书》中，政府掌控的事项被分为"厚生""开智""正

---

[1] 严复在1913年的一封信中强调，历史发展"当循途渐进，任天演之自然，不宜以人力强为迁变"（见《与熊育锡》，收在《严复全集》第8卷，汪征鲁、方宝川、马勇主编，福州：福建教育出版社，2015年，第294页）。这也是康有为的意思，但南海并不把"循途渐进"看作"天演之自然"，而认为那是圣人小心调控的结果，其实仍是"人力"，只是与严复所谓"人力"的施用方式不同。

[2] 石广权：《续刊〈船山学报〉弁言》，收在周发源、刘晓敏、王泽应主编：《船山学刊百年文选·传统文化卷》，长沙：岳麓书社，2015年，第4页。

德""极乐"四类。这些表述的原型出自伪古文《尚书·大禹谟》:"德惟善政,政在养民。水、火、金、木、土、谷,惟修;正德、利用、厚生,惟和。九功惟叙,九叙惟歌。"孔颖达道:"所谓德者,惟是善于政也,政之所为在于养民。养民者,使水火金木土谷,此六事惟当修治之;正身之德,利民之用,厚民之生,此三事惟当谐和之。修和六府三事,九者皆就有功。"(《十三经注疏·尚书正义》)不过,《大同书》则为之创造了不同的语境:不仅在次序上,"厚生"(应包括"利用"在内)被提到首位,"正德"则降至第三;而且增添了"开智"一项,位居"正德"之前。《大同书》说:"太平世以开人智为主。"[1]"开智"是"厚生"的前提,道德的重要性则相对降低了不少。事实上,这两个"正德"的意思也不完全相同:在《大禹谟》中针对的是少数统治精英,在大同世界则面向天民全体。

按照《大禹谟》的思路,好的政治至少应该做到两部分,一是统治者自身的修养(正德),一是对人民的照料(利用、厚生)。"正德"位居三事之首,隐然是"利用""厚生"的前提。用后世的话说,"正德"是"体","利用""厚生"是"用"。但在《大同书》的框架下,"厚生"才是最重要的("极乐"的添入进一步强化了这一倾向),"正德"只是社会治理的内容之一,且其着眼点不在统治者的自我约束(尽到以身作则的使命),而是培养与大同世界的要求相匹配的合格公民。它不具备"体"的意义,只着眼于"用"的层次,和传统认知相比,显然是两种"社会想象"方式。

对于传统儒者,修身无疑是所有事业的前提,无论其本人更加关心经世和制度,还是"性与天道",但理论上,所有社会问题的根源都可以追溯到修身(需要注意的是,这一命题并非是可逆的:修身是解决问题的必要条件,而非充要条件)。然而,对康有为来说,道德不具

---

[1] 康有为:《大同书》,第255、269页。

有根基性意义。早在《教学通义》中,他就形成了"事物"先乎"礼义"的价值等级次序。他甚至一度主张,中国物质文明的落后,就和古人过于注重道德有关:"教以道德者,势必尚俭"——而对他来说,"俭"就是"野蛮"的别名。从救国角度看,道德甚至是无用的:"如以道德论文明也,则吾断谓印度之文明,为万国第一也",[1]可是印度却灭亡了。可见决定性因素不是个体的修身,而是集体的富强和实力。在此问题上,他和传统儒家产生了重大分歧,走上了一条新路。[2]

当然,必须注意到,进入民国以后,道德议题在康有为言论中的比重明显增加。他多次强调,共和"以道德物质为先",中国人应"以道德为重"。[3]这是其一生中宣扬道德调门最高的一段时间。不过,他说这些话主要是为了进行一种"消极"性的论证:共和要求人人自治,前提是人性至善,"道德心盛,自行束修,蠢迪检柙";[4]而中国人实际的道德水平还差很远。结论自然呼之欲出:共和并不适于"现在的中国"。因此,这必须被视作他批评民国的一种方式,实际并未改变修身在他那里已被"边缘化"的事实(《大同书》对于道德主题的论述已相当薄弱)。相反,他不但始终强调物质的优先性和紧迫性,而且表述也更为积极和正面(直到1919年,他还将1905年写成的《物质救国论》刊刻印行),可知其关怀的核心还是"苦乐"而非"善恶",规划能力比道德修养更重要。

规划社会的秩序主要通过三条途径组建和维护。一是知识和信息。其主要运作方法是将事物数字化、抽象化和形式化,并在其间建立起

---

[1] 康有为:《教学通义》,第20页;《法兰西游记》,第200页;《物质救国论》,第66页。
[2] 这是整个近代中国的一个普遍思想潮流,有关论述参看罗厚立(罗志田):《物质的兴起:二十世纪中国文化的一个倾向》,《开放时代》2001年第3期,第32—41页。
[3] 康有为:《〈中国学会报〉题词》,第17页。类似的意见,又见《忧问一》,第22页;《议院政府无干预民俗说》,第24页;《中国颠危误在全法欧美而尽弃国粹说》,第130页;《论共和立宪》,第174页;《中国善后议》,第272页;《共和平议》,第33页,等。
[4] 康有为:《中华救国论》,第325页。

各种统属或平行关系。这是一种象征性地把握世界的方式（规划与设计也在这一层次展开），但它可以经过既定的制度和组织流程，直接作用于每一个生产者和生活者，转化为具体的实践。第二条途径是负有特殊职务的个人，比如医生和保傅。他们负责实施监督和管理，确保方案的执行。由于不可避免地受到具体时空的限制，因此，相对于知识和信息，它们在规划社会中的作用相对次要。第三种方式是将知识和人员整合起来的官僚体制和交通运输系统，主要功能是实施远程传输与操控，将抽象的计划和指令"翻译"为切实可见的效应。

从晚清的思想生态圈状况来看，[1]道德地位的下降、规划主义的兴起与"合群"意识的出现是同步的。其中，道德的关键词是个人。钱穆说："人同此性，性同此善，是天道"，"尽量发挥"此天赋之可能，即是"人道"；人道"人人能做"，然"需由个别做起，不由普泛获得"。[2]此之谓也。规划主义则与"群"的兴起具有"互缘"关系。[3]史华兹曾指出，西来的"社会有机体"概念为严复提供了一个脚本，使他可以把国家想象成为一个相互联系而分工明晰的行动单位，其整体素质依赖于其中每一个分子的素质。这一概念是传统儒家思想所缺乏的。[4]新的社会想象方式深刻改变了中国人的观念世界。借用曹聚仁（1900—1972）的话说，从此，"个人"成为"社会的人"，"历史"成为"社群集团的行程"。[5]

---

〔1〕关于"思想生态圈"，参看王东杰：《声入心通：国语运动与现代中国》，北京：北京师范大学出版社，2019年，第41页。
〔2〕钱穆：《中国思想通俗讲话》，北京：生活·读书·新知三联书店，2002年，第29页。
〔3〕但这不等于说，功利主义、规划主义和集体主义等就处在同一逻辑链条上，具有必然的连带关系。事实上，在近代早期的英国，趋乐避苦的功利主义和个人主义的兴起连在一起的（参看罗伊·波特：《创造现代世界：英国启蒙运动钩沉》，第276—279页）。然而，救亡的主题决定了近代中国人在这几种主义间做了不同的组合。
〔4〕史华兹：《寻求富强：严复与西方》，第37、38页。
〔5〕曹聚仁：《报告文学》（*Reportage*），收在《笔端》，北京：生活·读书·新知三联书店，2010年，第53页。

钱穆曾说，中国传统社会的"病痛在平铺散漫，无组织，无力量"。[1] 蒋廷黻也相信：中国人如能发奋改革，"同样有资格能产生与欧洲相同的组织力、相同的政治、相同的经济水准以及资源"；一旦"根除无效率、涣散的习性，就能建立有效率的生活方式"。[2] 在文化取向上，蒋廷黻与钱穆几乎南辕北辙，但至少就对"组织力"的推崇而言，二人对中国社会传统病根的诊断不谋而合。事实上，清末以来兴革之士提出"合群"主张，就正是为了根治此一"病痛"。

按，"群"字的意义非常广泛，"国家""社会""公司""大地"都可以是一个"群"。其中的一个关键在于，它是超血缘的（因此"家"不是一个"群"）、组织有序的单数整体，而不只是把各种社会关系粗疏地联结在一起。在这方面，许倬云有一简要的论断：传统中国"不是一个'society'"，而是许多的"communities"。[3] 这与酒井直树所说的前近代日本的语言状况不无相似之处："个人多重地从属于不同的语言，而不曾想到过能在无媒介的情况下同化于一个语言共同体。"[4] 实际上，近代之前中国的语言状况也差相仿佛。语言的多元混杂实际上表征了普通人日常生活的多元混杂和认同的模棱两可，意味着大家可以同时从属于不止一个communities。

现代中国则努力要把自己建设成为一个society——这也就是各种指向不同的"群"字所指涉的统一意义。"所有国民都必须全部且排他

---

[1] 钱穆：《中国社会演变》，收在《国史新论》，北京：生活·读书·新知三联书店，2001年，第38页。
[2] 蒋廷黻：《蒋廷黻回忆录》，长沙：岳麓书社，2017年，第89页。
[3] 许倬云：《多样的现代性》，收在《知识分子：历史与未来》，桂林：广西师范大学出版社，2011年，第37页。
[4] 酒井直树：《成为死胎的日本语·日本人》，转引自村田雄二郎：《"五四"时期的国语统一论争——从"白话"到"国语"》，赵京华译，收在《语言·民族·国家·历史：村田雄二郎中国研究文集》，杨伟主编，重庆：重庆出版社，2020年，第24页。

性地归属于单一的共同体中。"[1]"群"中的每一分子都是其构成部件,只有在一个整体计划中才能找到自己的位置。如果与"群"的利益产生冲突,个体应自觉服从于整体的需要。[2]这正是1902年梁启超撰文介绍本雅明·颉德的思想时所看中的理念:牺牲小我成就大我,牺牲目前以成就未来的"进化"思想。[3]

这当然不意味着个体就不再具有任何积极价值。康有为强调,仅仅是形体就已经证明,人是生而独立的:"天之生人也,使形体魂知各完成也,各各自立也,是天之生使独也。夫使天之生人使男女以两人偶合也,则不能独立也;天之生男女使如人兽之异形也,则不能独立也。今男女之魂知形体各自完成,各能自立,不相待也,不相下也,不相异也,极相爱也。"因此,在大同世界,"私人之事皆听自由"。这包括以下几个方面:一是个人爱好。在大同世界,每个人都有基本的工资保障,其额度足供"其衣食之资";此外如有特殊的衣食玩好、不愿住"公室"而选择住在旅舍甚至建设私宅,以及"歌舞游观之乐",皆属"自费"项目,"听其挥霍"(不过,每人需预存工钱的十分之一于"公中","以备其不愿作工而欲结友远游购书之需")。[4]因此,大同世界并未取消货币,而这也就为私人领域预留了空间。

第二种"私人之事"是性。男女以"期约"相合,亦是对个人独立和自由的尊重:"夫人禀天权,各有独立",男女偶以"色欲交合",乃"各适其欲而给其所求",彼此各不相妨。每个人的欲求都能满足,因婚姻约束而产生的"和奸逼淫之名""乱宗、渎伦、烝报之恶"也就

---

[1] 村田雄二郎:《"五四"时期的国语统一论争——从"白话"到"国语"》,第25页。
[2] 承红磊:《"社会"的发现:晚清民初"社会"概念研究》,桂林:广西师范大学出版社,2023年,第220—235页。
[3] 梁启超:《进化论革命者颉德之学说》,收在《梁启超全集》第4集,第1—7页。
[4] 本段和以下两段,康有为:《大同书》,第245、223、237、238、240、244、272—273、270、291、183、234页。

不再有存在的理由;因为无关"法律",自然也无须"严防"。第三种"私事"与名理、宗教有关:公立学校只教"实用"之学,"若名理之奥,灵魂之虚,则听学者自为之,或开学会而讲求之",其"非公学所急,即不待公学之教之也"。修仙学佛是私人志趣,而非集体行为,故要有严格的年龄限制,必须在偿还社会教养的恩情之后,"乃听自由"。

可知康有为并非不承认私的价值,但他区分了作为目的的"私"和作为手段的"私",强调二者的关系是辩证的乃至悖谬的:"天下为公者乃能成其私,私者未有能成其私者也。"话虽如此,但"天下为公"才是他真正看重的目标。"公"主导了大同的经济和日常生活,也规定了情感管理的原则:人死之后,"交好者至院,殓毕不得居住,化后不必哭泣"。理由是:"哭泣哀思,最为损魂而害体。故就一人之私情,宜尽哀以昭其厚;就公家之卫生,宜夺哀以保其身,义各有宜也。否则一人之死而累诸生者,或瘠羸,或灭性,于死者无益而医事无穷。"由于大同世界的天民都是"天生公众之身",而不再"有私属之人",因此亦"不许遂其哀也"。此外,对丧服之期和丧葬礼仪亦各有规定,理由也是一样的:"人为公家所养,故公家制义,皆屈私恩以伸公义。"

因此,至少有两个因素赋予"公"以更大权重:一是人作为"天民","天生"即属"公众"所有;二是每个人皆经"公养""公教",就对"公家"欠下了一笔道义债务,必须服从"公义"(这是一种"报"的方式)。禁止哭泣看似一桩小事,但实际上剥夺了个人自由使用自己身体和情感的权利,意味着这些也已经不再归属其私人所有——大同世界里无处不在的医学检查,也建立在同样的假设基础上,[1]而这显然是和南海大声宣布的"人禀天权,各有独立"原则相抵

---

[1] 在晚清,为防疫而实行的各种卫生举措,曾令不少民众感到身体和生活受到严重制约,而采用了各种抵制方式(参看余新忠:《清代卫生防疫机制及其近代演变》[修订版],北京:北京师范大学出版社,2023年,第440—442页)。但对于康有为这样的改革者来说,这种反应大约只能说明民众的愚昧无知。

悟的。当"私情"与"公义"冲突,后者的权威无容置疑——这令我们怀疑,康有为对性生活的纵容,或许不仅因它是一种享乐,更因它是人口再生产的实用手段。

虽然在大同世界,每个人都以个体的身份存在,但其成长历程、日常经验甚至外貌特征都趋于一致,所有生活也都由相同的架构支持,本质上并无差异——这等于在源头上取消了人的多样化,在事实上否定了"私"的价值:"私"被抽象化、公有化了。从这个角度看,因"天下为公"以"成其私"的命题已不再具有任何实质意义:大同世界没有"私",有的只是"天民"——一种与大同相匹配的人格模式。然而,在根本上,大地统计学和规划社会是建立在个人爱好和意志多元性基础上的:单一的欲望无须统计,也不必规划、管理和监视。也就是说,大同世界在理论上是依赖于"个体"而存在的,"个体"的感觉(不如说是一种错觉)则产生于物质意义上的身体——由此,身体就成为大同世界最重要的工作界面。

但必须指出,康有为也没有把"私"看作一张掩饰其专横的虚假面具。对他来说,公和私确实存在统一的可能,但那需要站在更高层次去领悟。南海禁止逝者的亲友"哭泣哀思",是因此举有妨"卫生",而卫生是"公家"的事。在他看来,个人被"私情"所囿,已经无法正确判断自己真正的利益所在,必须由公家介入,采取强迫措施(对康有为同时代的人来说,"夺哀"一说大概很容易让他们想到那个冠冕堂皇的词——"夺情"),以卫护其真正的需要。这意味着,公家比个人更了解他/她自己。这就是那个大家长的责任——其原型既来自康有为本人的经验,也受到儒家士大夫理念的影响,在欧洲文化中也并不稀见。[1]

---

[1] 18世纪法国的例子,参看阿莱特·法尔热(Arlette Farge)、米歇尔·福柯:《家庭的失序:十八世纪巴士底狱档案中的密札》,张引弘译,上海:上海人民出版社,2023年,第341页。

事实上，边沁的态度可能最精练地说明了南海的取舍：边沁承认，圆形监狱有可能将"自由公民"变成只知服从的"士兵"甚至是"人形的机器"，但他不在乎，因为他要的只是"他们幸福"。[1]

"自由""独立"和"平等"都名列大同世界的价值清单中，而"平等"更为重要。一般来说，康有为把"自由"看作"私人之事"（在《大同书》中，自由二字出现最多的章节是"去形界"，而且基本都和社交、择偶、交合等情境有关），但他并不是没有意识到，自由也是一个公共领域的问题。在1912年的一篇文章中，他强调政治自由是与"压制"相对的概念，"若无压制，则亦无自由"。故共和国民已不需（政治）自由，因为"病已消则药亦消也"；相反，道德问题开始变得紧要了："无人治己而进为自治，则一是皆以修身为本。"后边这句出自《大学》里的话，似乎也终于找到了适合于自己的时代。倘或一切"自治"，还要"自由"，只能是为所欲为的"暴民之政"，又"何共和之足云"？[2]康有为一向对"暴民"怀有深刻的恐惧，表明在他心中，幸福的本质是秩序，而非自由，甚至未必即是平等。可以说，他在无意中为斯蒂芬·格林布拉特对《乌托邦》的评论增添了旁注："自由被大肆宣扬，但在具体描述的过程中却大为缩水。"[3]

为了满足全面的私欲而实行全面的公有，以追求自由的名义剥夺了自由的空间：这些已经由大量"反乌托邦"研究提示我们的吊诡结果，由"去界"行动直接造成。在南海看来，处在共感网络中的每一点和任何另外一点都没有本质差别——这才是"大同"（如同我在第三章所说的：任何一点一旦落入具体时空，就会产生差序，但这与一体

---

[1] 詹姆斯·米勒（James Miller）：《福柯的生死爱欲》，高毅译，上海：上海人民出版社，2018年，第340页。
[2] 康有为：《中华救国论》，第325页。
[3] 斯蒂芬·格林布拉特：《文艺复兴时期的自我塑造：从莫尔到莎士比亚》，第51页。

性的共感网络并不矛盾);而任何阻碍个人直接融入人类全体的缠结都应该被反对:他要的是整数,不带"畸零"(除非必不得已)。这就是他为何嘲笑"共产之法"。实际上,他反对的绝非共产制度本身,而是想在保留家、国界限的前提下实行共产。这在他看来无异于抱薪救火:"有家有国,自私方甚;有家则一身而妻子待养,有国则陈兵而租税日增,以此制度而欲行共产之说,犹往南而北其辙也。"[1]究竟什么才是"到达大同的路",康有为有自己的主张。

实际上,"九界"的设定本非来自同一标尺——虽然都被称作某"界",但它们其实各有属性和来源:或是政治性的,或是社会性的,或是制度性的,或是生理性的,乃至生物性的,其意义不同,不能被约减为一条线索。它们固然给人施加了不同的约束,却也提供了多样的身份认同和保护形式。如同每个人都有的皮肤一样,任何一种边界同时也是一种屏障,它阻断交流,却也是交流得以发生的界面。[2]当有些"界"的压力过于沉重,另外一些"界"却可能提供相应的庇护。分开来看,它们各有各的缺点;放在一起,却因为彼此参差而具有无可代替的优势,仿佛自然生长的植被,盘根错节,交缠缭绕,可以有效防止水土流失。

不同组织各有自己的意义。段义孚说,宇宙与灶台是幸福人生的两个"尺度"(scale)。[3]而在加斯东·巴什拉看来,家同时提供了这两极的感受:既是"私密感"的源泉,也"是我们的第一个宇宙(cosmos),而且完全符合宇宙这个词的各种意义"。[4]康有为面对

---

[1] 康有为:《大同书》,第228页。
[2] 迪迪埃·安齐厄(Didier Anzieu):《自我—皮肤》,严和来、乔菁、江岭译,北京:商务印书馆,2023年,第74页。
[3] Yi-Fu, Tuan, *Cosmos and Hearth: A Cosmopolite's Viewpoint*, Minneapolis and London: University of Minnesota Press, 1999, pp. 1–3.
[4] 加斯东·巴什拉:《空间诗学》,第28、29页。

要"去"的"家界",表现得尤为迟疑,或许可以由此理解。杜正胜论述中国传统五服制的意义时说:"我国社会人己对立的成分轻,人己和谐的成分重,基本上就是五服造成的。推而至于国家,个人与国家这两极也不是绝对的对立,其中夹着家族,将二者调和起来。"[1]这一原理可以推而广之:"调和"不同"界"的对立,需要的不只是"家";家族和个人、家族和国家、个人和国家之间,也同样需要其他的各种"界"来"调和"。

然而,康有为的目光所及,却只有(表象的)个人和全体,包括"灶台"(家)在内的所有中介都被他看作终极幸福的阻障。他希望将它们全部打破,以保护个人的独立、自由和平等,由此解放整个人类。[2]但是,当横亘于个体和世界之间的所有过渡性分界都被一扫而空,人类不再是各种自作主张的communities的混合,而成为一个匀质的society,也就意味着一个人除了其最根本也最抽象的身份("天民")之外一无所是,他/她不得不直接面对整个世界。这在实际上取消了认同的必要:任何时候,认同都是对特殊性而非普遍性的认同;也为政治灾难铺设了可能。哈萨克斯坦总统努苏丹·阿比舍维奇·纳扎尔巴耶夫(Nursuitan Nazarbayev)曾说,20世纪的极权主义政治综合了两大特征,一是"相当发达的技术",一是"极度简化的社会关系"。[3]在大同世界,它们一个也不缺少。

---

[1] 杜正胜:《编户齐民:传统的家族与家庭》,第16页。
[2] 1919年9月,傅斯年宣称:"我只承认大的方面有人类,小的方面有'我'是真实的。'我'和人类中间的一切阶级,若家族、地方、国家等等,都是偶像。我们要为人类的缘故,培成一个'真我'。"(《〈新潮〉之回顾与前瞻》,收在《傅斯年全集》第1卷,欧阳哲生主编,长沙:湖南教育出版社,2003年,第297页)尽管康、傅二人的政治和文化立场都不相同,但这一"执其两端"的基本立场是一样的,彰显出20世纪中国思想的一个重要面向。
[3] 努·纳扎尔巴耶夫:《在历史的长河中》,李永庆等译,北京:民族出版社,2005年,第192页。

二、为何说《大同书》是"现代"的

尽管《大同书》中随处可见"传统"的影子,但我还是要将其锚定在"现代"一边。[1]这样说有两层意思:首先,就中国思想史的脉络看,它是"现代"的。如我已经陈述的,形成一种思想特色的关键不在它包含了什么元素,而在这些元素通过怎样的秩序组织起来(参看第一章)。任何新的秩序都不可避免地要从此前的秩序中汲取养分,由此带上了"从前的烙印",[2]但它究竟是坐落在传统的延线,还是已经自成格局,就必须从整体结构的角度衡量,而不能仅仅着眼于元素层次的比较。在面临巨大刺激的时刻,尤其是存亡关头,一个仍然保持活力的传统完全有可能将各种新旧资源整合起来,形成新的秩序。这就是近代中国发生的实际情形,它因此也意味着中国文化不是一个

---

[1] 有学者强调,《大同书》存在一个"智识上的回环"(intellectual circuit),这一回环"最终拒绝了在'传统'与'现代'、西方的与中国的内涵之间所做的任何严格区分"(Federico Brusadelli, *Confucian Concord: Reform, Utopia and Global Teleology in Kang Youwei's Datong Shu*, p.8)。是的,不顾观念内部的复杂性而急于为之贴上一个简单标签,是相当轻率和粗暴的。但这也不意味着我们必须抛弃"传统"或"现代"等词语。在维持其足够弹性的前提下,这些术语仍有助于我们辨析思想的性质,尽管其实质上只是一架便于论者搭建大厦的脚手架,竣工之后就应弃置一旁。因此,再次申明一下,首先,本书使用的"传统"与"现代"这两个词语都是描述性的,而非评价性的。我不认为这两个词等同于"落后"与"先进"。其次,我也不认为它们是非此即彼的。我相信,"现代"之中必然混杂着"传统"的大量碎片,而从某种角度看,"传统"(不用说,这本身就是一个相对模糊的概念。在本书中,我所说的"传统"在时段上特别侧重于有宋以来的"近世")中也存在不少被视为"现代"的发明。我的目的不是要追溯在中国的"现代性"中,来自不同时间地层的因素如何结构起来,而是想呈现两种思想秩序的不同体现在哪里。最后,我也不认为使用"现代性"这个概念必然是"历史目的论"的——因为我并不认为"现代"是历史的目的地或者必经的站点,但这不意味着康有为不这样想。当然,另一方面,读者也切勿以为批判"现代"就必然意味着讴歌"传统"。事实上,本书之所以在对比的视角下使用这两个概念,完全出于表述的方便:我想做的是一个"理想型"的叙述,意在凸显与"传统"相比,中国"现代"思想中发生了哪些变化,而不是对康有为大同思想构成成分的分析。

[2] 查尔斯·泰勒:《现代社会想象》,林曼红译,南京:译林出版社,2014年,第112页。

僵死的系统，而仍然具有创生的力量。

这也就是说，我们不能仅仅看到《大同书》与儒家传统的关联，也应同时意识到它和传统的断裂。晚年的梁启超明言此书乃南海本人之"空前创获"，绝非如其所自道之出于孔子。[1]当然，这不是说它和传统毫无关联。在书中，康有为通过三种方式运用传统（儒家）思想：一是将某些思想倾向（入世精神、对人欲的肯定、家长式的慈善观念、"报"的原则等）直接（或转换层次后）输入大同程序。比如，为子女幸福操心的父母化身为无处不在的医生，"报"从家庭伦理转化为整个社会的运作规范，等等。二是久已被边缘化的"异端"思想（如荀子、告子、董仲舒等人的观念）的复活。这固然是清代学术"复古"工作的某种延伸，但南海把它们和一些西来观念嫁接起来，取得了古人无从想象的突破（比如人性的"历史化"）。事实上，就连《礼运》和大同观念本身的兴起，都离不开这种"再发现"或"发明"。第三种方式是在旧的表述中灌注新的意向和意涵，比如"天民"，乃至"天"这一概念。在《大同书》中，所有这些"传统"都经过了格式塔般的转变，融入了新的系统，获得了新的功能。在新旧思想的转型过程中，"传统"的作用主要是接引性的，也就是为新观念秩序的引入提供让人感到熟悉的氛围和可以接近的路径。

不过，我说《大同书》是一部"现代"著作，更重要的原因是，它也是整个世界"现代性"的一个产品。[2]读者不难发现，如果我的

---

[1] 梁启超：《清代学术概论》，第280页。
[2] 毫无疑问，当我说"现代性"的时候，是以西方"现代性"为模本的。然而我这样说，并不表明我是一个"西方中心主义者"，更不意味着传统中国是一个"被动景观"。我坚持认为，像西方一样，它也是"一个活跃在历史中的能动者"（这两个表述取自柯律格：《大明：明代中国的视觉文化与物质文化》，第9页）。我相信世界上不只有一种"现代性"：它们相互竞争，而且未必"胜者为王"；但影响20世纪中国的理性主义的"现代性"，至少就其主体而言，的确是从西方引进的——这是一个事实，而事实和价值并不能直接画等号。

看法是对的,那我们就可以轻易地将《大同书》放入最近半个多世纪西方学界"现代性"批判的对象之中,几乎是浑然一色,毫不勉强,尽管通常来说,他们的依据主要来自西欧和北美。但这也带来一个可能的质疑:我对《大同书》的解读是否只是"说者无心"而"听者有意"的无中生有?为了证明我的观察,我们不妨首先回顾一下这些研究的结论。无须特别声明,以下论述并非我的研究心得,而是对几位西方学者相关著作的综合。为了保证相对公正,我所挑选的这几位学者分属不同的理论阵营,因而也没有"串供"的可能。

历史学家詹姆斯·塔利说:"理性控制"是17世纪以来在欧洲发展起来并传播到全世界的"进步"话语的主要构成部分。[1]这一信仰与科学的兴起有直接关系,但影响力远超科学范畴。通过对爱尔兰的考察,社会学家帕特里克·卡罗尔(Patrick Carroll)指出,在现代国家形成过程中,"工程文化"扮演了非常重要的角色,并由此提出了"数字国家"(data state)也就是"通过数字来管理"的国家的概念。[2]哲学家斯蒂芬·图尔敏(Stephen Toulmin)在"现代性"中发现了一个"隐秘成分":17世纪以来,西方人普遍认为,人性与社会可以完美地匹配于精准的理性范畴,因此,一个社会可以像"牛顿式的自然"一样被合理安排。[3]另一位哲学家米歇尔·亨利(Michel Henry)提示我们,在"乌托邦的理想"与"资本主义制度"之间存在着"数不清的亲缘关系",是因为它们都建立在理性主义的基础上。[4]

---

[1] 詹姆斯·塔利:《语境中的洛克》,第248页。
[2] 帕特里克·卡罗尔:《科学、文化与现代国家的形成》,刘萱、王以芳译,上海:上海交通大学出版社,2017年,第10页。
[3] Stephen Toulmin, *Cosmopolis: The Hidden Agenda of Modernity*, Chicago: The University of Chicago Press, 1990.
[4] 米歇尔·亨利:《〈物质现象学〉及其他》,收在《走向生命的现象学:米歇尔·亨利访谈录》,邓刚译,上海:东方出版中心,2024年,第99页。

这几位作者的学科背景和理论流派各不相同，却不约而同地指出理性主义在"现代性"中的核心地位，绝非偶然（不消说，他们不是泛泛批判理性主义本身，而是聚焦于它在社会政治层面的过度运用）。[1]此外，历史学家林·亨特也把"以理性作为检验真理的唯一标准"看作"现代性中最关键的元素"，[2]尽管她所说的"理性"似比前几位所言包含的范围更广。如果参看齐格蒙特·鲍曼为"现代性"下的简洁定义，这一现象的意义就更为明晰："现代性是一个人为的秩序和宏大的社会设计的时代，是一个设计者、空想家以及——更原本而言——'园丁'的时代。园丁们把社会看成是一块需要专业设计，然后按设计的形态进行培植与修正的处女地。"[3]这种意义上的"人为秩序"，即是本书所云"规划社会"。这一理念承诺，通过全面掌握信息、精准规划和严格的监控与管理，我们就可以消灭一切因为自私、盲目、粗心和短见造成的社会不幸，过上完美的幸福生活。

　　规划社会的形成依赖于几个关键步骤。一是调查、统计和计算。这些工作需要把"自然地"因而也是不均衡地散播在空间中的事物（无论是需要利用的资源还是要废除的对象）从其"自生自灭"状态中解放出来，成为可以被利用或消灭的对象。这样，"物"（"人"也是"物"的一种）就脱离了自身的历史状态，进入新的历史时期。这是一种革命

---

[1] 这一特征和西方的文化与思想传统有何关系，还值得进一步探讨。这不是本书的任务。不过，历史学家让-皮埃尔·维尔南（Jean-Pierre Vernant）已经指出，古希腊的政治带有"理性甚至规划性"的特点（见《希腊人的神话和思想：历史心理分析研究》，黄艳红译，北京：中国人民大学出版社，2007年，第243页）。这里"甚至"二字发人深省。另一方面，我也并不支持黄仁宇（1918—2000）的著名论断：传统中国"缺乏数目字管理"。相反，事实是，"数目字管理"——"甚至规划性"在中国历史上广泛存在，尽管在不同时期的强度有所变化。所以，或许需要再次强调，本书所讨论的是"规划社会"而不是"规划"这种行为。
[2] 林·亨特：《史学的时间之维》，第75页。
[3] 齐格蒙·鲍曼：《现代性与大屠杀》，第149页。

性的观念——事实上，它也的确与法国大革命存在着密切关系。[1]

二是设计和规划。查尔斯·泰勒指出，欧洲近代早期，随着教会权威的衰落和自然神论的兴起，宇宙本身不再具有更高的意义，但其运转规律仍被视为上帝"设计"的产物；同样，一种普世性的平等构成的"现代道德秩序"也被认为"遵从上帝设计的社会"。它"要求一个社会的构成服务于互利目的"，而美国的革命者又在其中添加了一种历史观（"历史是这一设计逐步得到实现的剧场"）和一种社会观（"他们认为自己的社会就是这种设计的实现达到顶峰的地方"）。[2]这些都强化了从设计角度认知人类社会的思考倾向。

随着工业化和世俗化的展开，设计扮演的角色越发重要。经济学家和认知科学家赫伯特·西蒙（Herbert Simon，1916—2001）把科学分为两种，一种是着眼于"事物本来的状态"的"自然科学"，一种是着眼于"应该"状态的"人造物科学"。其中，人造物是"对自然的模仿"，因为后者具有"真实性"。设计归属"人造物科学"，而且应该"涵盖所有被称之为人造物的东西"。这种对"真实"和"虚拟"、"本然"和"应然"的区分受到后现代主义者的激烈批评。他们认为，设计并不模仿"真实"，"现实生活不再是参照基准，设计才是世界的主宰"。[3]不过，在对"设计"和"人造"的推崇上，后现代主义者实际上继承了现代主义的设定。从这个角度来看，"现代性"内含了"后现代"的症结。

第三是管理和监控。这方面最有名的例子当然是20世纪初管理

---

[1] 莫娜·奥祖夫：《革命节日》，第312页。关于规划社会与法国大革命的关联，参看王东杰：《从"桃花源"到"乌托邦"：〈大同书〉关于理想社会的构想》，第59页。

[2] 查尔斯·泰勒：《世俗时代》，第507—508页。

[3] 维克多·马格林（Margolin Victor）：《人造世界的策略》，收在《人造世界的策略：设计与设计研究论文集》，金晓雯、熊嫕译，南京：江苏美术出版社，2009年，第127—143页。

学和泰勒主义的兴起。泰勒主义来自费雷德里克·泰勒（Frederick Winslow Taylor，1856—1915）的发明，他将工人的劳动过程分解为一个个步骤后，加以针对性的标准化和协调化，提高他们的工作效率。同时，"监工也要接受培训"，其任务是"使用秒表来分析工人的每一个动作和工作需要耗费的时间"，以"纠正"那些"不必要的手势、动作"，"监督工人一遍遍地重复完成工作任务需要的所有动作，不断监控工人的反应速度并提高准确性"。这一思维当然不只针对劳动，也可以推而广之，视为整个现代世界的运作规程。用杰里米·里夫金（Jeremy Rifkin）的话说，"工厂车间只是泰勒在整个社会领域发动效率革命的滩头堡"，其目标是将世界置于时刻监督之下，哪怕最微小的细节也不放过，其"巧妙之处就在于它与科学紧密相连"。[1] 它是高度理性主义的，但理性的主体却不是劳动者，甚至也不是监工。相反，它"剥去工作本身全部的知识和动机要素，将工人身体的机器化变成一项科学工程"。[2]

泰勒主义的本质其实就是查尔斯·泰勒指出的：现代社会"由规则、操练、组织体系来确定秩序"，不允许偶然性的存在。它将偶然性"视为阻碍，甚至视为敌人和威胁。其理想是要掌控偶然性，扩展控制网络，一边让偶然性被降低到最小"。[3] 这当然是因为"偶然性"是不可控的因素，而管理就是监控。尽管作为一个"学科"出现得很晚，但管理学其实不过是近代社会整体变革的一个后果，为它抵达的路途早就铺设完毕。这一点，我们只需要简单地引用福柯的著名研究就可以理解："从18世纪开始，繁多、精密、特殊的机构不停地制造纪律、规定强制力，使人们养成一些习惯"；而"到了19世纪，全景敞式（原文如此，

---

[1] 杰里米·里夫金：《韧性时代：重新想象人类在地球上的生存与未来》，北京：中信出版集团，2022年，第15页。
[2] 西尔维娅·费代里奇：《身体、资本主义与劳动力的再生产》，收在《超越身体边界》，第9页。
[3] 查尔斯·泰勒：《世俗时代》，第852页。

'式'当为'视'。——引者注）主义时代（panoptisme）建立起来了"。[1]

设计与管理紧密相连：管理是为了顺利执行设计方案，设计也是为了监察的方便。鲍曼指出，现代乌托邦城市规划和建筑规划秉持了三项原则：一是整体性，"严格、细致、全面、预先地规划城市空间"；二是城市中心的环境"必须规整、统一、同质和可复制照搬"；第三项就是我们已经提到过的：一切"从零开始、预先定制"（参看第六章）。[2] 它们不但和泰勒主义有着一致的目标，即消除不可控的偶然因素；方法上也异曲同工，尤其青睐于几何、数字这些量化和形式化的要素（第二项原则尤为如此）。事实上，从管理学角度看，制度规划本身就已经预先向生活在其中的人们施加了某些纪律要求（比如下文将要提到的，孙宝瑄对交通法规必要性的阐释）。[3]

但城市、空间、建筑只是社会的容器，只有透过具体的人，规划社会才能运转起来。由此，人的身体成为规划社会的真正领土，规划思维遍布于身体的每一个角落，并向其最深处挺进。查尔斯·泰勒指出，近代欧洲"文明"观念具有四个维度：一是"经济和技术的发展"；二是"感性的发展"；三是"政治之维"，即有序的"社会的管理方式"；四是"规训之维：成为文明人，意味着已经把受到伦理、礼仪和其他必要习俗支配的苛刻的纪律、节制、高标准的行为准则内化于己身"。泰勒强调，这四个方面，尤其是第三和第四项是"相互关联"的："文

---

[1] 米歇尔·福柯：《惩罚的社会》，第302、332页。一个更细致的展开，参看菲利普·S.戈尔斯基（Philip S. Gorski）：《规训革命：加尔文主义与近代早期欧洲国家的兴起》，李钧鹏、李腾译，北京：北京师范大学出版社，2021年。此外，米歇尔·佩罗特（Michelle Perrot）已经指出了"全景敞视主义"和"泰勒主义"、19世纪工业化之间的关联（参看戴维·梅西：《福柯传》，第354页）。有关"全景敞视"的进一步思考见附录三十一。
[2] 齐格蒙特·鲍曼：《全球化：人类的后果》，第34页。
[3] 参考西尔维娅·费代里奇对性别规范的分析："性别不是简单地通过强加'规范'，而是通过对工作的组织安排、劳动分工、差异化劳动力市场的建立，以及对家庭、性和家务劳动的组织安排来维持的。"（见她的《论身体、性别与表演》，收在《超越身体边界》，第52页）这道理可以推而广之。

明的政府和依法治国是自我规训模式的一种外在表现。"[1]二者的同源性揭示出，管理原则是怎样通过（广义的）社会过程渗透进人格层面的——而正是在这个方面，它和从内在善性出发的修身区别了开来。

以赛亚·伯林对理性主义认识论做过许多深入剖析。我们且看他对启蒙时期法国思想家爱尔维修（Claude Adrien Helvétius，1715—1771）理想世界的总结："首先，所有的价值问题都是确凿有据的，答案都可以通过观察和推理来发现。"这也包括道德和政治问题。"其次，所有的终极目标彼此系统。它们不能相互冲突。"由此，"彻底了解真理"的人"也就有了美德和幸福"，而他们就是科学家。接下来的推论就是："既然科学家能够让我们幸福，我们就让科学家掌管一切。我们需要的是一个由科学家管理的世界，因为，成为一个好人，成为一名智者，成为一名科学家，成为一名有德行的人，最终是一回事儿。"[2]

20世纪下半叶以来，越来越多的研究者把目光投向了现代性那令人不安的面相，比如齐格蒙特·鲍曼对纳粹大屠杀背后社会机制的追踪。他提醒我们，大屠杀和"现代文明"中许多为人喜爱的东西都"依附于"同一种事物——理性主义："对于现代种族灭绝的发起人和管理者而言，社会是制定计划和有意识设计的对象。"他们相信，通过"全面的、科学构想的计划"，就可以"创造"一个更好的社会。针对犹太人的种族大屠杀就是走向这个"人为社会秩序"的一步，和"一个将建筑、园艺策略和医学策略结合起来的实践"一脉相承。其原理是"切除既不适合想象中的完美现实、也无法被改造以适合这种完美现实的当前现实要素"（在这里就是犹太人）。事实上，在纳粹大屠杀中，"现代性"的众多机制纷纷登场："不可医治"而可以"繁殖"的

---

[1] 查尔斯·泰勒：《世俗时代》，第449—450页。
[2] 以赛亚·伯林：《爱尔维修》，收在《自由及其背叛：人类自由的六个敌人》，赵国新译，南京：译林出版社，2019年，第28—30页。

种族缺陷、"医学实践"、"专家制度"、"科学管理"等。[1]

无须费力就能发现，上述这些现象也是大同世界运作机制的奥秘。事实上，康有为不但准确把握了"现代性"的神髓，甚至"预见"到20世纪下半叶"发达资本主义"的许多迹象，比如乔治·瑞泽尔（George Ritzer）所说"社会的麦当劳化"的四个特征：一是效率（efficiency），工作流程的连贯性；二是可计量化（calculability），数量上的精确性；三是可预期性（predictability），在不同时间和地点都维持相同品质；四是控制（control），"非人"技术对人力的取代。[2]这些特征在大同世界都各有对应：效率之于四通八达的交通网络和对自然的开发，可计量化之于时空制度和大地统计学，可预期性之于全球商品价格及公共服务设施的均一化，控制之于机械化等，无不严丝合缝，若合符节。这种"预见性"并不值得过于惊讶，因为在根本上，大同构想和"社会的麦当劳化"出自同一个灵感源泉。[3]

我们之所以能够在《大同书》中发现明显的"现代性"，至少有一部分原因是，19世纪末20世纪初的中国虽然还没有摸到"现代性"的门槛，但西方社会已经为《大同书》提供了更为直接的设计原型。事实上，大同之所以是可以预知的，既来自孔子的背书，也有"先走一

---

[1] 齐格蒙·鲍曼：《现代性与大屠杀》，第10、123、87、98、99页。这当然不意味着现代社会在认识论和知识论上完全排除了"非理性"乃至"反理性"的成分。事实上，和鲍曼对"大屠杀"所依赖的"理性主义"洞见并存的，是纳粹德国对于各种"超自然"观念的热衷。参看埃里克·柯兰德（Eric Kurlander）：《希特勒的恶魔：第三帝国的超自然史》，张弢译，上海：上海译文出版社，2023年，第427页。

[2] George Ritzer, *The McDonaldization of Society*, Thousand Oaks: SAGE Publications, Inc., 2021, pp.2–4.

[3] 《大同书》的"超前性"不止于此。再来看齐格蒙特·鲍曼对"晚现代"消费主义的观察："需要与其满足间的传统关系已被颠倒了过来：满足的前景和希望先于被满足的需要，而且将永远比现有的需要更加热切诱人。"（《全球化：人类的后果》，第79页）我们只需用"理想"代替"满足的前景和希望"，用"现实"代替"满足的需要"，就可以用于描述包括《大同书》在内的未来主义历史观。这或许倒可以略微讶异一下：消费主义与未来主义的运作方式如出一辙。

步"的"文明国"提供的范例作为保证——康有为的论述将这两种完全不同的未来观念糅合在了一起。因此,除了已经提到的恤贫院、监狱(参看第六章)之外,康有为在瑞典参观育婴院,也发出"见此如见大同世"的感慨。[1] 而大同世界将"疯疾者置之特岛中"的设计,[2] 与福柯在《古典时代疯狂史》里细致描摹的"疯人船"和"大禁闭"岂非不谋而合?[3] 对生产、销售和分配加以系统性调整,更是19—20世纪殖民主义经济政策的惯常形态。[4] 事实上,《大同书》发表在《不忍》杂志上时,被列入"瀛谈"栏目,与南海的海外游记出现于同一栏目(比如,第一期还发表了《突厥国游记》,第九、十期合刊本发表的是《德国侯邦问俗记序》《威廉筛记》《萨逊游记》等),大概也暗示了它和这些游记的关联:至少,它们都不是中国的现实。[5]

不过,《大同书》最有启发的部分倒不是对西方社会现实的直接临摹,而是它们在"精神"上的共鸣。比如,福柯和查尔斯·泰勒都注意到,现代化的过程伴随着人际关系的调整。福柯说:"在古典时期,对个人的控制和固定主要是以他们所属的社会等级、群体、团体为依据的";而从19世纪开始,"个人被一些自己不属于的机构从外部联系起来"。这些机构被他称为"托管机构",包括幼儿园、学校、工厂、慈善机关、储蓄所、养老院等。"在一生中,人们与形形色色的机构维

---

[1] 康有为:《瑞典游记》,第481页。当然,这些参观都是在《大同书》初稿完成之后发生的,不过,考虑到此书的"未完稿"性质,我们或可设想,康有为可以将后来的经验添入其中。但更重要的是,康有为在亲自踏足欧美之前,已经通过阅读、闲谈等渠道,了解了不少西方社会的情形。
[2] 康有为:《大同书》,第218页。
[3] 尽管福柯的描写很可能只是对历史事实的夸张(有关批评参看戴维·梅西:《福柯传》,第391页),但如果视之为一种"写意",则绝非向壁虚造。
[4] 斯蒂芬·哈尔西(Stephen R. Halsey):《追寻富强:中国现代国家的建构,1850—1949》,赵莹译,北京:中信出版集团,2018年,第3页。
[5] 实际上,乌托邦文学常以游记形式出现,而近代乌托邦传统的兴起,也和地理大发现这一历史背景有关。参看杨晓雅:《乌托邦备忘集:一本学术研究》,第64页。

持着多种多样的联系,但是其中任何一个机构都不能准确地代表他们,都不能构成他们的团体。"[1]

泰勒的论述主要从封建社会向民族国家转变的角度展开:在传统社会,"一个人是通过属于社会的某一部分而归属社会的"。比如,"作为一个农民,他是连接于一个地主,而地主转过来又被国王掌握。一个人是地方公司的成员,该公司在王国中占据地位,或以其获承认的地位而在国会中施展某一种影响,等等"。而"现代公民概念是直接的":"不论我是否通过居间组织以多种方式与社会其余部分相联系,我认为我的公民地位与所有这些无关。我归属于一个国家的根本方式不倚赖任何其他归属或不以它们为居间。我和所有我的同伴公民一样,与我们共同效忠的国家处于直接的关系。"[2]

虽然所用术语和视角不同,但两个人对现代社会的描述如出一辙(也可以回顾一下前引酒井直树所说的"无媒介"),而且稍稍替换一些词汇,就可以用来解说大同世界:在这里,人生不同阶段同样被分配给了不同的"托管机构",被托管人不属于它们之中的任何一个,但是将所有这些机构串联在一起,就可以勾勒出他/她的整个人生轨迹。这或许也可以解释,《大同书》为何没有采用童年、青年、老年这样一些用于界定生命周期的术语,而是用育婴院、大学院、养老院等机构作为了指示的标记。由此而言,《大同书》可谓完美展现了福柯的洞察,也证明了查尔斯·泰勒的锐见:由于各种"界"(换一种角度,它们同时也是一种中介)的消除,个人无须再通过任何间接范畴,而是直接地"归属于"整个社会。

大同世界的社会关系和现代社会的相似性,源于它们依循了同一种操作流程,先是通过减法,将个人从缠绕他/她的复杂关系中解放

---

[1] 米歇尔·福柯:《惩罚的社会》,第263—264页。
[2] 查尔斯·泰勒:《世俗时代》,第239页。

出来，将其还原为一个独立并且孤立的个体，再将之拼装起来，成为一个整体：对民族国家来说，这个整体就是国家，个人即是国民；对于大同社会，则整体是"大地"，个体是"天民"。二者规模不同，建构方式却并无二样，理论预设也大体相同：民族国家的建构者们相信，他们的工作是将原本就潜在于"国民"心中的"国家"变为一种自觉的现实，就好像对康有为来说，大同世界不过就是宇宙万物之间共感网络的外现而已。颇具启发性的是，先把对象分解成基本元素，经过一番提纯，去除其中的杂质，再将它们重新组装起来，既是泰勒主义管理学的精髓（同时不妨参考一下英戈尔德所说的"装配"，参考第六章），也是现代科学遵循的基本思维方式，[1]甚至体现出整个资本主义与现代世界运转的底层逻辑。[2]

这一操作的目的是在民族国家/大同世界的每一个成员之间建立一种直接的关联——事实上，这种"直接性"存在于许多"现代"现象的根源处。村田雄二郎指出，胡适推崇白话文，就是因为他认定白话文可以满足"语言主体与语言"之间的"透明且直接的关系"。[3]康

---

[1] 参看白馥兰（Francesca Bray）：《技术作为一种文化：跨文化研究的一种尝试》，董晓萍译，北京：中国大百科全书出版社，2022年，第114—115页。

[2] 罗安清（Anna Lowenhaupt Tsing）引入"异化"概念，描述了"人类财富集中的历史"：在其中，"投资者"把人和万物从他（它）们和其他生命体的"缠绕"中解脱出来，"使之具备独立存在的能力"，并因此"可以在不计距离的运输条件下从自己的生存世界中被转移出来，与来自别处生存世界的其他资产交换"。简单地说，事物的"异化"是指将其从原生环境中"孤立"出来，移置于其他地点，使其成为一个"可互换"的单位。她以16—17世纪巴西的甘蔗种植园为例（"这种可规模化的景观模式成为后来工业化和现代化的灵感来源"），展示了这一过程，其中一个重要的前提是，首先"消灭当地的人和植被，准备好闲置的无人认领的土地"（《末日松茸：资本主义废墟上的生活可能》，张晓佳译，上海：华东师范大学出版社，2020年，第6、37页）。她对资本主义操作规程的描述在不同层次上与《大同书》的诸多元素——个人、"流动性"、空白、"同质化"、互换性等（参考第五章、第六章）存在呼应关系。

[3] 村田雄二郎：《近代中国的国语问题与民族国家建构》，陈希译，收在《语言·民族·国家·历史：村田雄二郎中国研究文集》，第44页。

有为关于减少行政层级的建议,似乎也可以从减少"居间"范畴的角度理解,虽然这未必是他有意识的追求。这一操作也有助于说明"民族国家化"在近代中国造成的一个重要的心理后果,那就是"认同的简化":各种此前并行不悖的认同比如天下、乡族等,都不同程度地被"国家"这唯一的认同吞噬了。[1]

康有为流亡异国多年,但基本是个过客,并未深度参与到工业社会的生活中;[2]他对西方城市的了解也主要是通过阅读、和有限西人的接触,以及走马观花的浏览,又不通外文,[3]绝无可能深入其社会肌理。[4]实际上,在19世纪,随着人口的暴涨,在巴黎、伦敦、纽约等西方都市中,已经涌现出大量的灾难叙事,[5]而它们似乎丝毫没有引起康有为的关注。至于当时大多数中国人更没有任何"现代"经验。如果说有形的机构、制度、做法尚可通过观摩得以借鉴,南海又是怎样掌握其背后"隐形"的思维方式和精神气质,甚至利用它们来架构各种中西思想资源,组建一个极具现代感的社会秩序的?就主观而言,康有为的关注点非常明确和切实,就是如何使中国加入列强也就是

---

[1] 王东杰:"导言",收在《国中的"异乡":近代四川的文化、社会与地方认同》,北京:北京师范大学出版社,2016年,第11—12页。

[2] 如果按照西尔维娅·费代里奇的分类,我们可以说,在康有为那里,身体是按照"简单机器(如泵和杠杆)的模型来想象和规训"的;而在19世纪工业社会,身体是"以蒸汽机为模型"的:"在这种体制下,对身体的规训是通过饮食限制和对每个工作身体所需卡路里的计算来实现的。"(《赞美舞动的身体》,收在《超越身体边界》,第148—149页)康有为当然知道也看到过蒸汽机,但后者显然尚未成为决定他想象路径的主要机制。

[3] 梁启超尝言南海读日本书,"只读汉字,而不理日本字,常常猜错意思"(毛以亨:《梁启超传》,收在蔡登山编:《我的师友梁启超》,台北:新锐文创,2022年,第192页);至于西文,则只能依赖翻译。

[4] 我们已经提到,他对西方城市的关注多集中在外观方面(参看第五章),至于其"隐形"却更为关键的基础设施(比如管道等)如何达到卫生和舒适等"文明"标准,基本上不在其认知的范围内。

[5] 参看尼古拉斯·戴利(Nicholas Daly):《人口想象与十九世纪城市:巴黎、伦敦、纽约》,汪精玲译,南京:译林出版社,2022年。

"文明国"的俱乐部。即使立意高远如《大同书》,在根本上也仍处在此一目标的射程之内。格里高利·克雷斯(Gregory Claeys)说:"每一个时代的乌托邦"都是"对其所面临的独特危机的回应"。[1]因此,我们只能从《大同书》所由产生的时代危机中去了解其思路。当然,我相信康有为本人并没有任何追求(本书所说的)"现代性"的自觉;然而问题在于,他在不知不觉间"现代"了起来。那么,究竟是何种机制造成了这种阴差阳错?

近代中国卷入以西方为主导的世界体系,在生存压力下,不得不努力向列强看齐,也因此落入"现代性"的引力轨道。神髓就蕴含在摹仿之中。事实上,20世纪中国人的社会想象一直围绕着民族国家的建设展开。现代国家是"合群"的样板,也是大同构想的灵感来源。本书已经多次指出,构建大同的原则和康有为为现实中国设立的改革目标颇多重合:不只是"纤悉之治"这样的"国是",也包括一些非常日常的细务。比如,他认为中国人必须"改良宫室,务事净洁,置隔板以去地湿,多开窗以迎光气,多种花木以吸养发炭酸,多习体操以强健筋骨,多食生血欲滴之牛肉以强体润颜,多饮啤酒以行血丰肌",才能使国家"盛强"。[2]这些建议当然也都可以在大同世界的安排中看到。这种重合显然不是偶然:这些做法可以令一个国家强大,也就可以为人类带来幸福。

大同世界的许多设计都是以(作为民族国家先行者的)西方经验作为灵感来源的:他把1899年的海牙和平会议比作"美国十三州之初议",根据美国和瑞士的政治体制构想全球公政府的运行,根据德国经验构建全球联邦的实施。[3]大同世界里医生的至高权威,可以追溯

---

[1] Gregory Claeys, *Utopianism for a Dyning Planet: Life after Consumerism*, p.3.
[2] 康有为:《英国监布烈住大学华文总教习斋路士会见记》,第31页。
[3] 康有为:《大同书》,第75、71页。

至18世纪起在西方发展起来的"生命政治";[1]而法国大革命政府拆分少数民族聚居区,以打造"单一"民族的做法,[2]亦可以在大同世界行政分区方案中听到回响;更不要说,法兰西共和国也曾试图建立起一套十进制的计时法则,并"为月份和日期赋予新的名字"。[3]事实上,《大同书》也无意掩盖它和民族国家体系的关联:南海用"两国之和约,无轻重高下之殊",形容夫妇之间的平等约定,[4]不仅是出于修辞的便利,也让我们看到,现代国家的意象怎样为大同构想提供了思想资源。[5]这样,我们再来看梁启超说要了解大同学说就必须先读"西人富国学之书"的提醒(参看第一章),或许就可以加深一层理解。

建立民族国家不仅是国家层面的变动:从许多地方性的communities的联合体整合成一个单一的society,也引发了社会层面的变革(在经济社会的意义上,这同时也伴随着从农业社会向工业社会的转变)。它同时产生了两种相互冲突的取向:一方面,这意味着社会一体性和匀质性的增强;另一方面,规模的扩展也意味着原本分散各地的差异性被带入到舞台中心,社会面临着更多更复杂的挑战,成为陈独秀所说的"组织复杂的文明社会"。[6]为了纾解这两种取向的紧张,规划和管理等变得前所未有的必要。1901年,孙宝瑄在日记中说:

> 欧西诸国有无政府党,势甚盛,其说近许子并耕之旨。余谓是说之谬有断然者也,盖世及之君可去,公举之君不可去。譬诸

---

[1] 米歇尔·福柯:《生命政治的诞生》,第419页。
[2] 陈玉瑶:《法国的边疆少数民族及其"自我管理"模式》,《贵州民族研究》2020年第11期,第17—18页。
[3] 林·亨特:《史学的时间之维》,第59页。事实上,法兰西共和国政府甚至要把一周改为十天。
[4] 康有为:《大同书》,第159页。
[5] 和中国传统的家国同构思维比起来,在这里,家和国的关系倒置了:"国"的伦理不再被看作"家"的伦理的扩展,相反,"家"的关系成为"国"的关系的缩微。
[6] 陈独秀:《人生真义》,收在《独秀文存》,第125页。

衢市之间，必用警察吏是也。或曰：此世运未臻极治耳，极治之时，人化于善，衢无警察可也。曰：不然，所以立君者，欲使人各守权限，不相害也。既人人向善矣，则有心之相害可以免矣，而无心之相害不能免也。譬诸交衢之间，两车互驰，一自东而西，一自南而北，相触而伤也，不相知也。必有警察吏障其一，俟一车过，一车乃行，而后各不相害。此虽极治，又乌可废耶？[1]

此时中国尚未普遍设立交警制度，孙宝瑄却毫不迟疑地以之作为证据，提示出"现代性"对中国的激烈冲击已经在无意间改变了中国人的思维方式（首先从孙宝瑄、康有为这样的西学之士开始），而对这一点，他们自己未必真能意识到。事实上，孙氏的论证相当敏锐地抓住了现代社会的一个重要特征："交衢"密布的意象正是社会复杂性的缩影，而"警察吏"乃是"组织"的代表。[2]

民族国家和现代社会也改变了普通人和政治的关系。从此，至少在理论上，政治成为一项全民参与的事业，而不只是"其君其臣，肉食者谋之"（顾炎武《日知录·正始》）的小众工作，所有人都不能或不被允许置身事外（至于"参与"的形式则可以是主动的或被动的、实质的或名义的）。正是在此意义上，康有为对桃花源式的"无君论"提出了异议："夫专制之世，民可耕凿而忘帝力，譬如铸铁为器，熔成一片而不待他点焉。"但"共和之治"必须"合全国民之知识道德织成之"，好比"意大利之摩色金石画，襞积无数小金石为之，治之皆须精滑，有一不治，其画不成，其事倍难于铸铁，及其成也，五光十色，

---

[1] 孙宝瑄：《孙宝瑄日记》上册，光绪二十七年七月初一日（1901年8月14日），第409页。
[2] 然而为复杂系统奠定秩序的未必就是一个知晓一切的上帝（及其模仿者），约翰·亨利·霍兰（John Henry Holland, 1929—2015）的研究早已表明，复杂的秩序是具有适应性的主体和"回声模型"（Echo Model）合作的结果。参考《隐秩序：适应性造就复杂性》，周晓牧、韩晖译，上海：上海科技教育出版社，2011年。

陆离珍异矣"。[1]"摩色金石画"即马赛克画,是南海颇为喜爱的一种艺术品,在其欧洲游记中常常提起。这一比喻再次提示出,在其心中,个人的意义只能作为"群"的一部分才能显现。

这也再次弱化了修身的效力。南海注解《孟子·离娄上》"惟大人为能格君心之非"一段时说:"古者专制,君有全权,一能发明君心,引之志仁当道,则余事皆破竹而解。"若只知"弹劾一二小人以鸣风节,谏除一二弊政,兴举一二善举,以为兴利除害,皆枝枝节节之为,于治国全体无当也"。但他也随即警告:"此为据乱世专制特言之,若平世有民权,则异是。"[2]在"专制"时代,抓住君心就抓住了根本;扩而充之,修身话语针对的也只是少数的枢纽性人物。但太平世人人参政,修身的表率作用已经没有太大价值,取而代之的是要考虑制度怎样设计才更加合理,能够人尽其才。

比起民族国家,大同世界当然又辽阔很多,乃至"一厂之巨大为今世所难思议,用人可至千百万,亘地可至千百里";每市虽仅有一家商店,其"用人多者至百数十万夥"。[3]实际上,这只不过是问题的一个侧面,那时所有物品和信息都在全球范围内统一流通,如何分配恰当,运转平稳,衔接顺利,才是应该思虑的核心。事实上,大同世界的诸多设计,诸如交通的平顺化、社会关系的简单化等,都是为了应对一个巨型社会的需求,而民族国家就是巨型社会的发轫。这也就是为什么"超国家"的大同可以和"国家"共享最基本的思维方式(参

---

[1] 康有为:《中华救国论》,第322、324页。

[2] 康有为:《孟子微》,第479页。

[3] 康有为:《大同书》,第240页。我们不妨把这些想象和梁启超在1903年末的一段预言做个比较。其时梁氏刚刚旅美归来,在那里看到的托拉斯给他留下了极为深刻的印象,令他惊叹:"新民子曰:岂不异哉!岂不异哉!不及百年,全世界之政治界,将仅余数大国;不及五十年,全世界之生计界,将仅余数十大公司。"(见其《二十世纪之巨灵托辣斯》,收在《梁启超全集》第4集,第245页)师生二人的看法或者是不谋而合,但更可能是彼此交换信息之后的共同判断。

看附录三十二）。南海对巨型社会的性质有着清醒认知，明言大同世界犹如一具机器，任何一个零件的损坏都可能"牵连"全局（参看第六章）；这一比喻也说明了大同世界里的学校、工厂为何要采用"军队化"管理：军队其实就是另一种形态的机器。颇具说明意义的是，20世纪初关赓麟（1880—1962）介绍日本的教育目标，也使用了同样的比喻：造就国民，"分之还夫个人之本真，合之而成一国之团体，如机器然，轮齿互错，而其机转动而不能自已"。[1]

以上的论说或可解释，为何20世纪初的中国产生了《大同书》这样一部明显"超前"的作品。历史并不遵循预定的逻辑，依据前现代—现代—后现代的次序鱼贯上场；任何一种历史时间一旦产生，就会受其自身动力的驱使，犹如水流一般，同时向四面八方迸射、流淌。事实上，从师夷长技到建设民族国家，中国人早就浸泡在了"现代性"的海洋中，思想方式一步步被西人改变，[2]作为近代西方社会内在组成部分的理性主义和组织意识也在此过程中悄无声息地输入，虽然很少人对此具有清醒的意识。[3]安德鲁·萨托里（Andrew Sartori）考察"文化"概念在孟加拉的传播历史时指出，非西方社会使用这些概念并非为了盲目追随殖民者，而是受到资本主义全球扩张的驱使。[4]中国人

---

[1] 关赓麟（按，原书写作"关庚麟"）：《日本学校图论》，收在王宝平编：《晚清中国人日本考察记集成：教育考察记》上册，杭州：杭州大学出版社，1999年，第177页。我是根据苗祎琦的指示注意到这篇文章的。

[2] 罗志田：《再造文明之梦：胡适传》，成都：四川人民出版社，1995年，第16—27页。

[3] 中国文化传统当然存在与理性主义风格近似的要素，比如对整齐划一的着迷，而且也确实对康有为产生了影响，参与了大同世界的构筑。不过，再一次强调，本书是在思想秩序层次上讨论问题，而不是在某些特定的具体元素上做比较。实际上，对南海造成思想刺激的，是西来观念和中国传统之间的共鸣（它强化了传统的说服力）——当然，也可以反过来说：正是固有传统中某些因素的存在促使南海在西来观念中选择了"同类项"。但无论如何，决定南海思路的，并不是（至少并不只有）中国传统本身。

[4] Andrew Sartori, *Bengal in Global Concept History: Culturalism in the Age of Capital*, Chicago: University of Chicago Press, 2008.

学习与借鉴西方，主要还是被那些具体而有形的事物（无论是物质还是制度）吸引，但这些事物背后所流淌的那种无形的思维方式，也潜移默化地为中国人所习得。[1] 要建成一个现代国家的冲动，为中国铺垫了规划社会的肥沃土壤。

理性主义是一种"知识无意识"（unconscious of knowledge）形态：它的运用者们虽然未必自觉，却"援用了相同的规则去定义适于他们自己的研究对象，构筑起他们的概念，建立了他们的理论"。[2] 作为一种思想的建构方式，它从最为根基性的思维方式入手，不动声色地形塑了现代中国的政治、社会和文化路径。这幅图景由两帧画面组成：一方面，社会是一个有机的整体，内部分工明确，环环扣合，任何微细的变化都可能引发全局的变动，因此必须事先做好通盘考量。另一方面，理性是解决所有问题的良方，因此好的治理必须是"有理想，有计划，有方法"的，而不能是"得过且过，直到雨临头时方才做补漏的工夫"。[3] 为此，管理者必须全面掌控信息，理性运用知识，密切监管，随时整顿，排除一切突发变化的可能，保证社会平稳运行。这就是蒋廷黻所说的："现代人相信知识、计画、组织。"[4]

这幅思想素描几乎适用于一切"理性主义者"，也不可避免地有所

---

[1] 曹寅在研究20世纪菲律宾生活方式现代化的著作中，考察了"美国资本和殖民当局"是怎样"将流水线生产的商品、大众消费理念、现代性、文明进步等因素捆绑打包"的（《马尼拉的现代化厨房》，收在《自行车、港口与缝纫机：西方基建与日常技术在亚洲的相遇》，北京：北京大学出版社，2022年，第171页）。此处"捆绑打包"四字最为传神，有助于说明与本书的主题。此外，我想要补充的是，这不仅是现代性输出者的意图，在输入的一方，也遵循着同样的行为和思维方式。

[2] Michel Foucault, "Foreword to the English edition," in *The Order of Things: An Archaeology of the Human Sciences*, New York: Pantheon Books, 1970, p. xi.

[3] 胡适：《欧游道中寄书》，收在《胡适文集》第4册，欧阳哲生主编，北京：北京大学出版社，1998年，第42、44页。

[4] 蒋廷黻：《知识阶级与政治》，《独立评论》第51号，1933年5月21日，第18页。标点略有更改。我是根据刘纯琳的指示注意到这篇文章的。

简化。这当然不是否认,现代中国曾充斥着各式"主义",五光十色,纷杂歧出。但在它们中,理性主义(或规划主义)无疑享有一种至高权威,几乎是所有"主义者"的必选项。在此意义上,《大同书》是一把打开中国现代历史的密钥——它虽然以描摹理想为主旨,却处处回响着规划社会降临中国的脚步声。[1]大同理想和当下的变革表达的是同一种诉求。它们都要求将人从"自给自足"的"自然状态"中解救出来,再经过重新规训,整合到一种精心规划的秩序中,区别只在于"秩序"的规模有所不同。实际上,自晚清新政开始,组建一个和民族国家相适应的"大政府",就成为20世纪中国政治变革的基本方向。从这个角度看,大同世界将"大政府"的职能扩展到了极致,与现实中国的变革仍处在同一跑道上。

除了思维方式和基本原则,《大同书》里的某些具体制度也在20世纪中国得到了不同程度的落实(尤其是下半叶的社会主义时期),比如和社会"合一"的大型国有企业,就和康有为笔下兼作地方自治单位的农场、工厂非常相近(尽管原因并不相同)。这里无法对此做出系统性的比对,权且引用诗人吴奔星(1913—2004)的一则日记。1952年1月10日,他在火车上遇到一个三岁的小孩:"这个孩子是托儿所长大的,对父母的印象很淡薄,当然更谈不上家。据他外祖父说,他能装上子弹,个性强,不好哭。"吴奔星不由赞叹:"这是新中国的后一代,决无家庭包袱的后一代。"[2]至少在诗人看来,这个不爱哭闹的孩子的国家认同和阶级认同已经超过了家庭认同,托儿所(相当于育婴院)

---

[1] 关于《大同书》与20世纪中国的规划社会思维,我在《从"桃花源"到"乌托邦":〈大同书〉关于理想社会的构想》(第56—58页)中已经做过简略论述,读者径自参考可也。关于毛泽东所受《大同书》的影响,参见李锐:《毛泽东:峥嵘岁月(1893—1923)》,北京:北京联合出版公司,2014年,第34—38页。不同的主张,参看格里德尔:《知识分子与现代中国:他们与国家关系的历史叙述》,第122页。
[2] 吴奔星:《吴奔星一九五二年日记(一)》,《万象》第14卷第8期(2012年8月),第81页。

功不可没：这种"公育"制度已经开始塑造新社会需要的一代新人。

实际上，近代中国内忧外患，社会土崩瓦解，新事物出现的速度和强度远非旧秩序所能消化，亟须新的规则和新的解释。规划社会就是应对这种变局而生的，也必然伴随了20世纪中国思想的日趋激进化。在以"人工"为中心的视野下，一切"天然"的物事（无论其是"自然的"还是来自传统的因袭）都带有种种不合理的成分，必须经过重新审查，才能决定取舍。这就是"新思潮的意义"："重新估定一切价值。"[1]1917年8月，陈独秀在给陶孟和的一封信中说："足下轻视世界语之最大理由，谓其为人造的而非历史的也。仆则以为重历史的遗物，而轻人造的理想，是进化之障也。语言其一端耳。"[2]如是，正确的态度应是重视"人造的理想"，而不为"历史的遗物"所困。"人造"与"历史"的对立，是"新青年"的共同信仰，简洁地说明了现代中国激进主义背后的理性主义根源。

王汎森说，经过五四洗礼的"青年们努力寻找另一个'根本的觉悟'，'社会'是他们的答案。'社会'才是解决一切问题的关键。而且这个社会基本上不是继承自传统的社会，而是用人的理性能力规划的新'社会'。当时许许多多新青年们毫不迟疑地主张建造一个'新社会'才是'彻底'解决所有问题的办法，建造一个新的社会才是'吾人最后觉悟之最后觉悟'"。[3]这段描述精准地勾勒出社会、革命、理性、规划等概念的重重勾连。建构一个理性社会的要求，早在清末的新派人士中流行，五四之后更成燎原之势。知识、技术、计划、管理成为一切事业的根本，绝非南海突发奇想，乃是一个新时代扑面而来

---

[1] 出自胡适《新思潮的意义》，参看罗志田：《国家与学术：清季民初关于"国学"的思想论争》，北京：生活·读书·新知三联书店，2023年，第243—244页。
[2] 陈独秀：《答陶孟和》，收在《独秀文存》，第722页。
[3] 王汎森：《思潮与社会条件——新文化运动中的两个例子》，收在《启蒙是连续的吗？》，第44页。

的气息。

钱穆曾对《大同书》的意义表示不解:"近代世界主义、社会主义之产生,皆有相当之背景,及其逐步实现之方法;当长素时中国固无应趋大同之需要,亦无可向大同之步骤,而无端发此奇想,何也?"他认定《大同书》只是康有为一味标新立异,摭拾异说,"扬高凿深","以空想为游戏而已"。[1] 但从本书的分析来看,这一裁断并不公平。《大同书》确有"空想"的成分,但态度郑重,绝非"游戏";事实上,其重要性不在表现中国有无趋向"大同之需要",而是透露中国走向"现代"的信息。[2] 出于同样的理由,我或许可以预先答复读者一个可能的批评:"现代性"在西方得到了充分展开,他们理所当然地应当做出深刻反省。但对我们这样一个似乎并不怎么"现代"的国家来说,尤其是针对这部写于20世纪早期的作品,是否有必要匆忙加入"现代性"反思的队伍中?我的答案当然是肯定的。理由呢?只需对日常生活做一有意的反思,即不难发现。

三、苦与乐的辩证法

毛泽东提出康有为没有找到"大同之路",但仍认可其思考的方向。钱穆则根本认为,康有为"去苦求乐"的理论"仅着眼社会外层之事态,未能深入人性、物理之精微。试问如长素说,无国界、种界,乃至无形界,男女同栖,一年一换,乃至无类界,人与鸟、兽、虫、鱼一视平等,果遂为至乐矣乎?"。他认为,这表明康有为并没有真正

---

[1] 钱穆:《中国近三百年学术史》下册,第737页。
[2] 刘剑梅亦在晚清的乌托邦小说《女娲石》中发现,其中的某些设施与后来中国的政治实践"有着惊人的相似之处","寓言性地预示了二十世纪的革命现实"(《革命与情爱:二十世纪中国小说史中的女性身体与主题重述》,郭冰茹译,上海:上海三联书店,2009年,第284页)。这和本书对《大同书》的认知不谋而合。

理解孔子、释迦、耶稣等大哲的"无我"之旨，否则就会知道，"此所谓众苦者，或皆非苦矣"。可是"长素独不虑此，虽打破国界、种界、形界、类界，苟使有我见尚存，恐终难觅极乐之趣"。[1] 所以，最关键的还是心灵的觉醒，而非制度的排布。无论我们是否认同钱穆的主张，这番评论都提出了一个不能回避的问题：大同真的是"至乐"之境吗？

钱穆的质疑并非毫无来由的苛责，细读一下《大同书》就可以发现，它对苦乐的刻画并不对称：对"苦"的描写具体而生动，分门别类，直扣心弦，表明南海确实对此做过不少思考；然而他甚至没有解释一下，自己所说的"乐"究竟是什么意思，似乎它只是"苦"的反面，去"苦"即可得"乐"，无须多费唇舌，人人可以明了——但如此一来，反而使"乐"成了一种消极价值，似乎它只能依赖于对立面才能理解，而本身并无积极的自性可言。我们或许可以从南海的论述中推知，他所谓"乐"主要指欲望的满足，更贴近身体的享受，而不甚考虑精神层面。[2] 即使全书结尾处谈到"灵魂之乐"，也是以"乘光、骑电、驭气"等物质形态来表现的。[3] 那么，康有为的叙述为何不涉及"人性、物理之精微"？当然有可能是像钱穆所说的，其思虑粗浅，难及此道；[4] 但也有一个可能是，在精神层次上，我们其实无法清楚地将苦乐一分为二。

幸福处处相似，不幸各各不同，可能并不只像《安娜·卡列尼娜》中所说的那样只适合于家庭，而是世界万物的本相。大同时代，人们

---

[1] 钱穆：《中国近三百年学术史》下册，第738页。
[2] 格里德尔：《知识分子与现代中国：他们与国家关系的历史叙述》，第120页。
[3] 康有为：《大同书》，第291页。
[4] 康斯坦丝·克拉森指出的一个现象也值得关注："在中世纪，对幸福的追求很可能涉及大量的身体不适和痛苦，因为只有在涉及精神愉悦时，它才会被视为一种有价值的追求"；而"在现代性中，快乐与舒适似乎相伴而行"。见《最深切的感觉：触觉文化史》，第233页。

的生活一般无二，可以享用的事物数不胜数，但它们在质的方面并无多大不同。这是一个可以享受而没有多少选择的时代。无须挣扎和疑惑，人的幸福生活已被妥帖安放，一目了然，但人生和社会也将因此丧失蕴藉隽永、令人回味的力量。实际上，道德的价值正体现在它永远允许人选择另外一面；善之所以为善，就源于恶的强烈引力。当恶事先就被阻断在选择之外，善的深度和力度也必定随之消减。追求福乐和追求意义，并非不能兼容，但它们的关系绝非简单到可以一眼洞穿。史蒂芬·康纳说："我们真正想到的不是快乐，而是有意义。"[1]虽然可能许多人都与之不同，但至少有一部分人会做出和他同样的选择。更危险的是，按照康有为的设计，大同世界运转的基本原则与其说是快乐，不如说是"正确的快乐"——然而，一旦"正确"成为"一种义务"，也就不再是"乐趣"。[2]

已有许多研究表明，痛苦具有不可替代的正面价值：它是人类同情心、归属感和团结力的起源。[3]因此，如果遍布宇宙的共感网络为《大同书》提供了一个情感上的支点，随着苦痛的消失，人也必将越来越无力唤醒其不忍之情——虽然"知"早已不再是一个问题。于是，大同世界必将成为一个由爱发动而最终取消了爱的理由的社会。[4]如同玛莎·纳斯鲍姆（Martha Nussbaum）强调的，"受苦"是"一种认识"，是我们"正确地感知人类生活的一种方式"。[5]苦难内在于"日

---

[1] 史蒂芬·康纳：《知识的癫狂》，第429页。
[2] 此处化用了英国精神分析学家达里安·利德（Darian Leader）的表述，见他的《手的精神史》，邹宏宇译，北京：北京联合出版公司，2022年，第17页。
[3] 乔安娜·伯克：《疼痛的故事》，第57—64页。
[4] 另一方面，作为一种公职的母亲的形象已经提醒我们，伴随着"私"的根除，人的情感本身也将被剥夺。换言之，"以天地万物为一体"的共感网络本身就是建立在"私"的基础上的："公"和"私"互为根基，在根本处俱有俱无，我们所能做的只有在细部小心调整它们的关联，而不能对它们施行整体性的切割手术。
[5] 玛莎·C. 纳斯鲍姆：《善的脆弱性：古希腊悲剧与哲学中的运气与伦理》（修订版），徐向东、陆萌译，南京：译林出版社，2018年，第65页。

常生活",[1]也是它令我们"感觉到自己的存在"。[2]我"痛"故我"在"。没有痛苦的生活将因此失去重量。

在任何时候,世界总不完美——常常,"世界"和"不完美"这两个词说的是同一件事。这不等于要将理想摒绝于人寰之外,而是说,理想之所以具有价值,正是因为它隶属于一个不完美的世界,也因此获得了不断和现实对话的条件。当它试图跳脱出世界之外,甚至用一个完美方案抹去现实的时候,它就占据了恶的位置,甚至转化为恶之本身。康有为自诩,大同将"演出极乐世界于全世界中",以至"后此世界无复烦恼世界矣",解决了"佛欲强逃烦恼世界、别觅极乐世界而不可得"的困境,然而同时又宣布:"大同之道,以求人生之喜乐为主,故于人情之崇喜乐而去悲哀。"[3]但是,被强迫的"喜乐"还是"喜乐"吗?在某种意义上,追求万物齐同是在为暴力的泛滥铺设可能。拉塞尔·雅各比(Russell Jacoby)说:"暴力倾向于自相残杀",而"细小差别"比彻底的相异性更易引起旁人的"敌意"。[4]人,"因相近而区分"。[5]

理性主义者相信,规划社会可以消除人间的痛苦。然而,乌尔里希·贝克(Ulrich Beck)已经指出,"现代性"并没有使世界变得更加安全,反而使其添加了更多"风险"。[6]重要的是,这些都是"人造的风险",来自"人类对自然界之干涉",而每一次意在"减轻这些后果的"(人为)干预(比如科技)又会制造"新的不确定性",以致人类

---

[1] 迪杰·法桑:《生命使用手册》,第33页。
[2] 达里安·利德:《手的精神史》,第152页。
[3] 康有为:《大同书》,第225—226页。
[4] 拉塞尔·雅各比:《杀戮欲:西方文化中的暴力根源》,姚建彬译,北京:商务印书馆,2013年,第169—170页。
[5] 这个表述来自罗志田《因相近而区分:"问题与主义"之争再认识之一》,《近代史研究》2005年第3期,第44—82页。
[6] 乌尔里希·贝克:《风险社会:新的现代性之路》,张文杰、何博闻译,南京:译林出版社,2018年。

就此"陷入了一个自反性的圆环"。[1]埃恩·威尔金森（Iain Wilkinson）在一部研究"痛苦"（Suffering）的著作里指出，现代社会致力于"理性"和"快乐"，反而因此使痛苦丧失了意义，但现代社会并没有比它之前的社会更少一些痛苦，相反，苦难一直与之如影随形。[2]这些反思当然都是从发达的"现代性"经验中提炼的"后见之明"，我们自然不应苛求康有为未卜先知，提前明了这一切。不过，我们已经提到，对于现代社会因为规模增大和日益复杂而带来的风险系数的增加，南海绝非毫无觉察，但他的解决方案是强调理性，使我们的规划能力更加敏感，监控力和执行力更加强大。

因此，20世纪人类历史带给我们的许多重大教训，也照亮了《大同书》未曾自省的认知陷阱：理性的确是人性极其重要的一部分，但也只是它的一部分，甚至并非它的中枢（其实人性也未必存在一个中枢）；它需要和人性的其余部分平等对话，通过这一过程不断调适。相信把人性全部托付给理性的管理就可以万事大吉，可能是理性遇到的最大不幸。其次，苦和乐永远处在纠缠状态，难以一刀两断，所以，也没有什么麻烦可以一劳永逸地解决，人生总会出现新的问题。任何社会都不可能没有规划，但规划社会和规划主义却是20世纪许多灾难的根源。

在这方面，维克多·马格林讲述的一群城市设计师的经历不无启发：他们曾致力设计许多大规模的理想工程，而最终改弦更张，"将这种方式运用到城市生活的一些小角落"，因为他们最终意识到，"在城市中只有较小的变革"才可能成功。[3]茨维坦·托多罗夫（Tzvetan

---

[1] 托尼·迈尔斯（Tony Myers）：《导读齐泽克》，白轻译，重庆：重庆大学出版社，2014年，第61页。

[2] Iain Wilkinson, *Suffering: A Sociological Introduction,* Cambridge, UK and Malden, MA.: Polity Press, 2005.

[3] 维克多·马格林：《世纪末的设计思考》，收在《人造世界的策略：设计与设计研究论文集》，第18页。

Todorow）有句话值得熟记："选择不再是在理想主义和现实主义之间，而是在它们根本上的分离与毗连之间。"[1]这就是说，我们不是在理想主义和现实主义之间做出选择，而是需要同时选择二者，但既应注意它们的"分离"（因此不能将理想主义不由分说地应用于现实），同时也注意它们的"毗连"（因此我们相信，无论怎样的现实都是可以改变的）。

所以，怎么说？

——"考验已经结束，我们可以回去。"

——我们可以"回去"吗？怎么回，回哪里？

---

[1] 茨维坦·托多罗夫：《走向绝对：王尔德、里尔克、茨维塔耶娃》，朱静译，上海：华东师范大学出版社，2014年，第262—263页。

附　录

一

康有为说："圣道不泯，天既诱予小子发明《易》、《春秋》阴阳、灵魂、太平、大同之说。"[1]味其语气，分明以圣人自待。梁启超后来曾言，康有为是"孔教之马丁路得"。[2]此句流传甚广，成为人们认识康有为的一个出发点，但事实上，此言是为其老师所做饰词，盖在南海心中，一直自诩为新时代的孔子。[3]他因此遭受不少攻击，亦试图掩饰此事，曾多次向同情者解释，他以"长素"为字，并无"长于素王"之意。[4]然而这个说辞并没有否定他自己成为另一个"素王"的可能。事实上，他在1914年的一次演讲中，坦承自己少时"尝欲自为教主矣，欲立乎孔子之外矣，日读孔氏之遗书，而吹毛求疵，力欲攻之"，然而最终发现孔子学说"圆通无外"，自己实"不能"另立门户。[5]不过，若是结合康有为对"托古"的深刻认识，则这很可能是

---

[1] 康有为：《论语注》，第378页。
[2] 梁启超：《南海康先生传》，第427页。
[3] 茅海建已注意及此，见其《论戊戌变法期间康有为、梁启超的政治思想与政策设计》，第55—56页。
[4] 参看吴敬轩（吴康）：《康圣人的故事》；卢湘父：《万木草堂忆旧（选录）》，均收在夏晓虹编：《追忆康有为》（增订本），北京：生活·读书·新知三联书店，2009年，第171、186页。
[5] 康有为：《参议院提议立国之精神议书后》，第206页。

非"不能"也，实"不为"也。

二

梁启超曾告严复："书中之言，启超等昔尝有所闻于南海，而未能尽。南海曰：若等无诧为新理，西人治此学者，不知几何家几何年矣。及得尊著，喜幸无量。"[1]茅海建指出，这里所说即是严译《天演论》。[2]是也。毫无疑问，康氏曾读过《天演论》，问题是他所谓"若等无诧为新理"者，是否即指严译而言？细读梁文，所谓"新理"，是指其所聆康氏之言，其中颇有与《天演论》"所言"相合者，而这早在他读到严译之前。[3]其时南海绝不应预知到严复会翻译一本《天演论》，则其所谓"西人治此学者"，应是泛指进化、进步一类学说。任公心中早有类似印象，故能一读"尊著"，即"喜幸无量"。考虑到康有为早对弟子们讲过相关理念，则"我生思想皆天演"一句，虽有夸大，却并非毫无所据。因其所谓"天演"，是指广义上的社会进化观念，而非严译天演学说也。

三

不过，大同小康仅是两个阶段，如何与三阶段论的三世说相对应？在这方面，康有为的表述颇多游移。在《春秋董氏学》中，小康和升平世相对应，所谓"升平者，渐有文教，小康也"。但他后来又将

---

[1] 梁启超：《与严幼陵先生书》，收在《梁启超全集》第19集，汤志钧、汤仁泽编，北京：中国人民大学出版社，2018年，第535页。
[2] 茅海建：《康有为与进化论》，第264页。
[3] 梁启超得见严译手稿，是在1896年冬。见严复：《与梁启超书》（1896年10月），收在《严复全集》第8卷，第119页。

小康改作与据乱世对应的一个概念。如1901年的《孟子微》序言说荀子"传小康、据乱之道",1912年又说:"据乱之时,宜行小康之法。"[1]时务学堂学生曾继寿(生卒年不详)在读梁启超《读孟子界说》时,就曾对其中"孔子立小康之义,治二千年以来之天下"一句感到不解。他认为这二千年绝不能和三代媲美,"此谓之据乱世则可,何得与禹、汤、武王、成王、周公同谓之小康哉?夫此二千年以来谓之小康,则禹、汤、武王、成王、周公宜显然谓之大同矣"!梁启超的答复也颇含糊:"此二千年行小康之制度,而不能成片段也,如今日之行西法而致弱,固不能归咎于西法之不善矣。"又云:"孔子大同之义取法于尧、舜,小康之义取法于汤、武耳。不必泥定当时之天下乃可通。"[2]如此,则小康实际上是据乱世的"理想",看起来那时的康有为已经修改了之前的意见。[3]

四

首先将太平天国运动和近代的大同观念连在一起的似是日本学者。中西牛郎早在1898年底就断言,康有为"以太平为理想,隐然可见遗传洪秀全太平天国精神之处"。[4]他站在实际的中国语境之外,仅仅依据文本的表述建构历史的传承,并不准确。伯纳尔虽然承认在太平天国思想中看不到公羊说成分,但仍强调太平天国的"太平"理想和公羊学太平世、康有为的大同说都是"广泛的至福千年思潮的一部

---

[1] 康有为:《春秋董氏学》,第324页;《孟子微》,第411页;《中华救国论》,第326页。
[2] 《湖南时务学堂第一集·答问》中曾继寿问、梁启超答语,收在湖南时务学堂编:《湖南时务学堂遗编》,第54、55页。
[3] 不过,叶德辉在一封信中指责康有为违反经义时提到"不能武断小康为升平,大同为太平"(叶德辉:《叶吏部与段伯猷茂才书》,第376页),似乎他所闻者仍是康有为早前的看法。
[4] 中西牛郎:《论康有为氏之理想及事业》,第346页。

分"。[1]列文森已经对此论断做过批评,指出太平天国领袖对《礼运》的征引并不是"儒家式的,而是太平天国最纯粹的君主制下、以专制的方式使治下民众完全均平"。[2]萧公权更指出,太平天国"天下一家"乃从基督教"爱人如己"转手。[3]事实上,且不论太平天国得名的由来是否与《公羊传》有关,但"大同"与"太平世"绾合在一起,是康有为之后才有的做法,我们不能用它作为依据,倒溯洪秀全的思想脉络。

五

自此以后,《礼运》在康有为那里的重要性日益突出。1897年的讲学记录将之列入《戴记》中"能传孔子之学"的几篇文献之一(余为《中庸》《大学》《王制》《儒行》),而言《礼运》有"两条大义":"大同"和"知气"。又屡言:"孔子有五平世,和平、升平。""'同'字、'平'字,先同而后能平。""孔子有大同、大平、大顺。""身言修,家言治,天下言平。孔子有五平:一升平,一太平,一古平,一利平,一至平。"[4]这里两次提到"五平世",内容不一;而"和平"、"升平"、"大平"(疑即太平)、"大顺"、"古平"、"利平"、"至平"数词究竟何义,从中实难尽知,而康氏此后也未做进一步阐发,但很显然,他此时又有新发明的奥义;而从"先同后平"的条目来看,他似乎也想将"太平"和"大同"的关系阐述得更为清晰,不过此后他很快进入实际政治生活,此一工作也就此停顿。不过,康有为后来又提出"通""公""同"三字作为治世之义,且三者有递进关系。[5]

---

[1] 伯纳尔:《一九〇七年以前中国的社会主义思潮》,第6页。
[2] 约瑟夫·列文森:《儒家中国及其现代命运》,第338页。
[3] 萧公权:《中国政治思想史》,第443—444页。
[4] 康有为:《万木草堂讲义》,第293、294、301页。
[5] 康有为:《长安讲演录》,第292页。

六

需要注意的是,《大同学》亦有与康有为大同说相同的成分,所谓"不分国、不分洲、不分种",而"凡为人者,皆兄弟也,皆当秉公道以待之也"。不过,总体来看,二者关系不大。事实上,颉德的书曲终奏雅,实不无为西人殖民辩护的嫌疑:"总之,目下之光景,确知上帝欲五洲各国各教之人,彼此各治起事,而俾五洲之人,共仰望而称誉之,将来即以各洲之权势归之。"[1]更重要的是,此书的重点在宣传基督教(所谓"天道""教化""道心"等)推动人类进步的核心作用。

七

张尔田(1874—1945)曾大批梁启超"以大同小康论定群籍"之举"最为无据"。他强调,《礼运》所谓大同小康乃是不同的"施治之方,因时制宜,亦如《春秋》三世,分为太平、升平、据乱,非以大同为优,小康为劣也。若如梁氏意,专重大同,则《春秋》但以太平之法治之足矣,不必更立升平、据乱二义也"。[2]张氏否定了将大同小康说和三世说理解为进化理论的做法,强调无论是三世中的某世还是大同与小康,并无优劣之分,只是几种并列平行的治理方案,需要人们根据实际情况采择选用。以进化论解之,早已违背经典本意,何况20世纪才被中国人知晓的各种新潮主义?张氏所说当然未必就是唯一的解释,按照《礼运》原文,大同与小康确有高下的不同。不过,他反对将之解释为一种线性的进化观念,是可以成立的。

然而需要强调的是,张尔田对康有为的指责也并不公平。事实上,

---

[1] 颉德:《大同学》,第82、87页。标点略有更动。
[2] 孙德谦、张尔田:《新学商兑》,第21页。

梁启超曾多次强调,在南海看来,"凡法律务适宜于其地与其时,苟其适宜,必能使其人日以发达;愈发达,愈改良,遂至止于至善。故不可以大同之法为是、小康之法为非也,犹佛言大乘不废小乘也"。[1]进化论当然包含了"优劣"的比较,但南海的思路有其复杂性(进一步的论述参看第四章)。

八

以梁启超为例,他在《大同书成题词》诗后的题跋"先生演《礼记》大同之义……二十年前,略授口说于门弟子;辛丑、壬寅间,避地印度,乃著为成书",[2]目前被学界当作此一问题的一份关键证据。不过,梁启超对此问题的说法不止一种,不无自相矛盾之处。比如,他在多种文献中,都明里暗里地提到其师在万木草堂时代曾写作过一本叫作《大同书》或《大同学》的著作,自己还曾亲自寓目,[3]但此书与我们今日所见《大同书》是何关系,则闭口不言(事实上,他同时提到的一些著作如《公理通》,在目前所存康有为著作中亦找不到)。一个人的证词尚如此矛盾,彻底搞清楚这一问题,难度可想而知。不过,根据康有为那时大谈孔学精华在"口说"而不在"竹帛"的思路,此时他向学生"略授口说"的可能性要更大。

---

[1] 梁启超:《南海康先生传》,第436页。他在时务学堂回答学生的问题时也强调:大同小康确有公私之分。然而,"天下有运焉,既未交太平之运,则不能不行小康之义,不然则孔子专立大同一义足矣,何必更为小康哉?故学者亦不可以尊大同而抑小康也"。见《湖南时务学堂第一集·答问》梁启超答语,收在《湖南时务学堂遗编》,第54—55页。
[2] 梁启超:跋《大同书成题词》,第136页。
[3] 梁启超:《三十自述》,收在《梁启超全集》第4集,第109页;跋康有为《礼吉二十六岁短命死矣,德业为门人冠》著伟才学文思奇奥,二十四岁足矣。追思为恸》,收在《康有为全集》第12集,第177页;《清代学术概论》,第276页;《南海先生七十寿言》,收在《梁启超全集》第17集,汤志钧、汤仁泽编,北京:中国人民大学出版社,2018年,第478页。

九

康同璧的原文是:"迄光绪十年(甲申,一八八四年),先君结合宋元明学案、佛典,旁收四教,兼及西学,悟齐同之理,以三统论诸圣,以三世推将来。注《礼运》,旋著《万身公法》,后著《大同书》,初秘不敢示人。"又云:"同时,先君既手定大同之制,并著《人类公理》(光绪十一年,一八八五年);次年(光绪十二年,一八八六年)更作《康子内外篇》,内篇言天地人物之理,外篇言政教艺乐之事。二书原稿抄本尚在,或可有助于阐明大同思想之发生、发展与成长也。"又抱怨:"在史料不足的情况下,有人盲然臆测《礼运注》倒填年月,竟谓先君大同进化思想系受诸严译之《天演论》,是皆妄论。"[1]其所引语句多出康有为《我史》,然而《我史》中却并无光绪十年著《大同书》的记录——对于从不放弃任何自我表扬机会的康有为来说,这一缺失非同小可,只能说是事实如此,不得不然。

重要的是,康同璧在"著《大同书》"前,用了一个"后"字,此则既可指1884年,亦可指其后的任何一年;在较为明确地提到1884年(或稍晚的1885年)这一时段时,她说的是南海"手订大同之制",而其驳斥的"妄论"主要针对的也是《礼运注》和"大同进化思想"——须知,无论"大同之制"也好,"大同思想"也好,与《大同书》都是两件事。当然,这段文字对《礼运注》写作年份的记录完全是错误的,但那是另一回事。[2]又,她编写的康有为年谱1902年条云:"自甲申(先君时年二十七岁)属稿,初以几何原理著《人身公法》,旋改为《万年公法》……至是数易其稿,而卒成《大同书》

---

[1] 康同璧:《回忆康南海史实》,第142—143页。
[2] 关于《礼运注》的写作时间,参看汤志钧:《再论康有为的〈大同书〉——兼与李泽厚、张玉田二先生商榷》,《历史研究》1959年第4期,第59页。

十部。"[1]康同璧很显然是把《实理公法全书》(即《人身公法》《万年公法》)看作了《大同书》的初稿,但二者性质完全不同,只可能有思路上的联系,绝不会有文献上的递承。[2]如果结合这一点来看,康同璧不啻于承认《大同书》写于1902年。

十

目前我们所看到的,仅有光绪十二、十三、十四、十五年的日记。其中大部分内容是阅读古籍,少数是涉及西学的记录。从"三世"框架来看,这一时期他的思考内容,同时涉及不同的历史阶段。其中有些和他后来的主张还截然相反,如光绪十三年有段日记,大力褒奖中国的"抑女"制度,认为这是使父子相亲的唯一途径。他担心女学发达后,必会导致堕胎盛行,造成人口减少,文明退化,又至"大愚",故"以中国之教为长"。[3]不过,在《大同书》中,他的主要论点虽然发生了一百八十度的改变,但这些思考仍不同程度被保存下来(详见第四章)。当然,《我史》中大部分内容在日记中并无对应,有一些完全可以肯定是康有为后来的增饰。比如前引光绪十一年的那几句话,据茅海建所见手稿本,就是初稿没有而后来加入的。[4]

十一

这里依据的是《不忍》第一期刊出的全书总目,其中"去家界为

---

[1] 康同璧:《南海康先生年谱续编》,收在康有为:《康南海自编年谱(外二种)》,楼宇烈整理,北京:中华书局,2012年,第98页。
[2] 房德邻已分辨过二者的不同,见其《〈大同书〉起稿时间考——兼论康有为早期大同思想》,《历史研究》1995年第3期,第99—100页。
[3] 康有为:《我史(附日记)》,第71页。
[4] 茅海建:《论戊戌变法期间康有为、梁启超的政治思想与政策设计》,第31页(注释2)。

天民"的"家"、"去产界公生业"的"公",均标以缺字符。在甲部结束时,这几句话(除了"入世界观众苦")作为内容的一部分再次刊出,其中又出现了几个缺字符(如"去形界"和"去家界"的"去"、"各独立"的"各独"),但恢复了"家""公"二字,可见缺字应与政治原因无关;"平民族"则被写作"平人民族",显系手民之误。又,康同璧《南海康先生年谱续编》1902年条:"至是数易其稿,而卒成《大同书》十部",其中戊部作"去行界如独立",己部作"去众界为天民",庚部作"去产界均生业",余均同。[1]我们不知道康同璧的根据何在,这几个字的差别也都值得回味,特别是把"家界"写作"众界",尤值注意。又,《南海康先生年谱续编》依据的是康同璧1958年编成的油印本,其内容显然受到钱本的影响,而非1902年时《大同书》的本来面目。

十二

也许最接近康有为意思的,是《不忍》杂志第一册的封面画:一个人困在海边悬崖的一棵树上,惊恐回看下方,那里是一片浩瀚的波涛和一只张开了血盆大口、正准备猛力一扑的鳄鱼;在更高的崖顶,有人正垂下一根绳索,想要救他上来。无疑,那位正在施救的人就是康有为,而困在树上的人就是中国人的化身:其情势危急,一不小心就可能葬身。然而,他只顾回看下方,恐怖万状,似乎并未留意到头上垂下的绳索。那么,他有被搭救的可能吗?这是一个勾人心弦的悬念。这幅画呈垂直布局,自上而下分为三段:分别以施救者、被困者和鳄鱼为中心形象,但其空间并非平均分配,被困者和鳄鱼占据了图下部的二分之一,施救者则位处上半部分的中心。如果把这幅画作为《大同书》的隐喻,它那自上而下的构图方式,岂不刚好对应着康有为

---

[1] 康同璧:《南海康先生年谱续编》,第98页。

视线展开的次序?

十三

1820年,阮元(1764—1849)写了一首诗,讲他由望远镜观月的心得:月中并无传说中的广寒、玉兔,实是另一"地球"而已,其中也有人烟(应亦有畴人)。他用交换性的思维展开想象:"若从月里望地球,也成明月金波色。"[1]他的认知方式显然已经被改变了,月亮不再是一处高悬于顶的神仙境界,它和地球互为镜像,实际处于同一平面。值得注意的是,在康有为的天游之学中,亦出现了同样的想法。尤其是在晚年之后,南海不断提醒人们,地球和诸星一样,同样悬于天上,故"地上人"和"天上人"的差别只是表面的,二者的本质并无不同,"地上人即天上人"。地上人仰望诸星,诸星人实际上也在仰望地球,大家相互"仰视",其实都是平视而已。[2]如果将同样的情形还原到大地之上,这番议论或许可以理解为:当中国人"仰视"东西洋的"文明国"的时候,不要忘记,大家在实质上都是平等的。显然,这和他早期对文明的认知已相当不同。

十四

《大同书》开端的写法虽然貌似新奇,但在1901年梁启超为李鸿章(1823—1901)所写的传记《中国四十年来大事记》中就已经用过了。该书在讲述李鸿章的经历之前,就把李鸿章的出生和19世纪欧洲

---

[1] 阮元:《望远镜中望月歌》,收在《研经室集》下册,邓经元校点,北京:中华书局,1993年,第971页。
[2] 康有为:《诸天讲》,第19页。有关内容,又见该书第11、13、132页;《长安讲演录》,第272、288页;《吾著〈诸天书〉以示树园》,第389页。

局势的变化并联起来:随着法国大革命风潮平息、拿破仑的死亡,西欧各国不再"自相侵掠",而将矛头群集东方。"于是数千年一统垂裳之中国,遂日以多事。"列强侵迫之日,却又是文明大进之时:蒸汽机的发明、苏伊士运河的开通,使得世界日见缩小。于是"西力东渐,奔腾澎湃",不可遏止。长长一番回顾之后,梁启超总结道:"盖自李鸿章有生以来,实为中国与世界始有关系之时代,亦为中国与世界交涉最艰之时代。"[1]

如果说李鸿章是洋务运动的领袖,在当时已属世界史上的重量级人物,这样的写作手法正是门当户对的话,第二年,梁启超在《三十自述》中故技重施就令人留下更深刻的印象:"余乡人也,于赤县神州,有当秦汉之交,屹然独立群雄之表数十年,用其地,与其人,称蛮夷大长,留英雄之名誉于历史上之一省。于其省也,有当宋元之交,我黄帝子孙与北狄异种血战不胜,君臣殉国,自沈崖山,留悲愤之记念于历史上之一县。是即余之故乡也。"自国至省,再讲到乡,空间上层层收缩,也时时与中国历史的大事件交缠。接下来是一段在自传中比较传统的做法,讲述家族的来历和曾祖以降的历史,然后谈到自己的出生:"余生同治癸酉正月二十六日,实太平国亡于金陵后十年,清大学士曾国藩卒后一年,普法战争后三年,而意大利建国罗马之岁也。"[2]论意象的繁复,这段描写还不能和《大同书》相比,但基本的思路已定,康有为不过踵事增华,并将传主转移到自己身上而已。

顺便一提,康有为似乎很喜欢这种将个人生命与宏大历史配合的手法。1902年,他回溯印度亡国史说:"至孔子二千四百有八年,即咸丰八年,乃合印度各藩王尊英王维多利亚为印度后帝,而印度永为奴

---

[1] 梁启超:《中国四十年来大事记》(一名《李鸿章》),收在《梁启超全集》第2集,汤志钧、汤仁泽编,北京:中国人民大学出版社,2018年,第395页。
[2] 梁启超:《三十自述》,第107页。

隶国焉，此吾生于大地之岁也。"[1]这就是《大同书》开始提到的那句："康有为生于大地之上，为英帝印度之岁。"（从手稿本看，此句是后来添加，显然是为了强化个人史与更宏伟的世界史之间的关联。）此后，1904年的《意大利游记》和当年底所作的《欧洲十一国游记·序》，也都使用了类似的表达方式。[2]这些情况似乎也都从侧面证明，那时《大同书》刚刚完成不久。

十五

在那一时期的趋新士子中，《华严经》具有极大魅力。谭嗣同与华严学说关系极深，已是学界常识。[3]此处再以孙宝瑄为例，略加申明。1898年，孙氏读到《华严经》，对《世界品》所云各大世界的形状颇为留意，认为其"与西人天文家言，所谓星团、星气、螺旋白云、天河诸星状之说暗合"，又"与群星绕日及恒星之说"相通。1901年，他又谈道："净土家言，经云：诸佛是法界身，入一切众生心想中。心想佛时，是心即是三十二相八十随形好，是心作佛，是心是佛。忘山居士曰：此众生心与佛心通。故海西人所谓以太。以太者，即诸佛之质点也。人人有此质点，故能与佛法界身通。"[4]把科学新知与佛学旧论合二为一，思路与康有为非常接近。

1903年，孙宝瑄在日记中提到"德麻司摩克"有《华严界主义》一书，并称："华严界者，哲人意想中之一虚境。"[5]按，该书1902年曾

---

[1] 康有为：《与同学诸子梁启超等论印度亡国由于各省自立书》，第338页。
[2] 康有为：《欧洲十一国游记·序》，第344页；《意大利游记》，第393页。
[3] 魏义霞：《康有为与谭嗣同的华严因缘》，《江淮论坛》2021年第3期，第97—102页。
[4] 孙宝瑄：《孙宝瑄日记》上册，光绪二十四年二月二十二日（1898年3月14日）、光绪二十七年十月十三日（1901年5月1日），第200、459页。后一条原书标点有误，已改。
[5] 孙宝瑄：《孙宝瑄日记》中册，光绪二十九年十月二十日（1903年12月8日），第836页。

列入《新民丛报》预告《新小说》即将刊载的"哲理科学小说"名单,作者题"英国人德麻摩里",就是托马斯·莫尔的《乌托邦》。此处把"乌托邦"译为"华严界",值得特别关注。因为一般情况下,很少有人把华严观念和理想社会联系起来(更容易引发这类想象的一个佛教术语是"极乐世界")。不过我们如果改用康有为的思路,在中间插入一个类似共感网络的概念,它们的关联就立刻清晰起来。

同样值得注意的是,《新民丛报》的广告里还有一本"哲理科学小说",是日人矢野文雄(1851—1931)的《新社会》,在《新民丛报》上被改名为《极乐世界》,属于"理想小说"的一种。[1]很明显,无论是《华严界》还是《极乐世界》,都取自佛教典故。这意味着,对于晚清时人来说,要理解一个完美社会,在中国传统中所能寻找的资源并不多见,佛学是其中之一,再加上它与科学之间存在的多层次共鸣,更使其魅力无穷。

十六

人性是一种物质性的存在,这是晚清时期许多人的共识。在《新石头记》中,文明境界里有一所"验性质房",配备有"测验性质镜"。凡欲进入文明境界者,都需要检验其人性。作为作者化身的"老少年"告诉贾宝玉:"此时世人性质,多半是野蛮透顶,不能改良的",但也有"性质尚能改良之人"。凡是不能改良者,皆不许进入其中;若是可以改良者,则须先经过改造,才能入境。"老少年"自豪地宣称:"科学昌明之后,何事何物不可测!"[2]而在陆士谔(1878—1944)的想象中,四十年后的中国,已经可以采用机器测量人的善恶,用疫苗阻止

---

〔1〕 贾立元:《"现代"与"未知":晚清科幻小说研究》,第10页。
〔2〕 吴趼人:《新石头记》,第445页。

新生儿的恶根性，用药物令成年人的恶根性排泄而出或者用手术加以割除。[1]善恶既可测量和药物改造，其为一种物质，也就可想而知。

十七

《天演论》慎始基斋本（1897年冬或1898年初）谓："然使后之世果其有之，其致之也，将非由任天行之自然，而由尽力于人治，则断然可识也。"无"及其至也"云云。商务印书馆（1905）全本与此同，《吴京卿节本天演论》（约删定于1897年）微有字句之异，意思无别，而此后另有一句："然必谓其盛可长保，则又不敢必之说也。"惟陕西味经售书处重刊本（1898年春）谓："然使后之世果其有之，其致之也，将任天行之自然与？无以尽力于人治以补天，使物竞泯焉，而存者皆由人择而后可欤？及其至也，天行人治，合同而化，异用而同功，则所谓天地位而万物育矣。"颇作波澜，语气也不如其他几个版本斩截，意思相对暧昧。[2]

十八

内圣的一面在康有为的大同观念中仍有体现，甚至可以说比在乱世更为重要。他说："佛氏之总旨，在难降伏其心。王阳明称去山中贼易，去心中贼难。孔子之道，内圣外王，原合表里精粗而一之。然治世究为粗迹，若养神明之粹精，乃为人道太平之根。令人人神明清粹，则人种自善，而一切治法可去。故孔子之重养神明尤甚也。"[3]不过，

---

[1] 陆士谔：《新中国》，北京：中国友谊出版公司，2009年，第60页。
[2] 以上引文见严复：《天演论》(慎始基斋本)、《吴京卿节本天演论》、《天演论》(商务本)、《天演论》(味经本)，均收在《严复全集》第1卷，第98、280、228、169页。
[3] 康有为：《论语注》，第417页。

这里的"内圣"是普遍性的,以"人种"皆善为前提,和传统儒家那种专责"贤者"的"内圣"意义不同。更重要的是,此时"内圣"的主要工作是"养神明"。这是一种修仙修佛的法门,实际上早已逸出儒家之道,所以他宣称此时"一切治法可去"。

十九

1919年初,由陈焕章发起、田应璜等20人连署的一份提案,要求北京政府在巴黎和会提出"组织世界大同政府"案,其《世界大同政府组织法》显然参照了康有为对全球"联邦"的设想,"大同政府"相对于康有为所说的"公议政府","大同会议"即是"公议会"。但其中完全没有提到与"小联合""大联合"相应的内容。相反,它再次强调了"分"的意义:"各国不得以两国以上合为一国,止可分为数国,但亦须大同政府之认可。其灭国绝世之复兴复继者,大同政府即当承认之。若各国属地之愿脱离母国,而又不自立国,惟愿隶属于大同政府者,自当收纳之。"又明令:"除全世界结一大同盟以组织大同政府外,各国不得复有二国以上之同盟。"[1]如是,则绝无再通过国家吞并方式合一的可能,避免了《大同书》的矛盾。

二十

康有为主张历史和文化由地理环境决定,"凡一切政化,皆地势使然",与"人为"无关。比如,英国"能创民权、宪法之美,汽机、物质之学,及一切政治之美者,皆岛国绝海为之";整个欧洲文明"霸于

---

[1] 陈焕章等:《建议组织世界大同政府请咨政府提交和平会议案》,收在《陈焕章文录》,第276—286页,引文在第281、284页。

大地",也因"地中海形势"使然："海港汊氾纷歧,易于据险而分立国土",因"多小国寡民,而王权不尊,而后民会乃能发生焉"。故实际上都属于"天骄",他国势不能与之相争。同样的道理,中国之不能产立宪民权,"非吾有所不如也",实际上也和"地形""地势"的限制有关。[1]如果人类文明的进步是"人力"战胜"天行"的过程的话,这一说法使西人的成就立刻显得微不足道,同时也提供了一种为中国辩护的视角。

二十一

叶德辉认为,康、梁学说之最谬者莫过于"合种、通教诸说"。盖"西人言全体学者,喜格致脑气筋之理。彼言脑气筋之灵之细,惟黄、白二种相同,其余棕、黑、红种皆所不及。其论性之善恶,又有本于父母之性之说。彼言种之善者、灵者,不可与恶者、蠢者合,译者衍为进种改良,已失其本旨;康、梁乃倡为合种、保种之说,几若数千百万中国之赤子无一可以留种者,岂非瘐犬狂吠乎"？[2]抛开政治和文化见解的差异不提,叶德辉对康、梁学说的来历把握得相当准确,可知不仅是"种"的观念,在"性"的观念上,南海师生亦颇受西人影响。不过,在19世纪末,中、日两国都出现过与白人通婚以合种的思潮,而大部分是想通过这种方式变"黄"为"白"(但也有主张借此以"强化'黄种'"的)。[3]

---

[1] 康有为：《希腊游记》,第460页;《英国游记》,第2、6—7页;《西班牙游记》,第299页;《意大利游记》,第382—383页。
[2] 叶德辉：《叶吏部与俞恪士观察书》,第369—370页。标点有改动。
[3] 具体论述参看孙江：《布鲁门巴哈在东亚——"人分五种说"在东亚的传布及文本比较》,收在《重审中国的"近代"：在思想与社会之间》,北京：社会科学文献出版社,2018年,第189、199页。

二十二

在康有为的论述中,"杂婚"有两种效果。一方面,他强调通婚范围过于狭小,会导致疾病丛生,而合种有利于人的身心发展,增加"生意"。印度之所以人种退化,就是因为种姓制度过于严格,导致"下等人皆不讲维新、不讲养生,愚贱相传"。但另一方面,他也非常警惕"合不良之种"有使"人道复退化于野蛮"的危险。在他看来,美国人"相好日劣",都是因为黑人与白人杂交,"以劣种变之"所导致的。在大同时代,由于棕、黑人口已经遗存较少,地球上多为白、黄人种,即使有少量的"劣种",也可以迅速地被稀释在大量"美种"之中,故血统的混合已不足为害。[1]

二十三

那时信仰无政府主义、主张"人类平等"的刘师培也说,人类面貌虽殊而原质则同,只因外部环境的差异导致"进化"速度不同,遂使"人种有优劣之分",但绝不能"据此以证古初人类之不同"。[2] 除了反对以肤色分界外,刘师培的思路和康有为非常相似,二人都认可"人种有优劣之分",但这并没有阻止他们反对种族不平等。事实上,种族的地理或环境决定论是晚清中国流行的西学知识之一,论者亦多以此批判"种族之见"。[3] 值得注意的是,19世纪一批美国的体质人类

---

[1] 康有为:《春秋笔削大义微言考》,第254、99页;《印度游记》,第539—540页;《英国游记》,第22页;《大同书》,第118页。

[2] 申叔(刘师培):《无政府主义之平等观》,收在葛懋春、蒋俊、李兴芝编:《无政府主义思想资料选》上册,第74页。

[3] 参看孙宝瑄:《孙宝瑄日记》上册,光绪二十七年三月初六日(1901年4月24日),第356页。

学家"通过定量测量身体特征",得出"种族的形成"与环境的差异(这是18世纪启蒙哲学时代的理论)无关,"而是从人类诞生之初就已然存在",因而"拒绝任何关于黑人种族未来'进步'的理论"。这被西佩·斯图尔曼称作"科学种族主义"。[1]康有为、刘师培等人的想法和他们具有明显差异。

二十四

南海自称在光绪十一年时曾生过一场大病,"几死",然而"医者束手无法",他只有"裹头行吟于室,数月不出"。事实上,他号称正是在养病时期发明了"大同之制"(这再次提示我们注意到大同观念与医学、救世等主题的关联),之后因自学西医书,"创试西药"而愈。这段回忆一如既往地做了夸饰(比如自制西药就极不可信),但他在1898年春完成的《日本书目志》中,将"生理门"列为第一,下列三十六类共三百余种著作。此书虽是从日本书商那里抄录而来,但其对"生理"学的重视程度也可见一斑。事实上,他认为生理学是人人所应通晓的知识,乃"人道之本、治学之始",甚至是政治的起点。并且,如同一切他认为好的东西一样,他同样也把"养生"归为"孔门一学",[2]将之看作被遗忘了的传统。

---

[1] 西佩·斯图尔曼:《发明人类:平等与文化差异的全球观念史》,第335、336页。而在18世纪,法国博物学家布丰(Georges Louis Leclere de Buffon, 1707—1788)和德国生理学家布卢门巴赫(Johann Friedrich Blumenbach,即孙江所云"布鲁门巴哈",1752—1840)"都强调'人种'是环境因素的产物,也都指出'人种'之间的界限是流动的、动态的"。这种流动的种族观在19世纪仍然存在,并没有消失(同书,第266、337—338页),这也就是康有为等人所接受的主张。

[2] 康有为:《我史(附日记)》,第65页;《日本书目志》,第267、268页;《春秋董氏学》,第410页。

二十五

需要指出的是，辛亥前后，特别民国之后，康有为出于政治需要，进一步扩大了"公"的定义，不仅用之界定大同，而且将其作为一个所谓"国体"（实际兼有政体意味）的概念。他在1913年3月发表的《拟中华民国宪法草案》中表示："天下国家，只有公有、私有二大义而已。"据此，他对孟德斯鸠（Charles-Louis de Secondat, Baron de La Brède et de Montesquieu, 1689—1755）等"不明析公有、私有之大辨，而徒言专制、立宪、共和之等差"的政治哲学大表反对，强调重要的是前者而非后者："固有私有之国体而兼专制、立宪、共和三义者，亦有公有之国体而亦兼专制、立宪、共和之三大义者矣。"进一步，时人"不问公有、私有之大别，而于公有之中，斷斷于有君主无君主之分"，正是"中国今者之乱于未艾"的主因。同样的辨析，也已在1911年11月发表的《救亡论》中出现过。[1] 这两篇文章的目的都是为了反对共和，推销君主立宪或他后来所说的"虚君共和"制。

二十六

在这方面，托马斯·莫尔在《乌托邦》中提供了一个可资对照的先例。斯蒂芬·格林布拉特说，莫尔"提出共产主义并不是将其作为一贯的经济主张，而是将其作为反抗人类本性中的某种倾向的工具"，比如自私、傲慢、虚伪等。[2] 南海当然关注到这一点，不过比起人性，他更重视的还是生活的苦乐；道德则在根本上被视为私有制的恶果。当然，他有时也会强调改善心术才能走向大同。比如《论语注》："先绝贪吝

---

[1] 康有为：《拟中华民国宪法草案》，第39—40页；《救亡论》，第228—229页。
[2] 斯蒂芬·格林布拉特：《文艺复兴时期的自我塑造：从莫尔到莎士比亚》，第47页。

之根，乃可入大同之世也"；"绝去骄妒责报之根，乃可入大同之世也"；"绝去仅私其家之事，乃可成大同之道也"，等等。[1]这些判断更接近儒家传统，不过南海只是偶然一说，而且是在注疏之中：尽管他的工作态度以"六经注我"为主，但注释经典，或多或少还是要受到原文限制。

二十七

康有为早年笃信《周礼》。1888年，他在给潘祖荫（1830—1890）的信中，就曾引用此书，证明"中国先王之治，非不纤悉"。不过，在转向今文经学以后，他毅然将其打入"伪经"之列，批评其"立官之分司不清，一人之统驭太繁"。不过，在内心深处，南海对之仍颇有同情，多次称赞："周官制度之密，侯邦采邑之繁，皆赖乡党州里之纤悉，无一不举也。"或谓："《周官》之治天下，至纤至悉，而后治法下逮于民。"事实上，他认为刘歆（？—23）在伪造《周礼》时，"多采战国之制，故于立国之法亦多有精密可采，远过汉制者，且亦多与今欧美之政论政法相合者"，实"为后世治一统之制所不及"。他表彰"汉、晋、六朝实行之《周官》乡遂之制"，"自治至密，过于东西"；对于王安石之新法，也颇能同情："其得力在《周官》，故流毒鲜。"[2]

余英时曾说，《周礼》被视为"周公致太平之书"，高度契合儒家"改造社会"的志向，"两千年来"对知识人的"号召作用"不绝。[3]

---

[1] 康有为：《论语注》，第411页。
[2] 康有为：《与潘文勤书》，第169页；《官制议》，第238、272、241页；《论都会城邑自治》，第132页；《日本变政考》，第213页；《康南海先生讲学记》，第108页。
[3] 余英时：《金春峰〈周官之成书及其反映的文化与时代新考〉序》，收在《会友集：余英时序文集》（增订版）上册，彭国翔编，台北：三民书局，2010年，第23页。需要指出的是，余文还进一步指出："康有为后来斥《周礼》为伪书"，乃因其"已受到西方思想的激发而创造了一套新的乌托邦——《大同书》"。不过，《大同书》的写作是在康有为不信《周礼》之后，此说似无法成立。

但李源澄（1909—1958）已指出，晚清以前提倡此书者仅有刘歆、苏绰（498—546）、王安石等寥寥数人，故其虽在经部，实际影响力却不可高估。[1]孙诒让（1848—1908）的观察也颇类似，只是又在名单中添加了一位李林甫（683—753），且注意到凡欲托此书以治世者，其世无不乱。孙氏认为，此数人原本心术不正，又未真正领会《周礼》的精神，是其致败之因。却因此使得此书深遭世人"诟病"，即有"一二闳揽之士"，也以古今势易为理由，怀疑其不足用。[2]事实上，《周礼》常被疑为"伪书"，而论者所持既有文献学的证据，[3]也有对其基本治国原则的质疑，比如"赋税重"。[4]

随着西学东渐和"师夷长技"的流行，晚清学界出现了对《周礼》再评估的热潮。趋新人士在其中读出了不少与西方富强的制度相密合的依据。谭嗣同尚未改宗今文经学时，就曾宣布："西法博大精深，周密微至，按之《周礼》，往往而合。"[5]孙诒让耗费近三十年心力，数易其稿，写成《周礼正义》，一个动力就是，在他看来，泰西强国虽未尝"稽核于周公、成王之典法"，但"其所为政教者"，却"咸与此经冥符而遥契"。[6]张仲炘（？—1913）云："西法多与

---

[1] 李源澄：《经学通论》，收在《李源澄著作集》第1册，林庆彰、蒋秋华主编，台北："中央研究院"中国文哲研究所，2008年，第23页。
[2] 孙诒让：《周礼正义》第1册，汪少华点校，北京：中华书局，1987年，第3页（序页）。主张古今异制故《周礼》不可行于今的例子，如陆以湉：《冷庐杂识》，崔凡芝注解，北京：中华书局，1984年，第89页。狄百瑞（William Theodore de Bary, 1919—2017）认为，王安石之所以援引《周官》，"是因为这种形态的传统提供了他攻击现存制度的有力理由，而不是因为他的新制与《周官》书中相传的典范有任何近似之处"。见其《中国的自由传统》，李弘祺译，贵阳：贵州人民出版社，2009年，第3页。
[3] 如，方苞：《辞礼部侍郎劄子》，收在《方苞集》，刘季高校点，上海：上海古籍出版社，2012年，第578页。
[4] 孙宝瑄：《忘山庐日记》上册，光绪二十三年二月二十一日（1897年3月23日），第91页。
[5] 谭嗣同：《思纬壹壶台短书——报贝元征》，收在《谭嗣同全集》（增订本），第202页。
[6] 孙诒让：《周礼正义》第1册，第4页（序页）。

《周礼》相合。"[1]甚至有人试图以《周礼》和墨子来统领、"附丽"西学。[2]对于当时一部分既反对一成不变，又反对盲目西化的士大夫来说，西方国家活生生的富强模板，只能进一步提升《周礼》的吸引力。[3]

需要注意的是，《周礼》的推崇者，大部分看重的都是其治理周详、纤悉毕备。叶德辉对康有为将《周礼》贬为"伪经"愤愤不平，云："《周礼》一书，于民间之事，巨细必举，管子得其大略，遂以治齐"，甚至称之为"一部西政书"，[4]与南海的主张实是殊途同归。1921年，张其昀（1901—1985）在一篇文章中比较了《周礼》与《理想国》，谓二书"同具模范与限制之义"，且就"精粗详略，端绪秩目"而言，《周礼》比《理想国》有过之而无不及。[5]刘静窗虽然对此书不无微词，却也不能不承认，其"法制详密，内外严明"，[6]着眼点颇为类似。这些议论表明，晚清时人普遍存在着对纤悉之治的热衷，而非康有为一人所独有。

二十八

事实上，用几何学操控空间，可以采用任何一种形状。段义孚分

---

[1] 张仲炘致曹元弼，收在《曹元弼友朋书札》，崔燕南整理，上海：上海人民出版社，2018年，第76页。
[2] 费念慈：《致盛宣怀函》，收在上海图书馆历史文献研究所编：《历史文献》第14辑，上海：上海古籍出版社，2010年，第221页。
[3] 比如，力主"复古即维新"的宋育仁（1857—1931）就宣布："以余观圣人之论治，先富而后教，由兵而反礼，其始务在富强，其术具在六经，而《周官》尤备。外国未习其书而能得其意，故专勤其始务，而遂收其初效。"见其《时务论》，收在《中国近代思想家文库·宋育仁卷》，王东杰、陈阳编，北京：中国人民大学出版社，2015年，第1页。
[4] 叶德辉：《叶吏部与段伯猷茂才书》，第376页。
[5] 张其昀：《柏拉图理想国与周官》，《史地学报》第1卷第1期，1921年11月，第3页（篇页）。
[6] 刘静窗：《默识随笔》，第52页。

析了各种不同的理想城市格局后指出，无论是圆形和矩形都可以承载人文象征意义，为人类的理想居住空间形态提供模型。[1]因此，重要的是各种形状在当事人眼中的意义。不过，规划社会思维所喜欢的都是最基本的那些图形，用蒂姆·英戈尔德的话说，都是"规则"的线——它们的轨迹未必"笔直"，但作为一种规划结构，即使是圆形，其精神上也是"笔直"的。

下面这段引文出自20世纪初俄国象征主义大师安德烈·别雷（Andrey Bely，1880—1934）创作于1913—1914年（注意，与《大同书》甲、乙两部的发表几乎同时）的长篇小说《彼得堡》，描写的是一个循规蹈矩、生活无聊的参议员坐在封闭得严严实实的马车上，驶过彼得堡大街时的非非之想：

> 于是，瞧，一个从事国务活动的人正充满幻想地望着那无边的漫雾，同时感到自己从轿式马车的黑色立方体里突然向四面八方扩展开来，在漫雾上空飞翔；他而且希望马车直朝前奔驰，希望迎面而来的都是大街——一条接一条的大街，希望星球的整个表面都被灰暗的房子立方体死死压盖着，就像那许多条蛇盘缠着；他希望被无数大街挤得紧紧的整个大地在遥遥无边的线形奔驰中因为直线定理的作用而中断，成为一张由相交叉的直线构成的无边大网；希望这一条条纵横交叉的大街构成的大网会扩展成世界规模，那上面是无数个正方形和立方体：每个正方形一个人，以便……
>
> 在所有这些均衡对称的线条之后，正方形——这样的图形使他慢慢平静了下来。
>
> 他常常处于不思不想的观察之中：锥形体，三角形体，平行

---

[1] 段义孚：《恋地情结》，志丞、刘苏译，北京：商务印书馆，2019年，第228—254页。

六面体，立方体，梯形体。

对曲线，他就不能容忍了。[1]

"无边的大网""无数个正方形""每个正方形一个人"……这幅令人窒息的图景，出自一个官僚的理想：直线和正方形赋予他以掌控感——而"对曲线，他就不能容忍了"。为什么？从别雷的描述中可以看到，由一个个正方形复制而成的世界虽然广阔，却是同质的，便于控制；曲线则充满了变化的可能——它有自己的"主体性"。这幅图画和大同世界的空间规划所要达到的主观情感效果完全不同，但无论是对康有为还是对这位参议员，直线和正方形被赋予了同样的意义。

二十九

人类到大同世界，还需要走多远？《大同书》乙部第二章结尾处谈到弭兵会时断言："二三百年中必见大同之实效矣。"在手稿本中，此句本作"数百年中必见大同之实效"。刊刻本的时间显然比最初的设想提前了。更加引人注目的是，刊刻本在此句之后紧接着就有一个自注："近者飞船日出，国界日破，大同之运，不过百年。"比正文的表述还要迅速。据此可知，南海在1913年发表这一部分时曾非常乐观（这也间接地印证了本书第一章的推断）。不过，在说到"去种界"时，康有为的态度就稳健多了："大同之世在千数百年后"（沿用了手稿本的表述）。[2] 可知在此问题上，他的设想是随时改变的。但大体而言，晚年的康有为对中国和人类的看法趋向悲观，因此他必定会将大同之路进一步拖长。

---

[1] 安德烈·别雷：《彼得堡》，靳戈、杨光译，广州：广州出版社，1996年，第18页。
[2] 康有为：《大同书》，第76、116页；《大同书》，《全集》本，第133、46页。

三十

在康有为的实际叙述中，历史的运行轨迹其实不止"螺线"一种，也有直线的。比如，从人的活动范围看，"太古游牧，中世室居，太平世则复为游国"，就是螺旋的；从最初的"老死不出乡"到中世的"游行"再到太平世的自在遨游（参看第五章）又是直线的。又如，从整个三世看，人类居住地的变化是螺旋形的："据乱窟居，人多住山；升平堂构，人多住原；太平极乐，人复居山，周而复始。但窟居者多在山谷之幽，风气不通，故于卫生不宜；太平极乐则居山顶，风气四通，故于养生最益也。"[1]但如果聚焦于大同时代，又呈现为一个从山巅到水上再到空中的线性过程（参看第五章）。

三十一

我们或可注意，近代欧洲全景建筑通常采用环形设计，除了圆形监狱之外，又比如柏林的"帝国全景幻灯"（Kaiserpanorama）：它采用环形结构是为了方便无论坐在何处的观众都可以看到幻灯的整个画面。这两种设计意图相反，一个是为了惩罚，一个是为了娱乐，但都要求将观看对象尽收眼底，故而也选择了同一构图方式。考虑到早在古希腊、古罗马时期，这种环形建筑（如剧场）就已经出现，因此，它也需要从文化传统的角度来理解。与之不同的是，大同行政区划则是按照方形结构展开的：每一个"度"就是一个方格。这种方格图式也可以在吴趼人的"文明境界"里发现：其分二百万区，区各一百方里，东西南北中五部，每部四十万区，每区取"礼乐文章"等二十字中的

---

[1] 康有为：《大同书》，第285、257页。

一个字作为符识。[1]很显然,这一图式的背后离不开"天圆地方"的宇宙观和儒家持久的"井田"想象。(不过,前已指出,西方文化史上亦曾产生类似的理想图式,参看第六章。)

除了受到不同文化传统的影响,大同分区和圆形监狱的形状差异也受制于各自的设计目的。上举欧洲的两个环形例证都是为了便于观看者一目了然,大同世界的分区则出于行政需要,其隐含的价值观是平等均质,而方若棋盘的格局自然最易达到这一目标。在某种程度上,圆和方这两种形状分别对应着"现代性"政治的两个层次:一是居高临下的全景监控,一是平面铺开的复制同一。它们的结合在物质层面指示出大同空间再造的政治意涵。如同列斐伏尔指出的,空间不但服务于社会关系的塑造,它本身也是"社会关系的生产和再生产"。[2]

因为代表平等,也因为便于管理,棋盘结构无意间呼应了工业社会的美学趣味。人类学家露丝·哈贝在急剧现代化的西班牙的一个小村庄发现,村里的老人为自己在墓园里建造了由一个个壁龛组成的新式墓地:"壁龛的构造就像是一个巨大的档案柜,只是没有抽屉而已。从外观看有点像公寓,由一个个小隔间组成。在村民眼里,壁龛看起来很现代,有时代气息,就像它们的孩子在莱昂、马德里和杰尼卡等城市拥有的公司或公寓,不同之处在于他们会在死后住进他们的'公寓'。"[3]档案柜、公寓都是"现代"的,如果把它们平铺在地面,不就是大同空间的一个缩微模型吗?

三十二

当然,大同世界和民族国家仍然存在着重要区别,而这不仅仅

---

[1] 吴趼人:《新石头记》,第448页。
[2] 亨利·列斐伏尔:《法文第三版前言》,收在《空间的生产》,第XXIII页。
[3] 露丝·贝哈:《动情的观察者:伤心人类学》,第59页。

是由于二者的规模不同。在16世纪以来欧洲诞生的国家理性概念中,"国家只凭自己并且只为自己而存在,它只以复数存在,也就是说,在或近或远的历史境域中,它并不融合于或服从于一种帝国结构,这种结构几乎就是上帝在世上的一个显灵,引领人民最终团结为一种全人类,直到世界末日的来临。因此,国家不会整合到帝国。国家只作为复数形式的国家而存在"。其次,在国家理性观念中,国家在"国际目标"上的"有限化"("每个国家有自己的利益")和对内管治的"无限化"是相互关联的。[1] 但对康有为来说,"国家"不过是迈向"大地"的一步:它必须"整合到帝国"之中;并且,在大同世界,内和外的区别消失了,或者说,一切治理都是"无限化"的。

---

[1] 米歇尔·福柯:《生命政治的诞生》,第8、10—11页。这里所说的"国家理性",莫伟民等译为"国家理由"。

征引文献

一、康有为著作

说明：本书所引康有为著作，均收在《康有为全集》（姜义华、张荣华编，北京：中国人民大学出版社，2007年）。此处仅显示各篇写作时间（文章依据《康有为全集》编者的考订，诗则由我依据相关史料确定）和所出册数（按首字拼音为序）。

《巴黎登汽球歌》（1905年8月），第12集
《保存中国名迹古器说》（1913年4月），第10集
《笔记》（1888年前后），第1集
《比利时游记》（1904年），第7集
《变则通通则久论》（1895年春），第2集
《遍游欧洲十一国题词》（约1905年），第12集
《补奥游记》（1908年5月），第8集
《补德国游记》（1907年），第8集
《不敢再来行》（约1909年），第12集
《参议院提议立国之精神议书后》（1914年12月），第10集
《长安讲演录》（1923年11月），第11集
《长兴学记》（1891年），第1集
《春秋笔削大义微言考》（1901年），第6集
《春秋董氏学》（1893—1897年），第2集
《辞世书》（1910年2月2日），第9集
《答某国大员问新党执政之外交政策》（1900年7月），第5集
《答李参奉书》（1923年5月2日），第11集

《答南北美洲诸华商论中国只可行立宪不能行革命书》（1902年5月），第6集

《答朴君大提学书》（1924年秋），第11集

《大同书》（手稿本，约1901—1902年），第7集

《丹墨游记》（1904年），第7集

《德国游记》（1904年），第7集

《第一次欧战后与某执政书》（1919年1月），第11集

《吊李提摩太先生》（1919年），第12集

《法兰西游记》（1905年），第8集

《废省论》（1912年冬），第9集

《覆曹锟等书》（1922年夏），第11集

《覆山东孔道会书》（1913年3月22日），第10集

《覆吴巡阅使佩孚电》（1921年9月16日），第11集

《复湖南赵省长恒惕论联省自治电》（1922年7月），第11集

《复刘观察士骥书》（1908年2月8日），第8集

《告国人书》（1925年），第11集

《共和建设讨论会杂志发刊词》（1912年4月），第9集

《共和平议》（1917年），第11集

《共和政体论》（1911年12月），第9集

《官制议》（1903年），第7集

《癸亥三月廿五日，在保定乘飞机，空中御风，神为天游。口占示善伯》（1923年），第12集

《桂学答问》（1894年），第2集

《海外亚美欧非澳五洲二百埠中华宪政会侨民公上请愿书》（1908年7月），第8集

《杭垣之演说》（1916年7月12日），第10集

《荷兰游记》（1904年），第7集

《基督新教浸礼会牧师未脱士传教中国廿年，今为僧于锡兰。吾游缅甸、锡兰，见英人为僧者数矣，皆赤足苦行，此为中国教士耳，但其所得仍是南宗，盖印度北宗已亡，但入中国。耶教出于佛之小乘，本近南宗。今印度译佛书虽二百余种，皆小乘也。惜西土佛会未闻吾中国大乘，他日译出，其倾倒归心转移教宗，必不可思议也。劫有轮回，道有深浅，他日大同之世，佛教必复兴于大地也》（约1909年），第12集

《济南演讲辞》（1923年6月），第11集

《己酉除夕前二日，酬梁任公弟寄诗并电问疾》（约1910年），第12集

《教学通义》（1885年），第1集

《京师保国会第一次集会演说》（1898年4月17日），第4集

《京师强学会序》（1895年9月），第2集

《救亡论》（1911年11月），第9集

《开封演讲辞》（1923年4月），第11集

《康南海先生讲学记》（1896年秋，张伯桢整理），第2集

《康子内外篇》（1886年），第1集

《孔教会序》（1912年9月），第9集

《孔教会序》（1912年10月7日），第9集

《孔教会章程》（1912年10月），第9集

《孔子改制考》（1892年），第3集

《礼运注》（约1901—1902年），第1集

《理财救国论》（1912年），第9集

《列国政要比较表》（1898年7月），第4集

《论都会城邑自治》（1910年春），第9集

《论共和立宪》（1913年），第10集

《论强国富民之法》（1903年7月），第7集

《论时务》（1888年10月），第1集

《论语注》（1902年后），第6集

《孟子公羊同义证传序》（1896年12月），第2集

《孟子微》（1901年），第5集

《民功篇》（1896年），第1集

《南海师承记》（1896—1897年），第2集

《拟中华民国宪法草案》（1913年3月），第10集

《欧东阿连五国游记》（1908年7月），第7集

《欧洲十一国游记·序》（1904年12月22日），第7集

《培山书堂记》（1923年8月16日），第11集

《葡萄牙游记》（1907年2月），第8集

《请定国是明赏罚一正趋向而振国祚折（代杨深秀作）》（1898年6月），第4集

《请改行民兵亟办械厂折（代某某作）》（1909年），第9集

《请计全局筹巨款以行新政筑铁路起海陆军折》（1898年9月5日前后），第4集

《请开制度局议行新政折》（1898年8月），第4集

《请犬养毅转达日本内阁撤兵交还电》(1919年8月),第11集

《请御门誓众开制度局以统筹大局折》(1898年6月19日),第4集

《曲阜大成节举行典礼序》(1914年10月19日),第10集

《日本变政考》(1898年6月21日后),第4集

《日本书目志》(1898年春),第3集

《日耳曼沿革考(奥大利匈牙利沿革附)》(1906年),第8集

《瑞典游记》(1904年),第7集

《瑞士游记》(1907年11月),第8集

《上海演讲辞》(1914年秋),第10集

《上清帝第三书》(1895年5月29日),第2集

《上清帝第四书》(1895年6月30日),第2集

《圣学会后序(代岑春煊作)》(1897年春),第2集

《实理公法全书》(约1888年前),第1集

《菽园以书告译〈天演论〉者得奇女子慕而嫁之,亡人闻之,忘其忧患,以国事郁郁久矣,今日轩渠,可愈肝疾,写寄观天演斋主邱菽园》(约1900年),第12集

《万木草堂讲义》(1897年),第2集

《万木草堂口说》(1896年),第2集

《为杭州天竺灵隐残疾乞丐建院收养启》(1917年4月11日),第10集

《为同德医院募基金启》(1922年12月),第11集

《我史(附日记)》(1899年1月),第5集

《无政府》(1913年5月6日)

《吾著〈诸天书〉以示树园》(约1919年),第12集

《戊戌与李提摩太书及癸亥跋后》(1898年9月30日—11月21日,1918年),第5集

《戊戌轮舟中绝笔书及戊午跋后》(1898年9月24日、1918年),第5集

《物质救国论》(1904年),第8集

《西班牙游记》(1907年2月),第8集

《希腊游记》(1908年8月),第8集

《匈牙利游记》(1908年7月),第8集

《乙未元月夕大雪,酒后巡视沁园新诗二章,写示同璧》(1919年),第12集

《意大利游记》(1904年),第7集

《议院政府无干预民俗说》(1913年2月),第10集

《印度游记》(1901年),第5集

《英国监布烈住大学华文总教习斋路士会见记》(1904年),第8集

《英国游记》(1904年),第8集

《忧问一》(1913年2月),第10集

《与伯瑜书》(1910年1月13日),第9集

《与陈焕章书》(1912年7月30日),第9集

《与梁启超等三子书》(1907年11月4日),第8集

《与梁启超书》(1910年2月4日),第9集

《与某华侨笔谈》(1903年4月),第7集

《与潘文勤书》(1888年10月后),第1集

《与日人某君笔谈》(1920年前),第11集

《与甥女谭达印书》(1923年),第11集

《与同复、同籛、同凝书》(1927年2月10日),第11集

《与同学诸子梁启超等论印度亡国由于各省自立书》(1902年5月),第6集

《与沈刑部子培书》(1889年9月前),第1集

《与曾劼刚书》(1888年12月3日),第1集

《与朱一新论学书牍》(1891年),第1集

《治械》(1915年),第10集

《致沈子培书》(1917年),第10集

《致议和委员陆、顾、王、施、魏书》(1919年1月下旬),第11集

《致张勋、黎元洪等电》(1917年6月),第10集

《致朱师晦书》(1915年),第10集

《中国颠危误在全法欧美而尽弃国粹说》(1913年7月),第10集

《中国今后筹安定策》(1916年),第10集

《中国善后议》(1916年3月),第10集

《〈中国学会报〉题词》(1913年2月11日),第10集

《中华救国论》(1912年5、6月间),第9集

《中华民国国会元老院选举法案》(1912年),第9集

《中庸注》(1901年3月),第5集

《仲姊罗宜人墓志》(1914年4月23日),第10集

《诸天讲》(1926年),第12集

《大同书》,汤志钧导读,上海:上海古籍出版社,2005年

《康有为手稿·一,大同书稿(上、下)》,王刘纯、李培、刘洪辉主编,郑州:大象出

版社，2014年

《南海康先生口说》，吴熙钊、邓中好校点，广州：中山大学出版社，1985年

二、其他史料

Allen, Young John（林乐知）：《大同发轫》，《万国公报》第67册，1894年8月

Bellamy, Edward（爱德华·贝拉米）：《回顾：公元2000—1887年》，林天斗、张自谋译，北京：商务印书馆，1997年

Bellamy, Edward（毕拉宓）：《百年一觉》，李提摩太译，收在北京大学《马藏》编纂与研究中心编：《马藏》第1部第1卷，北京：科学出版社，2018年

Bely, Andrey（安德烈·别雷）：《彼得堡》，靳戈、杨光译，广州：广州出版社，1996年

不二行者（角田勤一郎）：《康有为氏之大同太平论》，吉辰译注：《戊戌政变后〈太阳〉杂志关于康有为的两篇文章》，收在廖大伟主编：《近代中国》第29辑，上海：上海社会科学院出版社，2018年

蔡元培：《新年梦》，收在《蔡元培全集》第1卷，中国蔡元培研究会编，杭州：浙江教育出版社，1997年

蔡元培：《〈社会主义史〉序》，收在《蔡元培全集》第4卷，中国蔡元培研究会编，杭州：浙江教育出版社，1997年

Campanella, Tommas（托马斯·康帕内拉）：《太阳城》，陈大维等译，北京：商务印书馆，1960年

曹聚仁：《报告文学》（Reportage），收在《笔端》，北京：生活·读书·新知三联书店，2010年

陈独秀：《宪法与孔教》，《新青年》2卷3号，1916年11月1日

陈独秀：《孔子之道与现代生活》，收在《独秀文存》，合肥：安徽人民出版社，1987年

陈独秀：《今日之教育方针》，收在《独秀文存》，合肥：安徽人民出版社，1987年

陈独秀：《人生真义》，收在《独秀文存》，合肥：安徽人民出版社，1987年

陈独秀：《答陶孟和》，收在《独秀文存》，合肥：安徽人民出版社，1987年

陈焕章：《孔教论》，上海：商务印书馆，1912年

陈焕章：《〈经世报〉发刊辞》，收在《陈焕章文录》，周军标点，长沙：岳麓书社，2015年

陈焕章等：《建议组织世界大同政府请咨政府提交和平会议案》，收在《陈焕章文录》，周军标点，长沙：岳麓书社，2015年

陈季同：《巴黎印象记》，段映虹译，桂林：广西师范大学出版社，2006年

陈克文：《陈克文日记（1937—1952）》，北京：社科文献出版社，2014年

陈师道：《取守论》，收在曾枣庄、刘琳主编：《全宋文》第123册，上海、合肥：上海辞书出版社、安徽教育出版社，2006年

陈献章：《认真子诗集序》，收在《陈献章集》上册，孙海通点校，北京：中华书局，1987年

程颢、程颐：《二程集》，王孝鱼点校，北京：中华书局，1981年

崔斯哲："跋《大同书成题词》"，收在《康有为全集》第12集，北京：中国人民大学出版社，2007年

丁宝桢：《丁文诚公家信》，济南：山东画报出版社，2012年

方苞：《辞礼部侍郎劄子》，收在《方苞集》，刘季高校点，上海：上海古籍出版社，2012年

费念慈：《致盛宣怀函》，收在上海图书馆历史文献研究所编：《历史文献》第14辑，上海：上海古籍出版社，2010年

傅斯年：《〈新潮〉之回顾与前瞻》，收在《傅斯年全集》第1卷，欧阳哲生主编，长沙：湖南教育出版社，2003年

高攀龙：《示学者》，收在《高子遗书》，李卓点校，北京：中国社会科学出版社，2021年

高阳氏不才子（许指严）：《电世界》，《小说时报》第1期，1909年9月

古德钦：《百年一觉书后》，收在《廖平全集》第8册，舒大刚、杨世文主编，上海：上海古籍出版社，2015年

顾随：《顾随诗词讲记》，叶嘉莹笔记，北京：中国人民大学出版社，2009年

关赓麟：《日本学校图论》，收在王宝平编：《晚清中国人日本考察记集成：教育考察记》上册，杭州：杭州大学出版社，1999年

何良俊：《四友斋丛说》，北京：中华书局，1959年

洪秀全：《原道醒世训》，收在《洪秀全集》，广州：广东人民出版社，1985年

洪咨夔：《进唐太宗谕萧瑀故事》，收在曾枣庄、刘琳主编：《全宋文》第307册，上海、合肥：上海辞书出版社、安徽教育出版社，2006年

湖南时务学堂编：《湖南时务学堂遗编》，邓洪波、彭世文校补，长沙：湖南大学出版社，2017年

胡适：《胡适日记全编》，曹伯言整理，合肥：安徽教育出版社，2001年

胡适：《欧游道中寄书》，收在《胡适文集》第4册，欧阳哲生主编，北京：北京大学出版社，1998年

胡翼：《书〈出使四国日记〉论大九州后》，收在《廖平全集》第8册，舒大刚、杨世文主编，上海：上海古籍出版社，2015年

黄镕：《五变记笺述》卷上，收在廖平：《廖平全集》第2册，舒大刚、杨世文主编，上海：上海古籍出版社，2015年

纪昀：《乾隆己卯山西乡试策问三道》，收在《纪文达公遗集》(《清代诗文集汇编》第354册，《清代诗文集汇编》编纂委员会编)，上海：上海古籍出版社，2010年

江亢虎：《环游留别词》，收在《中国近代思想家文库·江亢虎卷》，汪佩伟编，北京：中国人民大学出版社，2015年

江亢虎：《智学会序》，收在《中国近代思想家文库·江亢虎卷》，汪佩伟编，北京：中国人民大学出版社，2015年

江亢虎：《周云如〈海军图说〉序》，收在《中国近代思想家文库·江亢虎卷》，汪佩伟编，北京：中国人民大学出版社，2015年

江亢虎：《学目叙识》，收在《中国近代思想家文库·江亢虎卷》，汪佩伟编，北京：中国人民大学出版社，2015年

蒋贵麟：《追忆天游学院》，收在夏晓虹编：《追忆康有为》(增订本)，北京：生活·读书·新知三联书店，2009年

蒋廷黻：《知识阶级与政治》，《独立评论》第51号，1933年5月21日

蒋廷黻：《蒋廷黻回忆录》，长沙：岳麓书社，2017年

康同璧：《回忆康南海史实》，收在夏晓虹编：《追忆康有为》(增订本)，北京：生活·读书·新知三联书店，2009年

康同璧：《南海康先生年谱续编》，收在康有为：《康南海自编年谱》(外二种)，楼宇烈整理，北京：中华书局，2012年

康同璧：《补南海康先生自编年谱》，收在张启祯、张启礽：《康有为在海外·美洲辑：补南海康先生年谱（1898—1913）》，北京：商务印书馆，2018年

Kidd, Benjamin（颉德）：《大同学》，李提摩太、蔡尔康合译，姚达兑校注，广州：南方日报出版社，2018年

黎靖德编：《朱子语类》第6册，王星贤点校，北京：中华书局，1986年

李传元：致曹元弼，收在崔燕南整理：《曹元弼友朋书札》，上海：上海人民出版社，2018年

李可良：《我印象中之康有为》，收在夏晓虹编：《追忆康有为》(增订本)，北京：生活·读书·新知三联书店，2009年

李颙：《学髓》，收在《二曲集》，陈俊民点校，北京：中华书局，1996年，

李云光:《康南海先生书学异闻记》,收在夏晓虹编:《追忆康有为》(增订本),北京:生活·读书·新知三联书店,2009年

梁启超:《〈春秋中国夷狄辨〉序》,收在《梁启超全集》第1集,汤志钧、汤仁泽编,北京:中国人民大学出版社,2018年

梁启超:《西学书目表》,收在《梁启超全集》第1集,汤志钧、汤仁泽编,北京:中国人民大学出版社,2018年

梁启超:《变法通议》,收在《梁启超全集》第1集,汤志钧、汤仁泽编,北京:中国人民大学出版社,2018年

梁启超:《医学善会序》,收在《梁启超全集》第1集,汤志钧、汤仁泽编,北京:中国人民大学出版社,2018年

梁启超:《论君政民政相嬗之理》,收在《梁启超全集》第1集,汤志钧、汤仁泽编,北京:中国人民大学出版社,2018年

梁启超:《〈论语〉、〈公羊〉相通说》,收在《梁启超全集》第1集,汤志钧、汤仁泽编,北京:中国人民大学出版社,2018年

梁启超:《说动》,收在《梁启超全集》第1集,汤志钧、汤仁泽编,北京:中国人民大学出版社,2018年

梁启超:《〈中西学门径书七种〉叙》,收在《梁启超全集》第1集,汤志钧、汤仁泽编,北京:中国人民大学出版社,2018年

梁启超:《〈史记·货殖列传〉今义》,收在《梁启超全集》第1集,北京:中国人民大学出版社,2018年

梁启超:《中国积弱溯源论》,收在《梁启超全集》第2集,汤志钧、汤仁泽编,北京:中国人民大学出版社,2018年

梁启超:《新史学》,收在《梁启超全集》第2集,汤志钧、汤仁泽编,北京:中国人民大学出版社,2018年

梁启超:《中国四十年来大事记》(一名《李鸿章》),收在《梁启超全集》第2集,汤志钧、汤仁泽编,北京:中国人民大学出版社,2018年

梁启超:《论中国学术思想变迁之大势》,收在《梁启超全集》第3集,汤志钧、汤仁泽编,北京:中国人民大学出版社,2018年

梁启超:《论小说与群治之关系》,收在《梁启超全集》第4集,汤志钧、汤仁泽编,北京:中国人民大学出版社,2018年

梁启超:《进化论革命者颉德之学说》,收在《梁启超全集》第4集,汤志钧、汤仁泽编,北京:中国人民大学出版社,2018年

梁启超：《三十自述》，收在《梁启超全集》第4集，汤志钧、汤仁泽编，北京：中国人民大学出版社，2018年

梁启超：《二十世纪之巨灵托辣斯》，收在《梁启超全集》第4集，汤志钧、汤仁泽编，北京：中国人民大学出版社，2018年

梁启超：《清代学术概论》，收在《梁启超全集》第10集，汤志钧、汤仁泽编，北京：中国人民大学出版社，2018年

梁启超：《在协约国民协会之演说词》，收在《梁启超全集》第15集，汤志钧、汤仁泽编，北京：中国人民大学出版社，2018年

梁启超：《南海先生七十寿言》，收在《梁启超全集》第17集，汤志钧、汤仁泽编，北京：中国人民大学出版社，2018年

梁启超：《与严幼陵先生书》，收在《梁启超全集》第19集，汤志钧、汤仁泽编，北京：中国人民大学出版社，2018年

梁启超：《上康有为书》（1902年5月），收在《梁启超全集》第19集，汤志钧、汤仁泽编，北京：中国人民大学出版社，2018年

梁启超：《读〈春秋〉界说》，收在湖南时务学堂编：《湖南时务学堂遗编》，邓洪波、彭世文校补，长沙：湖南大学出版社，2017年

梁启超：跋《大同书成题词》，《正志》第1卷第1期（1915年4月30日）

梁启超：跋《大同书成题词》，收在《康有为全集》第12集，北京：中国人民大学出版社，2007年

梁启超：跋康有为《礼吉二十六岁短命死矣，德业为门人冠；著伟才学文思奇奥，二十四岁死。追思为恸》，收在《康有为全集》第12集，北京：中国人民大学出版社，2007年

梁启超：《公祭康南海先生文》，收在《康有为全集》第12集，北京：中国人民大学出版社，2007年

梁启超：《南海康先生传》，收在《康有为全集》第12集，北京：中国人民大学出版社，2007年

梁启超：《仁学序》，收在《谭嗣同全集》（增订本），蔡尚思、方行编，北京：中华书局，1981年

梁启超译：《世界末日记》，收在《梁启超全集》第18集，汤志钧、汤仁泽编，北京：中国人民大学出版社，2018年

梁漱溟：《东西文化及其哲学》，收在《梁漱溟全集》第1卷，中国文化书院学术委员会编，济南：山东人民出版社，1989年

廖承铭：《〈乐记〉〈礼运〉帝王论》，收在《廖平全集》第8册，舒大刚、杨世文主编，上海：上海古籍出版社，2015年

廖平：《今古学考》，收在《廖平全集》第1册，舒大刚、杨世文主编，上海：上海古籍出版社，2015年

廖平：《知圣篇》，收在《廖平全集》第1册，舒大刚、杨世文主编，上海：上海古籍出版社，2015年

廖平：《哲学思想论》，收在《廖平全集》第8册，舒大刚、杨世文主编，上海：上海古籍出版社，2015年

刘海粟：《忆康有为先生》，收在夏晓虹编：《追忆康有为》（增订本），北京：生活·读书·新知三联书店，2009年

刘静窗：《默识随笔》，收在《刘静窗文存》，刘念劬主编，上海：上海古籍出版社，2017年

刘静窗：《致长子述先家书》（1954年6月5日），收在《刘静窗文存》，刘念劬主编，上海：上海古籍出版社，2017年

刘师培（申叔）：《人类均力说》，收在葛懋春、蒋俊、李兴芝编：《无政府主义思想资料选》上册，北京：北京大学出版社，1984年

刘师培（申叔）：《无政府主义之平等观》，收在葛懋春、蒋俊、李兴芝编：《无政府主义思想资料选》上册，北京：北京大学出版社，1984年

刘桢麟：《实事始于空言说》，《知新报》第66册，光绪二十四年八月十一日（1898年9月26日）

刘洙源：《治经杂语》，收在《刘洙源集》，鲜成、王家葵编，成都：巴蜀书社，2018年

隆凤翔：《八行星绕日说》，收在《廖平全集》第8册，舒大刚、杨世文主编，上海：上海古籍出版社，2015年

卢湘父：《万木草堂忆旧（选录）》，收在夏晓虹编：《追忆康有为》（增订本），北京：生活·读书·新知三联书店，2009年

鲁迅：《破恶声论》，《鲁迅全集》（编年版）第1卷，北京：人民文学出版社，2014年

鲁迅：《〈月界旅行〉辨言》，《鲁迅全集》（编年版）第1卷，北京：人民文学出版社，2014年

鲁迅：《随感录三十九》，收在《鲁迅全集》（编年版）第1卷，北京：人民文学出版社，2014年

鲁迅：《娜拉走后怎样？》，收在《鲁迅全集》（编年版）第2卷，北京：人民文学出版社，2014年

鲁迅:《致许广平》(1925年3月18日),收在《鲁迅全集》(编年版)第3卷,北京:人民文学出版社,2014年

陆乃翔、陆敦骙:《南海先生传(上编)》,收在《康有为全集》第12集,北京:中国人民大学出版社,2007年

陆士谔:《新中国》,北京:中国友谊出版公司,2009年

陆以湉:《冷庐杂识》,崔凡芝注解,北京:中华书局,1984年

吕思勉:《中国文化诊断一说》,收在《吕思勉论学丛稿》,上海:上海古籍出版社,2006年

马君武:《〈俄罗斯大风潮〉序言》,收在葛懋春、蒋俊、李兴芝编:《无政府主义思想资料选》上册,北京:北京大学出版社,1984年

毛以亨:《梁启超传》,收在蔡登山编:《我的师友梁启超》,台北:新锐文创,2022年

毛泽东:《论人民民主专政》,新华日报社(出版地不详),1949年

Nazarbayev, Nursuitan(努·纳扎尔巴耶夫):《在历史的长河中》,李永庆等译,北京:民族出版社,2005年

潘平格:《潘子求仁录辑要》,北京:中华书局,2009年

皮锡瑞:《经学通论》,收在《皮锡瑞全集》第6册,吴仰湘编,北京:中华书局,2015年

任启圣:《康有为晚年讲学及其逝世之经过》,收在夏晓虹编:《追忆康有为》(增订本),北京:生活·读书·新知三联书店,2009年

Richard, Timothy(李提摩太):《亲历晚清四十五年:李提摩太在华回忆录》,李宪堂、侯林莉译,南京:江苏人民出版社,2018年

阮元:《望远镜中望月歌》,收在《研经室集》下册,邓经元校点,北京:中华书局,1993年

石广权:《续刊〈船山学报〉弁言》,收在周发源、刘晓敏、王泽应主编:《船山学刊百年文选·传统文化卷》,长沙:岳麓书社,2015年

宋翔凤:《论语说义》,北京:华夏出版社,2018年

宋育仁:《时务论》,收在《中国近代思想家文库·宋育仁卷》,王东杰、陈阳编,北京:中国人民大学出版社,2015年

孙宝瑄:《孙宝瑄日记》,北京:中华书局,2015年

孙德谦、张尔田:《新学商兑》,收在《张尔田著作集》第5卷,黄曙辉、张京华编,上海:上海大学出版社,2018年

孙诒让:《周礼正义》,汪少华点校,北京:中华书局,1987年

谭峭:《化书》,丁祯彦、李似珍点校,北京:中华书局,1996年

谭嗣同:《思纬壹壶台短书——报贝元征》,收在《谭嗣同全集》(增订本),蔡尚思、方行编,北京:中华书局,1981年

谭嗣同:《仁学》,收在《谭嗣同全集》(增订本),蔡尚思、方行编,北京:中华书局,1981年

唐修谨:"跋《诸天讲》",收在《康有为全集》第12集,北京:中国人民大学出版社,2007年

王夫之:《礼记章句》,收在《船山全书》第4册,《船山全书》编辑委员会编,长沙:岳麓书社,2011年

王仁俊:《王吏部仁俊实学平议》,收在苏舆编:《翼教丛编》,杨菁点校,台北:"中央研究院"中国文哲研究所,2005年

王守仁:《传习录》,收在《王阳明全集》上册,吴光等编校,上海:上海古籍出版社,1992年

王韬:《原道》,收在《弢园文录外编》,上海:上海书店出版社,2002年

王振声:《请改官粥厂为教养局疏》,收在《王振声诗文书信集》,孟化、张廷银整理,南京:凤凰出版社,2020年

Williamson, Alexander(韦廉臣):《格物探原》,张洪斌校注,广州:南方日报出版社,2018年

吴奔星:《吴奔星一九五二年日记(一)》,《万象》第14卷第8期(2012年8月)

吴趼人:《新石头记》,收在《吴趼人全集·社会小说集》上册,刘敬圻主编,哈尔滨:北方文艺出版社,2019年

吴趼人:《趼廛外编·说刑》,收在《吴趼人全集:诗·戏曲·杂文》,刘敬圻主编,哈尔滨:北方文艺出版社,2019年

吴趼人:《小说丛话(四则)》,收在《吴趼人全集:诗·戏曲·杂文》,刘敬圻主编,哈尔滨:北方文艺出版社,2019年

吴敬轩(吴康):《康圣人的故事》,收在夏晓虹编:《追忆康有为》(增订本),北京:生活·读书·新知三联书店,2009年

伍庄:《校刊大同书序》,旧金山:世界日报社,1929年

伍庄:"《诸天讲》序",收在《康有为全集》第12集,北京:中国人民大学出版社,2007年

析津:《回头看纪略》,《万国公报》第38期,1892年3月;第39期,1892年4月

夏敬观:《康有为传》,收在夏晓虹编:《追忆康有为》(增订本),北京:生活·读书·新知三联书店,2009年

夏曾佑：《论中国人神明之困（上）》，收在《夏曾佑集》上册，杨琥编，上海：上海古籍出版社，2011年

小我：《礼运大同释义》，《国风日报》副刊《学汇》第283期，1923年8月20日；第285期，1923年8月22日

谢良佐：《上蔡语录》，收在朱杰人、严佐之、刘永翔主编：《朱子全书外编》第3册，上海：华东师范大学出版社，2010年

熊十力：《读经示要》，北京：中国人民大学出版社，2009年

薛瑄：《读书录·读书续录》，孙浦桓点校，南京：凤凰出版社，2017年

颜元：《存人编》，收在《颜元集》上册，王星贤、张芥尘、郭征点校，北京：中华书局，1987年

颜元：《答陈端伯中书》，收在《颜元集》下册，王星贤、张芥尘、郭征点校，北京：中华书局，1987年

严复：《治功天演论》（手稿本），收在《严复全集》第1卷，汪征鲁、方宝川、马勇主编，福州：福建教育出版社，2015年

严复：《天演论》（慎始基斋本），收在《严复全集》第1卷，汪征鲁、方宝川、马勇主编，福州：福建教育出版社，2015年

严复：《吴京卿节本天演论》，汪征鲁、方宝川、马勇主编，福州：福建教育出版社，2015年

严复：《天演论（味经本）》，汪征鲁、方宝川、马勇主编，福州：福建教育出版社，2015年

严复：《天演论（商务本）》，汪征鲁、方宝川、马勇主编，福州：福建教育出版社，2015年

严复：《保种余义》，收在《严复全集》第7卷，汪征鲁、方宝川、马勇主编，福州：福建教育出版社，2015年

严复：《论世变之亟》，收在《严复全集》第7卷，汪征鲁、方宝川、马勇主编，福州：福建教育出版社，2015年

严复：《与熊育锡》，收在《严复全集》第8卷，汪征鲁、方宝川、马勇主编，福州：福建教育出版社，2015年

严复：《与梁启超书》（1896年10月），收在《严复全集》第8卷，汪征鲁、方宝川、马勇主编，福州：福建教育出版社，2015年

易白沙：《孔子平议（下）》，《新青年》2卷1号，1916年9月1日

叶德辉：《叶吏部与段伯猷茂才书》，收在苏舆编：《翼教丛编》，杨菁点校，台北："中

央研究院"中国文哲研究所,2005年

叶德辉:《叶吏部与南学会皮鹿门孝廉书》,收在苏舆编:《翼教丛编》,杨菁点校,台北:"中央研究院"中国文哲研究所,2005年

叶德辉:《叶吏部与石醉六书》,收在苏舆编:《翼教丛编》,杨菁点校,台北:"中央研究院"中国文哲研究所,2005年

叶德辉:《叶吏部与俞恪士观察书》,收在苏舆编:《翼教丛编》,杨菁点校,台北:"中央研究院"中国文哲研究所,2005年

叶德辉:《叶吏部正界篇》,收在苏舆编:《翼教丛编》,杨菁点校,台北:"中央研究院"中国文哲研究所,2005年

章太炎:《章太炎全集》第1辑《訄书》初刻本、《訄书》重订本、《检论》合刊册,朱维铮点校,上海:上海古籍出版社,2015年

张伯桢:《南海康先生传》,收在《康有为全集》第12集,北京:中国人民大学出版社,2007年

张尔田:《政教终始篇》,收在《张尔田著作集》第5卷,黄曙辉、张京华编,上海:上海大学出版社,2018年

张尔田:《与陈柱尊书一》,收在《张尔田著作集》第5卷,黄曙辉、张京华编,上海:上海大学出版社,2018年

张其昀:《柏拉图理想国与周官》,《史地学报》第1卷第1期,1921年11月

张载:《正蒙》,收在《张载集》,章锡琛点校,北京:中华书局,1978年

张之洞:《张尚书非弭兵》,收在苏舆编:《翼教丛编》,杨菁点校,台北:"中央研究院"中国文哲研究所,2005年

张仲炘致曹元弼,收在《曹元弼友朋书札》,崔燕南整理,上海:上海人民出版社,2018年

郑逸梅:《海上艺林谈往录》,收在薛玉坤、李晨整理:《〈永安月刊〉笔记萃编》,南京:凤凰出版社,2020年

中西牛郎:《论康有为氏之理想及事业》,吉辰译注:《戊戌政变后〈太阳〉杂志关于康有为的两篇文章》,收在廖大伟主编:《近代中国》第29辑,上海:上海社会科学院出版社,2018年

周君适:《康有为卜居丁家山》,收在夏晓虹编:《追忆康有为》(增订本),北京:生活·读书·新知三联书店,2009年

朱熹:《仁说》,收在《朱熹集》第6册,郭齐、尹波点校,成都:四川教育出版社,1996年

朱一新：《朱侍御一新答康有为第一书》，收在苏舆编：《翼教丛编》，杨菁点校，台北："中央研究院"中国文哲研究所，2005年

朱一新：《朱侍御答康长孺论性书》，收在苏舆编：《翼教丛编》，杨菁点校，台北："中央研究院"中国文哲研究所，2005年

佚名：《礼运大同释义》，《新世纪》第38期，1908年3月14日

佚名：《康南海先生所撰孔子新教之礼运注出现》，《不忍》第6册，1913年7月15日

三、研究著作

Agamben, Giorgio（吉奥乔·阿甘本）：《时间与历史：瞬间与连续性的批判》，收在《幼年与历史：经验的毁灭》，尹星译，开封：河南大学出版社，2011年

Anderson, Benedict Richard O'Gorman（本尼迪克特·安德森）：《想象的共同体：民族主义的起源与散布》（增订本），吴叡人译，上海：上海人民出版社，2016年

Anzieu, Didier（迪迪埃·安齐厄）：《自我—皮肤》，严和来、乔菁、江岭译，北京：商务印书馆，2023年

Arendt, Hannah（汉娜·阿伦特）：《人的境况》，王寅丽译，上海：上海人民出版社，2021年

Armitage, David（大卫·阿米蒂奇）：《思想史的国际转向》，收在达林·M.麦克马洪（Darrin M. McMahon）、塞缪尔·莫恩（Samuel Moyn）编：《重思现代欧洲思想史》，张智、左敏译，上海：上海人民出版社，2023年

Auerbach, Jonathan, "'The Nation Organized': Utopian Impotence in Edward Bellamy's Looking Backward," *American Literary History*, Vol. 6, No. 1 (Spring, 1994)

Augé, Marc（马克·奥热）：《从地点到非地点》，收在《非地点：超现代性人类学导论》，牟思浩译，杭州：浙江大学出版社，2023年

Bachelard, Gaston（加斯东·巴什拉）：《空间诗学》，龚卓军、王静慧译，北京：世界图书出版公司，2017年

Bauman, Zygmunt（齐格蒙特·鲍曼）：《全球化：人类的后果》，郭国良、徐建华译，北京：商务印书馆，2001年

Bauman, Zygmunt（齐格蒙特·鲍曼）：《立法者与阐释者：论现代性、后现代性与知识分子》，洪涛译，上海：上海人民出版社，2000年

Bauman, Zygmunt（齐格蒙·鲍曼）：《现代性与大屠杀》，杨渝东、史建华译，南京：译

林出版社，2011年

Beck, Ulrich（乌尔里希·贝克）：《风险社会：新的现代性之路》，张文杰、何博闻译，南京：译林出版社，2018年

Becker, Carl L.（卡尔·贝克尔）：《18世纪哲学家的天城》，何兆武译，北京：北京大学出版社，2013年

Behar, Ruth（露丝·贝哈）：《动情的观察者：伤心人类学》，韩成艳、向星译，北京：北京大学出版社，2012年

Berlin, Isaiah（以赛亚·伯林）：《休谟和德国反理性主义的起源》，收在《反潮流：观念史论文集》，冯克利译，南京：译林出版社，2002年

Berlin, Isaiah（以赛亚·伯林）：《自由论》，胡传胜译，南京：译林出版社，2003年

Berlin, Isaiah（以赛亚·柏林）：《爱尔维修》，收在《自由及其背叛：人类自由的六个敌人》，赵国新译，南京：译林出版社，2019年

Bernal, Martin, *Chinese Socialism to 1907*, Ithaca: Cornell University Press, 1976

Bernal, Martin（伯纳尔，今通译马丁·贝尔纳）：《一九〇七年以前中国的社会主义思潮》，丘权政、符致兴译，福州：福建人民出版社，1985年

Bourke, Joanna（乔安娜·伯克）：《疼痛的故事》，王宸译，上海：上海人民出版社，2023年，第29页

Bray, Francesca（白馥兰）：《技术作为一种文化：跨文化研究的一种尝试》，董晓萍译，北京：中国大百科全书出版社，2022年

Brusadelli, Federico, *Confucian Concord: Reform, Utopia and Global Teleology in Kang Youwei's Datong Shu*, Leiden and Boston: Brill, 2020

Burke, Peter（彼得·伯克）：《博学者与他们的时代》，赖盈满译，台北：麦田出版社，2022年

曹寅：《马尼拉的现代化厨房》，收在《自行车、港口与缝纫机：西方基建与日常技术在亚洲的相遇》，北京：北京大学出版社，2022年

Carroll, Patrick（帕特里克·卡罗尔）：《科学、文化与现代国家的形成》，刘萱、王以芳译，上海：上海交通大学出版社，2017年

常超：《"托古改制"与"三世进化"：康有为公羊学思想研究》，北京：北京大学出版社，2015年

长尾伸一：《十八世纪的宇宙论与道德哲学——东西方多元世界论》，韩丹译，收在毛利平、张小钢、牛贯杰主编：《风俗、社会与风雅：十八世纪东西方的共时性》，北京：中国社会科学出版社，2023年

Charle, Christophe（克里斯托夫·夏尔）：《19世纪，现代性的世纪？——重读时间的差异》，肖琦译，收在沈坚、艾蒂安·布尔东（Étienne Bourdon）主编：《时间再认识：中法历史学者的对话》，杭州：浙江大学出版社，2023年

陈徽：《公羊"三世说"的演进过程及其思想意义》，《孔子研究》2016年第2期

陈时伟：《寻找海外的乌托邦：康有为、梁启超20世纪初年访问美国"天国"之行述论》，收在马敏主编：《近代史学刊》第29辑，北京：社科文献出版社，2023年

陈玉瑶：《法国的边疆少数民族及其"自我管理"模式》，《贵州民族研究》2020年第11期

陈赟：《"大道之行"与原初秩序经验：〈礼运〉"大同"新解》，《社会科学》2024年第5期

陈正炎、林其锬：《中国古代大同思想研究》，上海：上海人民出版社，1986年

承红磊：《"社会"的发现：晚清民初"社会"概念研究》，桂林：广西师范大学出版社，2023年

Claeys, Gregory, *Utopianism for a Dying Planet: Life after Consumerism*, Oxford: Princeton University Press, 2022

Claeys, Gregory（格雷戈里·克雷斯）：《乌托邦的观念史》，张绪强译，北京：商务印书馆，2023年

Clark, C., "Sympathy Biography and Sympathy Margin," in *American Journal of Sociology* 93 (1987)

Clark, Christopher（克里斯托弗·克拉克）：《时间与权力》，吴雪映、刘松显、彭韵筑译，北京：中信出版集团，2022年

Classen, Constance（康斯坦丝·克拉森）：《最深切的感觉：触觉文化史》，王佳鹏、田林楠译，上海：上海人民出版社，2022年

Clunas, Crig（柯律格）：《大明：明代中国的视觉文化与物质文化》，黄小峰译，北京：生活·读书·新知三联书店，2019年

Connor, Steven（史蒂芬·康纳）：《知识的癫狂》，刘维人、杨理然译，台北：时报文化出版企业股份有限公司，2020年

Crary, Jonathan（强纳森·柯拉瑞）：《观察者的技术：论十九世纪的视觉与现代性》，蔡佩君译，台北：行人出版社，2007年

Crosby, Alfred W.（艾尔弗雷德·W. 克罗斯比）：《万物皆可测量：1250—1600年的西方》，谭宇墨凡译，桂林：广西师范大学出版社，2023年

村田雄二郎：《"五四"时期的国语统一论争——从"白话"到"国语"》，赵京华译，收在《语言·民族·国家·历史：村田雄二郎中国研究文集》，杨伟主编，重庆：重庆出版社，2020年

村田雄二郎：《近代中国的国语问题与民族国家建构》，陈希译，收在《语言·民族·国家·历史：村田雄二郎中国研究文集》，杨伟主编，重庆：重庆出版社，2020年

Daly, Nicholas（尼古拉斯·戴利）：《人口想象与十九世纪城市：巴黎、伦敦、纽约》，汪精玲译，南京：译林出版社，2022年

Darnton, Robert（罗伯特·达恩顿）：《催眠术与法国启蒙运动的终结》，周小进译，上海：华东师范大学出版社，2010年

de Bary, William Theodore（狄百瑞）：《中国的自由传统》，李弘祺译，贵阳：贵州人民出版社，2009年

de Certeau, Michel（米歇尔·德·塞托）：《日常生活实践：1.实践的艺术》，方琳琳、黄春柳译，南京：南京大学出版社，2015年

de Oliveira, Patrick Luiz Sullivan, "Transforming A Brazilian Aeronaut into A French Hero: Celebrity, Spectacle, and Technological Cosmopolitanism in the Turn-of-the-Century Atlantic," *Past and Present*, 254:1 (2022)

Delap, Lucy（露西·德拉普）：《女性主义全球史》，朱云译，南京：南京大学出版社，2023年

丁文江、赵丰田：《梁启超年谱长编》，上海：上海人民出版社，1983年

Dirlik, Arif（阿里夫·德里克）：《中国革命中的无政府主义》，孙宜学译，桂林：广西师范大学出版社，2006年

杜正胜：《五服制的族群结构与伦理》，收在《古代社会与国家》，台北：允晨文化实业股份有限公司，1992年

杜正胜：《编户齐民——传统的家族与家庭》，收在杜正胜主编：《吾土与吾民》，台北：联经出版事业股份有限公司，1982年

段义孚（Yi-Fu, Tuan）, *Space and Place: The Perspective of Experience*, Minneapolis and London: University of Minnesota Press, 1977

段义孚（Yi-Fu, Tuan）, *Cosmos and Hearth: A Cosmopolite's Viewpoint*, Minneapolis and London: University Of Minnesota Press, 1999

段义孚：《恋地情结》，志丞、刘苏译，北京：商务印书馆，2019年

段义孚：《人文主义地理学：对于意义的个体追寻》，宋秀葵、陈金凤、张盼盼译，上海：上海译文出版社，2020年

段义孚：《制造宠物：支配与感情》，赵世玲译，上海：上海人民出版社，2022年

Earle, Rebecca, *The Body of the Conquistador: Food, Race and the Colonial Experience in Spanish America, 1492—1700*

Engelfriet, Peter M.（安国风）:《欧几里得在中国》,纪志刚、郑诚、郑方磊译,南京:江苏人民出版社,2008年

范广欣:《康有为〈大同书〉论家与孝:对"毁灭家族"说的重估》,《中国哲学史》2019年第1期

房德邻:《儒学的危机与嬗变:康有为与近代儒学》,台北:文津出版社,1992年

房德邻:《〈大同书〉起稿时间考——兼论康有为早期大同思想》,《历史研究》1995年第3期

房德邻:《论康有为从经古文学向经今文学的转变——兼答黄开国、唐赤蓉先生》,《近代史研究》2012年第2期

Fanon, Frantz Omar（弗朗茨·法农）:《黑皮肤,白面具》,张香筠译,北京:生活·读书·新知三联书店,2022年

Farge, Arlette（阿莱特·法尔热）、Foucault, Michel（米歇尔·福柯）:《家庭的失序:十八世纪巴士底狱档案中的密札》,张引弘译,上海:上海人民出版社,2023年

Farquhar, Judith（冯珠娣）:《食色性也》,收在《身体与生命》,赖立里等译,上海:上海人民出版社,2023年

Fassin, Didier（迪杰·法桑）:《生命使用手册》,边和译,上海:华东师范大学出版社,2022年

Federici, Silvia（西尔维娅·费代里奇）:《身体、资本主义与劳动力的再生产》,收在《超越身体边界》,汪君逸译,上海:上海人民出版社,2023年

Federici, Silvia（西尔维娅·费代里奇）:《论身体、性别与表演》,收在《超越身体边界》,汪君逸译,上海:上海人民出版社,2023年

Federici, Silvia（西尔维娅·费代里奇）:《代孕母亲:生命的礼物抑或被否认的母亲身份?》,收在《超越身体边界》,汪君逸译,上海:上海人民出版社,2023年

Federici, Silvia（西尔维娅·费代里奇）:《赞美舞动的身体》,收在《超越身体边界》,汪君逸译,上海:上海人民出版社,2023年

冯友兰:《中国哲学史》,北京:中华书局,1992年

冯友兰:《原名法阴阳道德》,收在《中国哲学史补》,北京:中华书局,2014年

Forst, Rainer（莱纳·福斯特）:《冲突中的宽容:一个争议性概念的历史、内涵与当下境遇》,马飞、余玥等译,上海:上海人民出版社,2023年

Foucault, Michel, "Foreword to the English edition," in *The Order of Things: An Archaeology of the Human Sciences*, New York: Pantheon Books, 1970

Foucault, Michel（米歇尔·福柯）:《古典时代疯狂史》,林志明译,北京:生活·读

书·新知三联书店，2016年

Foucault, Michel（米歇尔·福柯）：《生命政治的诞生》，莫伟民、赵伟译，上海：上海人民出版社，2018年

Foucault, Michel（米歇尔·福柯）：《安全、领土与人口》，钱翰、陈晓径译，上海：上海人民出版社，2018年

Foucault, Michel（米歇尔·福柯）：《惩罚的社会》，陈雪杰译，上海：上海人民出版社，2018年

Frazer, Michael L.（迈克尔·L.弗雷泽）：《同情的启蒙：18世纪与当代的正义和道德情感》，胡靖译，南京：译林出版社，2016年

Freeden, Michael（迈克尔·弗里登）：《福利国家的来临》，收在特伦斯·鲍尔（Terence Ball）、理查德·贝拉米（Richard Bellamy）主编：《剑桥二十世纪政治思想史》，任军锋、徐卫翔译，北京：商务印书馆，2016年

Fung, Edmund S. K., *The Intellectual Foundations of Chinese Modernity: Cultural and Political Thought in the Republican Era*, Cambridge: Cambridge University Press, 2015

干春松：《康有为的三世说与〈大同书〉》，原载干春松、陈壁生主编：《曹元弼的生平与学术》，北京：中国人民大学出版社，2018年

干春松：《小康到大同的社会发展路径：康有为的三世说与〈大同书〉》，收在《理想的国度：近代中国思想中的国家观念》，成都：四川人民出版社，2023年

葛兆光：《宅兹中国：重建有关"中国"的历史论述》，北京：中华书局，2011年

宫志翀：《"人为天生"——康有为大同思想的根基》，《中国哲学史》2018年第2期

宫志翀：《〈大同书〉稿本与刊本的结构差异探微》，《中国哲学史》2020年第5期

宫志翀：《战国两汉"人为天生"学说的政治哲学意蕴》，《哲学研究》2021年第1期

Graeber, David（大卫·格雷伯）：《无政府主义人类学碎片》，许煜译，桂林：广西师范大学出版社，2014年

Greenblatt, Stephen（斯蒂芬·格林布拉特）：《文艺复兴时期的自我塑造：从莫尔到莎士比亚》，吴明波、李三达译，上海：上海文艺出版社，2022年

Grieder, Jerome B.（格里德尔）：《知识分子与现代中国：他们与国家关系的历史叙述》，单正平译，桂林：广西师范大学出版社，2010年

Gorski, Philip S.（菲利普·S.戈尔斯基）：《规训革命：加尔文主义与近代早期欧洲国家的兴起》，李钧鹏、李腾译，北京：北京师范大学出版社，2021年

Gunn, Simon（西蒙·冈恩）：《历史学与文化理论》，韩炯译，北京：北京大学出版社，2012年

郭湛波：《近五十年中国思想史》，济南：山东人民出版社，1997年

Hadot, Pierre（皮埃尔·阿多）：《别忘记生活：歌德与精神修炼的传统》，孙圣英译，上海：华东师范大学出版社，2015年

Halsey, Stephen R.（斯蒂芬·哈尔西）：《追寻富强：中国现代国家的建构，1850—1949》，赵莹译，北京：中信出版社，2018年

Hanan, Patrick（韩南）：《吴趼人与叙事者》，收在《中国近代小说的兴起》，徐侠译，上海：上海教育出版社，2004年

郝春鹏：《乌托邦十讲》，桂林：广西师范大学出版社，2022年

Hartog, François（弗朗索瓦·阿赫托戈）：《希罗多德的镜子》，闫素伟译，北京：中信出版集团，2020年

Harvey, David（大卫·哈维）：《希望的空间》，胡大平译，南京：南京大学出版社，2006年

Harvey, David（戴维·哈维）：《社会正义与城市》，叶超、张林、张顺生译，北京：商务印书馆，2022年

贺麟：《五十年来的中国哲学》，北京：商务印书馆，2002年

Henry, Michel（米歇尔·亨利）：《〈物质现象学〉及其他》，收在《走向生命的现象学：米歇尔·亨利访谈录》，邓刚译，上海：东方出版中心，2024年

Holland, John Henry（约翰·亨利·霍兰）：《隐秩序：适应性造就复杂性》，周晓牧、韩晖译，上海：上海科技教育出版社，2011年

侯外庐主编：《中国历代大同思想》，收在张岂之主编：《侯外庐著作与思想研究》第22卷，长春：长春出版社，2016年

侯旭东：《什么是日常统治史》，北京：生活·读书·新知三联书店，2020年

黄克武：《惟适之安：严复与近代中国的文化转型》，台北：联经出版事业股份有限公司，2010年

黄克武：《"现代"观念之源起与历史研究的本土反思》，收在《反思现代：近代中国历史书写的重构》，成都：四川人民出版社，2021年

Hunt, Lynn（林·亨特）：《人权的发明：一部历史》，沈占春译，北京：商务印书馆，2011年

Hunt, Lynn（林恩·亨特）：《法国大革命中的政治、文化和阶级》，汪珍珠译，北京：北京大学出版社，2020年

Hunt, Lynn（林恩·亨特）：《史学的时间之维》，熊月剑译，北京：北京师范大学出版社，2020年

Hunters, Theodore, *Bringing the World Home: Appropriating the West in Late Qing and Early*

Republican China, Honolulu: University of Hawaii Press, 2005

Ingold, Tim（蒂姆·英戈尔德）:《线的文化史》，张晓佳译，北京：北京联合出版公司，2023年

Iriye, Akira, *Cultural internationalism and World Order*, Baltimore and London: The Johns Hopkins University Press, 1997

Jacoby, Russell（拉塞尔·雅各比）:《杀戮欲：西方文化中的暴力根源》，姚建彬译，北京：商务印书馆，2013年

吉见俊哉:《声的资本主义：电话、RADIO、留声机的社会史》，李尚霖译，台北：群学出版有限公司，2013年

贾立元:《"现代"与"未知"：晚清科幻小说研究》，北京：北京大学出版社，2021年

Jones, Andrew F.（安德鲁·琼斯）:《鲁迅及其晚清进化模式的历险小说》，王敦、李之华译，《现代中文学刊》2012年第2期

Jullien, François（弗朗索瓦·于连）:《圣人无意：或哲学的他者》，闫素伟译，北京：商务印书馆，2019年

Karp, David A.（戴维·卡普）:《诉说忧伤：抑郁症的社会学分析》，幸君珺、萧易忻译，上海：上海教育出版社，2022年

Kohn, Eduardo（爱德华多·科恩）:《森林如何思考：超越人类的人类学》，毛竹译，上海：上海文艺出版社，2023年

Kurlander, Eric（埃里克·柯兰德）:《希特勒的恶魔：第三帝国的超自然史》，张竝译，上海：上海译文出版社，2023年

Larmore, Charles（查尔斯·拉莫尔）:《阅读伦理学》，收在彼得·布鲁克斯（Peter Brooks）、希拉里·杰维特（Hilary Jewett）编:《人文学科与公共生活》，余婉卉译，南京：译林出版社，2022年

Latour, Bruno, "Tarde's idea of quantification," in Mattei Candea ed. *The Social After Gabriel Tarde: Debates and Assessments*, London and New York: Routledge, 2010

Latour, Bruno, ed. *Reset Modernity!* Cambridge, MA and London: The MIT Press, 2016

Leader, Darian（达里安·利德）:《手的精神史》，邹宏宇译，北京：北京联合出版公司，2022年

Lefebvre, Henri（亨利·列斐伏尔）:《空间的生产》，刘怀玉等译，北京：商务印书馆，2021年

Lerner, Robert E.（罗伯特·E.勒纳）:《天使时间：康托洛维茨传》，宋宁刚译，桂林：广西师范大学出版社，2020年

Levenson, Joseph R.（约瑟夫·列文森）:《儒教中国及其现代命运》，刘文楠译，香港：香港中文大学出版社，2023年

李广益:《世界乌托邦的兴起——以〈大同书〉和〈现代乌托邦〉为中心》，收在北京师范大学文学院主办:《励耘学刊》2019年第2辑，北京：社科文献出版社，2019年

李锐:《毛泽东：峥嵘岁月（1893—1923）》，北京：北京联合出版公司，2014年，

李欣然:《处变观通：郭嵩焘与近代文明竞争思路的开端》，北京：北京大学出版社，2020年

李耀仙:《〈廖平选集〉（上册）内容评介——代序》，收在《廖平选集》上册，成都：巴蜀书社，1998年

李永圻编:《吕思勉先生编年事辑》，上海：上海书店出版社，1992年

李源澄:《经学通论》，收在《李源澄著作集》第1册，林庆彰、蒋秋华主编，台北:"中央研究院"中国文哲研究所，2008年

李泽厚:《中国近代思想史论》，北京：生活·读书·新知三联书店，2008年

李泽厚:《试谈中国的智慧》，收在《中国古代思想史论》，北京：人民出版社，1985年

李泽厚:《中国哲学如何登场：与刘绪源对谈》，南京：南京大学出版社，2021年

梁心:《城眼观乡：农业中国的农村怎样成了国家问题（1908—1937）》，厦门：厦门大学出版社，2024年

梁展:《政治地理学与大同世界》，收在《帝国想象：文明、族群与未完成的共同体》，北京：生活·读书·新知三联书店，2023年

林满红:《银线：19世纪的世界与中国》，詹华庆、林满红译，南京：江苏人民出版社，2011年

林毓生:《反思儒家传统的乌托邦主义》，收在《现代知识贵族的精神：林毓生思想近作选》，丘慧芬编，香港：香港中文大学出版社，2020年

林毓生:《中国古代的祖先崇拜、宇宙论与政治秩序的观念：一项初步的省察》，《中国文哲研究通讯》第33卷第3期，2023年9月

林毓生:《韦伯论旨纲要补正篇》，罗久蓉译，《中国文哲研究通讯》第33卷第3期，2023年9月

刘复生:《北宋中期儒学复兴运动》（增订本），北京：生活·读书·新知三联书店，2023年

刘剑梅:《革命与情爱：二十世纪中国小说史中的女性身体与主题重述》，郭冰茹译，上海：上海三联书店，2009年

刘巍:《重访廖平、康有为学术交涉公案——关于"新学伪经"说之偷意与升级版"孔

子改制"论之截获的新探》,《齐鲁学刊》2019年第4期

刘新民:《〈尚书〉中的"同"与"大同"浅析》,《语言应用研究》2010年第12期

刘子健:《中国转向内在:两宋之际的文化内向》,赵冬梅译,南京:江苏人民出版社,2002年

Lodge, David（大卫·洛吉）:《小说的五十堂课》,李维拉译,台北:木马文化事业股份有限公司,2006年

Love, Jeff（杰夫·洛夫）:《黑圈:科耶夫思想传记》,孙增霖译,桂林:广西师范大学出版社,2023年

陆骐:《睨与观:明末清初文人的望远镜观察实践》,《美术大观》2022年第9期

罗志田:《再造文明之梦:胡适传》,成都:四川人民出版社,1995年

罗志田（罗厚立）:《物质的兴起:二十世纪中国文化的一个倾向》,《开放时代》2001年第3期

罗志田:《近代中国民族主义的史学反思》,收在《二十世纪的中国思想与学术掠影》,广州:广东教育出版社,2001年

罗志田:《因相近而区分:"问题与主义"之争再认识之一》,《近代史研究》2005年第3期

罗志田:《事不孤起,必有其邻:蒙文通先生与思想史的社会视角》,《四川大学学报》（哲学社会科学版）2005年第4期

罗志田:《"六个月乐观"的幻灭:五四前夕士人心态与政治》,《历史研究》2006年第4期

罗志田:《天下与世界:清末士人关于人类社会认知的转变——侧重梁启超的观念》,《中国社会科学》2007年第5期

罗志田:《往昔非我:训诂、翻译与历史文本解读》,收在《近代中国史学述论》,北京:北京师范大学出版社,2015年

罗志田:《革命的形成:清季十年的转折》,北京:商务印书馆,2021年

罗志田:《国家与学术:清季民初关于"国学"的思想论争》,北京:生活·读书·新知三联书店,2023年

马永康:《大同的"发明"——康有为〈礼运注〉析论》,《中国哲学史》2019年第4期

马自毅:《进化论在中国的早期传播与影响——十九世纪70年代至1898年》,《中国文化研究集刊》第5辑,上海:复旦大学出版社,1987年

Macey, David（戴维·梅西）:《福柯传》,战宇婷译,杭州:浙江大学出版社,2023年

Maddicott, J. R., *The Origins of the English Parliament: 924—1327*, New York: Oxford University Press, 2010

Malmqvist, N. G. D.（马悦然）:《从〈大同书〉看中西乌托邦的差异》,张京媛译,《二十一

世纪》第 5 期，1991 年 6 月号

茅海建：《"康有为自写年谱"手稿本阅读报告》，《近代史研究》2007 年第 4 期

茅海建：《从甲午到戊戌：康有为〈我史〉鉴注》，北京：生活·读书·新知三联书店，2009 年

茅海建：《论戊戌变法期间康有为、梁启超的政治思想与政策设计》，收在《戊戌时期康有为、梁启超的思想》，北京：生活·读书·新知三联书店，2021 年

茅海建：《康有为与进化论》，收在《戊戌时期康有为、梁启超的思想》，北京：生活·读书·新知三联书店，2021 年

茅海建：《戊戌时期康有为"大同三世说"思想的再确认——兼论康有为一派在百日维新前后的政治策略》，收在《戊戌时期康有为、梁启超的思想》，北京：生活·读书·新知三联书店，2021 年

茅海建：《康有为与"弭兵会"——兼论翁同龢荐康有为说》，《清史研究》2022 年第 6 期

Margolin, Victor（维克多·马格林）：《人造世界的策略》，收在《人造世界的策略：设计与设计研究论文集》，金晓雯、熊嫕译，南京：江苏美术出版社，2009 年

Margolin, Victor（维克多·马格林）：《世纪末的设计思考》，收在《人造世界的策略：设计与设计研究论文集》，金晓雯、熊嫕译，南京：江苏美术出版社，2009 年

Matysik, Tracie（特蕾西·马蒂西克）：《去除"性"的中心地位：论弗洛伊德、福柯及思想史的主体性》，收在达林·M. 麦克马洪、塞缪尔·莫恩编：《重思欧洲现代思想史》，上海：上海人民出版社，2023 年

Matzger, Thomas（墨子刻）：《摆脱困境——新儒学与中国政治文化的演进》，颜世安、高华、黄东兰译，南京：江苏人民出版社，1995 年

蒙文通：《儒家政治思想之发展》，收在《蒙文通全集》第 1 卷，蒙默编，成都：巴蜀书社，2015 年

蒙文通：《论墨学源流与儒墨汇合》，收在《蒙文通全集》第 1 卷，蒙默编，成都：巴蜀书社，2015 年

蒙文通：《古史甄微》，收在《蒙文通全集》第 3 卷，蒙默编，成都：巴蜀书社，2015 年

Mikics, David（大卫·米基克斯）：《快时代的慢阅读》，陈丽译，南京：译林出版社，2022 年

Miller, James（詹姆斯·米勒）：《福柯的生死爱欲》，高毅译，上海：上海人民出版社，2018 年

Mumford, Lewis（刘易斯·芒福德）：《乌托邦的故事：半部人类史》，梁本彬、王社国译，北京：北京大学出版社，2019 年

Myers, Tony（托尼·迈尔斯）:《导读齐泽克》,白轻译,重庆:重庆大学出版社,2014年

Needham, Joseph（李约瑟）:《时间与东方人》,收在《文明的滴定:东西方的科学与社会》,张卜天译,商务印书馆,2016年

Nussbaum, Martha C.（玛莎·C. 纳斯鲍姆）:《善的脆弱性:古希腊悲剧与哲学中的运气与伦理》（修订版）,徐向东、陆萌译,南京:译林出版社,2018年

Ogle, Vanessa（瓦妮莎·奥格尔）:《时间的全球史》,郭科、章柳怡译,杭州:浙江大学出版社,2021年

Oz, Amos（阿摩司·奥兹）:《故事开始了》,杨振同译,南京:译林出版社,2012年

Ozouf, Mona（莫娜·奥祖夫）:《革命节日》,刘北成译,北京:商务印书馆,2012年

欧阳哲生:《康有为的未来意识与社会想象》,《中国高校社会科学》2018年第6期

Palonen, Kari（凯瑞·帕罗内）:《昆廷·斯金纳思想研究:历史·政治·修辞》,李宏图、胡传胜译,上海:华东师范大学出版社,2005年

裴植、鲁德平:《大同·〈礼运〉大同·大同主义》,《孔子研究》2015年第4期

彭春凌:《康有为、李炳宪交往和思想关系考论》,《近代史研究》2016年第3期

彭明:《关于几个历史人物的介绍》,收在知识书店编辑部:《认真学习"论人民民主专政"》,天津:知识书店,1949年

Peters, John Durham（约翰·杜海姆·彼得斯）:《奇云:媒介即存有》,邓建国译,上海:复旦大学出版社,2020年

Petitfils, Jean-Christian（让–克里斯蒂安·珀蒂菲斯）:《十九世纪乌托邦共同体的生活》,梁志斐、周铁山译,上海:上海人民出版社,2007年

Porter, Roy（罗伊·波特）:《创造现代世界:英国启蒙运动钩沉》,李源、张恒杰、李上译,北京:商务印书馆,2022年

钱穆:《中国近三百年学术史》下册,北京:商务印书馆,1997年

钱穆:《中国社会演变》,收在《国史新论》,北京:生活·读书·新知三联书店,2001年

钱穆:《中国思想通俗讲话》,北京:生活·读书·新知三联书店,2002年

丘慧芬:《林毓生对中国知识分子的另一个观察》,《中国文哲研究通讯》第33卷第3期

丘为君:《戴震学的形成:知识论述在近代中国的诞生》,北京:新星出版社,2006年

饶宗颐:《大同释义》,收在《澄心论萃》,上海:上海文艺出版社,1996年

Recalcati, Massimo（马西莫·雷卡尔卡蒂）:《凡高之眼:天才创作者眼中的另类世界》,陈坚、王苏娜译,北京:北京联合出版公司,2021年

Ritzer, George, *The McDonaldization of Society*, Thousand Oaks: SAGE Publications, Inc., 2021

Rifkin, Jeremy（杰里米·里夫金）:《韧性时代:重新想象人类在地球上的生存与未来》,

北京：中信出版集团，2022年

Rodriguez, Sarah Mellors, *Reproductive Realities in Modern China: Birth Control and Abortion, 1911—2021*, Cambridge: Cambridge University Press, 2023

任锋、马猛猛：《"中央集权"在中国：一个现代概念的历史生成及其理论检视（1899—1911）》，《社会科学》2022年第7期

Roger, Philippe（菲利普·罗歇）：《罗兰·巴尔特传：一个传奇》，张祖建译，北京：中国人民大学出版社

Rouzer, Paul（罗吉伟）：《避难与庇护：杜甫如何书写佛教》，收在田晓菲主编：《九家读杜诗》，刘倩等译，北京：生活·读书·新知三联书店，2022年

Said, Edward Wadie（爱德华·W. 萨义德）：《开端：意图与方法》，章乐天译，北京：生活·读书·新知三联书店，2014年

三石善吉：《中国的千年王国》，李遇玫译，上海：上海三联书店，1997年

桑兵：《同盟会成立时孙中山的政治形象》，收在《孙中山的活动与思想》，北京：北京师范大学出版社，2015年

Sartori, Andrew, *Bengal in Global Concept History: Culturalism in the Age of Capital*, Chicago: University of Chicago Press, 2008

Schwartz, Benjamin I.（本杰明·史华兹）：《寻求富强：严复与西方》，叶凤美译，南京：江苏人民出版社，1990年

Scott, James C.（詹姆斯·C. 斯科特）：《逃避统治的艺术：东南亚高地的无政府主义历史》（修订本），王晓毅译，北京：生活·读书·新知三联书店，2019年

Scott, James C.（詹姆斯·C. 斯科特）：《国家的视角：那些试图改善人类状况的项目是如何失败的》，王晓毅译，北京：社会科学文献出版社，2019年

Scott, James C.（詹姆斯·斯科特）：《六论自发性：自主、尊严，以及有意义的工作和游戏》，袁子奇译，北京：社会科学文献出版社，2019年

Sennett, Richard（理查德·桑内特）：《肉体与石头：西方文明中的身体与城市》，黄煜文译，上海：上海译文出版社，2011年

沈国威：《近代中日词汇交流研究：汉字新词的创制、容受与共享》，北京：中华书局，2010年

Shore, Marci（玛茜·肖尔）：《我们能看见观念吗？——唤起、经历和共情》，收在达林·M. 麦克马洪、塞缪尔·莫恩编：《重思现代欧洲思想史》，张智、左敏等译，上海：上海人民出版社，2023年

Shusterman, Richard（理查德·舒斯特曼）：《身体美学与博克的崇高论》，收在《通过身

体来思考：身体美学文集》，北京：北京大学出版社，2020年

Schopenhauer, Arthur（亚瑟·叔本华）：《论阅读和书籍》，收在《叔本华美学随笔》，韦启昌译，上海：上海人民出版社，2004年

Skinner, Quentin（昆廷·斯金纳）：《霍布斯哲学思想中的理性和修辞》：王加丰、郑崧译，上海：华东师范大学出版社，2005年

Smajić, Srdjan（斯尔詹·斯马伊奇）：《鬼魂目击者、侦探和唯灵论者》，李菊译，南京：译林出版社，2022年

Smalley, Andrea L.（安德里亚·L.斯莫利）：《天生狂野：北美动物抵抗殖民化》，姜昊骞译，成都：四川人民出版社，2024年

Sokolowski, Robert（罗伯特·索拉科夫斯基）：《现象学导论》，张建华、高秉江译，上海：上海文化出版社，2021年

Stearns, Peter N.（彼得·N.斯特恩斯）：《羞耻：规训的情感》，聂永光译，上海：上海人民出版社，2024年

Stuurman, Siep（西佩·斯图尔曼）：《发明人类：平等与文化差异的全球观念史》，许双如译，桂林：广西师范大学出版社，2022年

孙江：《布鲁门巴哈在东亚——"人分五种说"在东亚的传布及文本比较》，收在《重审中国的"近代"：在思想与社会之间》，北京：社会科学文献出版社，2018年

孙江：《人种：西方人种概念的建构、传布与解构》，南京：江苏人民出版社，2023年

汤仁泽：《〈大同书〉的成书年代及其思想实质——重温那场历经六十年的学术论争》，《史林》2020年第2期

汤志钧：《再论康有为的〈大同书〉——兼与李泽厚、张玉田二先生商榷》，《历史研究》1959年第4期

汤志钧：《康有为的大同思想与〈大同书〉》，上海：上海人民出版社，2016年

唐宏峰：《视觉性、现代性与媒介考古——两种视觉文化研究界别与"视觉现代性"研究》，收在唐宏峰主编：《现代性的视觉政体：视觉现代性读本》，郑州：河南大学出版社，2020年

唐宏峰：《透明：中国视觉现代性（1872—1911）》，北京：生活·读书·新知三联书店，2022年

陶孟和：《社会变迁》，收在陈衡哲主编：《中国文化论集》，王宪明、高继美译，福州：福建教育出版社，2009年

Taussig, Michael（迈克尔·陶西格）：《构建美洲》，收在《本雅明之墓：一场人类学写作实验》，王菁译，北京：北京大学出版社，2023年

Taylor, Charles（查尔斯·泰勒）:《自我的根源：现代认同的形成》，韩震等译，南京：译林出版社，2012年

Taylor, Charles（查尔斯·泰勒）:《现代社会想象》，林曼红译，南京：译林出版社，2014年

Taylor, Charles（查尔斯·泰勒）:《世俗时代》，张容南等译，上海：上海三联书店，2016年

Todorow, Tzvetan（茨维坦·托多罗夫）:《走向绝对：王尔德、里尔克、茨维塔耶娃》，朱静译，上海：华东师范大学出版社，2014年

童岭:《"中古"那迷人的魅力——耶鲁大学第三届中古中国人文会议侧记》,《中华读书报》2023年7月5日

Toulmin, Stephen, *Cosmopolis: The Hidden Agenda of Modernity*, Chicago: The University of Chicago Press, 1990

Tsing, Anna Lowenhaupt（罗安清）:《末日松茸：资本主义废墟上的生活可能》，张晓佳译，上海：华东师范大学出版社，2020年

Tully, James（詹姆斯·塔利）:《语境中的洛克》，梅雪芹等译，上海：华东师范大学出版社，2005年

Vernant, Jean-Pierre（让-皮埃尔·维尔南）:《希腊人的神话和思想：历史心理分析研究》，黄艳红译，北京：中国人民大学出版社，2007年

Veyne, Paul（保罗·韦纳）:《福柯：其思其人》，赵文译，开封：河南大学出版社，2018年

丸山真男:《日本政治思想史研究》（修订译本），王中江译，北京：生活·读书·新知三联书店，2022年

汪晖:《现代中国思想的兴起》上卷第2部，北京：生活·读书·新知三联书店，2004年

汪民安:《身体的技术：政治、性和自我的毁灭》，收在《身体、空间与后现代性》，南京：南京大学出版社，2022年

汪民安:《褶子城市的消失》,《画刊》2024年第2期

汪荣祖:《康有为思想研究》，北京：新星出版社，2005年

汪叔子、王河:《近代著名报人蔡尔康及其手稿本——江西社科院图书馆发现蔡氏五部未刊手稿本》,《江西图书馆学刊》1992年第2期

王德威:《翻译"现代性"：论晚清小说的翻译》，收在《想象中国的方法：历史·小说·叙事》，天津：百花文艺出版社，2016年

王东杰:《"导言"》，收在《国中的"异乡"：近代四川的文化、社会与地方认同》，北京：北京师范大学出版社，2016年

王东杰:《寻索中国文化的"另类活力"》,《澎湃新闻·私家历史》2018年2月6日,https://www.thepaper.cn/newsDetail_forward_1977396

王东杰:《"反求诸己"与晚清思想界对进化论的认识》,收在《历史·声音·学问:近代中国文化的脉延与异变》,北京:东方出版社,2018年

王东杰:《声入心通:国语运动与现代中国》,北京:北京师范大学出版社,2019年

王东杰:《从内部看历史和回到列文森》,《读书》2020年第2期

王东杰:《气质为何不恶:颜元的身体经验与思想构建》,收在《乡里的圣人:颜元与明清思想转型》,南京:南京大学出版社,2022年

王东杰:《在乡里"作圣":颜元与其乡人的互动》,收在《乡里的圣人:颜元与明清思想转型》,南京:南京大学出版社,2022年

王东杰:《从"桃花源"到"乌托邦":〈大同书〉关于理想社会的构想》,《近代史研究》2022年第2期

王东杰:《"中国的文艺复兴"与〈清代学术概论〉》,《清华大学学报》(哲学社会科学版)2023年第1期

王汎森:《古史辨运动的兴起:一个思想史的分析》,台北:允晨文化实业股份有限公司,1987年

王汎森:《从经学向史学的过渡——廖平与蒙文通的例子》,收在《近代中国的史家与史学》,上海:复旦大学出版社,2010年

王汎森:《近代知识分子自我形象的转变》,收在《中国近代思想与学术的系谱》(增订版),上海:上海三联书店,2018年

王汎森:《如果把概念想象成一个结构——晚清以来的"复合性思维"》,收在《思想是生活的一种方式:中国近代思想史的再思考》,台北:联经出版事业股份有限公司,2017年

王汎森:《五四历史的两条线索》,收在《启蒙是连续的吗?》,香港:香港城市大学出版社,2020年

王汎森:《从新民到新人——近代思想中的"自我"与"政治"》,收在《启蒙是连续的吗?》,香港:香港城市大学出版社,2020年

王汎森:《中国近代思想中的"未来"》,收在《启蒙是连续的吗?》,香港:香港城市大学出版社,2020年

王汎森:《反主义的思想言论——后五四政治思维的分裂》,收在《启蒙是连续的吗?》,香港:香港城市大学出版社,2020年

王汎森:《思潮与社会条件——新文化运动中的两个例子》,收在《启蒙是连续的吗?》,

香港：香港城市大学出版社，2020年

王汎森：《历史是扩充心量之学》，北京：生活·读书·新知三联书店，2024年

王铭铭：《升平之境——从〈意大利游记〉看康有为欧亚文明论》，收在《人文生境：文明、生活与宇宙观》，北京：生活·读书·新知三联书店，2021年

王水涣：《〈大同书〉铅印本、石印本流传次序及其与康有为手稿关系考略》，《中国出版史研究》2021年第4期

Watson, Peter（彼得·沃森）：《20世纪思想史：从弗洛伊德到互联网》，张凤、杨阳译，南京：译林出版社，2019年

Weber, Max（马克斯·韦伯）：《以学术为业》，收在《学术与政治：韦伯的两篇演说》，冯克利译，生活·读书·新知三联书店，1998年

Werbner, Pnina, "The Cosmopolitan Encounter: Social Anthropology and the Kindness of Strangers," in Pnina Werbner ed. *Anthropology and the New Cosmopolitanism: Rooted, Feminist and Vernacular Perspectives*, Oxford and New York: Berg, 2008

魏彩莹：《经典秩序的重构：廖平的世界观与经学之路》，台北：联经出版事业股份有限公司，2018年

魏义霞：《康有为与谭嗣同的华严因缘》，《江淮论坛》2021年第3期

Wilkinson, Iain, *Suffering: A Sociological Introduction*, Cambridge, UK and Malden, MA.: Polity Press, 2005

Woodiwiss, Anthony（安东尼·伍迪维斯）：《社会理论中的视觉性》，魏典译，北京：北京大学出版社，2009年

吴仰湘：《重论廖平、康有为"学术公案"》，《中国社会科学》2020年第4期

吴仰湘：《〈翼教丛编〉"编者"问题考辨》，《社会科学战线》2022年第9期

武春野：《政治小说的语言策略——以 *Looking Backward* 的四个汉译文本为中心》，收在徐兴无、王彬彬主编：《文学研究》第1卷，南京：南京大学出版社，2015年

武上真理子：《孙中山与"科学时代"》，袁广泉译，北京：社会科学文献出版社，2016年

武田雅哉：《飞翔吧！大清帝国：近代中国的幻想与科学》，任钧华译，北京：北京联合出版公司，2013年

武田雅哉、林久之：《中国科学幻想文学史》，李重民译，杭州：浙江大学出版社，2017年

狭间直树：《梁启超：东亚文明史的转换》，高莹莹译，北京：北京大学出版社，2021年

萧公权：《近代中国与新世界：康有为变法与大同思想研究》，汪荣祖译，南京：江苏人民出版社，1997年

萧公权：《中国政治思想史》，北京：新星出版社，2005年

辛旭：《近代早期英国儿童的生产与保育变革：图像与文献的互证》，成都：四川大学博士论文，2014年

许全胜：《沈曾植年谱长编》，北京：中华书局，2007年

许倬云：《多样的现代性》，收在《知识分子：历史与未来》，桂林：广西师范大学出版社，2011年

杨联陞：《报——中国社会关系的一个基础》，段昌国译，收在《中国文化中"报"、"保"、"包"之意义》，贵阳：贵州人民出版社，2009年

杨念群：《"天命"如何转移：清朝"大一统"观的形成与实践》，上海：上海人民出版社，2022年

杨念群：《贯通"地方性知识"与"普遍性知识"的近代儒学体系——康有为"新粤学"发微》，《清史研究》2024年第2期

杨晓雅：《乌托邦备忘集：一本学术研究》，香港：时代经典出版社有限公司，2024年

杨贞德：《转向自我：近代中国政治思想上的个人》，北京：生活·读书·新知三联书店，2012年

Yeh, Catherine（叶凯蒂）：《晚清政治小说：一种世界性文学类型的迁移》，杨可译，北京：生活·读书·新知三联书店，2020年

余露：《虚实互用：洋务运动时期的"天下""地球"与"世界"》，《中山大学学报》（社会科学版）2017年第4期

余露：《〈春秋〉三世说与"世界进化"》，收在彭林主编：《中国经学》第22辑，桂林：广西师范大学出版社，2018年

余新忠：《清代卫生防疫机制及其近代演变》（修订版），北京：北京师范大学出版社，2023年

余英时：《红楼梦的两个世界》，上海：上海社会科学院出版社，2002年

余英时：《中国近代个人观的改变》，收在《现代儒学的回顾与展望》，北京：生活·读书·新知三联书店，2004年

余英时：《中国史学思想反思》，收在《人文与理性的中国》，程嫩生、罗群等译，上海：上海古籍出版社，2007年

余英时：《孙逸仙的学说与中国传统文化》，收在《人文与理性的中国》，程嫩生、罗群等译，上海：上海古籍出版社，2007年

余英时：《金春峰〈周官之成书及其反映的文化与时代新考〉序》，收在《会友集：余英时序文集》（增订版）上册，彭国翔编，台北：三民书局，2010年

Zarrow, Peter（沙培德）：《帝国之后：近代中国国家观念的转型（1885—1924）》，刘芳译，

南京：江苏人民出版社，2023年

章永乐：《万国竞争：康有为与维也纳体系的衰变》，北京：商务印书馆，2017年

张邦彦：《精神的浮雕：近代中国的催眠术与大众科学》，台北：联经出版事业股份有限公司，2020年

张冰：《继承、误读与改写：清末士大夫对〈百年一觉〉"大同"的接受》，《浙江外国语学院学报》2017年第6期

张灏：《再论中国共产主义思想的起源》，收在余英时等：《中国历史转型时期的知识分子》，台北：联经出版事业股份有限公司，1992年

张灏：《危机中的中国知识分子：寻求秩序与意义》，高力克、王跃译，北京：新星出版社，2006年

张翔：《大同立教：康有为政教思想研究》，北京：社科文献出版社，2023年

张循：《从此殊途：儒学社会性格的明清嬗蜕》，成都：巴蜀书社，2022年

张杨：《"不死者"之"未来"——论梁启超的〈世界末日记〉与〈新中国未来记〉》，《海南师范大学学报》（社会科学版）2023年第5期

张仲民：《清末的新性道德论述——杨翥的〈吾妻镜〉及其读者》，收在《叶落知秋：清末民初的史事和人物》，上海：上海人民出版社，2020年

中国科学院哲学研究所中国哲学史组编：《中国大同思想资料》，北京：中华书局，1959年

朱维铮：《百年来的韩愈》，收在《走出中世纪二集》，上海：复旦大学出版社，2008年

朱维铮：《康有为在十九世纪》，收在《求索真文明：晚清学术史论》，北京：中信出版社，2020年

朱维铮：《从〈实理公法全书〉到〈大同书〉》，收在《求索真文明：晚清学术史论》，北京：中信出版集团，2020年

朱维铮：《重评〈新学伪经考〉》，收在《求索真文明：晚清学术史论》，北京：中信出版集团，2020年

竹内弘行：《康有為と近代大同思想の研究》，东京：汲古书院，2018年

Žižek, Slavoj（斯拉沃热·齐泽克）：《视差之见》，季广茂译，杭州：浙江大学出版社，2014年

Žižek, Slavoj（斯拉沃热·齐泽克）：《事件》，王师译，上海：上海文艺出版社，2016年

邹振环：《〈佐治刍言〉与〈大同书〉》，收在《影响中国近代社会的一百种译作》，北京：中国对外翻译出版公司，1996年

佐藤慎一：《"天演論"以前の進化論——清末知識人の歴史意識をめぐって》，《思想》第792號（1990年6月），东京：岩波书店，1990年

后　记

突然发现我写了两个"圣人":写了"颜圣人"(颜元)之后,又写"康圣人"。虽然这两个"圣人"的称号,说起来都带些揶揄成分,可是又不大一样。对颜元,"圣人"二字亦庄亦谐,庄大于谐。对康有为,则是谐的成分远过于庄。一部分原因是,康有为生活在"圣人"所象征的秩序遭到广泛质疑的时代。我当然不同意这种全盘质疑,然而我也的确并不刻意要写一个"圣人"。所以希望下一本书不会再写什么"圣人"了。

三十多年前我读到米兰·昆德拉的《生活在别处》,很受触动。后来上讲台,讲"史学概论",用今天的话说,还是"青椒"——感谢那时,"青椒"还有尊严,可以带着梦乱跑。我在"史学概论"里插入一节讲"乌托邦"的内容,其实就是讲《生活在别处》(多年以后,我遇到这本书的译者景凯旋老师,跟他在岷江边一家茶铺里喝茶,听着滔滔江声,回忆这段往事)。但是有老师认为史学概论不应该讲小说,我服从规训,以后就不这样讲,路子不那么野了,成熟了。老了。但我还是常常想到它,借它反思历史和自我。记得有一次和韦兵兄(他也是这本书的爱读者)喝茶,有个结论:我们这一代,大都"生活在别处"。所谓"我们这一代",指60后、70后;"生活在别处",含义复杂,不只是昆德拉的意思。因为曾经(似乎现在也还)"生活在别处",所以我对"别处"抱着深刻的警惕。

这是远因。说到近一点,大约在二十年前,我就想讨论一下《大同书》在中国思想史上的地位,拿来作为比较的是《桃花源记》。但正式动笔是2015年,写了一大半,总觉得还没有太想清楚,于是丢在一边。直到2020年又拾起来写。文章发表了,可是篇幅毕竟有限,不能畅所欲言。于是决定写一本书。2021年到2023年,我为研究生开设的课程,都是和学生一起精读《大同书》,计划是在此过程中写一本书,其间的确多次产生写作的冲动,不过真正动笔,还是在"阳过"以后,查了一下记录,大约是2023年1月2日开始的。但因为大病之后,很容易疲累,直到5月下旬才进入状态。收尾是在2024年1月29日。整整一年。

在构思过程中,我发现有很多思考碎片,无法以"学术"方式表达,所以曾计划同时写一篇小说,把这些碎片放进去。我设想故事的主人公是大同世界一位"畸零分子",或者就叫"康有为"?按照《大同书》的指示,大同世界里人都是用一串数字标识身份的。但他既然是"畸零"人——大同社会里消化不了的成分,当然可以而且应该有一个私下里的、真正的、属于自己的名字。所以这篇小说是讲,怎样在大同世界做一个"畸零分子"。不过,这个计划当然没有完成,表面的理由是,这本书已经写得太累了,无力他顾;实际的理由是,术业有专攻,写小说这种念头,在我脑海里就永远只是念头而已。其实我已经可以知道,这种"主题先行"、想表达思想的"小说",写出来多半也是渣滓。

在论文和本书的写作过程中,先后得到诸多师友的支援、指点。多谢孙晓林、徐思彦、马忠文、葛夫平、杨宏、景蜀慧、缪元朗、王铭铭、刘世龙、徐跃、吴仰湘、余新忠、陈以爱、李恭忠、李里峰、辛旭、王曼力、颜玉科、张仲民、李在全、谭徐锋、刘文楠、余露、王义铭、王晨晨、李如东、封龙、陈显川、徐悦超、时嘉琪、陈高争、靳帅、李世鹏、李辉祥、曹海涛、于泽泱、贾钰辰、沈烨琳、杜泽宇等诸位师友慷慨援手,提供各种资料、讨论和质疑。有关章节曾先后在湖南大学、湖南师范大学、南开大学、浙江大学、南京大学、中国社会科学院近代史研究所做过演讲，得到诸多老师、同学的启发。第三章曾在清华大学历史系举办的第六届"古代国家研究的新探索"工作坊报告，承方诚峰、李任之、李里峰、陈侃理、侯旭东诸兄批评指正。2021年、2022年、2023年参加过清华大学有关课程的诸位同学，也为本书提供了大量思想刺激。石静仁先生代为拍摄了广州万木草堂遗址的照片。

辛旭2022年秋天的课，第一节的主题是"大同与《芭比娃娃》"。这是我没有想过的题目。听了她的思路，我很受触动：的确，人类对"大同"路径的理解可以更加宽广，容纳的"异"更多一些。子曰："君子和而不同，小人同而不和。""大同"不应是"同"的扩大，而应是"和"的提升。尽力包罗"不同"，即是"大同"。

思考和写作这本书的几年中，我一直试图重新认识和界定自己。我早曾知道，如今更加清楚的是，"生活"不在"别处"，就在"这里"。所以，我们总是得缝缝补补，不会一劳永逸——生活是一件总也打着补丁的衣服，越洗越旧，但它仍然可以是干净的、得体的。生活如此，世界如此，"我"亦如此。